Studien zu einer Geschichte der Gesellschaftswissenschaften
Band 8

JÜRGEN KUCZYNSKI

Studien
zu einer Geschichte der Gesellschaftswissenschaften

Band 8

JÜRGEN KUCZYNSKI

Zur Geschichte der Wirtschaftsgeschichtsschreibung

Akademie-Verlag · Berlin
1978

Erschienen im Akademie-Verlag, 108 Berlin, Leipziger Str. 3–4

Lizenznummer: 202 · 100/95/78
Herstellung: IV/2/14 VEB Druckerei »Gottfried Wilhelm Leibniz«,
445 Gräfenhainichen · 5046
Einband und Schutzumschlag: Rolf Kunze
Bestellnummer: 753 373 6 (6271/8) · LSV 0105
Printed in GDR
DDR 15,– M

Inhalt

Vorbemerkung

Im ersten Band dieser „Studien“ habe ich eine Teilwissenschaft – die Politische Ökonomie – im Prozeß ihrer Geburt und an ihrem Ende als bürgerliche Wissenschaft untersucht. Es war mir wichtig, die Aufmerksamkeit auf den Prozeß der Geburt einer Wissenschaft zu lenken, und dazu schien mir eine relativ neue Wissenschaft, die in einer Zeit, in der bereits Schriften gedruckt wurden, entstand, besonders geeignet. Ihr Tod, die Ursachen und die Art ihres Sterbens im bürgerlichen Gewand erschienen mir ebenfalls so bemerkenswert, daß ich meine, auch diese Analyse als Baustein für eine spätere, von anderen zu schreibende, wirkliche Geschichte der Gesellschaftswissenschaften liefern zu sollen – auch wenn das Thema schon öfter, aber doch nicht in dieser Art, behandelt worden ist.

In diesem, dem achten Band meiner „Studien“ habe ich mir eine andere Aufgabe gesetzt. Diesmal handele ich zwar wieder von einer Teilwissenschaft, der Wirtschaftsgeschichtsschreibung, die zusammen mit der Politischen Ökonomie die Wirtschaftswissenschaft bildet, von der es wohl einige wenige Beschreibungen in Artikeln und Einzelkapiteln, aber, im Gegensatz zur Politischen Ökonomie, noch überhaupt keine Monographie in Buchform gibt. Wieviele Geschichten der ökonomischen Lehrmeinungen, der Philosophie und auch der Historiographie gibt es doch! Aber noch keine Geschichte der Wirtschaftsgeschichtsschreibung.

Jedoch handelt es sich in diesem Band nicht um eine „freischwebende“ oder „selbständige“ Geschichte der Wirtschaftsgeschichtsschreibung. Sie ist keineswegs „vollständig“, erwähnt viele Gelehrte nicht, behandelt manche Strömungen nur am Rande. Nicht, weil ungenügende Vorarbeiten vorliegen – was freilich der Fall ist –, nicht, weil der Band „zu dick“ geworden wäre – warum sollte ein Gelehrter nicht, Caesar folgend, sagen: Laßt dicke Bände um mich sein! Der Grund ist vielmehr, daß natürlich nur bestimmte Richtungen und Werke, und auch diese nur über eine begrenzte Zeit, in eine Gesamtgeschichte der Gesellschaftswissenschaften, deren Verfassern ja auch dieser Band dienen soll, eingehen können. Eine Richtung, die sich vor allem der Herausgabe von Dokumenten aus Archiven widmet, kann schnell in einer Gesamtgeschichte der Gesellschaftswissenschaft behandelt werden und bedarf keiner größeren Vorbereitung durch andere Wissenschaftler. Eine Richtung wie die „deutsche Historische Schule“ bedarf wahrlich einer gründlichen Vorbereitung und einer gewissenhaften Einschätzung, braucht aber nicht über Schmoller hinaus bis in die Gegenwart hinein verfolgt zu werden.

Ich habe also versucht, eine Geschichte der Wirtschaftsgeschichtsschreibung unter dem Gesichtspunkt ihrer Verwendung für eine Gesamtgeschichte der Gesellschaftswissenschaften zu schreiben, also weder für Studenten zum Nachschlagen über Wirtschaftshistoriker geeignet, noch dazu bestimmt, neben Lehr- und Handbüchern anderer Wissenschaften zu stehen. Der Zweck ist also ein sehr bescheidener, wie der aller anderen Bände dieser „Studien zu einer Geschichte der Gesellschaftswissenschaften". An anderer Stelle spreche ich über meine Bemühungen in diesem Gesamtwerk von „Kärrnerarbeit", die zu leisten ich mich bemühe. Ein Kärrner aber hat nicht ganze Häuser auf seiner Karre, sondern nur Bruchteile eines Hauses. Und auch diese Bruchteile machen oft einen merkwürdigen Eindruck, sind in sich nicht „vollständig", da sie in ein Größeres eingefügt werden, und dieses Größere bestimmt sowohl ihre Form wie ihren Inhalt.

Doch hoffe ich, daß dieser Band sich nicht nur als „passendes Bruchstück", sondern auch wegen der Neuheit des Unternehmens einer Geschichte der Wirtschaftsgeschichtsschreibung und vielleicht auch wegen neuer Einsichten in altbekannte Gegenden als nützlich erweist. Insbesondere hoffe ich, daß er Anregung zu einer „selbständigen", das heißt nicht einem allgemeineren Zweck untergeordneten, Geschichte der Wirtschaftsgeschichtsschreibung geben wird.

Berlin-Weißensee
Parkstr. 94

Jürgen Kuczynski

Kapitel I

Die Stellung der Wirtschaftsgeschichtsschreibung im Rahmen der Gesellschaftswissenschaften[1]

1. Die Rolle der Philosophie

Wenn man, wie wir in diesem Band, die Geschichte einer Wissenschaft bzw. eines Teiles einer Wissenschaft untersuchen will, ist es notwendig, sich zuvor über den Charakter, die Position dieser Wissenschaft im Gesamtsystem der Wissenschaften klar zu werden. Darum fragen wir zunächst: Was ist die Stellung der Wirtschaftsgeschichte als Wissenschaft im Gesamtsystem der Wissenschaften? Was ist ihr Verhältnis zu den anderen Wissenschaften, vor allem zur Philosophie und zur Politischen Ökonomie? Was sind ihr Gegenstand, ihre Methode und ihr Ziel? Ist wie eine Wissenschaft oder nur eine Teilwissenschaft?

Die Wissenschaften wurden vor Marx und Engels stets entweder von der Religion bzw. Theologie oder von der Philosophie beherrscht. Im alten Ägypten und im europäischen Feudalismus dominierten Religion bzw. Theologie, in der Blüte Griechenlands galt als Königin der Wissenschaften die Philosophie. In der Renaissance gab es eine Doppelherrschaft von Philosophie und Religion, die im Kapitalismus wieder von der Alleinherrschaft der Philosophie abgelöst wurde.

Marx und Engels haben die Wissenschaften von der Domination der Philosophie im Sinne des Fällens von Richtersprüchen über einzelwissenschaftliche Fragestellungen befreit. Sie haben den Boden dafür bereitet, daß die Philosophie zur „reinen Lehre vom Denken", zur Erkenntnistheorie, zur Gnoseologie wird – während sie aber gleichzeitig auf diesem Wirkungsgebiet weit effektiver arbeitet, von weit höherer Qualität ist.

So heißt es bei Engels in der alten Vorrede zum „Anti-Dühring", die Marx natürlich sehr genau durchgelesen hat – hat er doch auch eine ganzes Kapitel für den Anti-Dühring zugesteuert: „Sind die Theoretiker (Philosophen – J. K.) Halbwisser auf dem Gebiet der Naturwissenschaft, so sind es die heutigen Naturforscher tatsächlich ebensosehr auf dem Gebiet der Theorie, auf dem Gebiet dessen, was bisher als Philosophie bezeichnet wurde."[2]

Und in den „Notizen und Fragmenten" zur „Dialektik der Natur" bemerkt er: „Die Naturforscher fristen der Philosophie noch ein Scheinleben, indem sie sich mit den Abfällen der alten Metaphysik behelfen. Erst wenn Natur- und Geschichtswissenschaft die Dialektik in sich aufgenommen, wird all der philosophische Kram – außer

[1] Das Kapitel I ist eine erweiterte und verbesserte Fassung von „Die Position der Wirtschaftsgeschichte im System der Wissenschaften" im „Jahrbuch für Wirtschaftsgeschichte", 1976/II.

[2] *Marx/Engels,* Werke, Bd. 20, Berlin 1962, S. 330.

der reinen Lehre vom Denken – überflüssig, verschwindet in der positiven Wissenschaft."[3]

Lenin hat diese Gedankengänge voll übernommen. In seinem Artikel „Karl Marx" in Granats Lexikon schreibt er: „Der dialektische Materialismus ‚braucht keine über den andern Wissenschaften stehende Philosophie mehr'. Was von der bisherigen Philosophie noch bestehenbleibt, ist ‚die Lehre vom Denken und seinen Gesetzen – die formelle Logik und die Dialektik'. Die Dialektik in der Marxschen ebenso wie in der Hegelschen Auffassung schließt aber in sich das ein, was man heute Erkenntnistheorie, Gnoseologie nennt, die ihren Gegenstand gleichfalls historisch betrachten muß, indem sie die Entstehung und Entwicklung der Erkenntnis, den Übergang von der *Un*kenntnis zur Erkenntnis erforscht und verallgemeinert."[4]

Wenn Lenin von der Philosophie des Marxismus spricht, so eben im Sinne einer breit angelegten Erkenntnistheorie. Dagegen sprechen und schreiben viele Marxisten überall in der Welt heute noch von der Philosophie des Marxismus-Leninismus im alten Sinne des Wortes Philosophie.

Sehen wir uns als Beispiel das vom Institut für Philosophie der Akademie der Wissenschaften der UdSSR und vom Ministerium für Hoch- und Fachschulwesen der UdSSR herausgegebene Lehrbuch „Grundlagen der marxistisch-leninistischen Philosophie", das 1971 auch in der DDR erschienen ist, an.

Dort findet sich unter der Überschrift „Raum und Zeit" folgende Ausführung:

„Jeder Gegenstand hat eine bestimmte Ausdehnung: Er ist lang oder kurz, breit oder schmal, hoch oder niedrig. Jedes Ding befindet sich inmitten der anderen Dinge an einem ganz bestimmten Ort. Körper haben einen Umfang und diese oder jene äußere Form. Jede der Bewegungsformen der Materie ist notwendig mit einer Ortsveränderung von Körpern verbunden. In alledem findet die Tatsache ihren Ausdruck, daß Gegenstände im Raum existieren, daß der Raum eine Grundbedingung für die Bewegung der Materie ist. *Der Raum ist eine objektiv reale Existenzform der sich bewegenden Materie. Mit dem Raumbegriff wird das Nebeneinanderbestehen und die Entfernung der Körper voneinander, ihre Ausdehnung und ihre Lage zueinander erfaßt . . .*

Die Zeit ist eine objektiv reale Existenzform der sich bewegenden Materie. Sie charakterisiert die Reihenfolge, in der materielle Prozesse ablaufen, den Abstand verschiedener Prozeßphasen voneinander, die Dauer und Entwicklung der Prozesse.

‚In der Welt existiert nichts als die sich bewegende Materie, und die sich bewegende Materie kann sich nicht anders bewegen als im Raum und in der Zeit.'*"[5]

Man kann auch sagen: diese Sätze gehören genau in dieser Formulierung in den Grundlagenteil eines Lehrbuchs der Physik. Verschwindet hier nicht die positive

[3] Ebendort, S. 480.

[4] *W. I. Lenin*, Werke, Bd. 21, Berlin 1960, S. 42. Vgl. dazu auch ebendort, Bd. 14, Berlin 1962, S. 96.

[5] Grundlagen der marxistisch-leninistischen Philosophie, Berlin 1971, S. 79. Künftig zitiert als „Grundlagen".

* *W. I. Lenin*, Materialismus und Empiriokritizismus. In: Werke, Bd. 14, S. 171.

Wissenschaft in der Philosophie statt umgekehrt, wie Engels es (wenn wir von der „reinen Lehre vom Denken“ absehen) fordert?

Oder nehmen wir folgenden Text unter der Überschrift „Die Produktionsverhältnisse“:

„Die Produktion war und ist stets gesellschaftliche Produktion. Indem die Menschen materielle Güter herstellen, treten sie in vielfältige Beziehungen zueinander, und nur im Rahmen dieser Beziehungen produzieren sie, existiert ihr Verhältnis zur Natur . . .

Im Prozeß der Produktion bilden sich zwischen den Menschen Beziehungen verschiedener Art heraus. So gibt es zum Beispiel Beziehungen, die durch die technische Arbeitsteilung zwischen den verschiedenen Berufen bedingt sind. Es gibt Beziehungen zwischen den Abteilungen eines Betriebes, zwischen Werktätigen, die bestimmte miteinander im Zusammenhang stehende Arbeitsoperationen verrichten usw. Diese Beziehungen kann man als produktionstechnische Beziehungen bezeichnen. Sie werden unmittelbar durch die Technik, durch die Technologie und Produktionsorganisation bestimmt und können sich daher in kapitalistischen und in sozialistischen Betrieben nicht grundlegend voneinander unterscheiden.

Anders verhält es sich mit den gesellschaftlichen Produktionsverhältnissen (den ökonomischen Verhältnissen). Ihr Charakter hängt davon ab, wem die Produktionsmittel in der Gesellschaft gehören oder, anders gesagt, wie das *Eigentum an den grundlegenden Produktionsmitteln* in der betreffenden Gesellschaft verteilt ist.“[6]

Man kann auch sagen: diese Sätze gehören genau in dieser Formulierung in den Grundlagenteil eines Lehrbuchs der Politischen Ökonomie. Verschwindet hier nicht wieder die positive Wissenschaft in der Philosophie statt umgekehrt, wie Engels es (wenn wir von der „reinen Lehre vom Denken“ absehen) fordert?

Und noch ein letzter Auszug aus diesem Buch:

„Durch die Geschichte der Gesellschaft zieht sich seit dem Zerfall der Urgemeinschaft der Klassenkampf. ‚Freier und Sklave, Patrizier und Plebejer, Baron und Leibeigener, Zunftbürger und Gesell, kurz, Unterdrücker und Unterdrückte standen in stetem Gegensatz zueinander, führten einen ununterbrochenen, bald versteckten, bald offenen Kampf, einen Kampf, der jedesmal mit einer revolutionären Umgestaltung der ganzen Gesellschaft endete oder mit dem gemeinsamen Untergang der kämpfenden Klassen‘*, so haben Marx und Engels die Hauptformen des Klassenkampfes vor der Entstehung des Kapitalismus charakterisiert. Die Epoche des Kapitalismus brachte eine weitere Verschärfung des Klassenkampfes mit sich, indem sie die Gesellschaft in zwei große Lager, zwei große Klassen – Bourgeoisie und Proletariat – spaltete . . .

Der Klassenkampf weist die unterschiedlichsten Charakteristika und Formen auf . . .

Die Formen des Klassenkampfes und die Formen der Klassenorganisation stehen

[6] Ebendort, S. 294.

* *Karl Marx/Friedrich Engels:* Manifest der Kommunistischen Partei. In: *Marx/Engels,* Werke, Bd. 4, S. 462.

in engem Zusammenhang. Besonders deutlich zeigt sich das am Beispiel des proletarischen Klassenkampfes. Das Proletariat führt seinen Kampf gegen den Kapitalismus in drei Hauptformen: als ökonomischen, politischen und ideologischen Klassenkampf."[7]

Man kann auch sagen: diese Sätze gehören genau in dieser Formulierung in den Grundlagenteil eines Lehrbuchs der Geschichte. Verschwindet hier nicht wieder die positive Wissenschaft in der Philosophie statt umgekehrt, wie Engels es (wenn wir von der „reinen Lehre vom Denken" absehen) fordert?

Soll die marxistische Philosophie wirklich zugleich Naturwissenschaft, Politische Ökonomie, Geschichte, Lehre vom Denken sein?

Hier liegt meiner Ansicht nach eine falsche Identifizierung von Philosophie und Marxismus, von Philosophie und dem, was man allgemein Weltanschauung nennt, vor, die durchaus den von Engels und Lenin hier zitierten Auffassungen von der Philosophie widerspricht.

Was sagt Lenin über den Marxismus? In seiner Schrift „Drei Quellen und drei Bestandteile des Marxismus" heißt es:

„Die Geschichte der Philosophie und die Geschichte der Sozialwissenschaft zeigen mit aller Deutlichkeit, daß der Marxismus nichts enthält, was einem ‚Sektierertum' im Sinne irgendeiner abgekapselten, verknöcherten Lehre ähnlich wäre, die *abseits* von der Heerstraße der Entwicklung der Weltzivilisation entstanden ist. Im Gegenteil: Die ganze Genialität Marx' besteht gerade darin, daß er auf die Fragen Antwort gegeben hat, die das fortgeschrittene Denken der Menschheit bereits gestellt hatte. Seine Lehre entstand als direkte und unmittelbare *Fortsetzung* der Lehren der größten Vertreter der Philosophie, der politischen Ökonomie und des Sozialismus.

Die Lehre von Marx ist allmächtig, weil sie wahr ist. Sie ist in sich geschlossen und harmonisch, sie gibt dem Menschen eine einheitliche Weltanschauung, die sich mit keinerlei Aberglauben, keinerlei Reaktion, keinerlei Verteidigung bürgerlicher Knechtung vereinbaren läßt. Sie ist die rechtmäßige Erbin des Besten, was die Menschheit im 19. Jahrhundert in Gestalt der deutschen Philosophie, der englischen politischen Ökonomie und des französischen Sozialismus hervorgebracht hat."[8]

Da die deutsche Philosophie die Welt dialektisch sah und somit auch die Theorie der Naturbewegung mit einschloß und da der französische Sozialismus ganz selbstverständlich den französischen Materialismus des 18. Jahrhunderts übernahm sowie gleichzeitig die Theorie der Geschichte der Menschheit mit umfaßte, kann man sagen, der Marxismus ist die Wissenschaft von den Grundlehren der Bewegung der Materie in Natur und Gesellschaft.

Dabei gilt zu beachten: In der Natur stellen wir Veränderung oder auch Entwicklung fest, während wir die Bewegung in der Gesellschaft als Fortschritt (oder Rückschritt) bezeichnen. Das heißt, die Bewegung in der Natur ist wertneutral, während die Bewegung in der Gesellschaft von den Menschen, die die Gesellschaft bilden, geformt, bzw. entscheidend beeinflußt und entsprechend gewertet wird.

[7] Ebendort, S. 344 und 347.

[8] *W. I. Lenin*, Werke, Bd. 19, Berlin 1962, S. 3 f.

Beide Bewegungen, die in Natur und in Gesellschaft, eint aber, daß sie dialektisch vor sich gehen. Und noch eines eint sie mehr und mehr: die Tatsache, daß die Natur in zunehmendem Maße vergesellschaftet wird, daß ihre Veränderungen immer stärker vom Menschen bestimmt werden – bisher nur auf der Erde, doch dringt der Mensch jetzt schon in das Weltall ein –, daß also die Veränderung in der Natur sich insofern ebenfalls in Fortschritt verwandelt.

Wir sprechen in diesem Zusammenhang von der marxistischen Weltanschauung und nennen sie eine wissenschaftliche Weltanschauung. Man sollte aber überlegen, ob dieser aus der deutschen bürgerlichen Philosophie übernommene Ausdruck Weltanschauung prägnant genug ist. Er scheint mir zu passiv. Wir schauen die Welt doch nicht einfach an. Denn indem wir sie anschauen, eignen wir sie uns doch zugleich schöpferisch an.

Auch scheint es mir zweifelhaft, ob der Marxismus nur eine wissenschaftliche Weltanschauung ist. Denken wir an die „Einleitung zur Kritik der Politischen Ökonomie", in der Marx sagt: „Das Ganze, wie es im Kopfe als Gedankenganzes erscheint, ist ein Produkt des denkenden Kopfes, der sich die Welt in der ihm einzig möglichen Weise aneignet, einer Weise, die verschieden ist von der künstlerischen, religiösen, praktisch-geistigen Aneignung dieser Welt."[9] Es gibt also verschiedene Formen des Weltanschauens, der Weltaneignung!

Umfaßt der Marxismus nun als Weltanschauung nur die denkende, die wissenschaftliche Aneignung der Welt? Ist der Mensch, der in einer wirklich umfassend entwickelten sozialistischen (im weitesten Sinne des Wortes) Gesellschaft aufgewachsen ist, der in einer nach den wissenschaftlichen Erkenntnissen des entfalteten Marxismus aufgebauten Gesellschaft lebt, nicht in ganz anderer Weise auch befähigt, die Welt künstlerisch oder praktisch-geistig zu erfassen und sich anzueignen, als der Mensch in früheren Gesellschaftsordnungen? Natürlich ist er das!

Man sollte daher vielleicht besser sagen: Der Marxismus ist die adäquateste wissenschaftliche Art der Aneignung der Welt, aber nur der marxistisch erzogene, in einer voll entwickelten sozialistischen Gesellschaft lebende Mensch ist auch fähig, sich die Welt künstlerisch und praktisch-geistig in höchst möglichem Maße anzueignen. Ja, es kann sein, daß er auch noch weitere Aneignungsformen, von denen wir uns heute noch keine Vorstellung machen können, erlernt, während er andere, wie heute schon die religiöse, als unbrauchbar geworden aufgibt. Aber um welche Aneignungsformen es sich auch handelt, stets wird es der marxistisch gebildete Mensch sein, der jeder der verschiedenen Aneignungsformen, etwa der künstlerischen oder der praktisch-geistigen, die höchste Effektivität gibt. Das heißt also, etwa der Künstler ist in der Lage, seine künstlerische Perzeption zu schärfen, wenn er marxistisch gebildet ist.

Es scheint darum überlegenswert, den Begriff der Weltanschauung durch den der Weltaneignung zu ersetzen und in den Marxismus nicht nur eine wissenschaftliche, sondern jede effektive Art der Aneignung, also zum Beispiel auch die künstlerische Art und Weise der Aneignung der Welt einzubeziehen.

[9] *Marx/Engels,* Werke, Bd. 13, Berlin 1961, S. 632 f.

Bei dem Ersatz des Wortes Weltanschauung durch Weltaneignung handelt es sich nicht nur um die Ersetzung eines Wortes durch ein anderes, besseres, sondern um eine grundlegende Frage.* Denn nur wenn wir von Aneignung sprechen, rückt die Aktivität des Menschen in den Vordergrund und damit auch die Methode der Aneignung. Es ist darum auch verständlich, daß Marx und Engels und Lenin dem Marxismus als Methode solch entscheidende Bedeutung beigemessen haben. In „Was sind die ‚Volksfreunde'" schreibt Lenin zum Beispiel: „Genauso, wie nun der Transformismus keineswegs den Anspruch erhebt, die ‚gesamte' Geschichte der Entstehung der Arten zu erklären, sondern nur den, die Methoden dieser Erklärung auf ein wissenschaftliches Niveau zu bringen, hat auch der Materialismus in der Geschichte nie den Anspruch erhoben, alles erklären zu wollen, sondern nur den, die nach einem Ausdruck von Marx („Das Kapital') ‚einzig ... wissenschaftliche' Methode zur Erklärung der Geschichte herauszuarbeiten**."[10]

Natürlich können wir noch nicht alles erklären, natürlich entwickeln wir Marxisten auch falsche Theorien und haben darum auch falsche Anschauungen – aber die Methode, die Marx entwickelt hat, führt, richtig gehandhabt, stets zu richtigen Resultaten. Darum sagt Lenin auch in der gleichen Schrift: „die Marxisten entlehnen der Marxschen Theorie vorbehaltlos nur die wertvollen Methoden, ohne die eine Aufhellung der gesellschaftlichen Verhältnisse unmöglich ist, und sehen folglich das Kriterium für ihre Beurteilung dieser Verhältnisse keineswegs in abstrakten Schemata und ähnlichem Unsinn, sondern darin, ob diese Beurteilung richtig ist und mit der Wirklichkeit übereinstimmt."[11]

Wie gar nicht selten mißlingt uns die wissenschaftliche Aneignung der Welt – stets von neuem müssen wir das Angeeignete überprüfen . . . aber immer müssen wir dabei die einzig und stets richtige Methode anwenden, das System der Methoden, die Methodologie des Marxismus-Leninismus!

2. *Der Sinn für das Historische und der Fortschritt*

Erinnern wir uns noch einmal an die Feststellung von Engels: „Erst wenn Natur- und Geschichtswissenschaft die Dialektik in sich aufgenommen, wird all der philosophische Kram – außer der reinen Lehre vom Denken – überflüssig, verschwindet in der positiven Wissenschaft."

Heute besteht, wie wir an dem Lehrbuch der Philosophie, aus dem wir zitierten, ersahen, die umgekehrte Tendenz: ein Teil der positiven Wissenschaft schleicht sich in die Philosophie ein. Natürlich ist das kein Unglück, leidet unsere Welterkenntnis nicht darunter, außer daß der Begriff und die Lehrbücher der Philosophie immer um-

* Selbstverständlich befürworten wir nicht, den Begriff der Anschauung an sich aufzugeben – nur sollte man ihn nicht verwenden, wenn Anschauung Aneignung gleichgesetzt wird.

** Vgl. *Marx/Engels*, Werke, Bd. 23, Berlin 1962, S. 393 – J. K.

[10] *W. I. Lenin*, Werke, Bd. 1, Berlin 1961, S. 137 f.

[11] Ebendort, S. 189.

fassender werden. Da aber selbstverständlich die positiven Wissenschaften ebenfalls diese ihre Problematik bearbeiten und bringen müssen, werden alle Bücher überladen, und das gleiche gilt selbstverständlich für den Unterricht.

Wir meinen darum, daß man besser daran tut, die bisherige Philosophie, mit Ausnahme der Gnoseologie, in der positiven Wissenschaft verschwinden zu lassen. Wir brauchen keine über allen anderen schwebende Wissenschaft, auch keine unter allem schwebende „Grundlagenwissenschaft". Wohl aber brauchen wir selbstverständlich eine aller Wissenschaft gemeinsame Methodologie, und das ist das System des dialektischen und historischen Materialismus.

Doch wenn wir vom dialektischen und historischen Materialismus sprechen, deuten wir zugleich an, daß diese Methodologie zwei Hauptmittel der Erfassung von zwei zwar miteinander verflochtenen, aber in ihrer Bewegung inhaltlich verschiedenen Realitäten enthält: den dialektischen Materialismus zur Erfassung aller Realität in Natur und Gesellschaft und den historischen Materialismus zur spezifischen Erfassung der (sich natürlich auch dialektisch bewegenden) Gesellschaft. Die materielle Realität der Natur erfaßt die Naturwissenschaft, die Realität der Gesellschaft erfaßt, wie Engels formuliert, die Geschichtswissenschaft, daher auch der Name historischer (!) Materialismus.

Für Engels gibt es also zwei große Wissenschaftszweige: die Naturwissenschaften und die Geschichtswissenschaften, welch letztere wir heute Gesellschaftswissenschaften nennen. Die Betonung des Historischen, der gewerteten Entwicklung, des Fortschritts in allem, was die Gesellschaft und die Wissenschaft von ihr betrifft, war Marx und Engels überaus wichtig. Daher sprechen wir auch nicht einfach vom gesellschaftlichen, sondern vom historischen Materialismus.

(Es ist übrigens nicht ohne Interesse festzustellen, daß, völlig unabhängig von den damals noch nicht veröffentlichten Studien von Engels, ein nicht unbedeutender bürgerlicher Philosoph, Wilhelm Dilthey, dafür plädierte, die Geschichtswissenschaft an Stelle der Philosophie zur Königin der, wie er es nannte, Geisteswissenschaften zu machen.[12]

Er war ein Idealist, zum Teil auch ein Irrationalist, und er wollte die Geschichtswissenschaft zur Königin der Gesellschaftswissenschaften machen, um diese noch stärker von den Naturwissenschaften abzugrenzen, die Eigenart beider großer Wissenschaftszweige noch stärker herauszuarbeiten und die Geisteswissenschaften vor den „Zugriffen der Naturwissenschaften" zu bewahren, den ersteren ihre Existenz zu sichern. Motiv und Inhalt seiner Handlung waren also grundverschieden von denen von Engels. Aber mit feinem Instinkt erkannte er die Bedeutung des historischen Elements der Gesellschaftswissenschaften, die auch wir so klar und deutlich anerkennen, wenn wir vom historischen Materialismus sprechen.)

Es ist die Gesellschaft in ihrer historischen Bewegung, es ist die (natürlich mit Abweichungen, mit Rückschlägen verbundene) Bewegung des Fortschritts der Gesellschaft, die der Gegenstand des historischen Materialismus ist – und zwar als

[12] Vgl. zum folgenden auch *J. Kuczynski,* Studien zu einer Geschichte der Gesellschaftswissenschaften, Bd. 4, Kapitel VI.

objektive Realität, die wir uns aneignen, als von Gesetzen bestimmte Bewegung, die wir verstehen wollen.

Die Idee des Fortschritts in der Geschichte der Menschheit als allgemeinere Ideologie ist neu. Als erster bedeutender Philosoph des Fortschritts in der Frühzeit der bürgerlichen Entwicklung ist wohl Jean Bodin zu nennen – mit seinem Buch Methodus ad facilem historiarum cognitionem (Paris 1566). Er teilt die Geschichte in drei Perioden, von denen die letzte durch Kriege und Erfindungen charakterisiert ist. Dem Franzosen Bodin folgt als nächster großer Vorkämpfer der Fortschrittsidee Francis Bacon in England, für den Wissenschaft und Erfindungen – und jetzt schon sehr zweckbestimmt: zur Verbesserung des Lebens der Menschen – Kennzeichen und Motor des Fortschritts sind. Wie früh schon, am Ende der Renaissance, wird die Erfindung, basierend auf wissenschaftlicher Erkenntnis, zum Charakteristikum des Fortschritts! Prometheus mußte noch den Göttern das Feuer rauben, jetzt machen die Menschen selbst ihre großen Erfindungen zur Förderung ihrer Wohlfahrt. Dabei handelt es sich um ein siegreiches Ringen mit der Natur – während Prometheus den Göttern erlag. Ja, dem nächsten großen Philosophen des Fortschritts, Descartes, wird von einem Schüler der Ehrentitel „Der große Sekretär der Natur" verliehen, und der Fortschritt basiert bei ihm auf der Anwendung des Verstandes auf die von Gesetzen bestimmte Natur. Als letzter unter den frühen großen Vertretern der Fortschrittsidee ist Leibniz zu erwähnen, den Diderot so schön den „Vater des Optimismus" nennt. Ja, vielleicht ist das überhaupt das entscheidende Merkmal der neuen Geschichtsphilosophie des Fortschritts, daß sie von einem großartigen Optimismus für die Menschheit beseelt ist, voller Stolz auf das, was die Menschen leisten können.

Großartig gestaltete sich dann der Gedanke des Fortschritts im 18. Jahrhundert, insbesondere mit Montesquie und Turgot und Condorcet in Frankreich, mit Adam Smith und Ferguson in Schottland ... und dann folgt die wunderbare Blüte des Fortschrittsgedankens im 19. Jahrhundert:

mit Owen und Fourier und Saint Simon, die der Fortschritt in eine Art von Sozialismus führt –

mit Fichte und Hegel, die in der Entwicklung der Freiheit des Menschen das Ziel des historischen Fortschritts sehen –

mit Guizot, Mignet und Michelet, Thiers und Thierry, die den Klassenkampf als Triebkraft des Fortschritts entdecken –

mit Comte, der nach spezifischen Gesetzen des Fortschritts sucht –

und schließlich mit dem Werk von Marx und Engels, das die Gesetze des Fortschritts bis zu dem Moment, wo jedem nach seinen Bedürfnissen gegeben wird, entdeckt und analysiert.

Im „Kommunistischen Manifest" sagen Marx und Engels: „Die Bourgeoisie kann nicht existieren, ohne die Produktionsinstrumente, also die Produktionsverhältnisse, also sämtliche gesellschaftlichen Verhältnisse fortwährend zu revolutionieren. Unveränderte Beibehaltung der alten Produktionsweise war dagegen die erste Existenzbedingung aller früheren industriellen Klassen."[13]

[13] *Marx/Engels*, Werke, Bd. 4, Berlin 1958, S. 465.

Auch konservativ nennen Marx und Engels die vorkapitalistischen Gesellschaftsordnungen. Kein Wunder, daß diesen der Gedanke des Fortschritts fern lag, daß man das goldene Zeitalter in der Vergangenheit sah. Sowohl die Juden mit dem Paradies (und sie waren die Nachfolger anderer Völker mit ähnlichen Ideologien) als auch die Griechen und Römer waren der Ansicht, daß die beste Zeit der Menschheit hinter ihr läge. Die Griechen waren wohl die ersten, die eine Theorie der Degeneration und des Verfalls der Menschheit als Geschichtsphilosophie entwickelten. Für sie ebenso wie für die Römer gab es ein Gesetz des allmählichen „moralischen Verschleißes" der Menschheit in der Geschichte.

Damnosa quid non imminuit dies . . .
Die Zeit entwertet die Welt

sagt Horaz.

Großartig – aber auch richtig? – leiteten Nietzsche und Burckhardt aus solcher Haltung ab, daß die Griechen ein unglückliches Volk waren.

Die christliche Ideologie hat sogar zwei Goldene Zeitalter. Eines am Anfang der Geschichte und ein zweites am Ende der Geschichte. Dazwischen liegt das entwicklungslose Tal des Jammers, aus dem die guten Menschen in den Himmel kommen. Eine Geschichtsphilosophie im eigentlichen Sinne konnte die christliche Ideologie, die die Feudalzeit beherrschte, nicht entwickeln.

Diese Feststellungen über die Antike und die Feudalzeit sind nur allgemein zu nehmen. Sie schließen nicht aus, daß einzelne Denker sowohl in der Antike – wie zeitweise Platon – als auch in der Feudalzeit – zum Beispiel die Tradition des Augustinus – gewisse Fortschritte in der Geschichte sahen oder erhofften. Vor allem bedeuten unsere Bemerkungen über das Christentum nicht, daß es unter dem Kapitalismus nicht auch zahlreiche theologische Denker gab, die an einen Fortschritt glaubten – wie etwa Jacques Maritain, der die Geschichte als „Fortschritt des Reiches der Gnade" sieht.

Doch erst mit der Renaissance, mit den ersten großartigen Regungen der Bourgeoisie in der Basis entstand im Überbau die neue Philosophie des Fortschritts auf breiter ideologischer Basis, und mit der erneuten Beschleunigung des Fortschritts im 18. und in der ersten Hälfte des 19. Jahrhunderts wurde diese Anschauung, diese neue Konzeption der menschlichen Gesellschaft zur Wissenschaft ausgebildet.

Ganz großartig schildert das schon genannte philosophische Lehrbuch den gesellschaftlichen Hintergrund für das Entstehen des historischen Materialismus:

„Der historische Materialismus konnte nur unter bestimmten sozialen und theoretischen Voraussetzungen entstehen. Seine Entstehung war durch die gesetzmäßige Entwicklung des progressiven sozialen, politischen und philosophischen Denkens vorbereitet worden. Gleichzeitig wurde die Erkenntnis der Gesetze des gesellschaftlichen Lebens auch aufgrund sozialer Bedingungen möglich.

Die Beschleunigung der gesellschaftlichen Entwicklung, die rasche Folge historischer Ereignisse, die mit der englischen und insbesondere mit der französischen bürgerlichen Revolution der Jahre 1789 bis 1794 einsetzte, die Verschärfung der Klassenwidersprüche und Klassenauseinandersetzungen, das Auftreten der Arbeiterklasse auf dem Schauplatz der Geschichte – das sind in allgemeinen Zügen die sozialen Voraussetzungen, die die Entstehung des historischen Materialismus begünstigten.

Als sich die Geschichte noch relativ langsam vorwärtsbewegte, wie in der Epoche des Feudalismus, war es schwer, die Gesetzmäßigkeit der fortschreitenden Entwicklung der Gesellschaft festzustellen, die Ablösung einer Gesellschaftsformation durch die andere zu begreifen. In diesen Zeiten fiel es der metaphysischen Auffassung leicht, sich zu behaupten.

Die stürmischen Ereignisse am Ausgang des 18. und in der ersten Hälfte des 19. Jahrhunderts zeigten, daß die Gesellschaft durchaus kein unveränderliches Gebilde ist, sondern vielmehr ein spezifischer lebendiger sozialer Organismus, der der Veränderung unterliegt und im Hinblick auf seine Existenz und Entwicklung bestimmten objektiven Gesetzen unterworfen ist, die nicht vom Willen und Bewußtsein der Menschen abhängen."[14]

Es war die eilig vorwärtsschreitende Bewegung der Geschichte, die den Hintergrund für die Entwicklung des historischen Materialismus abgab.

Und dementsprechend definiert das Lehrbuch den Gegenstand des historischen Materialismus:

„Die gesellschaftlichen Erscheinungen und Prozesse werden von verschiedenen Wissenschaften untersucht. Die politische Ökonomie erforscht die ökonomischen Verhältnisse oder Produktionsverhältnisse, die Gesetze der Entstehung und Entwicklung der Produktionsweisen der materiellen Güter. Die Rechtswissenschaften beschäftigen sich mit der Entstehung und Entwicklung politischer und juristischer Institutionen, des Staates und des Rechts und ihren Funktionen. Die Kunstwissenschaft und die Ästhetik untersuchen die Gesetze der Entstehung und Entwicklung der Kunst, das Verhältnis der Kunst zur Wirklichkeit, die Methoden des künstlerischen Schaffens. Die Ethik erforscht das Gebiet der sittlichen, moralischen Beziehungen zwischen den Menschen. Jeder der aufgezählten Zweige der sozialen Erkenntnis untersucht eine bestimmte Seite des gesellschaftlichen Lebens.

Zum Unterschied davon sind Gegenstand des historischen Materialismus nicht einzelne Seiten des gesellschaftlichen Lebens, nicht die eine oder andere Art gesellschaftlicher Verhältnisse oder Erscheinungen (ökonomische, politische, ideologische), sondern *die Gesetze und Triebkräfte der Bewegung und Entwicklung der Gesellschaft, das gesellschaftliche Leben in seiner Ganzheit, die inneren Beziehungen und Widersprüche aller seiner Seiten und Verhältnisse.* Der historische Materialismus untersucht nicht die besonderen Gesetze, die die Existenz und die Entwicklung der ökonomischen, politischen oder geistigen Prozesse bestimmen, sondern *die allgemeinen Entwicklungsgesetze der Gesellschaft, die Gesetze der Entstehung und der Existenz der ökonomischen Gesellschaftsformationen und die Triebkräfte ihrer Entwicklung.*"[15]

Genau so ist es. Der Gegenstand des historischen Materialismus sind die Gesetze und Triebkräfte der Bewegung und Entwicklung der Gesellschaft, des gesellschaftlichen Lebens in seiner Ganzheit.

[14] „Grundlagen", S. 250. [15] Ebendort, S. 255 f.

Allgemeine Gesetze der gesellschaftlichen Entwicklung, die der historische Materialismus entdeckt hat, sind zum Beispiel das schon genannte Gesetz, daß die Gesellschaft sich fortschrittlich bewegt oder daß das gesellschaftliche Sein das Bewußtsein bestimmt. Manche meinen auch, es sei ein allgemeines Gesetz der gesellschaftlichen Entwicklung, daß die Geschichte eine Geschichte von Klassenkämpfen sei; aber dieses Gesetz ist wahrlich nicht allgemein, es gilt nur für einen ganz winzigen Zeitraum in der Geschichte der menschlichen Gesellschaft, für die wenigen tausend Jahre, in denen Ausbeutergesellschaften existieren.

3. *Geschichtswissenschaft und Geschichtsphilosophie*

Unter den wichtigsten Einzelwissenschaften, die das Lehrbuch nennt, fehlt merkwürdigerweise die Geschichtswissenschaft. Es werden genannt die Politische Ökonomie, die Rechtswissenschaften, die Kunstwissenschaft und die Ästhetik sowie die Ethik.

Was ist eigentlich Geschichtswissenschaft, was verstehen wir darunter, und verstehen wir darunter das gleiche wie Engels, wenn er die Geschichtswissenschaft der Naturwissenschaft gegenüberstellt? Noch einmal muß zunächst ganz klar gesagt werden: für Engels ist Geschichtswissenschaft das, was wir Gesellschaftswissenschaft nennen. Dazu hatten wir bereits aus dem „Anti-Dühring" und der „Dialektik der Natur" zitiert. Diese Verwendung des Begriffs behält Engels auch später bei. 1883 sagte er am Grabe von Marx: „Was das streitbare europäische und amerikanische Proletariat, was die historische Wissenschaft an diesem Mann verloren haben, das ist garnicht zu ermessen."[16] Und 1888, in der Vorrede zur englischen Ausgabe des „Kommunistischen Manifests", bemerkt Engels, nachdem er erklärt hat, daß der „Grundgedanke" des Manifests, die entscheidende Rolle der Produktionsverhältnisse und der sich aus ihnen ergebenden Klassenkämpfe für die Gesellschaft, „Marx angehört": „Diesem Gedanken, der nach meiner Ansicht berufen ist, für die Geschichtswissenschaft denselben Fortschritt zu begründen, den Darwins Theorie für die Naturwissenschaft begründet hat – diesem Gedanken hatten wir beide uns schon mehrere Jahre vor 1845 allmählich genähert."[17]

Wir dagegen verstehen unter Geschichtswissenschaft etwas ganz anderes als Engels. Unseren Begriff der Geschichtswissenschaft könnte man niemals, so wie es Engels tat, dem der Naturwissenschaft gegenüberstellen. Unser Begriff der Geschichtswissenschaft gilt für eine Einzelwissenschaft, wie die Wirtschaftswissenschaft oder irgendeine andere Gesellschaftswissenschaft. Und diese Einzelwissenschaft der Geschichte hat zum Gegenstand die politische Geschichte, das heißt im Grunde die Geschichte der Klassenkämpfe sowie natürlich auch der Kämpfe der gleichen Klassen in verschiedenen Staaten oder Städten oder anders bestimmten „souveränen" Gebilden miteinander.

So wie die Wirtschaftsgeschichte im Grunde die Geschichte der Basis (Produk-

[16] *Marx/Engels*, Werke, Bd. 19, Berlin 1967, S. 335.
[17] Ebendort, Bd. 21, Berlin 1962, S. 357.

tionsverhältnisse und Produktivkräfte) erforscht und die historische Seite der theoretischen Politischen Ökonomie ist, so erforscht die politische Geschichte im Grunde die Geschichte des politischen Überbaus und ist die historische Seite der Theorie der Klassenpolitik – wir sagen ausdrücklich nicht Theorie des Klassenkampfes, weil dieser Begriff alle Kämpfe zwischen gleichen Klassen, also zum Beispiel alle Stadt- und Länderkriege ausschließen würde und diese doch bis in die Gegenwart, ja gerade im Stadium des Imperialismus mit seinen Weltkriegen, mit Recht eine ganz große Rolle in der politischen Geschichte spielen.

Der Engelssche Begriff der Geschichtswissenschaft als unterschieden von der Naturwissenschaft aber umfaßt die Historie und Theorie der Gesellschaft als unterschieden von der Veränderung und Theorie der Natur.

Eine Geschichtsschreibung, so wie sie der Engelssche Begriff der Geschichtswissenschaft verlangt – histoire intégrale nennen sie die Franzosen treffend –, besitzen wir noch nicht. Selbstverständlich beginnen unsere politischen Geschichtsschreiber schon weit besser als zuvor wirtschaftshistorische Ausführungen als Grundlage für ihre politische Geschichte zu geben, auch „kulturelle Streiflichter" einzubauen u. ä. Aber eine Geschichtsschreibung, die das gesamte gesellschaftliche Leben entsprechend der Bedeutung der verschiedenen gesellschaftlichen Lebens- und Wirkungsgebiete umfaßt, fehlt uns noch. Und wir sind auch in der Ausbildung unserer Kader noch weit davon entfernt, eine solche Gesellschaftsgeschichte schreiben zu können.

Absolute Klarheit muß darüber herrschen, daß der Engelssche Begriff der Geschichtswissenschaft etwas ganz Neues, weit umfassender als alles, was wir bisher darunter verstehen und praktiziert haben, ist.

Wie aber steht es mit dem noch nicht behandelten Begriff der Geschichtsphilosophie? Da sieht plötzlich alles ganz anders aus. Er steht dem Engelsschen Begriff der Geschichtswissenschaft ganz nahe. In dem genannten Lehrbuch heißt es allgemein zu dem Verhältnis von „Einzelphilosophien" und „Einzelwissenschaften":

„Die Philosophen vor Marx haben in der Regel behauptet, die Philosophie vermittelte absolute Wahrheiten, die Wissenschaften dagegen gelangen nur zu relativen Wahrheiten. Deshalb stellten sie den Naturwissenschaften die Naturphilosophie, den Wissenschaften von der Geschichte der Menschheit die Geschichtsphilosophie, der Rechtswissenschaft die Rechtsphilosophie, der Kunstwissenschaft die Kunstphilosophie usw. gegenüber. Solange die Naturwissenschaften und die Gesellschaftswissenschaften überwiegend empirischen Charakter hatten, sich damit befaßten, Tatsachenmaterial zu sammeln, solange waren Geschichtsphilosophie oder Naturphilosophie als von den konkreten Wissenschaften getrennte theoretische Wissenssysteme historisch gerechtfertigt. Sie kamen zu genialen Vermutungen und nahmen künftige wissenschaftliche Entdeckungen vorweg.

In der Folgezeit jedoch, in dem Maße, wie sich die theoretische Naturwissenschaft entwickelte, überlebte sich die Naturphilosophie mit ihren charakteristischen allgemeinen und abstrakten Erwägungen über das Wesen der Naturprozesse. Dasselbe gilt auch für die Geschichtsphilosophie . . .

Der bürgerlichen Geschichtsphilosophie geht es heute wie früher um universelle Prinzipien und Methoden zur Erfassung der Geschichte als Ganzes.

Dieses Streben, die allgemeinsten Züge der gesellschaftlichen Entwicklung, die Triebkräfte der Geschichte aufzudecken, betrifft selbstverständlich ein reales Problem. Im 18. Jahrhundert und in den ersten Jahrzehnten des 19. Jahrhunderts brachten solche großen Vertreter der Geschichtsphilosophie wie Charles-Louis Montesquieu (1689–1755), François-Marie Voltaire (1694–1778), Marie-Jean-Antoine de Condorcet (1743–1794), Johann Gottfried Herder (1744–1803) und Georg Wilhelm Friedrich Hegel (1770–1831) die Geisteshaltung der aufsteigenden Bourgeoisie zum Ausdruck, die an der Erkenntnis historischer Prozesse interessiert war. Die spekulativen Konzeptionen und Systeme dieser Denker enthielten daher geniale Gedanken und Vermutungen über die historische Notwendigkeit, über den gesetzmäßigen Charakter der gesellschaftlichen Entwicklung, über den sozialen Fortschritt usw.

In den dreißiger Jahren des 19. Jahrhunderts wurde diese Geschichtsphilosophie von der positivistischen Soziologie attackiert. Ihre Begründer August Comte (1798 bis 1857), Herbert Spencer (1820–1903) und ihre Anhänger lehnten abstrakte, von den empirischen Fakten losgelöste Geschichtstheorien ab und traten für konkrete, positive Kenntnisse von der Gesellschaft ein. Obgleich sich die Vertreter der positivistischen Soziologie selbst keineswegs von ihren idealistischen allgemeinsoziologischen Konzeptionen lossagten, mußte die Hinwendung der bürgerlichen Gesellschaftswissenschaft zur empirischen Soziologie die Position der Geschichtsphilosophie dennoch schwächen.

Die gegenwärtige bürgerliche Geschichtsphilosophie hat die rationalen, progressiven Ideen der Vergangenheit aufgegeben. Sie geht in der Regel davon ab, den wirklichen historischen Prozeß zu verallgemeinern, und entwickelt ihre Konzeptionen, indem sie entweder die eine oder die andere Seite der Wirklichkeit verabsolutiert. Dadurch entstellt sie das wahre Bild der gesellschaftlichen Entwicklung, ihrer Triebkräfte und ihrer Perspektiven."[18]

Die Bourgeoisie hat also unter Geschichtsphilosophie niemals den engen Begriff der Philosophie einer Geschichte im politischen Sinne verstanden, sondern genau den weiten Engelsschen Geschichtsbegriff, den Begriff einer Philosophie der Geschichte als der Entwicklung der Gesellschaft. Während es also unmöglich wäre, nach unserer gegenwärtigen Begriffsbildung ebenso wie nach der der Bourgeoisie Geschichtswissenschaft und Naturwissenschaft als die beiden großen Wissenschaftsabteilungen zu unterscheiden, ist das für Naturphilosophie und Geschichtsphilosophie im bürgerlichen Sinne durchaus möglich, da diese beiden Philosophien sich mit den Gesetzen bzw. Triebkräften in Natur bzw. Gesellschaft beschäftigen. Dem Gegenstand nach – natürlich nicht methodologisch und auch nicht konstitutionell! – beschäftigte sich die bürgerliche Geschichtsphilosophie also in ihrer Blütezeit mit dem gleichen Gegenstand, mit dem sich der historische Materialismus beschäftigt, mit den Triebkräften und Gesetzen der Geschichte, der Entwicklung der Gesellschaft.

[18] „Grundlagen", S. 53 und 588.

4. Zur Gliederung der Wissenschaften

Nach unseren bisherigen Überlegungen würde sich für den Gesamtbereich der Wissenschaften folgende Gliederung ergeben:

Naturwissenschaft Geschichtswissenschaft oder Gesellschaftswissenschaft

(beiden gemeinsam die Methodologie des dialektischen Materialismus)

Geschichtswissenschaft
oder
Gesellschaftswissenschaft
(spezifische Methodologie: der historische Materialismus).

Die Geschichts- bzw. Gesellschaftswissenschaft gliedert sich wieder auf in Einzelwissenschaften wie:

Wirtschaftswissenschaft
Politische Geschichtswissenschaft
Kunstwissenschaft
Philosophie (Gnoseologie)
usw.

Jede dieser Einzelwissenschaften gliedert sich wieder in einen theoretischen und einen empirischen Zweig. In der Philosophie zum Beispiel ist es die Aufgabe der Theorie, wie Engels sagt und Lenin zitiert, die Prinzipien und Gesetze der „formellen Logik und Dialektik" zu untersuchen. Die Aufgabe der empirischen Forschung aber ist es, die Geschichte der Entwicklung der formellen Logik und der Dialektik, allgemein des Erkennens oder, wie Lenin formuliert, des „Übergangs von der Unkenntnis zur Erkenntnis"[19] zu analysieren.

In der Wirtschaftswissenschaft zum Beispiel ist die Aufgabe der Theorie, der Politischen Ökonomie, die Eruierung der Gesetze und Triebkräfte der Wirtschaft sowie die Analyse und die Charakterisierung der Struktur der Wirtschaft in Form der Konstruktion von Wirtschaftsmodellen. Die Aufgabe der empirischen Forschung in der Wirtschaftswissenschaft, das heißt der Wirtschaftsgeschichte, ist einmal die konkrete Untersuchung des Wirtschaftstatsachenablaufs und sodann der Form und des Grades der Durchsetzung und Wirksamkeit der von der Theorie gefundenen Gesetze und Triebkräfte sowie des Vergleichs der realen Struktur der jeweils untersuchten Gesellschaft mit dem Modell.

Jedoch darf man diese Zweige, den theoretischen und den empirischen Zweig, niemals auseinanderreißen. Sie mögen sich aus pragmatischen Gründen zu eigenen Disziplinen entwickeln, sind aber niemals eigene Wissenschaften. Sie sind beide Teile einer Wissenschaft. Darum kann ja Engels auch jede einzelne Gesellschaftswissenschaft als historische bezeichnen. So sagt er zum Beispiel in seiner Besprechung von „Zur Kritik

[19] *W. I. Lenin,* Werke, Bd. 21, Berlin 1960, S. 42.

der Politischen Ökonomie" im Londoner „Das Volk" vom 6. und 20. August 1859: „Es war nicht nur für die Ökonomie, es war für alle historischen Wissenschaften (und alle Wissenschaften sind historisch, welche nicht Naturwissenschaften sind) eine revolutionierende Entdeckung, dieser Satz: ‚daß die Produktionsweise des materiellen Lebens den sozialen, politischen und geistigen Lebensprozeß überhaupt bedingt' . . . ."[20]

Für die Klassiker sind also alle Gesellschaftswissenschaften historische Wissenschaften. Daß sie natürlich auch theoretische Wissenschaften sind, ist selbstverständlich schon in dem Begriff Wissenschaft enthalten, da es keine Wissenschaft, ganz gleich ob Gesellschafts- oder Naturwissenschaft, gibt und geben kann, die nicht theoretisch ist. Eine untheoretische Wissenschaft wäre ein Widerspruch in sich; gehört es doch zum Begriff der Wissenschaft, daß ihr Gegenstand auch die Erforschung von Gesetzen ist. Eine Wissenschaft, deren Gegenstand nicht auch die Erforschung von Gesetzen, von notwendigen Tendenzen, inneren Zusammenhängen, Wechselwirkungen, Verhältnissen und Prozessen ist, ist keine Wissenschaft.

Der Gegenstand der Gesellschaftswissenschaft(en) sind auch die Gesetze, die notwendigen Tendenzen, inneren Zusammenhänge, Wechselwirkungen, Verhältnisse und Prozesse des gesellschaftlichen Lebens in ihrer Struktur und historischen Bewegung.

Das heißt, die allgemeine Gesellschaftswissenschaft, die Geschichtswissenschaft im Sinne von Engels (der historische Materialismus) und entsprechend auch die einzelnen Gesellschaftswissenschaften müssen ihren Gegenstand theoretisch und historisch erfassen: sowohl als auch, gleichzeitig, in Einem. Darum der Ausdruck historische Wissenschaft, „historische Theorie". Nur die Erforschung von Gesetzen in ihrer historischen Bewegung und ebenso die Erforschung der historischen Bewegung auf ihre Gesetze hin, nur diese Doppelforschung kann als Gesellschaftswissenschaft betrachtet werden.

Ebenso wie es nicht Materie geben kann, die nicht in Bewegung ist, ebenso wie Materie ohne Bewegung ein sinnloser Begriff ist, so ist ein gesellschaftliches Gesetz ohne historische Bewegung undenkbar, weshalb die gesellschaftlichen Gesetze eben nur als sich historisch bewegende erfaßt werden können. Kein Gesetz der Gesellschaftswissenschaft, auch nicht das allgemeinste, hat Sinn und Bedeutung, wenn es nicht eingebettet ist in eine historische Bewegung.

Ebenso aber muß man sehen, daß keine Darstellung der Bewegung von gesellschaftlichen Tatsachen einen tieferen Sinn für uns erhalten kann, wenn sie nicht in den Rahmen der Gesetzmäßigkeiten, die die Gesellschaft beherrschen, zumindest insofern eingebaut ist, als man ihre Gesetzmäßigkeit oder Zufälligkeit nachweist.

Früher haben manche Marxisten – darunter auch ich – als Aufgabe der Wissenschaft im Grunde nur die Erforschung von Gesetzen in ihrer historischen Bewegung gesehen. Später haben manche Marxisten – darunter auch ich – betont, daß eine solche Auffassung von Wissenschaft im engeren Sinne durchaus ihre Berechtigung

[20] *Marx/Engels*, Werke, Bd. 13, Berlin 1961, S. 470. Vgl. zum folgenden auch *J. Kuczynski*, Der Gegenstand der Wirtschaftsgeschichte, in: Jahrbuch für Wirtschaftsgeschichte, Teil I, Berlin 1963, S. 133–147.

hat, daß man aber auch einen weiteren Begriff von Wissenschaft haben müßte, in dem eine großartige Eruierung oder Zusammenstellung von Tatsachen – etwa eine Streikstatistik für Deutschland, die die Jahre 1800 bis 1870 umfaßt – Platz haben müßte.

Manche neigen dazu, zu unterscheiden zwischen einer großartigen Leistung für die Wissenschaft – etwa die genannte Streikstatistik – und einer großartigen wissenschaftlichen Leistung, zum Beispiel die Aufstellung einer solchen Streikstatistik und ihren Einbau in die Lehre vom Klassenkampf mit all ihren Gesetzmäßigkeiten und notwendigen Zusammenhängen.

Wir müssen also zu dem Schluß kommen: Jede Wissenschaft von der Gesellschaft, die allgemeine Wissenschaft wie jede einzelne Wissenschaft, ist zugleich Theorie und Geschichte (Historie), denn ihr Untersuchungsgegenstand sind die Entwicklungsgesetze der Gesellschaft bzw. einzelner Sphären der Gesellschaft in historischer Bewegung und die historische Bewegung in ihrer gesetzmäßigen Entwicklung. Jede Gesellschaftswissenschaft muß daher die Geschichte ihres Gebietes untersuchen, um aus dieser Untersuchung die Gesetze, Zusammenhänge, Verhältnisse, Beziehungen seiner gesellschaftlichen Bewegungen abzuleiten, und umgekehrt, von den Gesetzen ausgehend untersuchen, wie sie sich in der Historie „benehmen".

Darum gibt es in der Gesellschaftswissenschaft, d. h. in der Geschichtswissenschaft im Engelsschen Sinne, auch nicht sich alternativ ausschließende Methoden des Vorgehens. Der Gesellschaftswissenschaftler muß zugleich theoretische Überlegungen auf Grund historischer Untersuchungen und historische Untersuchungen auf Grund theoretischer Überlegungen machen. In diesem Sinne gibt es keinen Geschichts-, d. h. empirischen Wissenschaftler, der Gesetze als solche nicht zum Untersuchungsgegenstand hat, und keinen Theoretiker, der die Geschichte nicht zum Gegenstand seiner Untersuchung machen muß. Theoretische und empirische (Geschichts-)Forschung sind genauso zwei Seiten einer Einheit, nämlich des Gesellschaftswissenschaftlers, wie die Meisterung der Theorie und Praxis des Klassenkampfes zwei Seiten einer Einheit, nämlich des Parteifunktionärs, ja im Grunde jedes Parteimitgliedes sind.

Da aber die Geschichte die Praxis darstellt, aus der die Theorie destilliert wird, da die Praxis in die Geschichte eingeht, die Geschichte also als Praxis natürlich das Primat vor der Theorie hat, da die Theorie nur die Abstraktion der Praxis ist, da kein Gesetz ohne Geschichte, ohne Praxis denkbar ist, so nannte Engels die Gesellschaftswissenschaften mit vollem Recht historische Wissenschaften bzw. zusammengefaßt Geschichtswissenschaft, zumal das Wort Wissenschaft auch die Theorie, die Lehre von den Gesetzen mit einschließt.

Ich glaube, wir können daher unsere vorangehenden Ausführungen so abschließen:

1. Alle Wissenschaften haben zum Gegenstand die Erforschung von Gesetzen, von Gesetzmäßigkeiten.
2. Alle Gesellschaftswissenschaften sind historische Wissenschaften.
3. Darum müssen alle Gesellschaftswissenschaftler sowohl theoretisch wie auch historisch schöpferisch arbeiten.
4. Wer als Gesellschaftswissenschaftler nur „theoretisch" arbeitet, kann keine neuen Gesetze, Zusammenhänge, Wechselbeziehungen, Prozesse erkennen. Wer nur „histo-

risch" arbeitet, muß immer dann scheitern, wenn die Erklärung von Ereignissen die Erkenntnis neuer Gesetze, Tendenzen, Wechselbeziehungen usw. verlangt.

5. Es gibt keine getrennten theoretischen und historischen wissenschaftlichen gesellschaftlichen Forschungsbereiche. Es gibt eben auf dem Gebiet der Erforschung der Gesellschaft nur historische Wissenschaften, nur historische Wissenschaftler, nur Gesellschaftswissenschaften und Gesellschaftswissenschaftler, deren Forschung und Forschungsgegenstand zugleich theoretische und historische Arbeit verlangt.
6. Natürlich gibt es, je nach Begabung und Neigung, Forscher, die sich stärker mit der theoretischen oder mit der historischen Seite ihrer Wissenschaft beschäftigen. Doch handelt es sich dann eben nur um eine Seite ihrer Wissenschaft, nicht um eine „eigene" besondere Wissenschaft, mit der sie sich stärker beschäftigen.
7. Man kann ein unfruchtbarer Theoretiker sein und ein großartiger Erzähler von Geschichte, mit voller Kenntnis aller, von anderen errungenen, theoretischen Erkenntnisse – dann aber ist man ein wissenschaftlich trefflich gebildeter Erzähler, kein schöpferischer Wissenschaftler.
8. Man kann völlig ungebildet in der Kenntnis der Geschichte sein und zugleich ein großartiger Logiker und kühner Ideen-Kombinator – dann ist man ein geschickter theoretischer Spekulant, aber kein schöpferischer Wissenschaftler.
9. Wenn wir sagen, daß jemand ein gesellschaftswissenschaftlicher Theoretiker ist, dann meinen wir damit, daß seine Hauptarbeit auf dem Gebiet der Theorie liegt, nicht aber, daß er nicht auch ein tüchtiger Historiker ist.
10. Wenn wir sagen, daß jemand ein wissenschaftlicher Historiker ist, dann meinen wir damit, daß seine Hauptarbeit auf dem Gebiet der Erforschung und Darstellung der Geschichte liegt, daß er aber auch ein tüchtiger Theoretiker ist.
11. Die Größe von Marx, Engels, Lenin als Wissenschaftler liegt nicht darin, daß sie „sowohl" einzigartige Theoretiker „wie auch" einzigartige Historiker waren. Sie konnten vielmehr das eine nur sein, weil sie auch das andere waren. Sie waren einzigartige Gesellschaftswissenschaftler, einzigartige historische Wissenschaftler, womit Theorie und Geschichte, so wie es notwendig ist, in eins zusammengefaßt sind.

Bevor wir diese allgemeinen Betrachtungen abschließen, sei noch auf eine solche Diskussion oft störende Problematik eingegangen, die nichts mehr mit dem Gegenstand der Wissenschaft zu tun hat, auch nichts mit der Methode der Erforschung, sondern mit der Darstellung der Forschungsresultate.

Gehen wir davon aus, daß der Wissenschaftler des historischen Materialismus, der Gesellschaft in ihrer historischen Bewegung, das heißt der Vertreter der historischen Wissenschaft (im Engelsschen Sinne), der Geschichtswissenschaft im allgemeinsten Sinne, nur eine entscheidende Aufgabe hat, nämlich die allgemeinen Gesetze der historischen Bewegung zu untersuchen,

gehen wir weiter davon aus, daß eine solche Untersuchung nur möglich ist durch eine umfassende und detaillierte Untersuchung des konkreten historischen Ablaufs der Geschichte der Gesellschaft, wie sie die Klassiker des Marxismus-Leninismus immer gefordert und selbst durchgeführt haben, dann ergeben sich daraus keineswegs einheitliche Formen der Darlegung der Forschungsresultate.

Die Resultate können vielmehr auf zweierlei Weise dargestellt werden:

Erstens so, daß man eine vorwiegend theoretische Darstellung gibt und aus dem gewaltigen historischen Material, das man gesammelt, dessen Bewegung man analysiert und überprüft hat, nur Beispiele, Illustrationen auswählt, um das Wirken der Gesetze anschaulich zu machen.

Zweitens so, daß man zugleich mit den Gesetzen eine breite, den historischen Verlauf, den man zur Aufspürung und Untersuchung der Gesetze konkret analysiert hat, wiedergebende Darstellung gibt.

Manche meinen, daß diese zwei Darstellungsformen zwei Wissenschaften konstituieren. Aber das ist falsch. Denn beiden Darstellungsformen ist der gleiche wissenschaftliche Gegenstand gemein, die historischen Bewegungsgesetze der Gesellschaft, die einmal gewissermaßen nackt, nur illustrativ bekleidet, das andere Mal in ihrer ganz konkreten Bewegungsweise dargelegt werden.

Das heißt, wir müssen in jeder Wissenschaft, der allgemeinsten wie auch der „spezifischsten", unterscheiden zwischen:

Forschungsgegenstand (die Bewegung der Realität und ihre Gesetze),

Forschungsmethode (historisch und theoretisch, induktiv und deduktiv),

Darstellungsform (Die Gesetze „nackt, nur illustrativ bekleidet" oder ganz konkret die Bewegung darlegend).

Nicht unterscheiden aber darf man auf dem Gebiet der Gesellschaftswissenschaften etwa zwischen einer Wissenschaft der Theorie – z. B. Logik oder Dialektik – und einer Wissenschaft der Praxis bzw. Geschichte, z. B., wie Lenin formulieren würde, des Weges von der Unkenntnis zur Kenntnis. Jede einzelne Gesellschaftswissenschaft wird vielmehr, wie auch die Klassiker des Marxismus-Leninismus es verlangen, selbstverständlich beide Seiten, die Theorie wie die Geschichte der Bewegung, umfassen.

Dieser Problematik der Darstellungsweise verwandt ist die von Engels so formulierte:

„Die Kritik der Ökonomie, selbst nach gewonnener Methode, konnte noch auf zweierlei Weise angelegt werden: historisch oder logisch. Da in der Geschichte, wie in ihrer literarischen Abspiegelung, die Entwicklung im ganzen und großen auch von den einfachsten zu den komplizierteren Verhältnissen fortgeht, so gab die literargeschichtliche Entwicklung der politischen Ökonomie einen natürlichen Leitfaden, an den die Kritik anknüpfen konnte, und im ganzen und großen würden die ökonomischen Kategorien dabei in derselben Reihenfolge erscheinen wie in der logischen Entwicklung. Diese Form hat scheinbar den Vorzug größerer Klarheit, da ja die *wirkliche* Entwicklung verfolgt wird, in der Tat aber würde sie dadurch höchstens populärer werden. Die Geschichte geht oft sprungweise und im Zickzack und müßte hierbei überall verfolgt werden, wodurch nicht nur viel Material von geringer Wichtigkeit aufgenommen, sondern auch der Gedankengang oft unterbrochen werden müßte; zudem ließe sich die Geschichte der Ökonomie nicht schreiben ohne die der bürgerlichen Gesellschaft, und damit würde die Arbeit unendlich, da alle Vorarbeiten fehlen. Die logische Behandlungsweise war also allein am Platz. Diese aber ist in der Tat nichts andres als die historische, nur entkleidet der historischen Form und der störenden Zufälligkeiten. Womit diese Geschichte anfängt, damit muß der Gedankengang ebenfalls anfangen, und sein weiterer Fortgang wird nichts sein als das Spiegelbild, in abstrakter und theoretisch konsequenter Form, des historischen Verlaufs; ein korrigiertes Spiegelbild, aber korrigiert nach Gesetzen, die der wirkliche geschichtliche Verlauf selbst an die Hand gibt, indem jedes Moment auf dem Entwicklungspunkt seiner vollen Reife, seiner Klassizität betrachtet werden kann. ...

Man sieht, wie bei dieser Methode die logische Entwicklung durchaus nicht genötigt ist, sich im rein abstrakten Gebiet zu halten. Im Gegenteil, sie bedarf der historischen Illustration, der fortwährenden Berührung mit der Wirklichkeit. Diese Belege sind daher auch in großer Mannigfaltigkeit eingeschoben, und zwar sowohl Hinweisungen auf den wirklichen historischen Verlauf auf verschiedenen Stufen der gesellschaftlichen Entwicklung wie auch auf die ökonomische Literatur, in denen die klare Herausarbeitung der Bestimmungen der ökonomischen Verhältnisse von Anfang an verfolgt wird. Die Kritik der einzelnen mehr oder minder einseitigen oder verworrenen Auffassungsweisen ist dann im wesentlichen schon in der logischen Entwicklung selbst gegeben und kann kurz gefaßt werden."[21]

Auch hier handelt es sich um eine Frage der Darstellung bzw. des Vorgehens bei Materialmangel, nicht aber um eine Frage der Wissenschaft selbst.

5. *Wirtschaftsgeschichtsschreibung und Politische Ökonomie*

Die Wirtschaftsgeschichte ist der empirische oder praktische Zweig der Wirtschaftswissenschaft, wie die Politische Ökonomie ihr theoretischer Zweig ist.

Der Politökonom muß entweder selbst Wirtschaftsgeschichte treiben, so wie es Marx und Engels und Lenin getan haben, oder er muß sich zumindest laufend über die Resultate der wirtschaftshistorischen Forschung orientieren. Und wenn er irgendein neues Gesetz gefunden zu haben glaubt, muß er seine Validität selbst als Wirtschaftshistoriker, das heißt in der Praxis der Vergangenheit bzw. Gegenwart überprüfen. Die Praxis des Theoretikers, aus der heraus er auf irgendein Gesetz kommt und an der er wieder, zu ihr zurückgehend, die Validität eines Gesetzes überprüfen muß, kann ebensogut eigenes Studium wie ein von jemand anderem geschriebenes Werk über die Geldverhältnisse in der Provence im 12. Jahrhundert oder eine Schwierigkeit in der Produktion eines Betriebes in der Gegenwart sein.

Und umgekehrt steht es mit dem Wirtschaftshistoriker, der sehr gut auf Grund des Findens eines neuen Gesetzes, sei es durch ihn selbst oder einen anderen Politökonomen, erst auf Grund seiner Bemühungen, das Gesetz an der Praxis der Geschichte zu überprüfen, zum Studium der Geschichte der Wirtschaft als Hauptbeschäftigung für längere Zeit gekommen sein kann, ebenso wie er sich auch auf Grund seines ursprünglich hauptberuflichen Studiums der Wirtschaftsgeschichte zur besseren theoretischen Durcharbeitung der historischen Arbeit in einen Politökonomen verwandeln kann.

[21] *Marx/Engels,* Werke, Bd. 13, Berlin 1961, S. 474 und 477.

Ich meine darum auch, daß weder Wirtschaftshistoriker noch Politökonom ein Beruf sein dürfen. Sie sind zwei Formen der wissenschaftlichen Betätigung einer und derselben Person, nämlich des Wirtschaftswissenschaftlers. Man arbeitet nicht „interdisziplinär" im Sinne von mehrere Wissenschaften „handhabend", wenn man Politische Ökonomie und Wirtschaftsgeschichte betreibt, sondern man arbeitet auf dem Gebiet der Wirtschaftswissenschaften, das heißt, im Rahmen einer Wissenschaft.

Doch bevor wir das weiter ausführen, hören wir einige Gegenargumente. Wird doch diese Problematik seit längerem sowohl von bürgerlichen Wissenschaftlern wie von marxistischen diskutiert.

Erfreulich und nützlich für die Weitergestaltung der Wirtschaftsgeschichte ist, daß eine ganze Reihe von bürgerlichen Wirtschaftshistorikern der von uns hier entwickelten Auffassung zustimmen, während andere ihr natürlich entgegentreten.

Eileen Power, die bedeutende englische Mediävistin, bemerkte in ihrer Antrittsrede, als sie 1933 den Lehrstuhl für Wirtschaftsgeschichte an der London School of Economics übernahm[22]: „Die Beschwerde des Ökonomen, daß der Wirtschaftshistoriker die Natur einiger seiner Probleme infolge ungenügender Kenntnisse in ökonomischer Theorie mißversteht, ist oft berechtigt; es kann nicht bezweifelt werden, daß die besser ausgebildete deduktive Methode des Ökonomen ein entscheidender Bestandteil bei jedem methodischen Studium der Wirtschaftsgeschichte ist. Nach diesem lobenswerten Eingeständnis mag es mir vielleicht auch erlaubt sein, zu der Überlegung Anlaß zu geben, daß die Abneigung des Ökonomen vor der historischen Methode als Alternative zu weit gegangen ist."

Und A. J. Youngson erklärte ein Vierteljahrhundert später[23]: „Der Wirtschaftshistoriker, der . . . Geschichte nur mit einer minimalen Beimischung von Ökonomie zu schreiben versucht, entfernt sich ebenso von seinem Thema wie der Ökonom mit nur einem hauchdünnen Überzug von Geschichte."

Eine Reihe von Wirtschaftshistorikern stellen einfach pragmatisch fest, daß Ökonomie und Wirtschaftsgeschichte sich immer mehr annähern, sehen darin aber einen großen Fortschritt. So bemerkt T. S. Ashton[24]: „Der Historiker bemüht sich mehr und mehr um die Erkenntnis der Struktur, die der Oberfläche der Ereignisse zu Grunde liegt, um zu einer Erklärung und Interpretation zu kommen. Der Ökonom ist mehr beschäftigt, nicht mit dem statistischen Gleichgewicht sondern mit dem Übergang von einem Gleichgewicht zum anderen, mit Problemen also, in denen die Zeit eine der Dimensionen ist. Wenn sie sich gegenseitig beraten, mögen sie das Ideal erreichen, bei dem der eine nicht mehr seine Tatsachen betrachtet, in der Hoffnung, aus ihnen eine Theorie zu entwickeln, und der andere nicht mehr erwartet, aus Grundprinzipien eine Theorie zu gestalten mit der Hoffnung, daß sie den Tatsachen entspricht, sondern bei dem beide zusammenarbeiten, so daß, in den Worten Croces,

[22] *E. Power,* On Medieval History as a Social Study, in: „Economica" NS. I, 1934, S. 13–29.

[23] *A. J. Youngson,* Progress and the Individual in Economic History, in: *N. B. Harte,* The Study of economic history, Collected Inaugural Lectures, 1893–1970, London 1971, S. 222.

[24] Vgl. *T. S. Ashton,* The Relation of Economic History to Economic Theory, in: „Economica" N. S. XIII, 50, 1946, S. 81–96.

die Tatsachen und die Theorie sich gegenseitig erklären." Keine sehr scharf durchdachte Formulierung, aber doch in die richtige Richtung deutend.

Zu einem ganz ähnlichen pragmatischen Resultat kommt Ashworth: „So haben die Art der Quellen und der Thematik der Wirtschaftshistoriker in der letzten Zeit ebenso wie die neuen Interessen der ökonomischen Theoretiker geholfen, die Verbindung zwischen Wirtschaftsgeschichte und Wirtschaftstheorie zu stärken."[25]

Unter den deutschschreibenden Wirtschaftswissenschaftlern dagegen gab es schon in der zweiten Hälfte des 19. Jahrhunderts den „Methodenstreit" zwischen der deutschen „historischen Schule" und den österreichischen „Grenznutzentheoretikern", auf den wir noch zu sprechen kommen werden, bei dem es um sehr ähnliche Probleme ging und unter dessen Eindruck der erste Lehrstuhlinhaber für Wirtschaftsgeschichte in der Welt, W. J. Ashley, 1893 in seiner Antrittsrede in Harvard zu einem Waffenstillstand zwischen der „historischen Schule" und den „Theoretikern" aufrief: „Es ist wahrlich an der Zeit, den Meinungsstreit mit einem Waffenstillstand zu beenden. Erkennen wir an, daß es voraussichtlich für eine lange Zeit ehrlich und hart arbeitende und intelligente Männer geben wird, die an ökonomischer Theorie interessiert sein werden: erkennen wir auch an, daß es ebenfalls eine Anzahl – eine kleine zwar in Amerika und England, aber man kann sie nicht übersehen – von solchen geben wird, ebenfalls ehrlich und hart arbeitend und nicht ganz unintelligent, die sich für Wirtschaftsgeschichte interessieren. Laßt uns versuchen, uns in den nächsten zwanzig Jahren ganz und garnicht um einander zu kümmern, und sehen wir, was dabei herauskommt."[26]

Ashley tritt also, zumindest für die nächsten zwanzig Jahre, für eine völlige Trennung von Politischer Ökonomie und Wirtschaftsgeschichte ein. Ähnlich, aber nicht so sehr die Trennung betonend, argumentierte J. H. Clapham 1929, als er den Lehrstuhl für Wirtschaftsgeschichte in Cambridge übernahm. Er schreibt gewissermaßen aus dem von Ashley 1893 geforderten Waffenstillstandsparadies voll idyllischer Zufriedenheit: „Hier in Cambridge leben, glaube ich sagen zu können, Ökonom und Wirtschaftshistoriker in Frieden miteinander. Wir können glücklich Seite an Seite unter Adam Smith's großem Schirm An Inquiry into the Nature and Causes of the Wealth of Nations sitzen. Der Professor der Politischen Ökonomie empört sich nicht, weil ich nicht einen mathematischen Artikel über Besteuerung . . . lese. Und ich ärgere mich nicht über seine Gleichgültigkeit einem wirtschaftshistorischen Thema aus dem Mittelalter gegenüber."[27]

Viel schärfer noch formulierte Lionel Robbins, als er sich auch gegen die nur leiseste Vereinigung von Politischer Ökonomie und Wirtschaftsgeschichte aussprach und die Politische Ökonomie zu einer absolut a-historischen Wissenschaft erklärte, die sich nur beschäftige mit dem „menschlichen Verhalten als einer Beziehung zwischen Zielen und nicht ausreichenden Mitteln, die alternativ eingesetzt werden können."[28]

[25] *W. Ashworth*, The Study of modern Economic History, in: N. B. Harte, a. a. O., S. 209 f.

[26] Ebendort, S. 7 f. [27] Ebendort, S. 67.

[28] *L. Robbins*, An Essay on the Nature and Significence of Economic Science, London 1932, S. 15.

Während in England und den USA der Streit bis in die Gegenwart weitergeht, meint Friedrich Lütge, daß er zumindest in der Bundesrepublik beendet sei. Ausgehend von einer Erinnerung an den „Methodenstreit" im vorangehenden Jahrhundert, stellte er 1959 fest:

„Über alle diese Auseinandersetzungen ist die Nationalökonomie hinausgewachsen. Der Streit ist abgetan; über diese einst so lebhaft diskutierten Fragen herrscht heute im Prinzip Einigkeit, und zwar unter den Angehörigen der unterschiedlichsten Richtungen. Es gibt heute keinen Theoretiker, der nicht beredte Worte fände, um die Notwendigkeit der Geschichte (und z. T. auch der Soziologie) zu unterstreichen; und kein Nicht-Theoretiker käme auf den Gedanken, den Rang der Theorie in Zweifel zu ziehen. Wenn es noch eines weiteren Beweises bedurft hätte, dann haben ihn die beiden letzten wissenschaftlichen Tagungen des altberühmten Vereins für Sozialpolitik geliefert." Leider aber, fügt er hinzu, entspricht die Praxis nicht dieser theoretischen Erkenntnis: „Im Prinzip ist – so sagten wir – die Notwendigkeit, die Wirtschaftstheorie etwa durch Soziologie und Geschichte zu ergänzen, völlig unbestritten, und doch sind wir in dieser Hinsicht erst kaum einige Schritte vorangekommen. Die Methode kann ja nie aus einem Postulat zu einer Realität werden, wenn nicht Menschen sie handhaben. Ein Blick in die moderne Literatur zeigt aber, daß sich nur ganz wenige theoretische Nationalökonomen heute mit historischer Forschung, mit historischen Fragestellungen befassen. Wie gering ist schon die Bereitschaft oder auch die innere Möglichkeit, die Ergebnisse dieser Forschung mit heranzuziehen, geschweige denn diese Forschungen selbst zu betreiben! So ist denn der im Prinzip immer wieder abgelehnte Dualismus noch weitgehend erhalten geblieben."[29]

Eine überaus interessante Position nimmt auch Karl Popper ein, der, wie W. A. Cole einmal sehr gut formuliert hat, der Ansicht ist, daß der Historiker, also auch der Wirtschaftshistoriker, Theorien „konsumiere", sie aber nicht „produziere".[30] Das wäre natürlich völlig richtig, wenn wir die „theoretische Wissenschaft", also etwa die Politische Ökonomie, und die „historische Wissenschaft", also etwa die Wirtschaftsgeschichte, als getrennte Wissenschaften betrachten würden. Aber damit können wir gerade nicht übereinstimmen. Eine Wissenschaft, die entweder nicht auch das Finden von Gesetzen oder die Untersuchung der historischen Realität einschließt, ist unseres Erachtens keine Wissenschaft.

Mit der von Popper aufgeworfenen Problematik sind wir aber zugleich an eine in diesem Zusammenhang interessierende Diskussion zwischen Marxisten gekommen. Im Jahre 1962 schrieb Waltraud Robbe einen Artikel „Der Gegenstand der Wirtschaftsgeschichte", in dem sie bemerkt: „Die Wirtschaftsgeschichte ist eine historische Wissenschaft, die *einen* Bereich des Lebens der Gesellschaft, den ökonomischen, die Produktionsweise, untersucht, das heißt, auf der Grundlage des historischen Materialismus erforscht sie die konkret-historische Durchsetzung der Entwicklungsgesetze (spezifische) der einzelnen Produktionsweisen durch die Volksmassen in den einzelnen Ländern der Welt, besonders den Kampf der Klassen um die Gestaltung der

[29] *Fr. Lütge,* Geschichte, Wirtschaft, Wirtschaftsgeschichte, München 1959, S. 9, 11.
[30] Vgl. dazu *K. R. Popper,* The Poverty of Historicism, London 1966, Abschnitt 20.

Produktionsweisen und damit die Entwicklung der menschlichen Gesellschaft in ihrer ökonomischen Sphäre von der Urgesellschaft bis zum Kommunismus."

Daran fügt sie die Bemerkung an: „Dadurch ist die Wirtschaftsgeschichte aufs engste mit der politischen Ökonomie verbunden. Sie vervollkommnet gewissermaßen die politische Ökonomie, indem sie dieser theoretischen Wissenschaft den konkret-historischen Teil liefert. Darüber hinaus vervollkommnet sie auch die politische Ökonomie, indem sie diese durch Verallgemeinerungen aus den konkret-historischen Untersuchungen bereichert."[31]

Für Waltraud Robbe gibt es also zwei Wissenschaften, die eine, die Theorie nur „konsumiert", die Wirtschaftsgeschichte, und die andere, die Theorie „produziert", die Politische Ökonomie.

Ein Jahr später antwortete ich ihr:

„Wenn Robbe der Wirtschaftsgeschichte als Wissenschaft nicht das Entdecken von Gesetzen, ihren Wandlungen, die Überprüfung der Weite und Breite ihrer Gültigkeit als Gegenstand, als Basis ihrer Existenzberechtigung gibt, so teilt sie in dieser Beziehung die Auffassung Glesermans vom Gegenstand der Geschichte überhaupt. Gleserman bemerkt über ‚Historischen Materialismus und Geschichtswissenschaft':

‚Untersuchungsgegenstand des historischen Materialismus sind die menschliche Gesellschaft und ihre allgemeinen Entwicklungsgesetze . . .

Es gibt freilich noch eine Gesellschaftswissenschaft, welche die Entwicklung der Gesellschaft als Ganzes, in der Wechselwirkung aller ihrer Seiten untersucht: die Geschichtswissenschaft. Aber die Geschichte hat die Aufgabe, den Verlauf der historischen Ereignisse in all ihrer Konkretheit darzustellen und zu erklären, der historische Materialismus dagegen ist eine theoretische Wissenschaft, deren Aufgabe darin besteht, die allgemeinen Gesetze aufzudecken, welche die konkrete Entwicklung der Ereignisse im Leben dieses oder jenes Landes oder Volkes bestimmen.

Die Einteilung in historische und theoretische Wissenschaften gilt auch für die Untersuchung einzelner Seiten des gesellschaftlichen Lebens. So gibt es eine Geschichte der Volkswirtschaft und die politische Ökonomie, eine Literaturgeschichte und eine Literaturtheorie, eine Geschichte des Staates und des Rechts und eine Theorie vom Staat und vom Recht, die in derselben Weise voneinander unterschieden sind wie die Geschichtswissenschaft und der historische Materialismus.'

Und dazu gibt er folgende Fußnote:

‚In der Literatur ist die Ansicht geäußert worden, daß der Unterschied zwischen der Geschichte als Wissenschaft und dem historischen Materialismus nicht im Gegenstand liege, sondern in der Untersuchungsmethode, daß sich der Historiker und der Soziologe mit ein und demselben Gegenstand befassen, wenngleich mit unterschiedlichen Methoden, nämlich der historischen und der logischen.

In der Tat kennzeichnet der Unterschied zwischen der historischen und der logischen Methode die Besonderheiten der historischen Wissenschaft und der Theorie des historischen Materialismus. Aber dieser Unterschied in den Methoden der Untersuchung und Darstellung ergibt sich aus den Besonderheiten des Gegenstandes dieser

[31] „Jahrbuch für Wirtschaftsgeschichte", Jg. 1962, Teil I, S. 104.

Wissenschaften. Obzwar die Geschichtswissenschaft die Gesetze, die bestimmte Epochen charakterisieren, nicht nur anwendet, sondern auch entdeckt, sind nicht die Gesetze als solche ihr Untersuchungsgegenstand. Sie untersucht und erklärt den konkreten Entwicklungsgang der Gesellschaft, innerhalb dessen das Wirken von Gesetzen in Erscheinung tritt, die sowohl vom historischen Materialismus als auch von allen anderen Gesellschaftswissenschaften untersucht werden.'[32]

Beide, Robbe und Gleserman, sind sich einig, daß die Geschichtswissenschaft und die Wissenschaft der Wirtschaftsgeschichte auch etwas mit Gesetzen zu tun haben, aber die Gesetze als solche nicht zum Untersuchungsgegenstand haben. Sie seien nicht ‚theoretische Wissenschaften' wie der Historische Materialismus und die Politische Ökonomie, sondern ‚historische Wissenschaften'."[33]

Meiner Ansicht nach haben Robbe und Gleserman natürlich recht, daß sie zwischen den Aufgaben der Politischen Ökonomie und der Wirtschaftsgeschichte, bzw. dem historischen Materialismus als Theorie und der Geschichte unterscheiden. Aber beide haben unrecht, wenn sie von je zwei Wissenschaftspaaren sprechen. Auch hat Gleserman unrecht, wenn er von dem historischen Materialismus als einer „theoretischen Wissenschaft" spricht. Der historische Materialismus hat zum Gegenstand sowohl die allgemeinen Gesetze der Gesellschaft wie auch ihre Geschichte. Es kann keine Wissenschaft geben, die entweder nur die Gesetze oder nur die Geschichte zum Gegenstand hat – was nicht bedeutet, daß der einzelne Wissenschaftler nicht besser in der Theorie als in der Geschichte arbeitet oder umgekehrt.

Sehr deutlich wird die Inkonsequenz seiner Haltung in dem gegebenen Zitat, als Gleserman bemerkt: „Obzwar die Geschichtswissenschaft die Gesetze, die bestimmte Epochen charakterisieren, nicht nur anwendet, sondern auch entdeckt, sind nicht die Gesetze als solche ihr Untersuchungsgegenstand."

Was ist das für ein merkwürdiger Wirtschaftshistoriker, der Gesetze der Politischen Ökonomie entdeckt, sie aber nicht untersucht. Woher weiß er denn, wenn er sie nicht untersucht, daß es Gesetze sind? Oder plaudert er sie gewissermaßen naiv aus und erst der Politökonom merkt, was für großartige Gesetze der naive Wirtschaftshistoriker entdeckt hat?

Nein: Es ist doch so, daß, sobald der Wirtschaftshistoriker einem neuen Gesetz auf der Spur ist oder von sich aus, auf Grund neu entdeckter Prozesse, das Bedürfnis nach einem neuen Gesetz zur Erklärung der Prozesse empfindet, er sich in einen Politökonomen verwandelt, genau wie der Politökonom nach der Formulierung des neuen Gesetzes sich um die Bestätigung von dessen Validität durch historisches, durch Praxisstudium bemüht.

Immer müssen wir uns vor Augen halten, daß der einzelne Wissenschaftler vornehmlich Theoretiker oder vornehmlich Historiker sein kann. Es kann aber weder eine theoretische noch eine historische Gesellschaftswissenschaft geben. Darum kann ich auch nicht mit Gleserman übereinstimmen, wenn er den historischen Materialismus eine

[32] *G. J. Gleserman,* Zum Gegenstand des historischen Materialismus, in: Fragen der Philosophie, H. 3, Moskau 1960, übersetzt in: Sowjetwissenschaft. Gesellschaftswissenschaftliche Beiträge, 7/1960, S. 733 u. 738.

[33] Ebendort, Jg. 1963, Teil I, S. 134 f.

theoretische Wissenschaft nennt. Er ist eine theoretische und historische Wissenschaft, wobei aus pädagogischen (!) Gründen Marxisten gegenwärtig das Wort historisch stärker betonen sollten, weil es Gemeingut aller Marxisten ist, daß jede Wissenschaft es aktiv oder passiv mit Gesetzen zu tun hat. Hier besteht Einmütigkeit unter Marxisten, während ein bürgerlicher Historiker etwa erklären kann: „Weisere und gelehrtere Männer als ich haben in der Geschichte einen Plan, einen Rhythmus, ein vorausbestimmtes Muster entdeckt. Diese Harmonien sind vor mir verborgen. Ich kann nur eine unerwartete Notsituation der anderen folgen sehen, wie eine Welle der anderen folgt, nur ein wichtiges Faktum . . . eine sichere Regel für den Historiker: daß er in der Entwicklung des Schicksals der Menschen das Spiel des Zufalls und des Unvorgesehenen erkennen sollte."[34]

Etwas anders ist die Problematik, wie sie andere Marxisten aufgeworfen haben. Sie meinen, daß sowohl Politökonomen wie auch Wirtschaftshistoriker es mit dem Finden von Gesetzen zu tun hätten, unter diesem Aufgaben-Gesichtspunkt also beide Wissenschaften wären:

Aufgabe der Politischen Ökonomie sei die Erforschung der allgemeinen ökonomischen Gesetze, Aufgabe des Wirtschaftshistorikers die Erforschung spezifischer ökonomischer Gesetze.

Eine solche Formulierung hat auf den ersten Blick etwas Einleuchtendes. Wir hätten dann zwei Wissenschaften – beide haben, wie es einer Wissenschaft zukommt, die Erforschung von Gesetzen zum Gegenstand: die Politische Ökonomie die allgemeinen, die Wirtschaftsgeschichte die spezifischen.

Sobald man aber konkret mit dieser Definition arbeiten will, scheitert man. Marx und Engels haben bekanntlich die allgemeinen Gesetze der Umwandlung der feudalen in die kapitalistische Landwirtschaft untersucht und ihr Wirken an Beispielen aus der englischen Geschichte illustriert. Eindeutig ein Beitrag zur Politischen Ökonomie.

Nun hat Lenin auf Grund seiner historischen Studien in Rußland entdeckt, daß es für Osteuropa, einschließlich des Ostens Deutschlands, eine spezifische Form des allgemeinen, von Marx und Engels entdeckten Weges von der feudalen zur kapitalistischen Landwirtschaft gibt, den Preußischen Weg, mit spezifischen, den allgemeinen untergeordneten, Gesetzmäßigkeiten. Hat Lenin mit dieser Entdeckung einen Beitrag zur Politischen Ökonomie oder zur „Wissenschaft der Wirtschaftsgeschichte" geleistet?

Die marxistischen Forscher in Polen und Ungarn entdeckten in den fünfziger Jahren noch spezifischere gesetzmäßige Eigentümlichkeiten der Umwandlung der Landwirtschaft, bedingt zum Teil durch, wie sie damals formulierten, halbkoloniale Bedingungen, unter denen der Preußische Weg der Landwirtschaft gegangen wurde. Sind wir jetzt bei der Wirtschaftsgeschichte angelangt?

Oder erreichen wir sie erst bei vergleichsweisem Studium einzelner Landesteile, Dörfer usw., die in einer bestimmten Gegend den gleichen spezifischen Gesetzen unterliegen? Dann wäre aber die Wirtschaftsgeschichte nichts anderes als die Unter-

[34] *H. A. L. Fischer*, A History of Europe, London 1946, S. V.

suchung, unter welchen besonderen historischen (vielfach auch historisch gesehen zufälligen) Formen sich bekannte allgemeine und spezifische ökonomische Gesetze durchsetzen. Dann sind im Grunde nicht mehr Gesetze, gesetzmäßige Zusammenhänge usw. Gegenstand der Wirtschaftsgeschichte, sondern nur noch die besonderen konkreten Formen der Erscheinung bereits bekannter Gesetze usw. Die Wirtschaftsgeschichte ist dann aber keine eigene Wissenschaft mehr, denn sie hat nicht mehr die Erforschung von Gesetzen, gesetzmäßigen Prozessen usw. zum Gegenstand.

Andere marxistische Forscher haben die Meinung geäußert, daß die Politische Ökonomie sich mit den Gesetzen der Gegenwart, die Wirtschaftsgeschichte aber mit den Gesetzen der Vergangenheit beschäftige.[35] Dann wäre der Politökonom gewissermaßen Zeitwirtschaftsgeschichtler und der Wirtschaftshistoriker Politökonom auf dem Gebiet der Vergangenheit . . . und welcher? Etwa 1975 der vor 1945 oder vor 1900 oder wie?

Auch diese These scheint mir nicht richtig.

Jedoch ist in der Praxis der Wirtschaftswissenschaft eine merkwürdige Beobachtung zu machen. Engels stellte im „Anti-Dühring" fest:

„Die politische Ökonomie als die Wissenschaft von den Bedingungen und Formen, unter denen die verschiednen menschlichen Gesellschaften produziert und ausgetauscht und unter denen sich demgemäß jedesmal die Produkte verteilt haben – die politische Ökonomie in dieser Ausdehnung soll jedoch erst geschaffen werden. Was wir von ökonomischer Wissenschaft bis jetzt besitzen, beschränkt sich fast ausschließlich auf die Genesis und Entwicklung der kapitalistischen Produktionsweise: es beginnt mit der Kritik der Reste der feudalen Produktions- und Austauschformen, weist die Notwendigkeit ihrer Ersetzung durch kapitalistische Formen nach, entwickelt dann die Gesetze der kapitalistischen Produktionsweise und ihrer entsprechenden Austauschformen nach der positiven Seite hin, d. h. nach der Seite, wonach sie die allgemeinen Gesellschaftszwecke fördern, und schließt ab mit der sozialistischen Kritik der kapitalistischen Produktionsweise, d. h. mit der Darstellung ihrer Gesetze nach der negativen Seite hin, mit dem Nachweis, daß diese Produktionsweise durch ihre eigne Entwicklung dem Punkt zutreibt, wo sie sich selbst unmöglich macht."[36]

Lenin hat die Wirtschaftswissenschaft vor allem für den Imperialismus, das letzte

[35] I. I. Skworzow-Stepanow, ein sowjetischer Politökonom, der in der ersten Hälfte der zwanziger Jahre zu der kleinen Minderheit gehörte, die die richtige Ansicht vertrat, daß es auch eine Politische Ökonomie des Sozialismus gibt, und der auch viel Kluges über das Verhältnis von Theorie und Geschichte der Wirtschaft geschrieben hat, berichtet bereits aus jener Zeit so: „Schon die erste Seite eines der neuesten Lehrbücher zur Politischen Ökonomie, die für die unzähligen Werke dieser Art typisch sind, die in letzter Zeit erschienen, zeigt diesen Standpunkt: ‚Die politische Ökonomie ist eine Wissenschaft, die die kapitalistische Wirtschaft erforscht. Die vorangegangenen vorkapitalistischen Stadien der wirtschaftlichen Entwicklung werden von ihr nicht untersucht. Die Erforschung dieser Wirtschaftsformen ist Gegenstand einer anderen Wissenschaft – der Wirtschaftsgeschichte'." (Vgl. seinen Aufsatz „Was ist politische Ökonomie?" in Westnik Kommunistitscheskoi Akademii, 1925, No. 11, S. 257–292, übersetzt in: Beiträge zur Geschichte der politischen Ökonomie des Sozialismus, Berlin 1975, S. 243.)

[36] *Marx/Engels,* Werke, Bd. 20, a. a. O., S. 139.

Stadium des Kapitalismus, weiter entwickelt, sowohl die Wirtschaftsgeschichte wie die Politische Ökonomie.

Wie aber ging die Entwicklung der Wirtschaftswissenschaft nach Lenin weiter? Sie ging nach vorwärts zur Wirtschaftswissenschaft des Sozialismus wie auch nach rückwärts betreffend die vorkapitalistische Vergangenheit und untersuchte natürlich auch weiter – auf der Basis der Entdeckungen und Forschungsresultate von Marx, Engels und Lenin – den Kapitalismus und insbesondere den Monopolkapitalismus.

Was die vorkapitalistischen Gesellschaftsordnungen betrifft, so liegt das Schwergewicht auf der Erforschung der Wirtschaftstatsachen, ich sage ausdrücklich nicht auf der Wirtschaftsgeschichte im Sinne des Teiles einer Wissenschaft, die sich der Erforschung des Wirkens von neu entdeckten notwendigen Zusammenhängen bzw. Gesetzen widmet, denn das wäre ein etwas hochtrabender Ausdruck angesichts des völligen Zurückbleibens der Politischen Ökonomie, der Theorie, der Erforschung der ökonomischen Gesetze der vorkapitalistischen Gesellschaftsordnungen. Genau wie vor hundert Jahren, als Engels die oben zitierten Zeilen schrieb, besitzen wir immer noch keine Politische Ökonomie einer anderen Ausbeuter-Gesellschaftsordnung als der des Kapitalismus. Natürlich haben wir einige Fortschritte gemacht, doch sind sie so kümmerlich, daß wir kaum über die allerersten Grundlagen, die Marx und Engels gelegt haben, für die Politische Ökonomie des europäischen Feudalismus oder der griechisch-römischen Sklavenhaltergesellschaft hinausgekommen sind, was nicht bedeutet, daß wir nicht diesem oder jenem kleinen neuen Gesetz auf die Spur gekommen sind. Daher trägt unsere Wirtschaftswissenschaft von den vorkapitalistischen Gesellschaftsordnungen noch einen ganz überwiegend empiristischen, beschreibenden, darstellenden Charakter.

Was aber die Wirtschaftswissenschaft des Sozialismus betrifft, so hat der geniale Wirtschaftswissenschaftler Lenin bekanntlich kein neues Gesetz zu den von Marx vorausgedachten hinzufügen können, da es zu seiner Zeit ebensowenig eine sozialistische Wirtschaftspraxis gab wie zur Zeit von Marx und Engels: Im Krieg, im Bürgerkrieg und unmittelbar in der ersten Rekonstruktionsperiode nach den Kriegshandlungen, die schließlich von 1914 bis 1922 gedauert hatten, konnte man keine sozialistische Wirtschaft aufbauen. Und auch in dem dem Tode von Lenin folgenden Halbjahrhundert war es natürlich unmöglich, eine Gesellschaft aufzubauen, in der der Sozialismus „rein“ wirkte, teils wegen der Überreste der Vergangenheit, teils wegen des ständigen Einflusses der überwiegend kapitalistischen Welt – man denke allein an die Verzerrung der sozialistischen Wirtschaft durch die vom Kapitalismus aufgezwungenen ungeheuerlichen Ausgaben zur Verteidigung des Sozialismus und die enorm gestiegene Rolle des Staates. Unter diesen Umständen konnten sich die Wirtschaftsgeschichte und die Politische Ökonomie des Sozialismus nur langsam und mit vielen Irrtümern entwickeln, und wir stehen im Grunde noch ganz an ihrem Anfang.

Ganz hoch ist nur das Niveau der Wirtschaftswissenschaft des Kapitalismus, einschließlich des speziellen Stadiums des Imperialismus – und zwar auf dem Gebiet der Politischen Ökonomie vor allem auf Grund der Leistungen von Marx, Engels und Lenin. Diese ihre theoretischen Leistungen haben es uns ermöglicht, in den letzten 50 Jahren bedeutende Fortschritte auf dem Gebiete der Wirtschaftsgeschichte zu machen, auf dem Gebiete der Analyse und Synthese des Ablaufs der Geschichte der Wirtschaft des Kapitalismus. Auch haben wir dabei eine Reihe neuer Gesetze entdeckt, die Marx, Engels und Lenin noch unbekannt waren, eben weil wir auf Grund der von ihnen entdeckten Gesetze eine wirklich tiefgehende Erforschung des historischen Verlaufs bis in die Gegenwart vornehmen konnten und manche Gebiete der Wirtschaftsgeschichte des Kapitalismus auf Grund neuer Materialien, die ihnen noch nicht zur Verfügung standen, oder auf Grund von Veränderungen in der Realität des letzten halben Jahrhunderts detaillierter untersuchen konnten. Überall dort aber, wo man, insbesondere im Stadium des Imperialismus, neue Gesetzmäßigkeiten gefunden zu haben glaubte, die den von den Klassikern gefundenen widersprachen, haben sich solche „Funde" als Irrtümer herausgestellt.

Darum gilt auch heute noch im wesentlichen, was Engels vor hundert Jahren sagte: „Was wir von ökonomischer Wissenschaft bis jetzt besitzen, beschränkt sich fast ausschließlich auf die Genesis und Entwicklung der kapitalistischen Produktionsweise" – mit zwei Ausnahmen: Die Wirtschaftsgeschichte hat im Gegensatz zur Politischen Ökonomie beachtliche Fortschritte gemacht, was die Tatsachenforschung betrifft, stets behindert in der Darstellung der vorkapitalistischen Gesellschaftsordnungen durch die ungenügende Entwicklung der Politischen Ökonomie, und in der Darstellung der sich entwickelnden sozialistischen Gesellschaft, behindert durch die Schwierigkeit, Gesetze einer Gesellschaftsordnung in einer Welt, in der die untergehende Gesellschaftsordnung des Kapitalismus noch so großen Einfluß auf die Gestaltung der werdenden neuen Gesellschaftsordnung hat, zu finden.

Ein Teil der Schwächen in der Entwicklung der Wirtschaftswissenschaft ist aber auch auf eine unglückliche Gestaltung der Ausbildung der Wissenschaftler zurückzuführen. Nirgendwo erhalten die Wirtschaftswissenschaftler eine ausreichende wirtschaftshistorische Ausbildung, stets konzentriert man sich vor allem auf die Ausbildung in der Politischen Ökonomie. Diejenigen aber, die sich vor allem Fragen der Wirtschaftsgeschichte der Vergangenheit widmeten, kommen zu ihr – mit Ausnahme wohl nur der Deutschen Demokratischen Republik – in der Mehrzahl vom Studium der politischen Geschichte und haben daher keine ausreichende Ausbildung in der Politischen Ökonomie. Noch immer wird nicht beachtet, was ich schon zuvor so zu formulieren versucht habe: Die Größe von Marx, Engels, Lenin als Wissenschaftler liegt nicht darin, daß sie „sowohl" einzigartige Theoretiker „wie auch" einzigartige Historiker waren. Sie konnten vielmehr das eine nur sein, weil sie auch das andere waren. Sie waren einzigartige Gesellschaftswissenschaftler, einzigartige historische Wissenschaftler, womit Theorie und Geschichte in eins zusammengefaßt sind.

Ich möchte die Berechtigung dieser Feststellung noch einmal auf eine ungewöhnliche Art beweisen. „Das Kapital. Kritik der politischen Ökonomie" wird im allgemeinen als das bedeutendste Werk der Politischen Ökonomie, als das größte Werk der Theorie der Wirtschaft angesehen. Sicher stimmt das – und doch ist diese Kennzeichnung meiner Ansicht nach ganz ungenügend, weil sie nur die Hälfte des Werkes sieht. Meiner Ansicht nach sollte man „Das Kapital" als das größte Werk der Wirtschaftswissenschaft, also der Politischen Ökonomie und der Wirtschaftsgeschichte bezeichnen. So sah es natürlich auch Engels.

Engels schrieb bekanntlich nach Erscheinen des ersten Bandes des „Kapital“ eine Reihe Besprechungen des Buches, anonym, zum Teil in der Rolle eines „objektiven, unparteiischen ‚wissenschaftlichen‘ Rezensenten“. Da gibt es etwa eine Rezension für die bürgerlich-demokratische Zeitschrift „Die Zukunft“, in der in 34 Zeilen konkret auf den Inhalt des Bandes eingegangen wird. Von diesen 34 Zeilen lauten 25 Zeilen so: „Wir müssen gestehen, daß der historische Sinn, der durch das ganze Buch geht und der es dem Verfasser verbietet, die ökonomischen Gesetze für ewige Wahrheiten, für etwas anderes anzusehen als die Formulierung der Existenzbedingungen gewisser vorübergehender Gesellschaftszustände, uns sehr angesprochen hat; daß die Gelehrsamkeit und der Scharfsinn, mit dem hierbei die verschiedenen geschichtlichen Gesellschaftszustände und ihre Existenzbedingungen dargestellt sind, auf seiten unsrer offiziellen Ökonomen leider vergebens gesucht werden dürften. Untersuchungen wie die über die ökonomischen Bedingungen und Gesetze der Sklaverei, der verschiedenen Formen der Leibeigenschaft und Hörigkeit und über die Entstehung der freien Arbeiter sind unsern Fachökonomen bisher ganz fremd geblieben. Wir möchten ebenfalls gerne die Meinung dieser Herren über die uns hier gegebenen Entwicklungen über Kooperation, Teilung der Arbeit und Manufaktur, Maschinerie und große Industrie in ihren historischen und ökonomischen Zusammenhängen und Wirkungen hören, sie können hier jedenfalls manches Neue lernen. Und was werden sie namentlich zu der allen hergebrachten Theorien der freien Konkurrenz ins Gesicht schlagenden und nichtsdestoweniger hier aus offiziellem Material nachgewiesenen Tatsache sagen, daß in England, im Vaterland der freien Konkurrenz, jetzt fast kein Arbeitszweig mehr besteht, dem nicht durch Staatseingriffe die tägliche Arbeitszeit streng vorgeschrieben ist und dem nicht der Fabrikinspektor aufpaßt? Und daß dennoch, im Maß wie die Arbeitszeit beschränkt wird, nicht nur die einzelnen Industriezweige sich heben, sondern auch der einzelne Arbeiter in der kürzeren Zeit mehr Produkt liefert als früher in der längeren?“[37] Hier wird „Das Kapital“ vornehmlich durch Hinweise auf seinen wirtschaftshistorischen Teil bekannt gemacht.

Und in einer Besprechung für die liberale „Düsseldorfer Zeitung“ weist Engels im Schlußdrittel seiner Ausführungen gerade auf den historischen Charakter der theoretischen Ausführungen von Marx hin: „Was uns in diesem Buch besonders aufgefallen, ist dies: daß der Verfasser die Sätze der Nationalökonomie nicht, wie gewöhnlich geschieht, als ewig gültige Wahrheiten, sondern als Resultate bestimmter geschichtlicher Entwicklungen auffaßt. Während selbst die Naturwissenschaft sich mehr und mehr in eine geschichtliche Wissenschaft verwandelt – man vergleiche Laplaces astronomische Theorie, die gesamte Geologie und die Schriften Darwins –, war die Nationalökonomie bisher eine ebenso abstrakte, allgemeingültige Wissenschaft wie die Mathematik. Was auch das Schicksal der sonstigen Behauptungen dieses Buchs sein mag, wir halten es für ein bleibendes Verdienst von Marx, daß er dieser bornierten Vorstellung ein Ende gemacht hat. Es wird nach dieser Schrift nicht mehr möglich sein, z. B. Sklavenarbeit, Fronarbeit und freie Lohnarbeit ökonomisch über einen Kamm zu scheren oder Gesetze, welche für die heutige, durch

[37] Ebendort, Bd. 16, Berlin 1962, S. 208 f.

freie Konkurrenz bestimmte große Industrie gültig sind, ohne weiteres auf die Zustände des Altertums oder die Zünfte des Mittelalters anzuwenden oder, wenn diese modernen Gesetze auf alte Zustände nicht passen, dann einfach die alten Zustände für ketzerisch zu erklären. Von allen Nationen haben die Deutschen den meisten, ja fast allein historischen Sinn, und so ist es ganz in der Ordnung, daß es wieder ein Deutscher ist, der auch im Bereich der Nationalökonomie die historischen Zusammenhänge nachweist."[38]

Weder die Politische Ökonomie noch die Wirtschaftsgeschichte sind als solche eine Wissenschaft. Nur beide zusammen bilden eine Wissenschaft. Politische Ökonomie ohne Wirtschaftsgeschichte – dabei verstehen wir unter Wirtschaftsgeschichte als Teil der Wirtschaftswissenschaft selbstverständlich die Historie der Wirtschaft bis zur Gegenwart, einschließlich also der Praxis von heute – ist reine Spinnerei. Wirtschaftsgeschichte ohne Politische Ökonomie ist handwerkliche Tatsachenzusammenstellung. Dabei ist natürlich die handwerkliche Tatsachenzusammenstellung der abstrakten Spinnerei noch weit überlegen, da sie der Realität weit näher ist.

Selbstverständlich aber müssen wir weiter zwischen Wirtschaftsgeschichte und Politischer Ökonomie unterscheiden – auch wenn es keinen „reinen" Politökonomen, ebenso wenig wie einen „reinen" Wirtschaftshistoriker, geben kann.

Der Politökonom kann zwar keine Gesetze finden, ohne die Geschichte zu untersuchen, der Wirtschaftshistoriker kann zwar keine Geschichte schreiben, ohne die Gesetze der Politischen Ökonomie zu kennen bzw. neue Gesetze in die Geschichtsanalyse einzuführen – aber wir erwarten selbstverständlich vom Politökonomen Entdeckungen von ökonomischen Gesetzen und vom Wirtschaftshistoriker Analysen und Darstellungen der Wirtschaftsgeschichte.

Auch kann ihr Vorgehen bei ihren wissenschaftlichen Untersuchungen verschieden sein, wie auch die Methode ihrer Darstellung verschieden sein muß. In seiner Einleitung zu den „Grundrissen" bemerkt Marx zum Beispiel über die Besonderheit der Darstellung in einer Politischen Ökonomie des Kapitalismus:

„Wie überhaupt bei jeder historischen, sozialen Wissenschaft, ist bei dem Gang der ökonomischen Kategorien immer festzuhalten, daß, wie in der Wirklichkeit, so im Kopf, das Subjekt, hier die moderne bürgerliche Gesellschaft, gegeben ist, und daß die Kategorien daher Daseinsformen, Existenzbestimmungen, oft nur einzelne Seiten dieser bestimmten Gesellschaft, dieses Subjekts ausdrücken, und daß sie daher *auch wissenschaftlich* keineswegs da erst anfängt, wo nun von ihr *als solcher* die Rede ist. Dies ist festzuhalten, weil es gleich über die Einteilung Entscheidendes zur Hand gibt. Zum Beispiel nichts scheint naturgemäßer als mit der Grundrente zu beginnen, dem Grundeigentum, da es an die Erde, die Quelle aller Produktion und allen Daseins, gebunden ist, und an die erste Produktionsform aller einigermaßen befestigten Gesellschaften – die Agrikultur. Aber nichts wäre falscher. In allen Gesellschaftsformen ist es eine bestimmte Produktion, die allen übrigen, und deren Verhältnisse daher auch allen übrigen, Rang und Einfluß anweist. Es ist eine allgemeine Beleuchtung, worein alle übrigen Farben getaucht sind und [welche] sie in ihrer Besonderheit

[38] Ebendort, S. 217 f.

modifiziert. Es ist ein besondrer Äther, der das spezifische Gewicht alles in ihm hervorstechenden Daseins bestimmt ...

Es wäre also untubar und falsch, die ökonomischen Kategorien in der Folge aufeinanderfolgen zu lassen, in der sie historisch die bestimmenden waren. Vielmehr ist ihre Reihenfolge bestimmt durch die Beziehung, die sie in der modernen bürgerlichen Gesellschaft aufeinander haben, und die genau das umgekehrte von dem ist, was als ihre naturgemäße erscheint oder der Reihe der historischen Entwicklung entspricht. Es handelt sich nicht um das Verhältnis, das die ökonomischen Verhältnisse in der Aufeinanderfolge verschiedener Gesellschaftsformen historisch einnehmen. Noch weniger um ihre Reihenfolge ‚in der Idee' (*Proudhon*), (einer verschwimmelten Vorstellung der historischen Bewegung). Sondern um ihre Gliederung innerhalb der modernen bürgerlichen Gesellschaft."[39]

Also: Während es keinen Wissenschaftler nur als Politökonomen oder nur als Wirtschaftshistoriker geben kann, gibt es natürlich Bücher über Wirtschaftsgeschichte.

6. *Wirtschaftsgeschichte und „allgemeine Geschichte"*

Der bekannte englische Wirtschaftshistoriker J. D. Chambers bemerkte in einem Vortrag über den „Platz der Wirtschaftsgeschichte unter den historischen Studien": „Aus historischen Gründen, die ich nicht kenne, wurde der Unterricht in Wirtschaftsgeschichte (an der Universität von Nottingham – J. K.) zuerst in die Wirtschaftswissenschaftliche Fakultät verlegt, 1952 jedoch der Historischen Fakultät wiedergegeben, wohin man glaubte (und ich meine mit Recht) er wirklich gehöre."[40]

Es mag in diesem Zusammenhang interessieren, daß unser Institut für Wirtschaftsgeschichte an der Akademie der Wissenschaften, bevor es selbständig wurde, als Abteilung zuerst dem Institut für Wirtschaftswissenschaften und sodann dem Institut für Geschichte angegliedert war. Dabei war und ist das Institut für Geschichte natürlich ein Institut für politische Geschichte, nicht etwa ein Institut für Geschichtswissenschaft im Engelsschen Sinne.

Völlig wirr, aber darum nicht uncharakteristisch, behandelt Lütge die hier angeschnittene Problematik in dem schon zitierten Vortrag. Er rollt die alte, „jetzt aber wieder neu gesehene Frage" auf „nach einer universalen Geschichtsbetrachtung und damit nach dem Rangverhältnis der einzelnen Bereiche des geschichtlichen Lebens und Werdens. Ist es möglich, an der Vorstellung festzuhalten, daß Geschichte in erster Linie politische Geschichte ist? Eine solche Auffassung würde ich ebenso ablehnen wie jene andere, die etwa die Gesamtgeschichte von der Wirtschaft oder von der Kunst oder vom Recht aus verstehen will. Nach meiner Überzeugung muß an den Beginn jeder speziellen Geschichtsbetrachtung die ganz schlichte Erkenntnis stehen, daß es letztlich nur eine einzige Einheit gibt, nämlich das ganze Leben in

[39] *K. Marx*, Grundrisse der Kritik der Politischen Ökonomie, Berlin 1953, S. 26 ff.

[40] *J. D. Chambers*, The Place of Economic History in Historical Studies in: N. B. Harte, a. a. O., S. 233.

seiner rätselhaften Fülle und unendlichen Breite, und daß jede Systematisierung und Aufgliederung letztlich doch nur ein Zeichen menschlicher Unvollkommenheit ist, da der Mensch eben nur stückweise erkennen kann. Nur von hier aus kann man auch jener unzulänglichen Haltung begegnen, die vorschnell Rangordnungen und Kausalbeziehungen zwischen den verschiedenen Bereichen des Lebens behauptet und von dort her das Geschichtsbild formt. Es wird dann auch vermieden, das Phänomen der Macht und die Gefahr einer ‚Dämonie der Macht' einseitig als im politischen Raum gegeben anzusehen und die geschichtsbildende Kraft der Macht etwa im ökonomischen Raum zu unterschätzen oder vielleicht gar nicht zu sehen. In dieser so weit verbreiteten Haltung wirkt – wenn ich recht sehe – die Staats- und Machtvorstellung des absoluten Fürstenstaates mit der damals gegebenen Unterstellung der Wirtschaft unter das Machtgebot des Staates bis in die Gegenwart hinein nach, – in Deutschland mehr als anderswo."

Und gegen Ende seiner Rede kommt Lütge noch einmal so auf diese Problematik zurück:

„Die Wirtschaftsgeschichte ist ein notwendiges, ja unentbehrliches Glied einer Universalgeschichte. Es ist sinnlos, in dieser besonderen Erfassung der Wirtschaft eine ‚materialistische' Haltung zu sehen. Die Wirtschaft ist nun einmal die unentbehrliche dienende Basis des Lebens und ist voller schwieriger Probleme. Es gilt, sie nicht zu unterschätzen und natürlich ebenso, sich vor einer Überschätzung zu hüten.

Ich glaube also, daß die Wirtschaftsgeschichte nicht eine Ergänzung zur politischen Geschichte ist, sondern gleichrangig als eine spezielle Historie neben ihr steht und daß sie beide – ergänzt durch die anderen speziellen Geschichtswissenschaften – erst eine Gesamthistorie, eine universale Geschichtswissenschaft ermöglichen. Gerade wer die Wirtschaft zu erfassen und zu erforschen versucht, kann seine Aufgabe nicht darin erblicken, nun alles auf Wirtschaft zurückzuführen und von der Wirtschaft aus deuten zu wollen, sondern seine wichtigste Aufgabe scheint mir gerade darin zu liegen, daß er die Grenzen des Ökonomischen sieht und seine mannigfachen Abhängigkeiten von außerökonomischen Fakten und Werten. Und so scheint mir gerade – das wolle man mir bitte nicht als Hybris auslegen – die Sozial- und Wirtschaftsgeschichte besonders befähigt, zu universaler Schau vorzudringen. Und gerade bei der Wirtschaftsgeschichte zeigt sich – das möchte ich noch einmal betonen –, welch fruchtbare Dienste die Theorie zu bieten vermag, wie Empirie und Theorie nur in diesem In- und Miteinander zur Aussage kommen, ebenso aber auch mit einer ständigen Verlagerung in ihrem Schwergewicht."[41]

Ganz abgesehen von der Angst des armen Lütge, als energischer Vertreter der Bedeutung der Wirtschaftsgeschichte für eine „materialistische" Haltung verantwortlich gemacht zu werden, möchte er einerseits, daß man erkennt, daß die Wirtschaft die „unentbehrliche dienende Basis des Lebens" ist und daß man die Wirtschaftsgeschichte nicht als Ergänzung der politischen Geschichte, sondern als eine „gleichrangige" Geschichte neben (!) der politischen Geschichte sieht; andererseits fühlt er sich veranlaßt, vor einer Überschätzung der Bedeutung der Wirtschaftsgeschichte zu

[41] *Fr. Lütge*, a. a. O., S. 6 und 16 f.

warnen. Beide, die politische wie die Wirtschaftsgeschichte, sind ihm selbständige und gleichberechtigte Glieder einer Universalgeschichte.

Besonders in Frankreich waren in diesem Jahrhundert die Bestrebungen zur Entwicklung einer Universalgeschichte, in der die Wirtschaftsgeschichte eine durchaus beachtliche Rolle spielt, stark verbreitet, beginnend mit den Arbeiten von Henri Berr (L'avenir de la philosophie. Esquisse d'une synthèse des connaissances fondeé sur l'histoire, Paris 1899 u. a.) und der „Revue de synthèse historique“, über die von ihm so beeinflußte Schule Marc Bloch–Lucien Febvre bis zu Fernand Braudel und den „Annales d'histoire économique et sociale“, die von Bloch und Febvre gegründet und dann vor allem von Braudel geleitet wurden und die heute den noch viel kennzeichnenderen Titel haben „Annales – Economies, Sociétes, Civilisations“.

Auch R. H. Tawney, der bedeutende englische Wirtschaftshistoriker, sieht in der „histoire integrale“ (er gebraucht den französischen Ausdruck) den Höhepunkt aller Geschichtsschreibung.[42]

Aber keiner von ihnen – auch nicht George Unwin, der die Wirtschaftsgeschichte eine „spezielle Abteilung der allgemeinen Geschichte“ nennt[43] – gibt eine Lösung der Problematik, ob nun die Wirtschaftsgeschichte, primitiv ausgedrückt, in die wirtschaftswissenschaftliche oder die historische Fakultät gehört.

Nach dem vorangehend von mir ausgeführten ist die Mehrheit der Marxisten mit vollem Recht der Ansicht, daß die Wirtschaftsgeschichte in die wirtschaftswissenschaftliche Fakultät gehört, wie es auch in der Deutschen Demokratischen Republik üblich ist. Denn wie sollte man sie von der Politischen Ökonomie, die die Gesetze der Wirtschaftsentwicklung untersucht, trennen können! Die Studenten der Wirtschaftsgeschichte sollten auch als Ökonomen aufwachsen. Was aber die Forschung betrifft, so ist eine institutionelle Trennung von den Politökonomen durchaus möglich und – bei der Abneigung, die heute noch bei so vielen Politökonomen gegen ernste wirtschaftshistorische Forschung besteht und die auch insofern allgemeine Unterstützung bei anderen Wissenschaftlern und auch staatlichen Wirtschaftsfunktionären findet, als diese die Politische Ökonomie als theoretische Betätigung für eine selbständige und hochbedeutsame Wissenschaft halten – geradezu empfehlenswert, um unter solchen Umständen die Wirtschaftsgeschichte nicht von den Politökonomen „unterdrücken“ zu lassen. Natürlich erfordert eine solche Trennung die unaufhörliche Mahnung an die Wirtschaftshistoriker, sowohl ständig mit den neuesten Ergebnissen der Politischen Ökonomie vertraut zu sein, wie auch bereit zu sein, sich jederzeit in einen Politökonomen auch innerhalb eines Instituts für Wirtschaftsgeschichte zu verwandeln.

In einem Institut für Geschichte – so wie sie heute noch gelehrt und erforscht wird als vornehmlich politische Geschichte – hat die Wirtschaftsgeschichte nichts zu suchen. Anders wird die Situation sich gestalten, wenn wir ein Institut (oder eine Fakultät) für universelle Geschichte schaffen. Dann wäre es durchaus denkbar, auch die Wirtschaftsgeschichte dort einzuordnen. Aber wie? etwa, wie Lütge meint, „gleich-

[42] *R. H. Tawney,* The study of Economic History, in „Economica“, XIII, 39, 1933, S. 20 f.
[43] *N. B. Harte,* a a. O., S. 48.

berechtigt mit", „selbständig neben" der politischen oder Kunst- oder irgendeiner anderen Geschichte?

Natürlich sind alle Wissenschaften selbständig insofern, als sie spezifische Gesetze, nur von ihnen zu findende, für ihre Praxis, für ihre Geschichte entscheidende Gesetze zu untersuchen und in ihrer Praxis, in ihrer Geschichte diese Gesetze zu verifizieren bzw. die Formen ihrer Wirksamkeit zu untersuchen haben. Natürlich auch wird die Gesellschaft, entsprechend ihren Bedürfnissen, der Förderung bald dieser, bald jener Wissenschaft mehr Gewicht geben. In diesem Sinne wird man bald diese, bald jene Wissenschaft für wichtiger halten.

Von allen solchen Maßstäben zu unterscheiden ist der Maßstab, den wir an die Wirtschaftswissenschaft (Politische Ökonomie und Wirtschaftsgeschichte) anlegen. Als Marxisten nennen wir sie die fundamentale Gesellschaftswissenschaft. Fundamental, weil sie sich mit dem Fundament, mit der Basis der Gesellschaft beschäftigt. Und solange die Basis auch noch im Sozialismus so unbefriedigend wie gegenwärtig funktioniert – man denke nur an die unbefriedigende Entwicklung der Produktivität in der Industrie oder an die Abhängigkeit der Landwirtschaft vom Wetter –, solange wird die Wirtschaftswissenschaft nicht nur die fundamentale, sondern auch die wichtigste Gesellschaftswissenschaft sein – mit einer Ausnahme, die solange gilt, wie der Kapitalismus noch herrscht: der Wissenschaft vom Klassenkampf.

Später, wenn die grundlegenden Wirtschaftsprobleme des Sozialismus gelöst sein werden, später, im vollendeten Kommunismus, wird die Wirtschaftswissenschaft zwar immer die fundamentale Wissenschaft bleiben, aber sie wird an Wichtigkeit stark verlieren, die Förderung anderer Wissenschaften wird für die Bedürfnisse der Gesellschaft wahrscheinlich weit wichtiger werden – sei es möglicher- und zeitweise selbst einer Wissenschaft, die heute im Rahmen aller Gesellschaftswissenschaften so relativ wenig wichtig wie die Kunstwissenschaft erscheint.

7. *Wirtschaftsgeschichtsschreibung im System der Gesellschaftswissenschaften*

Mit dieser Problematik der Wirtschaftsgeschichtsschreibung als Teil der fundamentalen Wirtschaftswissenschaft müssen wir uns jetzt abschließend noch näher beschäftigen, um ihre Bedeutung im Gesamtsystem der Gesellschaftswissenschaften zu verstehen.

In seiner Arbeit über „Drei Quellen und drei Bestandteile des Marxismus" bemerkt Lenin: „Nachdem Marx erkannt hatte, daß die ökonomische Struktur die Basis ist, worauf sich der politische Überbau erhebt, wandte er seine Aufmerksamkeit vor allem dem Studium dieser ökonomischen Struktur zu. Das Hauptwerk von Marx – ‚Das Kapital' – ist der Erforschung der ökonomischen Struktur der modernen, d. h. der kapitalistischen Gesellschaft gewidmet."[44]

Marx formuliert das Resultat dieser seiner Erkenntnis im Vorwort „Zur Kritik der

[44] *W. I. Lenin,* Werke, Bd. 19, Berlin 1962, S. 5.

Politischen Ökonomie" so: „In der gesellschaftlichen Produktion ihres Lebens gehen die Menschen bestimmte, notwendige, von ihrem Willen unabhängige Verhältnisse ein, Produktionsverhältnisse, die einer bestimmten Entwicklungsstufe ihrer materiellen Produktivkräfte entsprechen. Die Gesamtheit dieser Produktionsverhältnisse bildet die ökonomische Struktur der Gesellschaft, die reale Basis, vorauf sich ein juristischer und politischer Überbau erhebt, und welcher bestimmte gesellschaftliche Bewußtseinsformen entsprechen. Die Produktionsweise des materiellen Lebens bedingt den sozialen, politischen und geistigen Lebensprozeß überhaupt. Es ist nicht das Bewußtsein der Menschen, das ihr Sein, sondern umgekehrt ihr gesellschaftliches Sein, das ihr Bewußtsein bestimmt. . . . Mit der Veränderung der ökonomischen Grundlage wälzt sich der ganze ungeheure Überbau langsamer oder rascher um."[45]

Das heißt, die Wirtschaftswissenschaft (Politische Ökonomie und Wirtschaftsgeschichte) ist in gewisser Weise eine Grundlagenwissenschaft für alle einzelnen Gesellschaftswissenschaften. Darum kann kein Gesellschaftswissenschaftler auf irgendeinem „Fachgebiet" tätig sein ohne eine gründliche Kenntnis

erstens der Methodologie des historischen Materialismus,

zweitens der Wirtschaftswissenschaft (Politische Ökonomie und Wirtschaftsgeschichte).

Nicht, daß die Wirtschaftswissenschaft etwa an die Stelle der Theologie (Religion) oder der Philosophie als Beherrscherin aller Wissenschaften oder auch nur der Gesellschaftswissenschaften tritt. Ein solcher Anspruch hieße, die Rolle der Wirtschaftswissenschaft völlig mißzuverstehen. Aber das, worüber völlige Klarheit herrschen muß, ist, daß man keine Gesellschaftswissenschaft oder, gebrauchen wir hier wieder den Ausdruck von Engels, keine Geschichtswissenschaft betreiben kann, ohne die Grundlagenwissenschaft Wirtschaftswissenschaft zumindest passiv zu beherrschen. Vielfach kann auch jeder andere als der Wirtschaftswissenschaftler aktiv, schöpferisch von seinem Gebiet aus zur Weiterentwicklung der Wirtschaftswissenschaft beitragen – zum Beispiel der Kunsthistoriker zur Entstehungsgeschichte und zum besonderen Charakter der Ware Kunst oder der Ethiker zur Rolle und Geschichte des Zinses.

Umgekehrt handelt es sich aber nicht nur um ein Beitragenkönnen der Wirtschaftswissenschaft zum Verständnis anderer Gesellschaftswissenschaften. Diese können einfach nicht bis in die Tiefen ihres Gebietes untersucht werden, ohne daß ihre Erforscher die Wirtschaftswissenschaft in sich aufgenommen haben.

Damit ist, glaube ich, die Rolle der Wirtschaftswissenschaft im System der Gesellschaftswissenschaften umrissen, so wie sie auch Marx und Engels und Lenin sahen. Die Wirtschaftswissenschaft ist, so können wir wohl formulieren, eine Grundlagenwissenschaft für alle Gesellschaftswissenschaften und in dem Grade, in dem die Natur vergesellschaftet wird, auch für die Wissenschaft von den Veränderungen der Natur, wobei die durch die Gesellschaft verursachten Veränderungen der Natur auch mit den Ausdrücken Fortschritt und Rückschritt (Umweltzerstörungen zum Beispiel) bezeichnet werden können.

[45] *Marx/Engels,* Werke, Bd. 13, Berlin 1961, S. 8 f.

Und wie steht es mit dem Verhältnis von Wirtschaftsgeschichte und Politischer Ökonomie, den beiden Zweigen der Wirtschaftswissenschaft, zu einander? Man muß zunächst sagen: Beide können sich nicht ohne den jeweils anderen Zweig entwickeln. Politische Ökonomie ohne Bezug auf die Praxis der Vergangenheit oder Gegenwart ist Metaökonomie oder, weniger wissenschaftlich, populärer ausgedrückt: Spinnerei, unrealistisches Phantasiespiel.[46] Wirtschaftsgeschichte ohne Politische Ökonomie aber ist handwerkliche Tatsachenzusammenstellung, nicht notwendigerweise ohne jede Erkenntnis von Zusammenhängen, aber doch eben nur bestenfalls auf Erfahrungswerten beruhend und darum noch nicht wissenschaftlich. Das heißt, keine von beiden ist eine Wissenschaft ohne die andere, aber die Wirtschaftsgeschichte kann eher zu sinnvollen Resultaten kommen ohne die Politische Ökonomie als die Politische Ökonomie ohne die Wirtschaftsgeschichte. Denn die handwerkliche Untersuchung der Praxis (sei es der Vergangenheit oder der Gegenwart) bringt uns der Aneignung der Realität immerhin näher als das der Praxis nicht verbundene Spiel der Gedanken.

Das gibt uns aber nicht das Recht, wie es Rondo Cameron in seinem Vortrag als Präsident der amerikanischen Economic History Association vorschlägt, die handwerkliche Untersuchung als einen echten Typ von Wirtschaftsgeschichte zu bezeichnen und sie gar noch als „reine" (pure) Wirtschaftsgeschichte zu betrachten – im Gegensatz zur „angewandten" (applied) Wirtschaftsgeschichte, die sich nach Cameron statt mit der Sammlung neuer Tatsachenkenntnisse (pure economic history) mit der „Prüfung von Hypothesen" beschäftigt.[47]

Jedoch bedeutet die Tatsache der größeren Annäherung der handwerklichen Untersuchung der Praxis (insbesondere der Akkumulation von Fakten) an eine Aneignung der Realität als die von praxisferner Spinnerei, daß wirtschaftshistorische Ausführungen von Bedeutung auch viel weiter in die Geschichte menschlichen Denkens zurückgehen als politökonomische. Daher finden wir auch zum Beispiel außerordentlich durchgebildete pragmatische Teil-Wirtschaftssysteme, die auf der Beobachtung der Entwicklung von einzelnen Wirtschaftsgebieten (Wirtschaftsgeschichte!) beruhen, schon Jahrtausende bevor wir auf die ersten Anfänge der Politischen Ökonomie als Wissenschaft stoßen. Die Menschen beschäftigten sich selbstverständlich mit der Wirtschaftspraxis und ihren Veränderungen (Geschichte!), lange bevor die Verhältnisse und entsprechend sie selbst, ihr Denken, soweit entwickelt waren, daß sie Politökonomie betreiben konnten.

Wenn wir bedenken, daß die Politische Ökonomie sich als Wissenschaft erst im 17. Jahrhundert entwickelte, dann können wir sagen, daß sich die Wirtschaftsgeschichte als Wissenschaft bzw. als wissenschaftlich betriebene frühestens zu dieser Zeit konstituieren konnte.

(Es besteht jedoch natürlich immer die Möglichkeit, daß sich eine historische

[46] Selbstverständlich muß man unterscheiden zwischen Spinnerei gleich unrealistischem Phantasiespiel auf der einen und echt wissenschaftlicher Phantasie, die stets die Realität als ihren Ausgangspunkt für ihren Gedankenschwung hat, auf der anderen Seite.

[47] *R. Cameron*, Economic History, pure and applied, in: „The Journal of Economic History, Volume XXXVI, March 1976, Number 1.

Wissenschaft Gesetze aus der Naturwissenschaft oder eine Geschichtsschreibung materieller Verhältnisse sich Gesetze des Überbaus aneignet, um eine geordnete Darstellung der Ereignisse als Folge von Gesetzmäßigkeiten und notwendigen Zusammenhängen geben zu können. Obgleich jedoch solche Gesetzmäßigkeiten auf die ihnen adäquaten Gegenstände und Prozesse der Realität angewandt höchste Bedeutung haben und zu großartigen Resultaten in der Aneignung der Realität führen, können sie nicht helfen, eine andere Wissenschaft zu konstituieren, wenn sie mit der spezifischen anderen Realität, auf die sie angewendet werden, keinen Zusammenhang haben. Sobald man das Gesetz der Mutation der Arten auf die Wirtschaftsformen anwenden will, gibt man zwar eine auf Gesetzmäßigkeiten beruhende Wirtschaftsgeschichte, aber die Gesetze sind „artfremd", passen im Charakter nicht zur untersuchten Realität. Das heißt nicht, daß nicht auch „artfremde" Gesetze einen Einfluß haben können. Selbstverständlich hat zum Beispiel der Überbau einen nicht zu unterschätzenden Einfluß auf die Basis und ihre Geschichte. Und so wirken sich also auch die dem Überbau eigentümlichen Gesetzmäßigkeiten auf die Geschichte der Basis aus. Aber sie sind nicht ihre Hauptgesetze.)

Die Hauptgesetze der Wirtschaftsgeschichte werden in der Politischen Ökonomie entwickelt. Und darum kann man sagen: eine wissenschaftliche Wirtschaftsgeschichte war erst mit der Entwicklung der Politischen Ökonomie als Teilwissenschaft im 17. Jahrhundert möglich, wie umgekehrt eine wissenschaftliche Politische Ökonomie erst mit der Entwicklung der Wirtschaftsgeschichte als Teilwissenschaft möglich war.

Darum ist es auch so grotesk, daß ein in der westlichen Welt so bekannter bürgerlicher Politökonom wie John R. Hicks sich gewissermaßen entschuldigt, daß er ein Buch „A Theory of Economic History", Eine Theorie der Wirtschaftsgeschichte (nicht Geschichtsschreibung, sondern der Realität) geschrieben hat. Es wäre verständlich, daß er sich für seine politökonomischen Gedanken oder für seine wirtschaftshistorischen Ausführungen entschuldigt – aber nein, er bittet um Verzeihung, daß er als Politökonom Wirtschaftsgeschichte treibt. Er schildert daher, wie er bei G. D. H. Cole studiert hat, der doch etwas von Wirtschaftsgeschichte verstanden hätte, wie die bedeutende Historikerin der Feudalzeit Eileen Power ihm einmal ihre Vorlesungsnotizen geliehen hätte, damit er an der Witwatersrand-Universität in Südafrika Vorlesungen über englische Wirtschaftsgeschichte des Mittelalters hätte halten können, daß er sich oft mit dem Wirtschaftshistoriker M. M. Postan unterhalten hätte, als sie beide in London lehrten, und schließlich sei er mit dem Wirtschaftshistoriker T. S. Ashton sieben Jahr lang an der Universität Manchester engstens vertraut gewesen, und dieser wäre nach der Emeritierung sein Wohnnachbar geworden.[48] Das einzige, was in dieser „Rechtfertigung" noch fehlt, ist die Bekanntmachung, daß er auch eifrig wirtschaftshistorische Literatur gelesen hätte.

Natürlich kann man nicht bestreiten, daß unter marxistischen Politökonomen die Kenntnis der Wirtschaftsgeschichte im allgemeinen ungenügend ist und daß auch

48 Vgl. dazu *J. R. Hicks,* A Theory of Economic History, London, Oxford, New York 1969, S. V.

bei so manchen Wirtschaftshistorikern die Kenntnis der Politischen Ökonomie tiefer gehen sollte, aber sie sind zumindest doch wohl wissenschaftsgebildet genug, um zu verstehen, daß Politische Ökonomie und Wirtschaftsgeschichte eine Einheit bilden sollten, insbesondere wenn man klar macht, daß die Wirtschaftsgeschichte selbstverständlich auch die Zeitgeschichte der Wirtschaft, die Bewegung der Wirtschaft unter den Augen der Politökonomen, die Praxis von gestern und heute umfaßt.

Kapitel II

Ein Modell der Periodisierung der Menschheitsgeschichte und die Wirtschaftsgeschichte[1]

Wir unterscheiden zwischen Menschheitsgeschichte und Weltgeschichte, insbesondere auch zwischen allgemeiner Wirtschaftsgeschichte und Weltwirtschaftsgeschichte, denn von Weltgeschichte und Weltwirtschaftsgeschichte kann in den vorkapitalistischen Gesellschaftsordnungen, kann vor dem Kapitalismus nicht die Rede sein.

Natürlich gibt es universale Gesetze, die alle Geschichte der Menschheit beherrschen – wie das Gesetz des Fortschritts in der Meisterung der Natur, das ich als ein Grundgesetz aller bisherigen geschichtlichen Bewegung bezeichnen möchte. Man kann es unter bestimmtem Aspekt auch das Gesetz der wachsenden Produktivität der Arbeit nennen und so eine direkte Verbindung zu der Beobachtung von Marx und Engels herstellen, daß der Mensch als Arbeitender begann. Aber die universale Geltung bestimmter Gesetze in der Menschheitsgeschichte beseitigt nicht eine außerordentliche Ungleichmäßigkeit in der Entwicklung, die zum Teil auf der Isolierung der verschiedenen gesellschaftlichen Gruppierungen in verschiedenen Gegenden der Welt beruht. Die einzelnen Menschengruppierungen wußten nichts voneinander, waren zwar alle Menschen, bildeten aber noch keine „Weltgemeinschaft". Und selbst wenn sie voneinander wußten, lebten sie unter gesellschaftlichen Verhältnissen, die nicht verlangten, daß die Welt nach ihrem Bild geformt werde. Darum notiert auch Marx für die „Einleitung zur Kritik der Politischen Ökonomie": „Weltgeschichte existierte nicht immer; die Geschichte als Weltgeschichte Resultat"[2] – Resultat der Entwicklung der gesellschaftlichen Formation des Kapitalismus.

Diesen Vorgang schildern Engels und Marx im „Kommunistischen Manifest":

„Das Bedürfnis nach einem stets ausgedehnteren Absatz für ihre Produkte jagt die Bourgeoisie über die ganze Erdkugel. Überall muß sie sich einnisten, überall anbauen, überall Verbindungen herstellen.

Die Bourgeoisie hat durch ihre Exploitation des Weltmarkts die Produktion und Konsumtion aller Länder kosmopolitisch gestaltet. Sie hat zum großen Bedauern der Reaktionäre den nationalen Boden der Industrie unter den Füßen weggezogen. Die uralten nationalen Industrien sind vernichtet worden und werden noch täglich vernichtet. Sie werden verdrängt durch neue Industrien, deren Einführung eine Lebensfrage für alle zivilisierten Nationen wird, durch Industrien, die nicht mehr einheimi-

[1] Vgl. zum folgenden auch *J. Kuczynski*, Probleme der Periodisierung der Menschheitsgeschichte, in „Jahrbuch für Wirtschaftsgeschichte", 1973/II.

[2] *Marx/Engels*, Werke, Bd. 13, a. a. O., S. 640.

sche Rohstoffe, sondern den entlegensten Zonen angehörige Rohstoffe verarbeiten und deren Fabrikate nicht nur im Lande selbst, sondern in allen Weltteilen zugleich verbraucht werden. An die Stelle der alten, durch Landeserzeugnisse befriedigten Bedürfnisse treten neue, welche die Produkte der entferntesten Länder und Klimate zu ihrer Befriedigung erheischen. An die Stelle der alten lokalen und nationalen Selbstgenügsamkeit und Abgeschlossenheit tritt ein allseitiger Verkehr, eine allseitige Abhängigkeit der Nationen voneinander. Und wie in der materiellen, so auch in der geistigen Produktion. Die geistigen Erzeugnisse der einzelnen Nationen werden Gemeingut. Die nationale Einseitigkeit und Beschränktheit wird mehr und mehr unmöglich, und aus den vielen nationalen und lokalen Literaturen bildet sich eine Weltliteratur."[3]

Die Wirtschaftsgeschichte wie die gesamte Geschichte der Menschheit ist eine Geschichte des Fortschritts vom Standpunkt des Menschen als gesellschaftlichem Wesen, des Fortschritts zur Freiheit der „menschlichen Kraftentwicklung" wie Marx es einmal nennt, worauf wir noch zu sprechen kommen werden.

Der Fortschritt ist nicht automatisch und geradlinig, er geht dialektisch, in allseitigem Zusammenhang und in Widersprüchen vor sich.

Wie sollen wir den Fortschritt messen, wie ihn periodisieren? Der sowjetische Gesellschaftswissenschaftler I. S. Kon hat dazu eine geistvolle Überlegung gemacht: „Das Kriterium des gesellschaftlichen Fortschritts muß man dort suchen, wo die Hauptgesetzmäßigkeiten der Geschichtsentwicklung liegen, d. h. auf dem Gebiet der materiellen Produktion. Von den zwei Seiten der Produktionsweise drücken die Produktionsverhältnisse die Diskontinuität, die Diskretheit des Geschichtsprozesses und den spezifischen Charakter seiner sozialen Formen am vollkommensten aus. Umgekehrt beweist die Entwicklung der Produktivkräfte am eindrucksvollsten die Kontinuität der Geschichtsentwicklung und seinen kumulativen Charakter."[4]

Ich bin nicht der Meinung, daß Kon recht hat. Die Frage der Kontinuität und Diskontinuität ist von größter Bedeutung und als Doppelvorgang natürlich eng verbunden sowohl – und das sieht Kon nicht – mit Problemen der Evolution und Revolution in der Entwicklung sowohl der Produktivkräfte wie auch – und das sieht Kon sehr wohl – der Produktionsverhältnisse. Kontinuität und Diskontinuität, Evolution und Revolution sind Entwicklungsformen, die die Geschichte der Menschheit immer bestimmt haben und immer bestimmen werden – selbstverständlich auch im vollendeten Kommunismus! Letztlich bringt jeder Umschlag von Quantität in Qualität eine Diskontinuität, jeder außerordentliche Umschlag von Quantität in Qualität eine Revolution. Wenn heute manche Wissenschaftler in den sozialistischen Ländern die Kontinuität als einziges Entwicklungsprinzip im Sozialismus und in aller künftigen Geschichte sehen, wenn sie am liebsten den Begriff des Widerspruchs in der sozialistischen Gesellschaft und in aller künftigen Geschichte hatten abschaffen wollen, dann geben sie damit die Dialektik und so den Marxismus auf.

Jedoch berührt Kon mit seiner Charakterisierung der Produktionsverhältnisse als

[3] *Marx/Engels*, Werke, Bd. 4, a. a. O., S. 466.
[4] *I. S. Kon*, Die Geschichtsphilosophie des 20. Jahrhunderts, Bd. 2, Berlin 1964, S. 267.

vollkommensten Ausdruck der Diskontinuität und Diskretheit des Geschichtsprozesses die entscheidende Frage der Periodisierung. Denn jede Periodisierung muß auf Diskontinuität, auf Diskretheit, präziser ausgedrückt, auf einem epochemachenden Umschlag, einer epochemachenden Revolution eines entscheidenden gesellschaftlichen Prozesses beruhen.

Marx und Engels haben zunächst die Produktionsverhältnisse als Maß von Perioden und deren Veränderungen als Marksteine der Periodisierung benutzt. Also Sklavenhalter-, feudale, kapitalistische, sozialistische Produktionsverhältnisse . . . und am Anfang die der Urgemeinschaft. Später entdeckten sie noch eine andere Gesellschaftsformation, die sie jedoch – und das ist ganz ungenügend bisher beachtet worden – nicht mit ihren Produktionsverhältnissen, sondern durch die Kombination ihrer Produktivkräfte und Produktionsverhältnisse als Asiatische Produktionsweise charakterisierten.

Diese Periodisierung der Menschheitsgeschichte ist, mit allen Modifikationen, die weitere Einzelerkenntnisse noch bringen mögen, die einzig richtige für etwa 5 000 bis 10 000 Jahre der Menschheitsgeschichte. Aber sie ist nicht geeignet zur Periodisierung in früherer und späterer Zeit. Wollte man sich mit ihr begnügen, dann gäbe es folgende Periodisierung der Menschheitsgeschichte bzw. der Wirtschaftsgeschichte:
„Urgemeinschaft" – etwa 2 000 000 Jahre,
Asiatische Produktionsweise – etwa 5 000 Jahre,
Sklavenhaltergesellschaft – etwa 2 000 Jahre,
Feudalgesellschaft – etwa 1 500 Jahre,
Kapitalismus – etwa 450 Jahre,
Sozialismus/Kommunismus – etwa 2 000 000ˣ Jahre.

Das heißt, wir hätten vier Perioden von je rund 500 bis 5 000 Jahren, eine Periode von, soviel wir bisher wissen, rund 2 000 000 Jahren und eine Periode von rund 2 000 000ˣ Jahren. Das aber ist natürlich keine befriedigende Periodisierung.

Engels hat daher in seinem Buch „Der Ursprung der Familie, des Privateigentums und des Staats" für die Urgemeinschaft ein neues Periodisierungsprinzip gesucht und in der Entwicklung der Technik, in der Meisterung der Natur zu Zwecken der Hebung des Lebensstandards der Menschen gefunden: Gebrauch von Feuer, von Bogen und Pfeil, Töpferei, Zähmung von Haustieren, Schmelzen des Eisenerzes sind für ihn Marksteine der Periodisierung.

Andere ziehen die 1836 gleichzeitig (und unabhängig voneinander) von Christian Jürgensen Thomsen sowie von Johann Friedrich Danneil vorgeschlagene Dreiteilung der Urgeschichte nach dem Material der Produktionsinstrumente in Steinzeit, Bronzezeit und Eisenzeit vor, wobei dann die Steinzeit zum Beispiel im Laufe der Zeit in

Altpaläolithikum,
Jungpaläolithikum,
Mesolithikum,
Neolithikum

mit seiner vor allem im Orient beobachteten Stein-Kupferzeit (rund 6 000 bis 3 000 v. u. Z.) als Nachfolge des Neolithikums untergliedert wird.

Doch wie immer die Gliederung, und ob wir den Vorschlägen von Engels folgen oder, auf Grund heute weit größerer Einzelkenntnisse, einer anderen Gliederung den Vorzug geben – stets handelt es sich um eine Periodisierung auf Grund der Entwicklung der Produktivkräfte bzw. noch enger, der Arbeitsinstrumente (und ihres Materials), und nicht der Produktionsverhältnisse.

Das heißt natürlich nicht, daß innerhalb der Produktionsverhältnisse der Urgemeinschaft (Gemeineigentum der Produktionsmittel und, wenn wir von der letzten Phase des Übergangs zur asiatischen Produktionsweise oder zur Sklavenhaltergesellschaft absehen, keine Produktion von Mehrprodukt) im Gefolge des Fortschritts der Produktivkräfte nicht auch sehr erhebliche Veränderungen stattfinden. Man braucht nur daran zu denken, was die Kombination von Zähmung der Tiere und Pflanzen und die damit verbundene Möglichkeit der festen Siedlung für die Produktionsverhältnisse bedeuten. Aber die Produktionsverhältnisse bleiben im Grundcharakter die gleichen.

Darum ist es auch nicht richtig, daß die Gliederung der ersten zwei Millionen Jahre der Geschichte der Menschheit nach Produktivkräften auf mangelnder Kenntnis der Produktionsverhältnisse in so ferner Vergangenheit beruht. Natürlich ist es richtig, daß wir die Produktionsverhältnisse in ihren Wandlungen damals nicht so gut kennen wie die späteren. Aber selbst eine bessere Kenntnis der Produktionsverhältnisse würde uns kaum Veranlassung sein, Zäsuren nach ihnen zu setzen.

Die Gliederung der Menschheitsgeschichte und auch der Wirtschaftsgeschichte nach Produktionsverhältnissen hat nur einen sehr beschränkten Wert. Nach Produktionsverhältnissen gegliedert ergeben sich etwa folgende Hauptperioden der Menschheits- und Wirtschaftsgeschichte:

Produktionsverhältnisse unter den Bedingungen der Produktion von keinem Mehrprodukt,

Produktionsverhältnisse unter den Bedingungen der Produktion von Mehrprodukt bzw. Mehrwert und der Ausbeutung,

Produktionsverhältnisse unter den Bedingungen der Produktion von Mehrprodukt und gesellschaftlichem Eigentum am Mehrprodukt.

Und in späterer Zeit wird man einmal gliedern:

Produktionsverhältnisse unter den Bedingungen der Produktion von keinem Mehrprodukt – Vorgeschichte der Menschheit – Dauer rund zwei Millionen Jahre;

Produktionsverhältnisse unter den Bedingungen der Produktion von Mehrprodukt – Geschichte der Menschheit – Dauer = Geschichte der Menschheit in alle Zukunft.

Zwischen beiden Produktionsverhältnissen wird man, gewissermaßen unter dem Mikroskop, eine ganz kurze Übergangszeit von ein paar tausend Jahren beobachten, in der die Menschheit mit der Erscheinung des Mehrprodukts noch nicht fertig wurde und, bei großartigen Kulturleistungen, die zwar zur weiteren Entwicklung der Produktivität notwendigen, aber an sich ganz kümmerlichen grotesken Produktionsverhältnisse der Ausbeutung hervorbrachte.

Das heißt, die Produktionsverhältnisse eignen sich zur Gliederung der Menschheitsgeschichte in Vorgeschichte und Geschichte wie auch zum Spezialstudium der Übergangszeit für die Zeit von der Vorgeschichte zur Geschichte, aber für nicht mehr.

Meiner Meinung nach hatte Engels darum völlig recht, und wir sollten ihm darin folgen, wieviel wir auch immer noch über Modifikationen der Produktionsverhältnisse in der Vorgeschichte erfahren mögen, die Produktivkräfte und ihre Entwicklung als Maßstab der Periodisierung der Vorgeschichte zu betrachten.

(Wenn Marx im „Elend der Philosophie" feststellt: „Die sozialen Verhältnisse sind eng verknüpft mit den Produktivkräften. Mit der Erwerbung neuer Produktivkräfte verändern die Menschen ihre Produktionsweise, und mit der Veränderung der Produktionsweise, der Art, ihren Lebensunterhalt zu gewinnen, verändern sie alle ihre gesellschaftlichen Verhältnisse. Die Handmühle ergibt eine Gesellschaft mit Feudalherren, die Dampfmühle eine Gesellschaft mit industriellen Kapitalisten."[5] – dann benutzt er die Produktivkräfte [Arbeitsinstrumente] zwar zur Kurzcharakterisierung einer Produktionsweise, ja einer Gesellschaftsordnung, und führt diese auf sie zurück, aber die Produktionsinstrumente dienen ihm nicht zur Periodisierung).

Wir kommen damit also zu folgenden Periodisierungsprinzipien bis zur Gegenwart:

Vorgeschichte: Marksteine der Periodisierung liefert die Entwicklung der Produktivkräfte.

Übergang zur Geschichte (Ausbeuterverhältnisse und ihre Vernichtung): Marksteine der Periodisierung liefert die Entwicklung der Produktionsverhältnisse – in einem Falle die Kombination von Produktivkräften und Produktionsverhältnissen (Asiatische Produktionsweise).

Wir müssen noch einige Worte über diese Übergangsperiode zur Geschichte, die in fernster Zukunft einen mikroskopisch kleinen Eindruck machen wird, sagen. Nicht, weil die Mehrheit der Menschheit heute noch in dieser Übergangsperiode lebt, sondern weil in dieser, nur wenige tausend Jahre dauernden Periode die unmittelbare Grundlage für die Geschichte der Menschheit, in der Mehrprodukt ohne Ausbeutung produziert wird, gelegt wurde.

Jede Produktionsweise dieser Übergangsperiode dauerte kürzer als die vorangehende. Der Fortschritt der Geschichte der Menschheit beschleunigte sich außerordentlich, und sein Tempo erreichte einen Höhepunkt im Kapitalismus, der auch die Weltgeschichte eingeleitet. Sowohl die Meisterung der Natur wie auch in gewisser Weise die des gesellschaftlichen Zusammenlebens eilten rapide voran.

In dieser an der Gesamtgeschichte gemessen winzig kleinen Übergangsperiode von der Urgemeinschaft zur Kommunistischen Gesellschaft bewies sich die Menschheit als geschichtsbildende Kraft von Weltbedeutung – mit dem Höhepunkt der Schaffung der sozialistischen Gesellschaft unter Führung des Proletariats.

Winzig, gemessen an ihrer Zeitdauer, nannten wir mit Recht diese Zeit der Ausbeutergesellschaften und ihrer Vernichtung durch den Sieg des Proletariats. Und doch – ist sie nicht auch eine Zeit, die tieferes Leid und größeren Heroismus der Menschheit brachte, als sie je wieder in der Geschichte gefordert werden!

Einst wird man mit Galilei sagen, der dem Andrea auf seine Bemerkung „Unglücklich das Land, das keine Helden hat" antwortet: „Nein. Unglücklich das Land, das Helden nötig hat."[6]

[5] *Marx/Engels*, Werke, Bd. 4, a. a. O., S. 130.

[6] *B. Brecht*, Leben des Galilei, 13. Szene, in: Brecht, Stücke, Bd. 8, Berlin 1957, S. 162 f.

Wir aber, die wir in dieser Zeit unendlicher Leiden und heroischer Taten leben, denken wie Lenin, von dem Gorki erzählt:

„Er achtete viel zuwenig auf sich selbst, um mit anderen über sich zu sprechen; wie kein anderer verstand er zu schweigen über die geheimen Stürme in seiner Seele. Aber einmal sagte er in Gorki, während er Kinder liebkoste:

‚Ja, die werden es einmal besser haben als wir. Vieles, was uns das Leben brachte, werden sie nicht durchzumachen haben. Ihr Leben wird weniger grausam sein.‘

Er schaute in die Ferne, zu den Hügeln, wo ein Dorf fest eingenistet lag, und fügte sinnend hinzu:

‚Trotzdem beneide ich sie nicht. Unserer Generation ist es gelungen, eine Arbeit von enormer, historischer Bedeutung zu vollbringen. Die durch die Verhältnisse erzwungene Grausamkeit unseres Lebens wird einmal verstanden und gebilligt werden. Alles wird verstanden werden, – alles!‘

Kinder liebkoste er sehr behutsam, besonders leicht und schonend.“[7]

Wir neiden der Menschheit nicht den vollendeten Kommunismus, wir tun alles, um ihn näher zu bringen –

aber wir sind froh, in unserer Zeit wirken zu können.

Wie aber werden wir die Geschichte der Menschheit unter dem Sozialismus bzw. Kommunismus gliedern?

Genau wie es eine Übergangsperiode von der Vorgeschichte der Menschheit zur Geschichte gibt, so gibt es eine Übergangszeit von den Ausbeutergesellschaften zum Kommunismus. Sie ist dadurch gekennzeichnet, daß das gesellschaftliche Mehrprodukt nach der Leistung verteilt wird. Marx schreibt:

„Womit wir es hier zu tun haben, ist eine kommunistische Gesellschaft, nicht wie sie sich auf ihrer eignen Grundlage *entwickelt* hat, sondern umgekehrt, wie sie eben aus der kapitalistischen Gesellschaft *hervorgeht,* also in jeder Beziehung, ökonomisch, sittlich, geistig, noch behaftet ist mit den Muttermerkmalen der alten Gesellschaft, aus deren Schoß sie herkommt. Demgemäß erhält der einzelne Produzent – nach den Abzügen – exakt zurück, was er ihr gibt. Was er ihr gegeben hat, ist sein individuelles Arbeitsquantum . . .

Trotz dieses Fortschritts ist dieses *gleiche Recht* stets noch mit einer bürgerlichen Schranke behaftet. Das Recht der Produzenten ist ihren Arbeitslieferungen proportionell; die Gleichheit besteht darin, daß an *gleichem Maßstab,* der Arbeit, gemessen wird . . .

Aber diese Mißstände sind unvermeidbar in der ersten Phase der kommunistischen Gesellschaft, wie sie eben aus der kapitalistischen Gesellschaft nach langen Geburtswehen hervorgegangen ist. Das Recht kann nie höher sein als die ökonomische Gestaltung und dadurch bedingte Kulturentwicklung der Gesellschaft.“[8]

Und dann folgt die unendlich lange Zeit, in der jeder nach seinen Fähigkeiten

[7] *M. Gorki,* Erinnerungen an Zeitgenossen, Berlin 1951, S. 249.

[8] *K. Marx,* Kritik des Gothaer Programms, in: Marx/Engels, Werke, Bd. 19, Berlin 1962, S. 20 f.

arbeitet und nach seinen Bedürfnissen erhält. Von dieser Zeit sagt Marx: „In einer höheren Phase der kommunistischen Gesellschaft, nachdem die knechtende Unterordnung der Individuen unter die Teilung der Arbeit, damit auch der Gegensatz geistiger und körperlicher Arbeit verschwunden ist; nachdem die Arbeit nicht nur Mittel zum Leben, sondern selbst das erste Lebensbedürfnis geworden; nachdem mit der allseitigen Entwicklung der Individuen auch ihre Produktivkräfte gewachsen und alle Springquellen des genossenschaftlichen Reichtums voller fließen – erst dann kann der enge bürgerliche Rechtshorizont ganz überschritten werden und die Gesellschaft auf ihre Fahne schreiben: Jeder nach seinen Fähigkeiten, jedem nach seinen Bedürfnissen!"[9]

Das heißt, die Menschheit ist in eine Zeit eingetreten, in der zwar immer noch das Grundgesetz aller Ökonomie, das Gesetz der „Ökonomie der Zeit, sowohl wie planmäßige Verteilung der Arbeitszeit auf die verschiednen Zweige der Produktion"[10] gilt, in der aber weder die Produktivkräfte noch die Produktionsverhältnisse mehr als Marksteine der Periodisierung dienen können. Die Produktionsverhältnisse nicht, da sie (genau wie während der langen Vorgeschichte der Menschheit in der Urgemeinschaft) keine grundlegenden (!) Wandlungen erfahren, die Produktivkräfte nicht, da sie keine entscheidenden Wandlungen mehr in die Menschheitsgeschichte bringen können . . . erhält doch jeder stets nach seinen Bedürfnissen.

Es werden also andere Faktoren der Realität eine Rolle für die Periodisierung spielen. Man könnte sich vorstellen, daß Überbaufaktoren Marksteine abgeben. Das deutet eigentlich auch Marx schon an, wenn er im dritten Band des „Kapital" schreibt: „Das Reich der Freiheit beginnt in der Tat erst da, wo das Arbeiten, das durch Not und äußere Zweckmäßigkeit bestimmt ist, aufhört; es liegt also der Natur der Sache nach jenseits der Sphäre der eigentlichen materiellen Produktion. Wie der Wilde mit der Natur ringen muß, um seine Bedürfnisse zu befriedigen, um sein Leben zu erhalten und zu reproduzieren, so muß es der Zivilisierte, und er muß es in allen Gesellschaftsformen und unter allen möglichen Produktionsweisen. Mit seiner Entwicklung erweitert sich dies Reich der Naturnotwendigkeit, weil die Bedürfnisse; aber zugleich erweitern sich die Produktivkräfte, die diese befriedigen. Die Freiheit in diesem Gebiet kann nur darin bestehn, daß der vergesellschaftete Mensch, die assoziierten Produzenten, diesen ihren Stoffwechsel mit der Natur rationell regeln, unter ihre gemeinschaftliche Kontrolle bringen, statt von ihm als von einer blinden Macht beherrscht zu werden; ihn mit dem geringsten Kraftaufwand und unter den, ihrer menschlichen Natur würdigsten und adäquatesten Bedingungen vollziehn. Aber es bleibt dies immer ein Reich der Notwendigkeit. Jenseits desselben beginnt die menschliche Kraftentwicklung, die sich als Selbstzweck gilt, das wahre Reich der Freiheit, das aber nur auf jenem Reich der Notwendigkeit als seiner Basis aufblühn kann. Die Verkürzung des Arbeitstags ist die Grundbedingung."[11]

Sobald der Mensch nach seinen Bedürfnissen erhält und die Produktivität eine

[9] Ebendort, S. 21.

[10] *K. Marx*, Grundrisse der Kritik der politischen Ökonomie, Berlin 1953, S. 89.

[11] *Marx/Engels*, Werke, Bd. 25, Berlin 1971, S. 828.

starke Verkürzung des Arbeitstages bzw. der Arbeitswoche erlaubt hat, ist das „Reich der Notwendigkeit" so geschrumpft, daß es stark an Ausstrahlungskraft auf die jeweils spezifische Gestaltung des Reiches der Freiheit, das „jenseits der Sphäre der eigentlichen materiellen Produktion" liegt, also auf den Überbau, verloren hat. Dann würden wir somit als Periodisierungsfaktoren haben:

Vorgeschichte: Produktivkräfte,
Übergangszeit: Produktionsverhältnisse,
Geschichte (ab Kommunismus): Überbau.

Und die Geschichte der Menschheit, die sich daraus ergeben würde, wäre:

Vorgeschichte der Menschheit – Urgesellschaft.
Übergang zur Geschichte der Menschheit – Mehrprodukt und Ausbeutergesellschaften.
Geschichte der Menschheit – Kommunistische Gesellschaft, allseitige „menschliche Kraftentwicklung als Selbstzweck".

Wie die eine der großen Perioden die andere vorbereitet, erkennen wir daran, daß die Endzeit der Urgesellschaft bereits Mehrprodukt und damit auch Ausbeutung in Einzelerscheinungen, die Endzeit der Ausbeutergesellschaften, der Kapitalismus, bereits die Weltgeschichte bringt.

Man könnte sich aber auch vorstellen, daß die Menschen andere Planeten entdecken, auf denen das Leben angenehmer ist – in solcher Zeit wären vielleicht geographisch-kosmische Daten Periodisierungsmerkmale. Darum sollte man vielleicht als Periodisierungsfaktor für die unendlich lange Zeit des Kommunismus statt Marksteine der Entwicklung des Überbaus Marksteine in der „menschlichen Kraftentwicklung als Selbstzweck" (Marx) verwenden.

Das einzige, was man mit Sicherheit sagen kann, ist, daß weder die Entwicklung der Produktivkräfte noch die Entwicklung der Produktionsverhältnisse Marksteine der Periodisierung liefern werden. Alles andere sind Spekulationen, die nur als Andeutungen in eine wissenschaftliche Studie gehören.

Andeutungen, daß man sich verschiedene Umzugs- und Siedlungsperioden im Weltall vorstellen kann, daß man sich aber auch Perioden denken kann, die durch eine größere Bedeutung der Kunst als der Wissenschaft im Leben der Menschen oder durch bestimmte Ideen als Hauptcharakteristikum gekennzeichnet sind, oder auch dadurch, daß sich spezifische Sprachen herausbilden, wie solche für Wissenschaftler oder für Instrumente wie Computer, während die Nationalsprachen für Lyrik und Romane erhalten bleiben, oder Perioden, in denen die Menschen sich durch viel längeres Leben auszeichnen und ganz neue Begriffe und Inhalte von Generationen entstehen, zum Beispiel auch Rentenalter abgeschafft werden, weil alle Menschen in ihrer Jugend sterben, die Jugend aber viele hundert Jahre dauert. All das sind Faktoren, die für die Periodisierung im vollendeten Kommunismus eine Rolle spielen können, und es ist schön und erlaubt, sich auch schon heute, wo wir uns im Übergang zu diesen Zeiten befinden, Gedanken über solche Periodisierungen zu machen. Träume von späteren Periodisierungen sind von der Art, die Lenin realistische Träume nennt.

Damit sagen wir aber auch, daß mit dem Kommunismus eine Zeit gekommen ist, in der sich die Periodisierung der Menschheitsgeschichte und der Wirtschaftsgeschichte nicht mehr decken. Vom vollendeten Kommunismus an, in dem die Produktionsverhältnisse keine grundlegende Wandlung mehr erfahren, in dem die materielle Produktion zeitmäßig eine immer geringere Rolle im Leben der Menschen spielt, in dem, wie Marx es, einem anonymen Autor seiner Zeit folgend, formuliert, der Reichtum einer Nation an der Zeit, in der nicht materiell produziert wird, gemessen wird[12], beginnt auch die Wirtschaftsgeschichte als objektiver Prozeß wie als Teil einer Wissenschaft mehr und mehr an Bedeutung zu verlieren.

Selbstverständlich bedeutet dieses Verlieren an Bedeutung der Wirtschaftsgeschichte für die Periodisierung nicht, daß die Wirtschaft selbst, die Basis, also die kommunistische Basis, in irgendwelcher Weise an Bedeutung gegenüber dem Überbau verliert, sie bleibt der Faktor, der in letzter Instanz die Gestaltung des Überbaus bestimmt.

[12] Vgl. dazu *Marx/Engels*, Werke, Bd. 26, 3, Berlin 1968, S. 252.

Kapitel III

Die Vorgeschichte der Wirtschaftsgeschichtsschreibung (Historiographie der Wirtschaft)

Unter Historiographie verstehen wir zuerst das Schreiben der Geschichte. Ein Historiograph ist ein Geschichtsschreiber. Gleichzeitig aber verstehen wir unter Historiographie die Wissenschaft, insbesondere die Theorie und Methode des Schreibens der Geschichte. Im folgenden betrachten wir die Historiographie der Wirtschaft als die Wissenschaft von Schreiben (und Lehren) von Wirtschaftsgeschichte in Vergangenheit und Gegenwart, als die Wissenschaft von der Wirtschaftsgeschichtsschreibung.

Wirtschaftsgeschichte als Wissenschaft im engeren Sinne, das heißt als Untersuchung der Wirtschaft im Rahmen der ihren Lauf bestimmenden ökonomischen Gesetze, ist, wie schon mehrfach bemerkt, natürlich erst mit der Begründung der Politischen Ökonomie im 17. Jahrhundert möglich. Das heißt aber nicht, daß wir nicht schon lange vorher zahlreiche interessante und bedeutsame Beiträge zur Wirtschaftsgeschichte in Form von Nachrichten, Tatsachenzusammenstellungen, auch religiösen und philosophischen Spekulationen u. ä. haben.

Man denke nur, welch eine Nachrichtenquelle für die Wirtschaftsgeschichte das Alte Testament darstellt – seien es die Kundschafterberichte im Buche Josua oder die Geschichten um Joseph. Ja, die Bibel gibt wohl eine der ersten ökonomisch bestimmten Gliederungen der Geschichte der Menschheit mit der Erzählung vom Paradies und der Vertreibung des Menschen, der hinfort im Schweiße seines Angesichts arbeiten muß, um zu leben. So unwahrscheinlich uns das Paradies vorkommen muß, so großartig ist die Idee, die Geschichte des Menschen auf Erden damit beginnen zu lassen, daß er arbeiten muß, und zwar schwer. Noch fehlt die Idee, daß er hinfort alles tun wird, um die Arbeit zu erleichtern und gleichzeitig den Arbeitsertrag zu erhöhen.

Viele der Wirtschaftsnachrichten aus alten Zeiten sind gar nicht als solche gegeben. Natürlich beabsichtigte Homer nicht, zur Geschichte der Produktivkräfte beizutragen. Aber was hat Engels an Informationen dieser Art aus der Ilias zum Beispiel in „Der Ursprung der Familie, des Privateigentums und des Staats“ gezogen! Man lese etwa: „Die höchste Blüte der Oberstufe der Barbarei tritt uns entgegen in den homerischen Gedichten, namentlich in der ‚Ilias‘. Entwickelte Eisenwerkzeuge; der Blasbalg; die Handmühle; die Töpferscheibe; die Öl- und Weinbereitung; eine entwickelte, ins Kunsthandwerk übergehende Metallbearbeitung; der Wagen und Streitwagen; der Schiffbau mit Balken und Planken; die Anfänge der Architektur als Kunst; ummauerte Städte mit Türmen und Zinnen; das homerische Epos und die gesamte Mythologie – das sind die Haupterbschaften, die die Griechen aus der Barbarei hinübernahmen in die Zivilisation."[1]

Und wenn Thukydides den zweiten Absatz seiner „Geschichte des Peloponnesischen Krieges" mit den Bemerkungen beginnt: „Offenbar nämlich hatte das heutige Griechenland noch lange keine fest ansässige Bevölkerung, vielmehr war es in älterer Zeit nichts Ungewöhnliches, daß ein Stamm seinen Wohnsitz wechselte und den alten ohne weiteres aufgab, wenn er von einem zahlreicheren Volke gedrängt wurde. Handel gab es nicht, auch keinen gesicherten Verkehr, weder zu Lande noch zur See. Man lebte von der Hand in den Mund und dachte nicht daran, Reichtümer zu sammeln oder das Land sorgfältiger zu bebauen, da man nie wissen konnte, ob nicht ein anderer kommen und alles nehmen würde, zumal die Wohnsitze nicht befestigt waren. Was man zum täglichen Leben nötig hatte, war eben überall zu haben, und so wanderte man unbedenklich aus. Darum aber ist es auch damals zu großen Städten oder höherem Wohlstand nicht gekommen."[2] – ist das nicht schon mehr als ein reiner Tatsachenbeitrag zur Wirtschaftsgeschichte!

So reich sind die „Materialien" zu einer Wirtschaftsgeschichte der Antike, des alten Griechenland und Rom, daß das 19. und 20. Jahrhundert eine Fülle von wirtschaftshistorischen Arbeiten über sie brachte – von August Boeckhs „Die Staatshaushaltung der Athener" (1817, 2 Bände) bis zu Michael Rostovstzeffs „Gesellschaft und Wirtschaft im römischen Kaiserreich" und Elisabeth Charlotte Welskopfs „Die Produktionsverhältnisse im Alten Orient und in der Griechisch-Römischen Antike".

Wenn wir an die Geschichte der europäischen Wirtschaft denken, dann unterscheidet sich doch ganz offenbar das Material der Wirtschaftsgeschichtsschreibung der Sklavenhaltergesellschaft und des Feudalismus dadurch, daß wir für die Antike zahlreiche wirtschaftshistorische Bruchstücke, die die Verhältnisse beschreiben, besitzen, während wir für die Feudalzeit (bis ins 15. Jahrhundert) vor allem auf Dokumente wie Rentenabkommen, Rechtsansprüche, Verträge u. ä. zur Interpretation des wirtschaftlichen Geschehens angewiesen sind. Das erscheint auch nicht so verwunderlich, wenn wir bedenken, daß die Warenwirtschaft in Griechenland wie Rom und darum auch die Entwicklung der ersten Anfänge der Politischen Ökonomie eine ganz andere Rolle spielten als im feudalen Europa. Eine Ausnahme machten in der Feudalzeit bis zum 15. Jahrhundert wohl nur Reiseberichte wie etwa die von Marco Polo (1254–1323), in denen sich oft eine Fülle interessanter Wirtschaftsnachrichten finden.

Offener für die Welt der Wirtschaft scheinen arabische Historiker gewesen zu sein, unter denen der Tunesier Ibn Chaldun (1332–1406) mit seinen „Prolegomena zu einer Geschichte" hervorragt. Er versuchte nicht nur eine Periodisierung der Menschheitsgeschichte, bei der jede Periode ihre kulturellen, politischen und wirtschaftlichen Eigenheiten hatte, sondern meinte auch, daß ökonomische Faktoren einen wichtigen Einfluß auf das Leben der Menschen und ihre Entwicklung hätten. Im Gegensatz zu der weltoffenen vergleichenden Geschichtsschreibung der Araber

[1] *Marx/Engels*, Werke, Bd. 21, Berlin 1962, S. 34.

[2] *Thukydides*, Geschichte des Peloponnesischen Krieges, Leipzig 1961, S. 5 f.

steht die im allgemeinen auf „das Reich der Mitte" beschränkte der Chinesen. Jedoch gibt es keine Geschichtsschreibung, die so kontinuierlich über so lange Zeit und so systematisch berichtet wie die chinesische. So systematisch, einschließlich von Berichten über die wirtschaftlichen Zustände, oft auch in Form von Berichten über die Wirksamkeit wirtschaftspolitischer Maßnahmen der Zentralregierung! Wenn man bedenkt, daß allein die sogenannten „shih-lu" einen täglichen Bericht über die wichtigsten Ereignisse bei Hof und in der Regierung für die Zeit von 1368 bis 1912 enthalten, daß, wie Arthur F. Wright bemerkt[3], die 25 dynastischen Geschichten, die in der Kaiserzeit geschrieben wurden, etwa 45 Millionen Worte in englischer Übersetzung umfassen, das heißt etwa 130 000 Buchseiten oder rund 430 Bände à 300 Seiten, dann kann man sich vorstellen, daß eine solche Quantität allein schon als reine Quelle und Qualität umschlagen muß und daß marxistische Historiker eine treffliche Wirtschaftsgeschichte Chinas schreiben können.

Eine entscheidende Wendung in der Geschichtsschreibung und damit auch in der Wirtschaftsgeschichtsschreibung brachte das europäische 15. Jahrhundert. Bernheim bemerkt: „Erst die große Umwandlung im Denken und in der ganzen Anschauungsweise der Menschen, welche sich seit dem 15. Jahrhundert in Europa vollzog, schuf allmählich die Vorbedingungen, welche zur Ausbildung der genetischen Geschichtsauffassung erforderlich sind. Die mächtigen Anstöße des regeren Weltverkehrs, des Humanismus, der Reformation erweiterten das Gebiet der Beobachtung und vertieften die Art derselben. Man begann den Unterschied der Nationen und ihrer Bildung, den Einfluß natürlicher und sozialer Verhältnisse auf den Volkscharakter zu bemerken; durch das begeisterte Studium der Antike lernte man sich in den Geist einer ganz anderen Zeit und Kultur hineinleben und denselben begreifen; man empfand den Abstand zwischen klassischem Altertum und Mittelalter und erkannte dadurch die große Veränderung der Zeiten, die sich im Laufe der Geschichte vollzogen hatte; man untersuchte Ursprung und Entwicklung der Kirchenverfassung und Religion, der Staatseinrichtungen, verglich sie miteinander und suchte ihre verschiedenen Gestaltungen zu verstehen; man bemerkte Wechselwirkung und Zusammenhang zwischen den verschiedenen Tätigkeiten der Menschen; die induktive Forschung, die fortschreitende Philosophie erweiterten den wissenschaftlichen Horizont immer mehr nach allen Seiten – kurz, man erkannte, daß eine einheitliche Verknüpfung der Tatsachen bestände und eine Kontinuität der menschlichen Entwicklung. Mit vollem Bewußtsein hat man aber erst seit etwa einem Jahrhundert den Standpunkt der genetischen Geschichtsauffassung eingenommen."[4]

Wie mußten allein schon die Entdeckungs- und Forschungsreisen nach Amerika, nach Indien und anderswohin den Blick weiten, und wie notwendig war es für die Forschungsreisenden, ihren jetzt mehr und mehr kapitalistisch interessierten Geldgebern „Wirtschaftsberichte" zu geben!

Ja, man ist berechtigt zu sagen, wie die Politische Ökonomie, so verdankt auch die

[3] International Encyclopedia of the Social Sciences, Vol. 6, New York 1968, S. 403.

[4] *E. Bernheim*, Lehrbuch der Historischen Methode und der Geschichtsphilosophie, Leipzig 1908, S. 37.

Wirtschaftsgeschichte im engeren Sinne (als von der Theorie durchdrungene) wie auch im weiteren Sinne (als Sammlung von Tatsachen und Beschreibung von Verhältnissen) ihren eigentlichen Werdegang dem Kapitalismus.

Mit der „genetischen“ Geschichtsauffassung und der Erkenntnis immer neuer „Kulturen“ beginnt recht eigentlich auch eine echte Periodisierung der Geschichte, die zuvor mit wenigen Ausnahmen eine rein chronologische bzw. an Herrschern und Dynastien orientierte war. Und diese Periodisierung der Geschichte, insbesondere der Menschheitsgeschichte als ganzer, war gar nicht selten an wirtschaftlichen Entwicklungen orientiert.

Zugleich beginnt mit der Entwicklung des Kapitalismus die Literatur von Monographien über bestimmte Wirtschaftszweige, Wirtschaftsprozesse usw. Zunächst noch apologetisch, etwa wenn Bischof Fleetwood, der als erster die Entwicklung der Preise studiert hat, in seinem Chronicon preciosum (1707) auseinandersetzt, warum er sich die Mühe mache, eine Sammlung „so kleiner und trivialer (such light and trivial matters) Dinge“ wie der Preise von Weizen und Hafer zu veranstalten.

Doch bevor wir jetzt in unseren vorgeschichtlichen Betrachtungen weitergehen, müssen wir einige Probleme klären.

Das erste betrifft die empirisch-historische Seite des Historischen Materialismus und die Wirtschaftsgeschichte.

Wir sagen, der Historische Materialismus hat die Gesetze und Triebkräfte der Bewegung und Entwicklung der Gesellschaft zum Gegenstand, das gesellschaftliche Leben in seiner Ganzheit, die inneren Beziehungen und Widersprüche allgemein seiner Seiten und Verhältnisse. Der Theorie der Gesellschaft entspricht natürlich auch eine Geschichte der Gesellschaft als Ganzer. Zur Gesellschaft als Ganzer gehören sowohl die Basis wie der Überbau.

Die speziellen Gesetze der Basis, der Produktivkräfte und Produktionsverhältnisse, sind der Gegenstand der Politischen Ökonomie. Die Gesetze der Basis aber haben für die Gesellschaft größere Bedeutung als die des Überbaus, sie bestimmen letztlich den Charakter der Gesellschaft als Ganzer.

Wenn nun Wissenschaftler, wie es nicht wenige Politökonomen, Historiker, Philosophen vor Marx getan haben, die gesellschaftliche Entwicklung letztlich teilweise oder ganz auf die wirtschaftlichen Verhältnisse zurückführen und eine Darstellung dieser Verhältnisse – zumindest für Periodisierungszwecke der Geschichte der menschlichen Gesellschaft – geben, dann kann man solche Arbeiten sowohl zum historischen Teil des Historischen Materialismus wie auch zur Wirtschaftsgeschichte rechnen. Selbstverständlich würden solche Ausführungen, wenn sie nur kurz sind, wenn sie keine Rolle in dem wissenschaftlichen Werk spielen und wenn sie nur dazu dienen sollen, Überbauverhältnisse zu erklären, zur Vorgeschichte des Historischen Materialismus gehören – wie etwa die materialistischen Erklärungen der Rechtsentwicklung durch Montesquieu. Wenn sie aber in sich größere Bedeutung haben, dann gehören sie ganz offenbar zur Wirtschaftsgeschichte. Im folgenden werden wir gerade bei den frühen Periodisierungen auf Grund der materiellen Produktion recht weit in ihrer Behandlung als Teil der Wirtschaftsgeschichte gehen und gern konzedieren, daß wir unter Umständen auf das Gebiet der Geschichtsschreibung des vormarxistischen Historischen Materialismus (im Unterschied zu seiner Theorie) übergetreten sind. –

Das zweite Problem, das uns hier beschäftigen sollte – es hätte auch im ersten oder in einem späteren Kapitel Platz finden können – ist das folgende. Wir hatten soeben festgestellt, daß uns aus alten Zeiten genügend Material überkommen ist, um seit mehr als 150 Jahren wirklich Wirtschaftsgeschichte etwa der griechisch-römischen Antike treiben zu können. Im ersten Kapitel hatten wir aber Engels dahingehend zitiert (und hinzugefügt, es sei auch heute im Großen und Ganzen noch so), daß wir noch keine Politische Ökonomie der vorkapitalistischen Gesellschaften hätten. Wie ist es unter diesen Umständen möglich, auf Grund der alten „Materialmitteilungen", seien sie bewußt oder unbewußt gemacht, etwa antike Wirtschaftsgeschichte zu schreiben? In der Tat sind wir dabei noch immer zu einem großen Teil auf wichtige Hinweise von Marx und Engels für eine Politische Ökonomie der griechisch-römischen Sklavenhaltergesellschaft angewiesen, mit gewissen (durchaus erlaubten) Rückschlüssen aus der Politischen Ökonomie des Kapitalismus, mit Analogie-Schlüssen aus der allgemeinen Theorie des Historischen Materialismus, und dann haben wir natürlich auch eine Reihe von notwendigen Zusammenhängen und Gesetzmäßigkeiten zusätzlich entdeckt. Jedoch muß man sagen, daß erst eine wirklich ausgebildete Politische Ökonomie der Sklavenhalter-Gesellschaft uns in die Lage versetzen wird, eine umfassende und befriedigende Wirtschaftsgeschichte des antiken Griechenland und Rom zu schreiben, wie umgekehrt erst die laufende Untersuchung der wirtschaftlichen Verhältnisse in ihrer Bewegung uns den Aufbau einer Politischen Ökonomie der Sklavenhaltergesellschaft in Griechenland und Rom erlauben wird.

Dieser unlösbare Zusammenhang zwischen Politischer Ökonomie und Wirtschaftsgeschichte wird besonders kraß illustriert am Zustand der gegenwärtigen Behandlung dessen, was Marx und Engels die asiatische Produktionsweise nannten.

Exkurs: Zum Problem der Asiatischen Produktionsweise

Wir nennen die Entwicklung des Kapitalismus in England klassisch, weil nur in England die Hauptklasse der Unterdrücker, die Feudalherren, schnell Kapitalisten wurden, und die Hauptklasse der Unterdrückten der Feudalzeit, die Bauern, beim Übergang zum Kapitalismus praktisch vernichtet wurde und so der Kapitalismus sich ungehindert durch diese in allen anderen Ländern noch lange bestehende Restklasse der Feudalzeit entwickeln konnte. So klassisch also die englische Entwicklung war, so wenig typisch war sie.

Das gleiche können wir von der Sklavenhaltergesellschaft sagen. Sie stellt die klassische Nachfolgegesellschaft der Urgemeinschaft dar, aber war mit Ausnahme von Griechenland und Rom kaum zu finden.

Was aber war das für eine Produktionsweise, die in anderen Ländern der Urgemeinschaft folgte? Je mehr wir uns mit den Verhältnissen dieser ersten Ausbeutergesellschaft außerhalb Griechenlands und Roms beschäftigen, je mehr Materialien und Daten wir finden, desto mehr verwirrt uns die Vielfalt der Charakteristika und Eigenheiten, die wir bald hier, bald da finden.

Auch Marx und Engels waren nicht in der Lage, einen aus den Produktionsverhältnissen abgeleiteten Namen für sie zu finden. Sie nannten sie bald die „asiatische", bald die „orientalische" Produktionsweise, bald aber ließen sie sie einfach bei der Aufzählung der verschiedenen Produktionsweisen aus. Aus der letzteren Tatsache haben einst zahlreiche Marxisten geschlossen, daß es sie überhaupt nicht gibt, und haben sie „einfach vergessen".

Das Schicksal der Lehre von der asiatischen Produktionsweise ist merkwürdig. Nachdem Marx vielfach in dieser oder jener Formulierung in den „Grundrissen" auf sie zu sprechen gekommen war[5], schrieb er in „Zur Kritik der Politischen Ökonomie": „In großen Umrissen können asiatische, antike, feudale und modern bürgerliche Produktionsweisen als progressive Epochen der ökonomischen Gesellschaftsformation bezeichnet werden."[6] In der alten Einleitung zu dem gleichen Werk heißt es: „So kam die bürgerliche Ökonomie erst zum Verständnis der feudalen, antiken, orientalen, sobald die Selbstkritik der bürgerlichen Gesellschaft begonnen."[7] Man kann unter keinen Umständen daran zweifeln, daß Marx und Engels zumindest zeitweise in der asiatischen Produktionsweise eine besondere, eigene sahen.

Zugleich hat man den Eindruck, daß, je mehr Marx sich mit der asiatischen Produktionsweise beschäftigte, ihm desto mehr der Ausdruck zu einer Sammelkategorie für alle Arten von „erster Ausbeutergesellschaft" mit Ausnahme der Sklavenhaltergesellschaft wurde. Rigobert Günther hat eine Reihe solcher Äußerungen von Marx zusammengestellt und bemerkt:

„Marx trat dagegen auf, in der Zersetzung der urgesellschaftlichen Verhältnisse einen einheitlichen Übergang im Weltmaßstab zu sehen, der sich in Asien, Afrika, Amerika etwa in der gleichen Form vollzogen hätte wie in Europa. Er schrieb deshalb in den Briefentwürfen an Vera Sassulitsch 1881, ‚man würde einen Fehler begehen, wenn man sie (die Geschichte des Verfalls der Urgesellschaft – R. G.) . . . über einen Leisten schlagen wollte'.[8] ‚Die archaische oder primäre Formation unseres Erdballs enthält ihrerseits eine Reihe von Schichten verschiedenen Alters, von denen die eine über der anderen liegt. Ebenso enthüllt uns die archaische Formation der Gesellschaft eine Reihe verschiedener Typen, die verschiedene, aufeinanderfolgende Epochen kennzeichnen. Die russische Dorfgemeinde gehört zum jüngsten Typus dieser Kette.'[9] Es müssen also verschiedene Entwicklungslinien und Entwicklungstypen in der Zersetzung der urgesellschaftlichen Verhältnisse unterschieden werden. ‚Die Form des naturwüchsigen Gemeineigentums ist die Urform, die wir bei Römern, Germanen und Kelten nachweisen können, von der aber eine ganze Muster-

[5] Vgl. dazu auch *Ch. Welskopf*, Die Produktionsverhältnisse im Alten Orient und in der griechisch-römischen Antike, Berlin 1957, S. 428 ff.

[6] *Marx/Engels*, Werke, Bd. 13, Berlin 1961, S. 9.

[7] Ebendort, S. 637.

[8] *Marx/Engels*, Werke, Bd. 19, Berlin 1962, S. 386.

[9] Ebendort, S. 398.

karte mit mannigfachen Proben sich noch immer, wenn auch zum Teil ruinenweise, bei den Indern vorfindet. Ein genaues Studium der asiatischen, speziell der indischen Gemeineigentumsform würde nachweisen, wie aus den verschiedenen Formen des naturwüchsigen Gemeineigentums sich verschiedene Formen seiner Auflösung ergeben.'[10] Es entstehen also im Zerfall der Urgesellschaft und ihres naturwüchsigen Gemeineigentums bestimmte Formen der Dorfgemeinden mit Abstufungen in den Eigentumsverhältnissen, wobei Marx in den asiatischen Gemeineigentumsformen den ältesten, in der obščina den jüngsten Typus dieser Kette sieht. ‚Die Dorfgemeinde ist also in Germanien aus einer archaischen Form hervorgegangen . . . Dort – in Ostindien – begegnen wir ihr auch und immer als der letzten Stufe oder letzten Periode der archaischen Formation.'[11] Mit archaischer Formation bezeichnete Marx die Urgesellschaft. Er nannte sie auch primitive Gesellschaftsformation: ‚Als letzte Phase der primitiven Gesellschaftsformation ist die Ackerbaugemeinde gleichzeitig eine Übergangsphase zur sekundären Formation, also Übergang von der auf Gemeineigentum begründeten Gesellschaft zu der auf Privateigentum begründeten Gesellschaft. Die sekundäre Formation umfaßt, wohlverstanden, die Reihe der Gesellschaften, die auf Sklaverei, Leibeigenschaft beruhen.'[12] Schon hier kann vorweggenommen werden, daß Marx die asiatische Produktionsweise, die auf Gemeineigentum am Boden beruht, nicht zur ‚sekundären Formation' rechnet. In der Zielsetzung der urgesellschaftlichen Verhältnisse bildet sich ein ökonomisches System des Überganges zur Klassengesellschaft heraus, das man vielleicht als ‚formative' Produktionsweise bezeichnen kann. Diese formative Produktionsweise, in deren System das naturwüchsige Gemeineigentum am Boden von den verschiedenen Entwicklungsstufen und -typen der Ackerbaugemeinde abgelöst wird, enthält drei Möglichkeiten der weiteren Entwicklung zur Klassengesellschaft: 1. zur Klassengesellschaft des Alten Orients, Altafrikas und Altamerikas, nach J. M. Djakonov als ‚ursprüngliche Klassengesellschaft' bezeichnet; 2. zur Sklavenhaltergesellschaft der Antike (jedoch nur unter Berücksichtigung und Verwendung der Errungenschaften der altorientalischen Klassengesellschaft); 3. zum Feudalismus (bei Berücksichtigung des Entwicklungsniveaus der Produktivkräfte älterer Klassengesellschaften).

In der politisch-sozialen Struktur entwickelt sich die sich auflösende Gentilgesellschaft entweder zur militärischen Demokratie, zur militärischen Theokratie oder möglicherweise zu anderen, noch unbekannten Formen, die alle auf der Nachbarschaftsgemeinde und der Großfamilie basieren.

Welche Form der Klassengesellschaft errichtet wird, ist abhängig: vom Stand der Produktivkräfte in der Übergangsperiode, von äußeren Einflüssen höher entwickelter benachbarter Gesellschaften, von geographischen (einschließlich klimatischen) Umweltbedingungen.

Eine auf Sklavenarbeit beruhende Produktionsweise findet nach der Auflösung der Gentilgesellschaft in der sich bildenden ersten Formation der Klassengesellschaft

[10] Ebendort, Bd. 23, Berlin 1962, S. 92.

[11] Ebendort, Bd. 19, S. 387.

[12] Ebendort, S. 104.

keine allgemeine welthistorische Verbreitung. Die offene Sklaverei (im Gegensatz zur latenten Sklaverei) oder die Arbeitssklaverei bestimmt einige Jh. lang die ökonomische und soziale Struktur der antiken Mittelmeerwelt. Im Alten Orient, in Altafrika und im präkolumbianischen Amerika ist die Sklaverei nicht in der Weise dominierend, sondern nur ein Produktionsverhältnis neben anderen. Daneben gibt es frühfeudale Verhältnisse mit Hörigen auf dem Königs- und Tempelland, kleine Warenproduktion freier Bauern und Handwerker, Dorfgemeinden und Städten, Anfänge der Lohnarbeit, teilweises königliches Eigentum bzw. Obereigentum am gesamten Boden, Hierodoulie und Reste urgesellschaftlicher Produktionsverhältnisse. Unterschiedlich entwickelt sind im Keim alle Produktionsverhältnisse der Klassengesellschaft vorhanden. Sklaverei (im antiken Sinne) wurde in der Landwirtschaft, dem wichtigsten Produktionszweig der Alten Welt, auch tendenziell niemals Grundlage der Produktion."[13]

Die Diskussion über den Charakter der asiatischen Produktionsweise wurde mit besonderem Interesse in der Sowjetunion und in China seit 1927 aufgenommen, jedoch recht unglücklich und ohne vernünftiges Resultat beendet. Eugen Varga berichtet:

„Die Ablehnung der asiatischen Produktionsweise und ihre Umwandlung in eine ‚asiatische Spielart des Feudalismus' waren das Ergebnis von Diskussionen, die in den Jahren 1930/31 in Tbilissi und Leningrad geführt wurden. Dies geschah jedoch in sehr unklarer und unbestimmter Form. In einer redaktionellen Zusammenfassung der Diskussionsergebnisse von Tbilissi heißt es: ‚Die Eigenart der asiatischen Länder ist während des ganzen Verlaufs ihrer Geschichte außerordentlich groß. In gewissem Sinne schafft sie eine besondere Struktur des Feudalismus, die man asiatische Produktionsweise nennen kann.'

Eine analoge Formulierung finden wir in dem offiziellen Schlußwort von M. Godes zur Diskussion in Leningrad: ‚... wir ziehen es vor, von einem spezifischen Feudalismus im Orient und nicht von einer asiatischen Produktionsweise zu sprechen.'"[14]

Für mehr als ein Vierteljahrhundert verschwand die asiatische Produktionsweise aus der Diskussion der Marxisten, bis vor allem Charlotte Welskopf in ihrem schon erwähnten Buche sie 1957 wieder aufnahm. (Der Versuch von Hou Wai-lu, sie 1949 wieder in eine Diskussion zu bringen, scheiterte sehr zum Schaden der Entwicklung der Wirtschaftsgeschichte.) Langsam und dann ganz intensiv seit 1963, zunächst vor allem in Frankreich und dann auch anderswo, begann, natürlich im Zusammenhang mit der nationalen Befreiung und der ihr folgenden Besinnung auf die nationale Vergangenheit in zahlreichen ehemaligen Kolonien, die Wiederbeschäftigung mit der asiatischen Produktionsweise.

Erst jetzt wurde einigen Marxisten klar, daß es sich weder um eine asiatische noch um eine Produktionsweise handelt. Sie erkannten, daß sie sich nicht auf Asien

[13] *R. Günther*, Herausbildung und Systemcharakter der vorkapitalistischen Gesellschaftsformationen, „Zeitschrift für Geschichtswissenschaft", XVII. Jg., Berlin 1969, S. 197 f.

[14] *E. Varga*, Über die asiatische Produktionsweise, in: „Jahrbuch für Wirtschaftsgeschichte", 1967, Teil IV, Berlin 1967, S. 187 f.

oder den Alten Orient beschränkte und daß es sich nicht um eine, sondern um eine Vielfalt und ein Gemisch sehr verschiedener Produktionsweisen handelte, alle eine Form des Übergangs zur und eine Art von Ausbeutergesellschaft darstellend.

1967, als die erste Welle intensiver Neudiskussion ihren Höhepunkt überschritten hatte, faßte Bernhard Töpfer die Diskussion so zusammen:

„Vor allem infolge der in letzter Zeit schnell wachsenden Kenntnisse über die Struktur der außereuropäischen vorkapitalistischen Gesellschaften mehrt sich jetzt die Zahl der marxistischen Historiker, die darauf hinweisen, daß die älteren orientalischen Gesellschaften, die vorkolonialen afrikanischen Staaten und die alten mittelamerikanischen Kulturen weder der Sklaverei noch dem Feudalismus zugerechnet werden können. Daher ist man geneigt, den Äußerungen von Marx über die asiatische Produktionsweise wieder größeres Gewicht zuzusprechen und neben der Sklaverei und dem Feudalismus noch eine weitere vorkapitalistische Klassenformation in Betracht zu ziehen. Unter den Historikern, die in dieser Richtung argumentieren, bestehen jedoch in sehr vielen wichtigen Fragen beträchtliche Meinungsverschiedenheiten. Zunächst einmal ist festzustellen, daß man von einer Einigung über die entscheidenden Merkmale dieser asiatischen Produktionsweise noch recht weit entfernt ist. Außerdem sind vor allem folgende recht wesentliche Punkte strittig:

1. Während einzelne Historiker, so neuerdings vor allem Struve, die asiatische Produktionsweise als eine spezifische und räumlich begrenzte Erscheinung in orientalischen Gebieten auffassen, gehen die meisten anderen von der Annahme aus, daß die asiatische Produktionsweise universalhistorischen Charakter habe; diese Historiker plädieren dann in der Regel dafür, anstelle des Terminus ‚asiatische Produktionsweise‘ einen anderen, dem universalhistorischen Charakter dieser Erscheinung entsprechenden Begriff zu finden.

2. Im Gegensatz zu einer Gruppe marxistischer Historiker, die dazu tendiert, die asiatische Produktionsweise als echte, eigenständige Klassengesellschaft aufzufassen, vertreten andere die Meinung, es handle sich hier um eine Übergangserscheinung zwischen Urgesellschaft und einer ersten Klassengesellschaft, um eine Struktur, die zugleich klassenlose und Klassengesellschaft ist.

3. Sehr umstritten ist schließlich die für das Verständnis des welthistorischen Ablaufs überaus wichtige Frage, wie diese asiatische Produktionsweise in die Entwicklung der vorkapitalistischen Klassengesellschaften einzuordnen ist. Struve vertritt beispielsweise in weitgehender Anlehnung an das bisher gültige Entwicklungsschema die Auffassung, daß sich aus der asiatischen Produktionsweise heraus nur eine Sklavenhaltergesellschaft entwickeln könne und erst nach dieser sich feudale Verhältnisse ausbilden könnten. Die meisten jener Historiker, die für eine asiatische Produktionsweise plädieren, sind jedoch der Meinung, daß die asiatische Produktionsweise Grundlage der Entwicklung sowohl einer Sklavenhaltergesellschaft wie auch einer Feudalgesellschaft sein könne. Doch treten nicht nur unterschiedliche Auffassungen über die Reihenfolge der vorkapitalistischen Klassengesellschaften hervor, sondern es wurde von einzelnen Befürwortern der Existenz einer asiatischen Produktionsweise auch die Frage nach dem Ausmaß und dem Charakter der Unterschiede zwischen diesen vorkapitalistischen Klassengesellschaften gestellt und in

diesem Zusammenhang auf viele Ähnlichkeiten zwischen asiatischer Produktionsweise, Sklaverei und Feudalismus hingewiesen; am weitesten gingen hierbei Vasilev und Stučevskij, indem sie die asiatische Form, die Sklaverei und die feudale Form als drei gleichberechtigte Modelle der einen vorkapitalistischen Gesellschaftsformation zusammenfaßten."[15]

Später versuchte R. Günther einige Merkmale der asiatischen Produktionsweise, die Marx gegeben hat, zusammenzufassen, um dann aber mit Hilfe wiederum von Marx nachzuweisen, daß diese nicht allgemein charakteristisch sind:

„Fassen wir zusammen. Marx sah als asiatische Produktionsweise oder als asiatische Form des Eigentums ein ökonomisches Verhältnis, das besonders folgende Merkmale aufwies: 1. Gemeinschaftlicher Besitz an Grund und Boden; 2. Einheit von kleiner Agrikultur und häuslichem Handwerk in der Dorfgemeinde; 3. Produktion im wesentlichen für den Selbstbedarf, Vorwiegen der einfachen Reproduktion, wenig entwickelte Arbeitsteilung; 4. die Grundrente ist zugleich Hauptelement der Staatssteuer; 5. wirtschaftliche Stagnation; 6. indifferente Einheit von Stadt und Land; 7. besondere Bedeutung der Bewässerungswirtschaft; 8. ökonomisches und politisches System der Despotie.

Aus all dem geht u. E. hervor, daß Marx nicht im Sinne hatte, in diesem so charakterisierten Produktionsverhältnis allein die gesamte Ökonomie des Alten Orients von den Anfängen bis zum Übergang zum Feudalismus zu erfassen. Er versteht darunter eine Form des Eigentums, aber nicht die einzige. So wie das Kapital zunächst ein Produktionsverhältnis ist, das nur dort zur kapitalistischen Produktionsweise wird, wo das kapitalistische Produktionsverhältnis die gesamte ökonomische Struktur beherrscht, so kennzeichnete Marx mit den genannten Charakteristika zunächst ein Eigentumverhältnis, das ebenfalls nur dort als Produktionsweise auftritt, wo es das gesamte ökonomische System der altorientalischen Gesellschaft in diesem oder jenem Staat beherrscht. Es wäre also verfehlt, das ‚asiatische' Eigentumsverhältnis zum einzigen beherrschenden in der gesamten altorientalischen Wirtschaftsgeschichte zu verabsolutieren. Es gibt daneben andere Eigentumsformen bzw. Produktionsverhältnisse, wie zu Anfang dieses Abschnitts festgestellt wurde. In diesem Sinne ist in der Schrift ‚Formen, die der kapitalistischen Produktion vorhergehen' völlig konsequent z. B. von asiatischen, slavischen, antiken, germanischen Formen des Eigentums die Rede, und niemand wird deshalb auf den Gedanken kommen, diese Eigentumsformen als Produktionsweisen besonderer Gesellschaftsformationen zu verstehen. Es sind in Wirklichkeit verschiedene Entwicklungszüge und -typen der Ackerbaugemeinde nach dem Zerfall des naturwüchsigen Gemeineigentums der ‚archaischen' Gesellschaftsformation, d. h. der Urgesellschaft. Wo die ‚asiatische' Form des Eigentums die Gesamtheit der Produktionsverhältnisse beherrscht, wie etwa in den ersten tausend Jahren der altchinesischen Geschichte, ist die Anwendung des Begriffs ‚asiatische Produktionsweise' daher völlig legitim. Aber das ‚asiatische' Produktionsverhältnis beherrscht nicht die ökonomische Struktur aller altorientalischen Länder,

[15] *B. Töpfer*, Zur Problematik der vorkapitalistischen Klassengesellschaften, in „Jahrbuch für Wirtschaftsgeschichte", a. a. O., S. 260 ff.

und selbst in diesen dominiert es nicht vom Anfang bis zum Ende der altorientalischen Geschichte. Jedoch als *ein* Produktionsverhältnis neben anderen existiert es in allen altorientalischen Ländern und reicht als solches noch weit in die mittelalterliche Geschichte hinein.

In vielen altorientalischen Ländern beherrscht die ‚asiatische' Form des Eigentums nur die Übergangsperiode vom Zerfall der Urgesellschaft bis zur Entstehung des Staates und entspricht als ‚asiatische' Produktionsweise etwa der ‚formativen' Produktionsweise. Mit dem Entstehen und der Festigung der Klassengesellschaft wird sie von einer Produktionsweise abgelöst, die noch näher bestimmt werden muß."[16]

Zu den von Töpfer genannten Vertretern der Auffassung, daß die asiatische Produktionsweise eine „universalistische" sei, die auch meinen, daß sowohl die antike Sklavenhaltergesellschaft wie auch der Feudalismus direkt aus der asiatischen Produktionsweise herauswachsen könne, gehört Heinz Kreißig, der gleichzeitig in der ganzen Entwicklung von der Urgemeinschaft bis zum Kapitalismus einen besonderen, gedanklich höchst beachtsamen Zug entdeckt zu haben meint. Er schreibt:

„Das Verhältnis von Eigentum an den Produktionsmitteln und Abhängigkeit der unmittelbaren Produzenten von den Eigentümern hat die Epochen der Klassengesellschaften bestimmt, der latente Kampf der Arbeitenden gegen ihre Abhängigkeit und die Reaktion der Eigentümer haben die Entwicklung in dieser Geschichte determiniert. Eigentum und Abhängigkeit wurden durch den ihnen immanenten Widerspruch zwischen Produktion und Aneignung des Produkts in ständiger Bewegung gehalten. Dieser Widerspruch bleibt in allen Klassengesellschaften bestehen, die Formen, in denen er sich ausdrückt, verändern sich.

In dieser Entwicklung vollzieht sich eine Tendenz, auf die Marx und Engels bereits 1848 im Kommunistischen Manifest hinwiesen, die aber von vielen Historikern immer wieder übersehen, ja bis in ihr Gegenteil verkehrt wird. In den frühesten uns bekannten Klassengesellschaften des Vorderen Orients wie auch in den antiken Formationen gibt es abhängige Bauern und Handwerker, Sklaven, von Produktionsmitteln freigesetzte, nichtversklavte Lohnarbeiter und Tagelöhner – also bereits alle Abhängigkeitsformen, die auch in späteren Klassenformationen vorhanden sind. Im Feudalismus verschwinden allmählich die Sklaven; die Abhängigkeit der Handwerker wird zur Bindung an Zünfte und löst sich schließlich auf; im Kapitalismus hat auch die Hörigkeit des Bauern keinen Platz mehr. Die ganze Klassenfrage – so kompliziert und vielschichtig sie sich nach Auflösung der urgesellschaftlichen Verhältnisse stellte – *vereinfacht* sich zu der großen Polarisation Kapitalisten – lohnabhängige Arbeiter ...

Die antike Produktionsweise unterscheidet sich von der orientalischen dadurch, daß das Hauptproduktionsmittel, der Boden, individuelles Eigentum freier, gleichberechtigter Mitglieder einer Gemeinde wehrfähiger Bürger (Politen, Quiriten usw.) ist. Die einsetzende gesellschaftliche Differenzierung führt zur Schuldknechtschaft, zur Lohnarbeit solcher Gemeindemitglieder, die ihr Eigentum aus wirtschaftlichen Gründen verloren, schließlich zur mobilen Sklaverei. Diese Sklaverei zumeist stammesfremder Personen wird zum beherrschenden Faktor der Produktionsverhältnisse in

[16] ZfG., a. a. O., S. 200 f.

dieser Gesellschaft, in der die Stadt als Sitz der Gemeindemitglieder, als ‚Konzentration der Wohnsitze', vorausgesetzt ist. – Diese ökonomische Gesellschaftsformation entstand zwar aus der Produktionsweise orientalischen Typs (die überall, auch außerhalb des Orients am Anfang der Klassengesellschaft stand), doch bildete sich diese Form nur in Griechenland und Italien heraus, von wo aus sie sich lediglich entlang der Küsten des Mittelländischen Meeres ausbreitete. Das heißt: Die antike Produktionsweise überwand die orientalische in einem relativ kleinen Gebiet, während letztere sich überall sonst weiterentwickelte und direkt in den Feudalismus überging. Die orientalische Produktionsweise und mit ihr die altorientalische Gesellschaftsformation bestanden also tatsächlich vor, während und (im Prozeß des Übergangs zum Feudalismus) auch noch nach der antiken, die sich auf kleinem Raum konzentrierte und aus sich heraus nur wieder zu alten Abhängigkeitsformen der Frühzeit fand – wenn natürlich auch auf einem inzwischen gestiegenen Niveau der Produktivkräfte."[17]

Ich glaube, nach allem, was hier gesagt worden ist, ist folgendes klar:

Unsere Historiker und Wirtschaftshistoriker benutzen den Ausdruck „asiatische" oder „orientale" oder „altorientalische" Gesellschaftsformation für alle ersten Formen von Gesellschaften, über die wir praktisch kaum etwas außer unzusammenhängenden Bruchstücken wissen, eine „Gesellschaftsformation", die so „universalistisch" ist, weil unsere Unkenntnis so universalistisch. Statt asiatisch oder oriental können wir sie natürlich auch okzidental oder afrikanisch oder amerikanisch nennen, da Forscher sie überall entdeckt haben. Man kann sie auch als vorfeudale oder Nicht-Sklavenhalter-Gesellschaft bezeichnen.

Natürlich haben wir für das Inka-Reich oder das alte Babylon oder das frühe China eine ganze Reihe von Daten, die es uns im Laufe der Zeit erlauben werden, eine Wirtschaftsgeschichte zu schreiben – nachdem wir einmal verstanden haben, daß es jetzt darauf ankommt:

Eine Politische Ökonomie für diese Formen der Produktion zu entwickeln – wahrscheinlich zuerst:

eine Politische Ökonomie für China in der frühen Zeit, für Indien, für Babylonien, Ägypten, das Inka-Reich usw.

Es wäre meiner Ansicht nach unsinnig, mit einer Politischen Ökonomie einer „universalistischen" Produktionsweise zu beginnen, weil es eine solche vor dem Kapitalismus nicht gegeben hat. Man versuche, nur die Kategorien und Hauptmerkmale der Politischen Ökonomie des europäischen Feudalismus, soweit sie Marx und Engels entwickelt haben, auf den sogenannten chinesischen Feudalismus anzuwenden, und man wird sehen, wie man völlig scheitert.

Das heißt natürlich nicht, daß wir nicht einmal später zu einer Politischen Ökonomie der vorfeudalen Produktionsweise(n) kommen werden, genau wie wir später einmal zu einer Politischen Ökonomie aller Ausbeutergesellschaften kommen werden, die die entscheidenden Gesetze und Kategorien, die allen Ausbeutergesellschaften gemeinsam sind, zusammenfaßt.

[17] *H. Kreißig*, Boden und Abhängigkeit im Orient in der hellenistischen Epoche, in „Jahrbuch für Wirtschaftsgeschichte", 1975, Teil II, S. 101 f.

Was war der Sinn dieses Exkurses? Vor allem galt es, aus der Praxis der Wirtschaftsgeschichtsschreibung zu zeigen, daß wir ohne Politische Ökonomie mit der Wirtschaftsgeschichte letztlich scheitern müssen, und daß, wenn es sich um vergangene Zeiten handelt, wenn die Praxis der Tagesarbeit ihre Kenntnis nicht verlangt, wenn die leitenden Kräfte der Gesellschaft ihrer nicht bedürfen, weil sie seit langem vergangen sind, es die Wirtschaftshistoriker sind, die die Entwicklung einer Politischen Ökonomie verlangen und, sich als Politökonomen betätigend, ihre Ausarbeitung übernehmen müssen.

Kapitel IV

Stufentheorien der Wirtschaftsentwicklung

Die Idee des gesellschaftlichen Fortschritts, die recht eigentlich erst seit der Renaissance zum Gedankengut der gebildeten Welt gehört, brachte sehr schnell erstaunliche Ergebnisse in der Aneignung der Realität, denn mit der Idee des gesellschaftlichen Fortschritts mußten sehr bald zwei Fragen aufkommen. Erstens: was verursacht Fortschritt? Zweitens: kann man die Geschichte der Menschheit in, dem Fortschritt entsprechende, Perioden oder Stufen einteilen?

Natürlich finden wir schon lange vor der Renaissance einzelne geniale Blicke in dieser Richtung. So wie Marx im „Anti-Dühring" feststellt: „Da die politische Ökonomie, wie sie geschichtlich aufgetreten, in der Tat nichts ist als die wissenschaftliche Einsicht in die Ökonomie der kapitalistischen Produktionsperiode, so können darauf bezügliche Sätze und Theoreme, z. B. bei den Schriftstellern der alten griechischen Gesellschaft, nur soweit vorkommen, wie gewisse Erscheinungen: Warenproduktion, Handel, Geld, zinstragendes Kapital usw., beiden Gesellschaften gemeinsam sind. Soweit die Griechen gelegentliche Streifzüge in dies Gebiet machen, zeigen sie dieselbe Genialität und Originalität wie auf allen andern Gebieten. Ihre Anschauungen bilden daher geschichtlich die theoretischen Ausgangspunkte der modernen Wissenschaft."[1] –

so können wir auch für die Idee der Entwicklung, einschließlich der wirtschaftlichen Entwicklung, geniale Einzelgänger mit Gedankenblitzen und ihnen entsprechenden Hinweisen in ihren Schriften oder diese Idee gar als größeres Thema von ihnen behandelt finden, etwa bei Lukrez in De rerum natura und auch bei dem schon erwähnten großen arabischen Schriftsteller Ibn Chaldun. Aber als allgemeineres Gedankengut zumindest einer „Richtung", die bis heute angedauert hat, und die, da sie in der Realität begründet ist, mehr und mehr aus einer Richtung zur allgemeinen wissenschaftlichen Anschauung, zur allgemein gültigen Methode der Aneignung des gesellschaftlichen Lebens wird, finden wir sie zuerst in Europa seit der Renaissance.

Die beiden ersten großen Denker, die als „Begründer einer Richtung" so dachten und arbeiteten, waren der Franzose Jean Bodin (1529 oder 1530 bis 1596) und der Holländer Hugo Grotius (1583–1645).

Bodin war ein bedeutender Jurist, ein großer Lehrer vom Staat, ein kluger Politökonom und Geschichtsphilosoph, ein hoher königlicher Beamter und Politiker.

Uns interessiert hier vor allem das, was ich die wirtschaftshistorische Seite seiner

[1] *Marx/Engels*, Werke, Bd. 20, Berlin 1962, S. 213.

Geschichtsphilosophie nennen möchte, von der wir so manches vor allem in seinem ersten Buch Methodus ad facilem historiarum cognitionem (Paris 1566), „Eine Methode, die Geschichte leicht zu erfassen", und in seinen Six livres de la République (Paris 1576), „Sechs Bücher von der Republik", finden. Typisch für die aufkommende breite bürgerliche nationale Literatur hatte er dies Buch, wie auch Bacon so manche seiner Werke, zuerst in der Muttersprache geschrieben und dann zum allgemeinen internationalen wissenschaftlichen Gebrauch für die Gelehrten Europas ins Lateinische übersetzt.

Grotius gilt als „der Vater des Völkerrechts" und war wohl der bedeutendste international-politische Jurist seiner Zeit, der sowohl einer im Grunde privaten Monopolgesellschaft, der Vereinigten Ost-Indischen Kompanie, wie auch offiziell seinem und anderen Staaten diente. Sein bekanntestes Werk ist De jure belli ac pacis libri tres (Paris 1625). Doch war er außer als Jurist auch als Historiker, Philologe, Theologe und Dichter tätig.

Auch an Grotius, wie Bodin ein bedeutender Theoretiker des gesellschaftlichen Fortschritts, interessiert uns hier allein das, was wir die materialistische, die wirtschaftliche Seite seiner Fortschrittsidee nennen können.

Beide gehen in ihrer Betrachtung der Geschichte der Menschheit von einem Zustand aus, der keineswegs paradiesisch war, in dem aber, wie tatsächlich in der Urgemeinschaft, Gleichheit herrschte.

Sellnow bemerkt:

„Die Menschen sollten sich zuerst in einem ‚einfältigen und unschuldigen Leben' befunden haben, folglich waren alle gleich und lebten friedlich, zum Nutzen aller Mitglieder und in Wohlwollen miteinander. Bodin stellte fest, daß die ‚Gleichheit eine Mutter vnd Geberin des Fridens vnd einigkeit' ist[2]. Es fehlte jedoch zu seiner Zeit nicht an Versuchen von feudaler Seite, diese Gleichheit zu bezweifeln. Er wendete sich gegen diese feudalen Ansichten, die mit solchem Gerede ‚den einfeltigen ein blauen Dunst für die Augen machen' wollten. Er forderte zur Einigkeit auf, damit nicht Haß und Neid das Volk entzweie, weil damit die Ungleichheit entstehe; denn diese Ungleichheit mache den Schwachen schwächer und den Starken stärker. Die Ungleichheit führe dazu, daß die Schwachen dem ‚Reichen vnd mechtigen dienen / vnd sich auch unter ihre Schutz / damit sie von der großen Hansen Gewalt sich leiten mögen / begeben'[3] müssen.

Neid, Haß und Unzufriedenheit waren jedoch nicht die einzigen Ursachen, die die Gleichheit der Menschen im Urzustand zerstörten. Ein weiterer sehr wichtiger Grund wurde – jedenfalls von Bodin und Grotius – in der ungleichen Verteilung des Bodens gesehen.

Beides, die menschlichen Begierden und die einseitige Übervorteilung bei der Ver-

[2] *J. Bodin*, Respublica, das ist: Rechtliche und rechte Underweysung, oder eigentlicher Bericht, in welchem ausführlich vermeldet wird, wie nicht allein das Regiment wol zu bestellen, sondern auch in allerley Zustandt, so wol in Krieg und Widerwertigkeit, als Frieden und Wolstand zu erhalten sei, Mümpelgart, 1591, S. 522.

[3] Ebendort.

teilung des Bodens', widersprach der Vernunft. Die ungleiche Verteilung des Bodens führte dann zur Entstehung zweier Klassen. Die einen ‚so mehr Güter besitzen / auch in Ehren / Kurtzweil / vnd Wollusten den Vorzug haben / die Armen aber / also zu reden / zu irem fußtuch gebrauche wöllen / vn darneben der Thugend wenig nachfragen'.[4]

Das Aufkommen der Unfreiheit war ein Kernproblem dieser Denker. Der Widerspruch, den die Arbeit in die Gesellschaft hineinbrachte, die Doppelseitigkeit der Produktion, blieb ihnen dunkel. Sie konstatierten aber die Folgen. Denn ‚allein bey diesem einfältigen und unschuldigen Leben synd die Menschen nicht geblieben / sondern haben ihre Sinne und Gedanken auf vielerley Künste gerichtet / deren Ebenbild der Baum des Erkenntnisses Gutes und Böses war / nemlich solcher Dinge / deren man sich sowohl zum Guten / als zum Bösen gebrauchen kan.'[5]

Mit der Arbeit und der Arbeitsteilung kam in der Tat der Widerspruch auf. Grotius nahm als erste Teilung der Arbeit die zwischen ‚Ackerbau und Viehzucht' an. ‚Und hierbey gieng bereits eine Art Theilung vor. Hierauf entstunde aus dem Unterschiede der Lebens-Art ein Neyd / und sogar auch ein Todschlag.' ‚Hieraus', so schrieb Grotius weiter, lernen wir ‚was die Ursache gewesen / daß man von der ersten Gemeinschaft abgewichen'.[6] Die Menschen hörten damit auf, ‚zu essen / was von selbsten wächset / wie auch in den Hölen zu wohnen / vnd entweder nackend zu gehen / oder sich mit Baum-Rinden / oder Fellen der wilden Thiere zu bekleiden'.[7] Diese Arbeitsteilung hatte nach Grotius zugleich eine Vereinzelung der Menschen zur Folge, und mit der räumlichen Vereinzelung trat auch eine andere Art der Verteilung der Lebensmittel ein, weil ‚auch die Früchte nicht gemeinschaftlich zusammengetragen wurden'.[8] Damit wurde die alte sittliche Ordnung verletzt, und der ‚Mangel an Gerechtigkeit und Liebe' setzte ein. Die Gleichheit wurde zerstört, da ‚weder in der Arbeit noch in der Aufwendung und Verbrauchung der Früchte die Gleichheit / wie es hätte seyn sollen / beobachtet wurde'.[9]"[10]

Wir sehen, welche Rolle schon Wandlungen in den Produktionsverhältnissen (Eigentumsverhältnisse – beide sind Juristen!) und auch teilweise in den Produktivkräften in ihren Betrachtungen der Geschichte der Gesellschaft spielen. In gar mancherlei Beziehung haben sie materialistische Auffassungen. Auffassungen, die ein Studium der Geschichte der Produktionsverhältnisse und Produktivkräfte verlangen.

Noch viel stärker als Bodin und Grotius betont Samuel Pufendorf (1632–1694) die Tatsache, daß der Mensch ein gesellschaftliches Wesen ist: vita non socialis est

[4] Ebendort, S. 520 f.

[5] *H. Grotius*, Drey Bücher vom Rechte des Krieges und des Friedens, darinnen das Recht der Natur und der Völker, wie auch die vornehmsten Sachen desjenigen Rechts, welches von der Regierung eines Staates handelt, erkläret und die Anmerkungen des Verfassers hinzugefüget werden, Leipzig im Jahre Christi 1707, Bd. 2, S. 219.

[6] Ebendort, S. 220.

[7] Ebendort.

[8] Ebendort, S. 221.

[9] Ebendort, S. 220.

[10] *W. Sellnow*, Gesellschaft – Staat – Recht, Berlin 1963, S. 26 f.

vita bestiarium, ein nicht-gesellschaftliches Leben ist das Leben von Tieren, erklärt er ganz brutal. Pufendorf – ebenfalls Jurist, Historiker, Philosoph, außerordentlich kritischer Publizist der deutschen Verhältnisse seiner Zeit, hoher Beamter – schrieb sein juristisch-philosophisches Hauptwerk De jure naturae et gentium libri octo 1672.

Aus ihm spricht ein im 17. Jahrhundert noch seltener Optimismus über die Natur und den Charakter des Menschen. Walter Simons bemerkt in seiner Einleitung zur „Carnegie"-Ausgabe dieses Werkes von Pufendorf: Pufendorf bekämpft „die pessimistische Darstellung, die Hobbes und Spinoza vom gesellschaftlichen Urzustande der Menschheit als eines Krieges Aller gegen Alle gegeben haben, und sucht nachzuweisen, daß die natürliche Vernunft dem Menschen gezeigt habe, welcher Vorteil darin liegt, daß man sich über die Mittel zur Befriedigung der Lebensbedürfnisse, die von der Natur dargeboten werden, freundlich verständigt, statt sich dauernd um sie zu streiten. Man dürfe krankhafte Streitsucht Einzelner nicht für den Naturzustand Aller erklären. Vielmehr sei der Mensch von Natur ein geselliges Wesen und innerhalb der Gemeinschaft auch insoweit nicht Feind seiner Mitmenschen, als er ihnen in natürlicher Freiheit gegenüberstehe, d. h. ihnen weder zu befehlen noch zu gehorchen habe."[11]

Pufendorf geht davon aus, daß alle Menschen gleich seien. Simons faßt zusammen: Pufendorf entwickelt „in häufigem Gegensatz zu Hobbes, aus dem Grundsatz von der naturrechtlichen Gleichheit der Menschen, die trotz physischer und geistiger Unterschiede bestehe, eine Reihe von Folgerungen: daß im Verkehr zwischen den Menschen der Leistung die Gegenleistung entsprechen muß; daß der Einzelne bei der Verteilung von Gütern oder Diensten unter mehrere Andere diese grundsätzlich gleich behandeln muß; daß kein Mensch sich hochmütig über den Nebenmenschen erheben und ihm die gleiche persönliche Ehre verweigern darf; daß er insbesondere diese Ehre nicht durch äußere Zeichen verletzen soll. Pufendorf wendet sich mit scharfen Worten gegen die antike Auffassung, daß es Menschen gebe, die von Natur zur Sklaverei bestimmt seien; vielmehr hält er diese Form der Ungleichheit wie jede andere, die nicht auf den natürlichen Unterschieden des Alters und Geschlechts oder der körperlichen und geistigen Kraft beruht, für ein Erzeugnis des positiven Rechts. Selbst die Ungleichheit der Macht, ohne die ein Staatswesen nicht denkbar ist, hält unser Verfasser für eine positive Abweichung von dem naturrechtlichen Grundsatz, daß allen Menschen gleiche Macht, weil gleiche Freiheit zusteht. Die Ungleichheit des Vermögens gar darf als solche weder nach Naturrecht noch nach positivem Recht gegenüber der Gleichheit der Menschen eine Rolle spielen."[12]

Besonders interessant und fortschrittlich ist die im 4. Kapitel des 4. Buches dargestellte Eigentumslehre. „Der Ursprung des Eigentums aus dem ursprünglichen Gemeinbesitz wird, im Anschluß an die Lehre des Grotius und im Gegensatz zu zahlreichen Schriftstellern der damaligen Zeit, im vierten Kapitel dahin festgestellt, daß es sich nicht um ein unmittelbares, sondern ein abgeleitetes Institut des Naturrechts handelt. Pufendorf hält das Eigentum nicht für eine gottgeheiligte Ordnung, sondern

[11] *S. Pufendorf*, De jure naturae et gentium libri octo, Bd. I, Oxford und London 1934, S. 25a f.
[12] Ebendort, S. 31a.

für eine Menschensatzung, beruhend auf stillschweigender oder ausdrücklicher Vereinbarung. Gott hat den Menschen zwar, wie den Tieren, die Erde und was darauf wächst und lebt zur Nutzung bestimmt, aber die Grenzen der Nutzung, ihr äußeres und inneres Maß, ist ihrer Willkür anheimgestellt. Sie können ebenso gut bestimmen, daß alle oder einzelne Dinge gemeinsam bleiben, wie sie die Macht über die Dinge zwischen den Einzelnen in Form des Eigentums unter Ausschluß der Andern verteilen können. Aber auch wo dies Letztere geschehen ist, treten Fälle ein, in denen die Menschensatzung vor dem Naturzustand zurücktritt: nämlich der Fall äußerster Not, in dem der Bedürftige das, was er braucht, ohne Rücksicht auf das Eigentum benutzen darf, und der Fall des Kriegs, der den Vertragszustand zwischen den Feinden aufhebt und daher der einen Partei gestattet, das Eigentum der andern sich anzueignen. Auch den Eigentumserwerb durch Okkupation hält Pufendorf für einen abgeleiteten, dem Naturzustand nicht entsprechenden."[13]

Jedoch, sagt Pufendorf, kann man sehr deutlich eine Entwicklung des privaten Eigentums auf Grund von materiellen Tatsachen beobachten: „Doch konnte die Urgemeinschaft (communio) in diesem Zustand nicht andauern, wenn die Menschen nicht ständig hungern und nackt herumlaufen wollten. Wohl hinderte nichts die Dauer dieses Zustandes mit geringem Eigentum, solange die Zahl der Menschen gering war und sie ein einfaches Leben führten. Es ist jedoch sicher, je mehr die Zahl der Menschen stieg, je mehr sich die Arbeitstätigkeit des Menschen verbesserte, desto mehr wuchs auch die Notwendigkeit für mehr Dinge, Eigentum zu werden."[14]

Das ist eine durchaus materialistische Entwicklungstheorie des privaten Eigentums, die aber, wie bei seinen Vorgängern, gewissermaßen nur zwei Stufen der Entwicklung kennt: Die „Urstufe" (der eventuell noch das Paradies vorgelagert ist) und die „Zivilisation", die natürlich ständig fortschreitet, ohne daß jedoch die Produktionsformen – Jagd und Fischerei, Nomadenwirtschaft, Landwirtschaft – einander folgen. Entsprechend der Bibel galten ihm diese drei Formen der Gewinnung des Lebensunterhalts als drei gleichzeitige Existenzformen nach der Vertreibung aus dem Paradies, nicht als drei Stufen der Entwicklung – waren doch auch Kain und Abel gleichzeitig je Hirte und Ackerbauer. Der Fortschritt, den Pufendorf in der Geschichte sieht, findet gleichzeitig in allen drei Formen der Produktion statt.

Als letzten großen Denker unter den „Vor-Stufen-Theoretikern" sollten wir Montesquieu (Charles Louis de Secondat, Baron de la Brède et Montesquieu – 1689 bis 1755) nennen. Wir haben von ihm schon im ersten Band dieser Studien als einem der Großen der Vorgeschichte des historischen Materialismus gehandelt. Hier sei nur kurz auf seine sich daraus ganz selbstverständlich ergebende Bedeutung für die Anfänge der Wirtschaftsgeschichtsschreibung hingewiesen.

Nicht, daß Montesquieu, genau so wenig wie die drei zuvor behandelten Denker, eine Wirtschaftsgeschichte schreibt; auch für ihn gibt es noch keine Stufen der Entwicklung insofern, als auch für ihn Jagd, Nomadenwirtschaft, Landwirtschaft und Handel bzw. Handwerkswirtschaft keine notwendige Aufeinanderfolge der Entwick-

[13] Ebendort, S. 36a.

[14] Übersetzt nach ebendort, S. 378.

lung darstellen. Auch spielt unter den bestimmenden materiellen Faktoren der Entwicklung das Klima eine außerordentliche Rolle. Jedoch hat keiner vor ihm eine so deutliche Abhängigkeit des Überbaus – der Gesetzgebung, von der er in seinem Hauptwerk „De l'Esprit des Lois" handelt – von der Basis etabliert. Im 18. Buch dieses Werkes schreibt er:

„Die Gesetze haben eine sehr wichtige Beziehung zu der Art und Weise, wie die verschiedenen Völker sich den Unterhalt verschaffen. Ein Volk, das sich mit Handel und Schiffahrt befaßt, muß ein umfassenderes Gesetzbuch haben, als ein Volk, das sich damit begnügt, seine Ländereien zu bebauen. Letzteres braucht ein größeres, als ein Volk, das von seinen Herden lebt, und dieses wieder ein größeres, als ein Volk, das von der Jagd lebt."[15] Das heißt, je entwickelter die ökonomische Basis, desto größer das Gesetzbuch.

Weiter im 13. Kapitel: „Der Umfang des bürgerlichen Gesetzbuches nimmt hauptsächlich durch die Teilung des Grund und Bodens zu. Bei den Völkern, welche diese Teilung noch nicht vorgenommen haben, wird es sehr wenige bürgerliche Gesetze geben."[16]

Oder (Kapitel 16): „Wenn ein Volk den Gebrauch des Geldes nicht kennt, dann kennt man bei ihm fast nur die Ungerechtigkeiten, die aus Gewaltätigkeit entspringen; und die schwachen Leute verteidigen sich gegen die Gewalt, indem sie sich vereinigen. Es kommen dort fast nur politische Regelungen vor. Bei einem Volke dagegen, das das Geld fest eingeführt hat, ist man den Ungerechtigkeiten ausgesetzt, die aus der Arglist entspringen; und diese Ungerechtigkeiten können auf mannigfache Weise verübt werden. Man muß deshalb dort gute, bürgerliche Gesetze haben; und diese entstehen in dem Maße, wie die Mittel und Wege, ein schlechter Mensch zu sein, zunehmen und mannigfaltiger werden."[17]

Doch auch wenn wir feststellen, daß Montesquieu zwischen dem Zustand der Wildheit und dem der Barbarei unterscheidet – eine Gliederung der frühesten Zeit, die Engels übernehmen wird (vgl. etwa „Der Ursprung der Familie, des Privateigentums und des Staats") –, ergibt sich auch bei ihm noch keine Stufengliederung des Fortschritts, wenn auch sehr deutlich ein Zusammenhang zwischen niedrigem und hohem Stand der Art der Gewinnung des Lebensunterhalts und der Gesetzgebung dargelegt wird. Es wächst aber nicht eine Stufe gesetzmäßig aus der anderen heraus.

*

Eine große Wandlung, einen großen Fortschritt bringen nach der Auffassung von Meek zwei weltberühmte Männer, lange bevor sie bekannt waren, lange bevor sie ein Werk veröffentlicht hatten, als junge Männer, in den zwanziger Jahren ihres Lebens, fast gleichzeitig und völlig unabhängig von einander:

Anne Robert Jacques Turgot (1727–1781)
Adam Smith (1723–1790).

[15] *C. L. Montesquieu*, Der Geist der Gesetze, übersetzt von A. Fortmann, Leipzig 1891, S. 240.
[16] Ebendort, S. 241.
[17] Ebendort, S. 242 f.

Ronald Meek, dem wir das beste Werk über frühe Stufentheorien verdanken[18], möchte sich nicht entscheiden, ob Turgot oder Smith der erste war – aber auf Grund der von Meek selbst gegebenen Daten und der Quellen möchte ich doch annehmen, daß Turgot vor Smith und zwar wohl als erster eine ökonomische und eindeutige Stufentheorie der Entwicklung der menschlichen Gesellschaft dargelegt hat, und daß auch noch andere vor Smith eine Stufentheorie vertraten.

Wir haben schon im Band I dieser „Studien" von Turgot genau wie von Montesquieu als einem der Großen aus der Vorgeschichte des historischen Materialismus gehandelt. Hier gilt es, seine Bedeutung für die Wirtschaftsgeschichtsschreibung herauszuarbeiten.

Eine kleine Studie über Ricardo begann ich so: „Wie bedauerlich, daß die Kunst der Synkrisis so ganz in Vergessenheit geraten! Welche Freude hätte ansonsten ein moderner Plutarch an der vergleichenden Darstellung von Quesnay und seinem Schüler Turgot, von Adam Smith und seinem Schüler David Ricardo. Ja, ein Doppelvergleich dieser vier wäre ein ganz besonderer Reiz. Denn kann man nicht sagen, daß in beiden Fällen die Lehrer – Quesnay und Smith – weiser und wohl auch optimistischer waren als die Schüler, die Schüler dagegen logischer im Gedankengang, erbitterter in der Konsequenz und systematischer im Aufbau des Systems?"[19] Zugleich aber muß man auch feststellen, daß in dem ersten Vergleichspaar der Schüler Turgot, in dem zweiten der Lehrer Smith den größeren Sinn für Geschichte gehabt hat.

Der historische Sinn von Adam Smith ist so ausgesprochen, daß Unwin bemerkt: „Adam Smith war der erste große Wirtschaftshistoriker, und ich zögere nicht hinzuzufügen, daß er meiner Ansicht nach noch immer der größte ist."[20] Der historische Sinn von Turgot ist nicht minder ausgesprochen. Betrachten wir nur eine Reihe seiner Thesen in seinem so bedeutenden und auch von Marx so hochgeschätzten theoretischen (!) Werk „Réflexions sur la formation et la distribution des richesses":

„§ 8. Erste Teilung der Gesellschaft in zwei Klassen: eine *produktive* oder der Landwirte, eine *besoldete* oder der Gewerbsleute.

§ 9. In den ersten Zeiten muß der Grundeigentümer vom Landwirt nicht verschieden gewesen sein.

§ 10. Fortschritt der Gesellschaft; alles Land hat einen Herrn.

§ 11. Die Eigentümer beginnen, die Bearbeitung des Bodens auf bezahlte Landarbeiter abwälzen zu können.

§ 12. Ungleichheit in der Verteilung des Grundeigentums: Gründe, die sie unvermeidlich machen.

§ 13. Folge der Ungleichheit. Der Landwirt vom Grundeigentümer unterschieden.

§ 14. Teilung der Produkte zwischen dem Landwirt und dem Grundeigentümer. *Reinertrag* oder *Einkommen*.

[18] *R. L. Meek*, Social Science and the ignoble savage, Cambridge 1976 – künftig zitiert als „Ignoble Savage".

[19] „Die Großen der Weltgeschichte", Bd. VII, Zürich 1977.

[20] *N. B. Harte*, a. a. O., S. 39.

§ 15. Neue Teilung der Gesellschaft in drei Klassen: *Landwirte, Gewerbsleute* und *Grundeigentümer,* oder *produktive, besoldete* und *verfügbare* Klasse.“[21]

Wahrlich diese Thesen zur Politischen Ökonomie sind zugleich Thesen zur Wirtschaftsgeschichte der Menschheit! Hier sehen wir, wie die Menschheit auf Grund ökonomischer Gesetze von einer Art Ordnung der Gewinnung des Lebensunterhalts mit verschiedenen Produktionsverhältnissen zur anderen fortschreitet – allerdings noch ohne klare Gliederung in verschiedene Gesellschaftsordnungen, wie sie Marx und Engels entwickelt haben.

Diese Unklarheit der Gliederung und ein gewisses Durcheinander von logischer und historischer Überlegung wird besonders deutlich, wenn Turgot die Landwirtschaft speziell betrachtet und folgende Thesen aufstellt:

„§ 19. Auf welche Weise die Grundeigentümer das *Einkommen* aus ihren Ländereien beziehen können.

§ 20. Erste Art: Landbau durch Lohnarbeiter.

§ 21. Zweite Art: Landbau durch Sklaven.

§ 22. Die Bodenkultur mit Hilfe der Sklaven kann sich in großen Gemeinwesen nicht halten.

§ 23. Die Schollenpflichtigkeit* folgt der eigentlichen Sklaverei.

§ 24. Das Lehnsverhältnis folgt der Schollenpflichtigkeit, und der Sklave wird Grundeigentümer. Dritte Art: Veräußerung des Bodens gegen einen Grundzins.

§ 25. Vierte Art: Teilpacht.

§ 26. Fünfte Art: Pacht oder Miete von Grundstücken.“[22]

Doch auch hier überwiegt die historische Ableitung. Hören wir zum Beispiel die näheren Ausführungen zu § 23, den Übergang von der Sklaverei zur Schollenpflichtigkeit:

„Die Abkömmlinge der ersten Sklaven, von Anbeginn an die Bodenkultur gefesselt, kommen persönlich in eine bessere Lage. Der innere Friede unter den Völkern entzieht dem Handel die Mittel, um einen sehr großen Sklavenverbrauch auszugleichen, und die Herren sind also gezwungen, sie mehr zu schonen.

Diejenigen, welche im Hause geboren und von Kindheit auf an ihre Lage gewöhnt sind, empören sich weniger dagegen, und die Herren haben nicht soviel Strenge nötig, um sie im Zaume zu halten. Nach und nach wird die Scholle, die sie bebauen, ihre Heimat; sie kennen keine andere Sprache als die ihrer Herren; sie werden ein Teil derselben Nation; es entsteht Vertraulichkeit und in der Folge Vertrauen und Menschlichkeit auf Seite der Herren.“[23]

Dieses Werk wurde 1766 geschrieben und 1769/70 veröffentlicht. Wesentlich früher liegen Turgots Studien, in denen er seine Stufentheorie der Entwicklung der menschlichen Gesellschaft darlegt.

Einen ersten Anfang finden wir bereits in seinem Second discours sur les progrès

[21] *A. R. J. Turgot,* Betrachtungen über die Bildung und die Verteilung des Reichtums, Jena 1924, S. 44–47.

[22] Ebendort, S. 50–55.

[23] Ebendort, S. 52 f.

* Wörtlich: Sklaverei der Scholle, l'esclavage de la glêbe.

successifs de l'esprit humain (1750) und dann in seiner Studie „Über politische Geographie" (1751), in der er bereits schreibt: „Die nacheinander folgenden Wandlungen in der Art des Lebens der Menschen und die Reihe, in der sie aneinander folgten, sind): Völker, die Jäger sind, Hirten, Ackerbauer."[24]

Wirklich ausführlicher aber entwickelt Turgot seine Stufentheorie erst in der unmittelbar folgenden (1751 oder 1752) Arbeit über eine „Universalgeschichte". Er beginnt seine Untersuchungen mit der Zeit nach der Sintflut und vermeidet so alle Schwierigkeiten, die sich aus dem Paradies und den Berufen von Abel und Kain ergeben.

Die ersten Menschen „bewegten sich ohne festes Ziel, wohin die Jagd sie trieb".[25] Das nächste Stadium ist das der Hirten, und dieses läßt sich nur erreichen, wo es Tiere gibt, „die sich von den Menschen unterwerfen lassen wie die Rinder, Schafe, Ziegen, und die Menschen es vorteilhafter finden, sie in Herden zu versammeln als den herumirrenden Tieren nachzulaufen".[26]

Dort wo, wie in Amerika, solche Tiere fehlen, seien die Menschen Jäger geblieben. „Die Hirtenvölker, die einen reichlicheren und gesicherteren Lebensunterhalt haben als die Jäger, sind zahlreicher an Bevölkerung gewesen. Sie haben begonnen, wohlhabender zu sein und einen größeren Sinn für privates Eigentum zu entwickeln. . . . die Herden . . . ernähren mehr Menschen als zu ihrer Pflege notwendig sind."[27] Das Mehrprodukt ist in die Geschichte der Menschheit eingetreten. Später, in dem zuerst zitierten Buch, wird Turgot noch klarer über das Mehrprodukt schreiben und Marx sehr genau seinen Gedankengängen folgen:

„Wie entspringt nun der Mehrwert? Er entspringt nicht aus der Zirkulation, aber er realisiert sich in derselben. Das Produkt wird zu seinem Wert verkauft, nicht *über* seinem Wert. Kein Überschuß des Preises über den Wert. Aber weil es zu seinem Wert verkauft wird, realisiert der Verkäufer einen Mehrwert. Dies ist nur möglich, weil er den Wert, den er verkauft, selbst nicht ganz bezahlt hat oder weil das Produkt vom Verkäufer unbezahlten, nicht durch Äquivalent ersetzten Wertbestandteil enthält. Und dies ist der Fall bei der Agrikulturarbeit. Er verkauft, was er nicht gekauft hat. Dies nicht Gekaufte stellt Turgot zunächst als *pur don de lat nature* dar. Wir werden aber sehn, daß dies pur don de la nature sich ihm unter der Hand in die vom propriétaire nicht gekaufte Surplusarbeit der labourers verwandelt, die er in den Agrikulturprodukten verkauft.

‚Sobald die Arbeit des Landmanns *über* seine Bedürfnisse *hinaus produziert,* kann er mit diesem Überschuß, *den ihm die Natur als reines Geschenk* über den Lohn für seine Mühen hinaus *gewährt,* die Arbeit der anderen Mitglieder der Gesellschaft kaufen. Diese gewinnen durch den Verkauf ihrer Arbeit an ihn nur ihren Lebensunterhalt; der Landmann dagegen erwirbt außer seinem Unterhalt einen unabhängigen und verfügbaren Reichtum, *den er nicht gekauft hat und den er verkauft.* Er ist also die einzige Quelle der Reichtümer, die durch ihre Zirkulation alle Arbeiten der

[24] G. Schelle (Hg.), Oeuvres des *Turgot,* Bd. I, Paris 1913, S. 259 – künftig zitiert als „Turgot".
[25] Ebendort, S. 279.
[26] Ebendort.
[27] Ebendort, S. 279 f.

Gesellschaft beleben, *weil er der einzige ist, dessen Arbeit etwas über den Lohn der Arbeit hinaus produziert.*'

In dieser ersten Auffassung erstens das Wesen des Mehrwerts, daß er Wert ist, der im Verkauf realisiert wird, ohne daß der Verkäufer ein Äquivalent dafür gegeben, ohne daß er ihn gekauft hat. *Unbezahlter Wert.* Aber zweitens wird diese als pur don de la nature aufgefaßt, dieser Überschuß über das *salaire du travail;* indem es, überhaupt Gabe der Natur, von der Produktivität der Natur abhängt, daß der Arbeiter fähig ist, in seinem Arbeitstag mehr, als zur Reproduktion seines Arbeitsvermögens nötig ist, mehr, als sein salaire beträgt, zu produzieren. In dieser ersten Auffassung wird das Gesamtprodukt noch vom Arbeiter selbst angeeignet. Und dies Gesamtprodukt zerfällt in 2 Teile. Der erste bildet sein Salair; er wird sich selbst gegenüber als Lohnarbeiter dargestellt, der sich den Teil des Produkts zahlt, der zur Reproduktion seines Arbeitsvermögens, seiner Subsistenz nötig ist. Der zweite Teil, der darüber hinausgeht, ist *Gabe der Natur* und bildet den Mehrwert. Die Natur dieses Mehrwertes, dieses pur don de la nature, wird sich aber näher gestalten, sobald die Voraussetzung des propriétaire cultivateur aufhört und beide Teile des Produkts, das salaire und der Mehrwert, verschiedenen Klassen zufallen, der eine dem Lohnarbeiter, der andre dem propriétaire.

Damit sich eine Klasse von Lohnarbeitern bildet, sei es in der Manufaktur, sei es in der Agrikultur selbst – zunächst erscheinen alle manufacturiers nur als stipendiés, Lohnarbeiter des cultivateur propriétaire –, müssen sich die Arbeitsbedingungen von dem Arbeitsvermögen trennen, und die Grundlage dieser Trennung ist, daß die Erde selbst als Privateigentum eines Teils der Gesellschaft erscheint, so daß der andre Teil von dieser gegenständlichen Bedingung zur Verwertung seiner Arbeit ausgeschlossen ist.

‚In den ersten Zeiten brauchte der Grundeigentümer vom Bebauer des Landes nicht unterschieden zu werden . . . In jenen ersten Zeiten, wo jeder arbeitsame Mensch soviel Boden fand, wie er verlangte, konnte niemand sich veranlaßt fühlen, *für einen anderen zu arbeiten* . . . Aber schließlich fand jedes Bodenstück seinen Herrn; und diejenigen, die kein eigenes Grundeigentum erlangen konnten, fanden zunächst keinen anderen Ausweg als den, *die Arbeit ihrer Hände* – im Dienst der *besoldeten Klasse*' (nämlich la classe des artisans, kurz aller Nichtagrikulturarbeiter) –, ‚gegen den Überschuß der Erzeugnisse des landbebauenden Grundeigentümers *auszutauschen.*'

Der propriétaire cultivateur, mit dem superflu considérable, den die Erde seiner Arbeit gab, konnte

‚Leute bezahlen, damit sie seinen Boden bebauten; denn für die, die vom Arbeitslohn leben, war es gleich, ob sie ihn durch diese oder durch irgendeine andere Tätigkeit erwarben. *Das Eigentum am Boden mußte daher von der Arbeit der Bodenbebauung getrennt werden und wurde es auch bald* . . . Die Grundeigentümer beginnen . . . die Arbeit der Bodenbebauung auf entlohnte Bebauer abzuwälzen.'

Damit tritt also das Verhältnis von Kapital und Lohnarbeit in der Agrikultur selbst ein. Es tritt erst ein, sobald eine Anzahl von Menschen vom Eigentum an den Arbeitsbedingungen – vor allem dem Grund und Boden – sich losgelöst finden und nichts zu verkaufen haben als ihre Arbeit selbst.

Für den Lohnarbeiter nun, der keine Ware mehr produzieren kann, sondern seine Arbeit selbst verkaufen muß, wird das *Minimum* des Salairs, das Äquivalent der notwendigen Lebensmittel, notwendig Gesetz in seinem Austausch mit dem Eigentümer der Arbeitsbedingung.

‚Der einfache Arbeiter, der nichts als seine Arme und seinen Fleiß besitzt, hat nichts, außer wenn es ihm gelingt, seine Arbeit an andre zu verkaufen ... Bei jeder Art Arbeit muß es dahin kommen, und kommt es in der Tat dahin, daß der Lohn des Arbeiters auf das begrenzt ist, was er notwendig zu seinem Lebensunterhalt braucht'."[28]

Wir haben den Gedankengang Turgots über die Stufen der Entwicklung der menschlichen Gesellschaft kurz unterbrochen, um zu zeigen, wie er sich über die Rolle des Mehrprodukts (nicht über dessen Herkunft!) in der Geschichte doch schon recht klar ist und fahren in der Stufenuntersuchung der „Universalgeschichte" fort. Zunächst noch eine kluge Beobachtung über die Hirtenvölker: „Die Streifzüge der Hirtenvölker hinterlassen mehr Spuren als die der Jäger. Empfänglich und empfindlich durch die Muße, deren sie sich erfreuen, für eine größere Anzahl von Bedürfnissen und Wünschen, eilten sie dorthin, wo sie sich größeren wirtschaftlichen Erfolg versprachen und bemächtigten sich seiner."[29] Großartig, wie hier bereits eine Beziehung zwischen Mehrprodukt, mehr Muße, gesteigerten Lebensbedürfnissen und dem Streben nach mehr Mehrprodukt hergestellt wird.

Für Turgot erscheinen auch die ersten Sklaven in dieser Zeit. Und zwar ebenfalls auf Grund der Mehrproduktgewinnung und von Kriegen. Wenn nämlich ein Nomadenstamm den anderen besiegt und ihm seine Herden nimmt, dann sind die Besiegten ohne Lebensunterhalt, „sie folgen dem Schicksal der Tiere und werden Sklaven der Sieger, die dafür, daß sie die Herden hüten, ernährt werden."[30]

Die nächste Stufe ist die der Ackerbauer, die zuerst von Hirtenstämmen in fruchtbaren Gegenden erreicht wurde, „Die Ackerbauer sind nicht von Natur kriegerisch, die Bebauung der Erde beschäftigt sie zu stark; doch da sie reicher als die anderen Völker sind, sind sie gezwungen, sich gegen die Gewalt zu verteidigen. Überdies ernährt die Erde bei ihnen mehr Menschen als zur Bebauung notwendig sind. Daher kommen die Menschen, die Muße haben; daher Städte, Handel, all die nützlichen Künste (Handwerk – J. K.) und die des reinen Vergnügens, daher der schnellere Fortschritt jeder Art, denn alles folgt dem allgemeinen Fortschritt des Geistes; daher auch eine höhere Kriegskunst als die der Barbaren; daher die Arbeitsteilung, die Ungleichheit der Menschen."[31] Die Menschen haben nach den drei Stadien des Jagens, der Hirten, der Ackerbauer das vierte Stadium ihrer Entwicklung erreicht, das des „commerce", der Städte. Und zwar – auch das eine erstaunliche Gedankenleistung – ging nach Turgot dieser Forstchritt immer schneller vorwärts . . . eine erste schon mehr als Andeutung des Gesetzes des beschleunigten Fortschritts der Geschichte, das natürlich Rückschläge nicht ausschließt.

[28] *Marx/Engels*, Werke, Bd. 26, 1, Berlin 1965, S. 25 f.

[29] „Turgot", S. 280.

[30] Ebendort.

[31] Ebendort, S. 282.

Nimmt man alle drei hier erwähnten Frühschriften – die Rede über den Fortschritt des menschlichen Geistes, die politische Geographie und die Universalgeschichte zusammen, die alle wohl innerhalb von ein bis zwei Jahren verfaßt wurden, dann finden wir in der ersten noch ein Überwiegen idealistischer Auffassungen, zugleich aber wohl die stärkere Betonung der Rolle der Ungleichheit unter den Menschen für die Entwicklung, in der letzten aber bereits ein materialistisches Bild der Entwicklung und eine Periodisierung der Geschichte nach der Art, wie die Menschen sich den Lebensunterhalt gewinnen.

Die Produktionsverhältnisse jedoch spielen, mit Ausnahme der Sklaverei, noch keine Rolle. Das wird erst in dem 15 Jahre später geschriebenen Werk der Fall sein, über das wir schon gesprochen haben, jedoch dann ohne näheres Eingehen auf die Vier-Stufen-Theorie der Entwicklung, die Turgot in den Frühschriften entwickelt hat, ohne rechte Verbindung mit ihr.

In jedem Fall sehen wir, wie kühn Turgot (und wir werden sehen, wie kühn auch andere Denker der zweiten Hälfte des 18. Jahrhunderts darin waren) auf dem Wege zum historischen Materialismus vorangeschritten ist. Wieviel Marx und Engels als Philosophen vor allem Hegel verdanken, weiß jeder gebildete Marxist, ebenso wieviel sie als Politökonomen von Smith und Ricardo übernommen haben. Jedoch die Vorgeschichte des historischen Materialismus als Konzeption einer Entwicklung der menschlichen Gesellschaft ist noch verhältnismäßig ungenügend erforscht, und damit auch die vormarxistische Konzeption der Wirtschaftsgeschichte. Einer der ganz Großen mit einer vormarxistischen materialistischen Konzeption war Turgot. –

Verfolgen wir zunächst die Entwicklung in Frankreich weiter, vor allem bei Goguet, den sowohl Werner Krauss und seine Schüler wie auch andere (er wird in W. P. Wolgins „Gesellschaftstheorien der französischen Aufklärung" auch nicht erwähnt) so vernachlässigt haben, dessen Bedeutung aber Meek sehr deutlich hervorhebt. Obgleich sein Hauptwerk auch ins Deutsche und Englische übersetzt wurde, erwähnt ihn selbst der „Große Larousse" nicht. Und doch war er ein hervorragender Gesellschaftswissenschaftler seiner Zeit. Antoine Yves Goguet wurde 1716 geboren und starb schon 1758. Von Beruf war er Jurist und als conseilleur au parlament, als Rat am höchsten Gericht einer Provinz tätig. Sein Hauptwerk, De l'origine des loix, des arts, et des sciences; et de leurs progrès chez les anciens peuples, Paris 1758, erschien schon 1760 auf Deutsch unter dem Titel „Untersuchungen von dem Ursprung der Gesetze, Künste und Wissenschaften, wie auch ihrem Wachsthum bei den alten Völkern" in drei Bänden.

Auch Goguet beginnt mit der Geschichte der Menschheit nach der Sintflut. Methodologisch ist hervorzuheben, daß er sich um die stärkste Auswertung der alten Quellen, sei es die Bibel oder Homer, und wie eine Reihe anderer Schriftsteller jener Zeit um Analogien aus der Gegenwart, etwa die Indianer als Analogie zu den frühesten Gesellschaftszuständen der Menschheit, bemüht. Dabei ist er recht zufrieden mit dem uns hinterlassenen Material aus alten Zeiten: „Es hat uns zwar die Zeit und die Barbarei viele Werke des Alterthums entzogen, dennoch hat uns dieser Verlust, in der That, nur der Kenntnis einiger historischer Umstände, einiger Kleinigkeiten, und einiger besonderer Begebenheiten beraubet. Es sind noch genug historische Denkmale in allen Arten übrig, um daraus abnehmen zu können, wie der Zustand der Künste und der Wissenschaften bei den alten Völkern überhaupt beschaffen war, von der Zeit an, da durch die Verwirrung der Sprachen und die Zerstreuung der Familien (er meint die Geschichte vom Turmbau zu Babylon – J. K.), welche diese Begebenheit veranlaßte, die ersten Völkerschaften sich zusammen thaten. Man kann sogar abnehmen, bis zu welchem Grad die Erkenntnisse ehemals gelangt sind."[32]

In der Folgezeit werden sich die Forschungsmethoden nicht grundlegend ändern: wir wissen, welche Rolle etwa Homers Schilderungen auch für Engels bei der Untersuchung früherer Zustände gespielt haben und mit welchem Interesse Marx und Engels die Forschungen L. H. Morgans über die Indianer als Analogie für die Zustände der Urgemeinschaft verfolgt und genutzt haben. Natürlich ist die Materialsammlung inzwischen weit geschickter und umfassender geworden, aber auch heute noch arbeitet man sowohl mit alten Materialien wie auch mit Analogien. Auch noch heute unterschreibt man die Feststellung Goguets, die für ihn auch schon eine Tradition hat: „Besonders sind mir die Nachrichten von America bei diesem Stükke von grossem Nuzzen gewesen. Man muss von dem Zustande, darin die alte Welt sich einige Zeit nach der Sündfluth befand, aus demjenigen urtheilen, der noch in einem grossen Theile der neuen Welt statt fand, als ihre Entdekkung geschah."[33]

Der Ausgangspunkt Goguets für die Entwicklung der menschlichen Gesellschaft sind die Not und der Wunsch nach einem besseren Leben. „Die wichtigste Sorge einer Gesellschaft, welche zumal unvollkommen ist, gehet dahin, für ihre Erhaltung zu sorgen. Das Unglük, welchem die ersten Gesellschaften ausgesetzt waren, lehrte geschwind Mittel ausfindig machen, ihm abzuhelfen."[34]

Auch die erste „monarchische" Regierung wird materialistisch abgeleitet: „Moses sagt, dass Nimrod der erste gewesen sey, welcher angefangen habe mächtig zu seyn auf der Erde. Der heilige Geschichtsschreiber fügt unmittelbar hernach hinzu, dass Nimrod ein fertiger und berühmter Jäger gewesen. Alles macht uns glauben, dass er dieser Eigenschaft seine Erhebung zu verdanken habe. Die Erde war einige Zeit nach der Sündflut mit Wäldern bedekt, welche mit wilden Thieren angefült waren. Man musste beständig gegen ihre Anfälle auf der Hut seyn. Ein Mensch, welcher die nöthigen Eigenschaften, zu ihrer Vertilgung, in sich vereinigte, musste damals im äussersten Grad hochgeachtet werden. Nimrod machte sich durch seine Jagden, welche der ganzen Gegend um Sinear nüzlich waren, daselbst berühmt. Er sahe daher gar bald die Einwoner sich an seiner Seite versamlen. Da er sich oftmahls an ihrer Spizze befand, so gewöhnte er sie unvermerkt, seine Befehle anzunehmen und auszuführen, und durch die stilschweigende Einstimmung derjenigen, welche sich freiwillig unter seine Anfürung begeben hatten, blieb er ihr Oberhaupt. Auf diese Art kam es wahrscheinlicher Weise, zur Stiftung des ersten Königsreichs, welches uns bekant ist."[35] Wahrlich eine großartige materialistische Ableitung der Einrichtung

[32] *A. Y. Goguet*, Untersuchungen von dem Ursprung der Gesetze, Künste und Wissenschaften wie auch ihrem Wachstum bei den alten Völkern, Erster Theil, Lemgo 1760, S. IV.

[33] Ebendort, S. X.

[34] Ebendort, S. 4.

[35] Ebendort, S. 6 f.

der Monarchie, mit der Bibel als Quelle, unter dem „von Gott eingesetzten" absoluten König Frankreichs.

Was nun die Stufentheorie der Entwicklung der Gesellschaft betrifft, so finden wir vielfach die Tendenz bei Goguet, dem Ackerbau eine solche Bedeutung beizumessen, daß alles, was vorangeht, gewissermaßen in Einem abgehandelt wird. Etwa wenn er feststellt:

„Man weis, dass eine Zeit gewesen ist, da die Völker ihren Unterhalt nur von den Früchten zogen, welche von der Erde natürlicher Weise hervorgebracht wurden; von der Jagd, dem Fischfang, und den Heerden, die sie zogen. Diese Lebensart nöthigte sie, öfters den Plaz zu verändern. Sie hatten daher weder einen dauerhaften Aufenthalt, noch eine feste Wohnung. So war, bis auf die Zeit, da der Akkerbau eingeführet wurde, die alte Art zu leben beschaffen, welche sich sogar unter vielen Völkern erhalten hat, als den Scythen, den Tartarn, den Arabern, den Wilden u.s.w.

Die Erfindung des Akkerbaues führt ganz verschiedene Sitten ein. Die Völker, bei denen dies Kunst Eingang fand, waren gezwungen, sich in einer gewissen Gegend fest zu sezzen. Sie vereinigten sich in Städte. Diese Art der Gesellschaft hatte eine viel größere Anzahl Künste nötig, als diejenigen Völker, welche den Akkerbau versäumten, oder gar nichts davon wusten, und muste aus einer nothwendigen Folge auch viel mehrere Gesezze nöthig haben."[36]

So bedeutsam scheint Goguet der Ackerbau – er lebt noch in einer vorkapitalistischen Gesellschaftsordnung! –, daß nicht nur alle Formen der Gewinnung des Lebensunterhalts davor zu Einer werden, sondern auch die Städte gewissermaßen zu einem Anhängsel der Landwirtschaft werden. Entsprechend teilt er – es geht ihm ja in seinem Buch auch vor allem um die Gesetzgebung – die Gesetze in solche ein, die so allgemein sind, daß sie überall und immer gelten, und in solche, die nur den Ackerbau treibenden Gesellschaften eigentümlich sind und die er „bürgerliche" Gesetze nennt.

„Indem der Akkerbau den Künsten und der Handlung (Handel, Geschäftstätigkeit – J. K.) den Ursprung gab, so brachte er durch eine natürliche Folge gar bald das bürgerliche Recht hervor . . . Der Feldbau erfordert grosse Sorge und Arbeit, und die Völker, welche diese Lebensart ergriffen, waren gezwungen, in ihrem Fleis die Hülfe zu suchen, welche sie bedurften. Diese Untersuchungen gaben einer grossen Menge Künste den Ursprung; diese Künste brachten die Handlung hervor, die Handlung vermehrte und machte das Interesse der verschiedenen Glieder der Gesellschaft, ins besondere und gegen einander, manchfältiger. Alle diese Dinge erforderten Verordnungen: und also gab der Feldbau mit seinem Zugehör zur Einführung einer grossen Anzahl Gesezze Anlas."[37]

Noch weit eindeutiger als bei Montesquieu ist hier die Ableitung der Gesetzgebung aus der materiellen Produktion. Der Ackerbau erforderte eine starke Entwicklung des Handwerks (der Künste); das Handwerk führte zur Ausdehnung des Handels; damit wuchs die Verschiedenheit der Interessen innerhalb der Gesellschaft; diese Verschiedenheit der Interessen aber erforderte einen starken, der Ackerbau-

[36] Ebendort, S. 11 f.

[37] Ebendort, S. 27.

gesellschaft mit ihrem „Zugehör“ (Handwerk und Handel) entsprechenden Ausbau der Gesellschaft. So wird der Überbau aus der Entwicklung der Basis erklärt.

Immer stärker wird das Bedürfnis nach neuen Gesetzen: „man musste auch in der Folge diese Verordnungen weiter erstrekken und abändern, nach dem Maas, als sich die Handlung ausbreitete, der Fleis es zu einer grössern Volkommenheit brachte, nachdem man neue Zeichen von Waaren einführte, neue Untersuchungen anstelte, und der Überflus den Pracht und den Aufwand erzeugete.“[38] Umgekehrt aber unterstützt auch der Überbau die Basis und der Staat wie seine Gesetzgebung machten zum Beispiel die Weiterentwicklung des Handwerks möglich: „Allein die ersten Erfindungen würden niemals auf einen gewissen Grad gebracht worden seyn, wenn sich nicht die Familien zusammen gehalten hätten, und Gesezze eingeführet worden wären, wodurch die Gesellschaften befestiget wurden. Dieses ist das Mittel, wodurch es gelungen ist, nach und nach einige grobe Erfindungen, Früchte des blinden Zufals und der Noth, zur Volkommenheit zu bringen: und man siehet, dass die Erfindungen in den Künsten den Völkern beigeleget werden, welche zuerst einen Staatskörper ausmachten.“[39] Ist „die Noth, die Mutter der Künste“[40], so ist der Überbau ihr Erzieher.

Am klarsten und deutlichsten entwickelt Goguet eine Stufentheorie der Entwicklung der menschlichen Gesellschaft in folgender Passage:

„Der Unterhalt ist der erste und wichtigste Gegenstand, womit man sich bei entstehenden Gesellschaften beschäftigt haben mogte: aber diese Versuche waren, nach Verschiedenheit der Landstriche und des Genie der mancherlei Völker, mehr oder weniger vollkommen. In einigen Ländern mag man damit angefangen haben, die Jagd und den Fischfang zur Volkommenheit zu bringen. Die Jagd war vornemlich bei dem größten Theil der Völker des Alterthums die hauptsächlichste Beschäftigung der ersten Menschen. Sie legten sich darauf so wohl wegen des nothdürftigen Unterhalts, als aus Nothwendigkeit, ihr Leben gegen die Anfälle der wilden Thiere zu verteidigen. Auch noch heutigen Tages gibt es eine Menge Nationen in beiden Welten, welche sich blos mit der Jagd und dem Fischfang beschäftigen.“

Das ist die erste Stufe der Entwicklung: die Jägergesellschaft.

„Allein fleissige Völker bemerkten bald, daß unter dieser unzählbaren Menge von Thieren welche auf der Oberfläche der Erde ausgebreitet sind, es Arten gebe, die für sich zusammen und in Gesellschaft lebten. Man bemerkte so gar, dass diese Arten natürlicher Weise weniger wild, als die übrigen wären. Man suchte Mittel, sie zahm zu machen, sie in Gärten einzuschliessen, und sich vermehren zu lassen. Ein grosser Theil der Völker zog in den ersten Jahrhunderten, und noch lange Zeit nachher, seinen Unterhalt von den Heerden. Wir kennen viele mächtige und weitläufige Völker, welche noch diese Lebensart treiben.“

Das ist die zweite Stufe der Entwicklung: die Nomaden- bzw. Hirtengesellschaft.

„Die Erde bringt eine Menge Pflanzen und Früchte hervor, welche so gar, ohne gepflegt zu werden, dem Menschen eine kräftige und angenehme Nahrung gewähren. Man fing an, die besten Arten auszulesen, und vornehmlich diejenigen, welche sich lange Zeit nachher erhalten, da man sie gesamlet hat: man war bedacht, einen Vor-

[38] Ebendort, S. 30. [39] Ebendort, S. 70 [40] Z. B. ebendort, S. 74.

rath davon zu machen. Man lernte nachher die Kunst, sie wachsen zu machen, und selbst ihre Anzahl und Eigenschaften durch die Wartung zu vermehren. Dieser Entdekkung haben wir diese erstaunliche Menge Künste und Wissenschaften zu danken, der wir heutigen Tages geniessen."[41] Und dann fährt Goguet fort, so wie wir es zuvor geschildert haben.

Am nächsten kommt Goguet einer vierten Stufe der Entwicklung vielleicht in einer noch späteren Bemerkung: „Der Akkerbau konte keinen Fortgang haben, ohne dass ihn nicht zugleich mit ihm andere Künste gehabt hätten. Es ist zwischen diesen Dingen die genaueste Verhältnis und Verbindung, welche fast nicht erlauben, dass sie sich trennen"; – großartig diese Dialektik! – „daher nahmen, so wie sich der Akkerbau verbesserte, andere Künste den Ursprung; und die, so bereits erfunden waren, wurden volkommener. Man wendete den Fleiss zuerst auf die nothwendigsten. Die Künste des Prachts folgeten nachher. Und diese Ordnung will ich in dem, was uns noch in dieser Materie zu sagen übrig, befolgen."[42]

Es ist nicht eigentlich der Handel, der die vierte Stufe ausmacht, sondern die „Pracht", beruhend auf einem beachtlichen Mehrprodukt. Der gleiche Gedankengang begegnet uns auch so: „Die Baukunst erhielte demnach von der Noth ihre Geburt; ihre Zierde aber durch den Überflus."[43]

Es liegt kein Grund vor, anzunehmen, daß Goguet Turgot persönlich gekannt hat oder gar in seine unveröffentlichten Manuskripte hineingesehen hat. Wir müssen darum Goguets Ausführungen zur Stufenentwicklung der Menschheit als durchaus originell ansehen.

Sie sind nicht so tief wie die Turgots: die Rolle des Mehrproduktes und der Muße sind nicht so klar herausgearbeitet. Aber zum Unterschied zu Turgot, der nur eine Skizze der wirtschaftlichen Entwicklung gibt, hat Goguet eine Geschichte der Produktionsgegenstände, Produktionsinstrumente, ja teilweise der Produktivkräfte allgemein in der alten Welt gegeben. Es ist die Zeit, in der diese so bedeutsamen Elemente des gesellschaftlichen Lebens allgemeine Aufmerksamkeit auf sich zu lenken beginnen. Es ist die Zeit, in der die Grundlagen für eine Geschichte der Produktivkräfte gelegt werden. Es ist die Zeit, in der die Bedürfnisse der zur Macht drängenden Bourgeoisie d'Alembert folgende Sätze für die Einleitung in die Enzyklopädie diktierten:

„Die von einer manuellen Tätigkeit abhängenden und, wenn man so sagen darf, einer Art von Routine unterworfenen mechanischen Künste wurden jenen Menschen überlassen, welche die Vorurteile in die unterste Klasse verwiesen hatten. Die Armut, welche diese Menschen zwang, sich mit einer derartigen Arbeit zu befassen, während Neigung und Begabung (le gout et le génie) sie viel seltener dazu trieben, wurde dann ein Grund, diese Menschen zu verachten. So schädlich wirkt sich die Armut auf alles aus, was mit ihr zu tun hat. Die freien Tätigkeiten des Geistes dagegen fielen denen zu, die sich in dieser Hinsicht von der Natur für am meisten begünstigt hielten. Indessen wird die Bevorzugung (avantage), welche die freien Künste wegen der Anforderung, die sie an den Geist stellen, und wegen der Schwierigkeit,

[41] Ebendort, S. 83 f. [42] Ebendort, S. 120 f. [43] Ebendort, S. 133.

sich in ihnen auszuzeichnen, gegenüber den mechanischen Künsten genießen, dadurch reichlich aufgewogen, daß uns die letzteren meistens weit größeren Nutzen verschaffen. Eben diese Nützlichkeit war der zwingende Grund dafür, letztere auf rein mechanische (machinales) Tätigkeiten zu reduzieren, um so einer größeren Anzahl von Menschen ihre Ausübung (pratique) zu erleichtern. Aber wenn die Gesellschaft mit Recht die großen Genies verehrt, welche zu ihrer Aufklärung beitragen, so darf sie doch keinesfalls die Hände geringschätzen, die ihr dienen ...

Die Geringschätzung der mechanischen Künste scheint bis zu einem gewissen Grade sogar ihre Erfinder beeinflußt zu haben. Die Namen dieser Wohltäter des Menschengeschlechtes sind fast alle unbekannt, während die Geschichte ihrer Zerstörer, d. h. der Eroberer, jedermann bekannt ist. Und doch sind es vielleicht gerade die Handwerker, bei denen man die bewunderungswürdigsten Beweise für den Scharfsinn des Geistes, für seine Beharrlichkeit und seine Hilfsmittel zu suchen hat ... Um bei der Uhrmacherei zu bleiben – warum erfreuen sich diejenigen, denen wir die Spindel, die Hemmung und das Schlagwerk der Uhren verdanken, nicht ebenso großer Achtung wie diejenigen, die an der allmählichen Vervollkommnung der Algebra gearbeitet haben?"[44]

Goguet geht recht tief in die Geschichte der Produktivkräfte. Ihn interessiert nicht nur der Fortschritt der Technik, sondern auch, wie die Menschen zum Fortschritt gekommen sind. So stellt er etwa, die Metalle betreffend, fest:

„Die Erfindung der Metalle ist wahrscheinlich durch einen Zufal geschehen: allein der Nothdurft und dem Fleis der Völker, die sich dem Landbau ergeben haben, hat man die Metallurgie zu verdanken, das ist, die Kunst, die Metalle zu arbeiten, und sie zu dem verschiedenen Gebrauch, wozu sie geschikt sind, zuzubereiten. Ohne diese Wissenschaft würde der Akkerbau nimmermehr einen Fortgang gehabt haben, und er würde niemals so weit gebracht worden seyn, als wir sehen, daß er bei gewissen Völkern in den ersten Zeiten gestiegen ...

Die Entdekkung der Metalle mag den ersten Nachkommen des Noah nicht vieles Nachforschen gekosten haben. Es war nicht nöthig, daß sie in dem Eingeweide der Erde wühleten, sich eine Kentnis zu erwerben, die sich von selbst geschwind und ziemlich leicht zeigen muste: tausend Umstände, davon man viele Exempel anführen könte, lieferten die Metalle den ersten Menschen in die Hände. Inzwischen mus nichts mehr zu dieser Entdekkung beigetragen haben, als die Verwüstungen, welche durch grosse Regen und Überschwemmungen veranlasset wurden. Man bemerket in vielen Ländern, dass, wenn starke Regen gefallen, man beinahe in allen Bächen Metalle findet ...

Ist es leicht zu begreifen, wie die ersten Menschen bei Zeiten haben die Metalle kennen können, so verhält es sich bei weitem nicht so, mit der Kunst, die Metalle zu bearbeiten ... Das Schmelzen ist das erste Mittel, dessen man sich bedienet, hiezu zu gelangen.

Man kan glauben, dass die feuerspeiende Berge einige Begriffe von der Metallurgie an die Hand gegeben haben. Die Ausflüsse der Mineralien, welche von Zeit zu Zeit

[44] *J. L. R. d'Alembert,* Einleitende Abhandlung zur Enzyklopädie, Berlin 1958, S. 51 f.

aus diesen natürlichen Öfen geschehen, mögen ziemlich wahrscheinlich eine der ersten Ursachen der Untersuchungen seyn, die man über die Kunst, die Metalle durch das Feuer zu bearbeiten, angestellet hat. Diese Mutmassung ist um so viel wahrscheinlicher, da nach der Fabel und Geschichte diejenigen, welchen das Alterthum die Erfindung der Metallurgie beilegte, für Einwohner der Länder gehalten werden, die durch diese berühmte Öfnungen bekant sind.

Inzwischen schreiben die alten Schriftsteller diese Entdekkung fast durchgehends der Entzündung solcher Wälder zu, die auf einem Erdreich stünden, welches Metal in sich schlos. Die Gewalt des Feuers brachte nach ihrem Bericht das Metal zum Schmelzen und man sah es auf der Oberfläche der Erde fliessen, und sich ausbreiten."[45]

Zuerst wird die Entwicklung der Metallurgie aus den Bedürfnissen der landwirtschaftlichen Produktion abgeleitet. Aber Goguet macht sich auch Gedanken über den „internen" Gang der Entwicklung. Wie kam man zum Beispiel auf das Schmelzen? Seine Überlegungen sind klug und nicht überholt. Dabei stützt er sich auf alte Vermutungen und fühlt sich besonders dazu berechtigt, da – welch kritisches Verhalten! –, „Fabel und Geschichte" übereinstimmend berichten.

Wie erstaunlich breit entwickelt sich doch die Wirtschaftsgeschichte schon in dieser Zeit mit den ersten großartigen Anfängen der Geschichte der Produktivkräfte und den Stufentheorien!

Zu diesen letzteren gilt es nun zurückzukehren, zunächst, um noch auf einen letzten französischen Gelehrten zu dieser Problematik aufmerksam zu machen, auf Claude Adrien Helvétius (1715–1771). Helvétius war einer der großen Philosophen der französischen Aufklärung, ein Freund Diderots und d'Alemberts und von so vielen anderen geistvollen Gelehrten und Aktivisten einer bürgerlichen Ideologie jener Zeit. Werner Krauss, der seine Schrift De l'esprit (Paris 1758) herausgebracht und eingeleitet hat, faßt die Stufentheorie von Helvétius in diesem Werk und in den nach seinem Tode erschienenen De l'homme so zusammen:

„Wie bei Hobbes und Rousseau steht auch bei Helvétius der isolierte Mensch am Anfang der ganzen Entwicklung. Aber dieser Zustand konnte – Helvétius zufolge – nicht lange währen. Der schwach ausgerüstete Mensch war gezwungen, sich im gemeinsamen Kampf der überstarken Tiere zu erwehren. So wurden Vereinbarungen getroffen, die lediglich im gemeinsamen Zweck begründet waren und die noch nicht die Konstituierung einer wirklichen Gesellschaft zustande brachten. In dieser ersten Phase leben die Menschen von der Jagd . . .

Wenn die Jagd nicht mehr genügend hergibt, wird aus dem Jäger ein Viehzüchter. Aber infolge der beständigen Vermehrung des Menschengeschlechts wächst der Bedarf an Nahrungsmitteln, zu dessen Erfüllung neue Wege beschritten werden müssen. Die Früchte des Feldes werden angebaut. Und mit dem Feldbau ist eine wichtige Etappe in der Geschichte der Menschheit erreicht. Der Feldbau, so behauptet Helvétius, erzeugt das Eigentum. Wer sät, will seine Saat auch ernten. Alle nunmehr entstehenden gesellschaftlichen Institutionen müssen der Erhaltung des Eigentums

[45] *A. Y. Goguet*, a. a. O., S. 141–145.

dienen. Um den gemeinsamen Schutz des Eigentums zu verstärken, wird die Aufstellung von verbindlichen Gesetzen unvermeidlich. Des weiteren ermöglicht die Vereinigung der Einzelfamilien zu größeren Gruppen eine wirksame gemeinsame Abwehr der räuberischen Angriffe auf das Eigentum. Wie bei diesem Stande der Entwicklung die Gesetze noch einfach und gemeinverständlich und dem Interesse aller Individuen dienlich sind, so kann auch die von einzelnen erlangte Führerstellung noch nicht zu Machtmißbrauch und Unterwerfung der Geführten treiben. Denn die Macht dieser primitiven Führer ist in der Einigung und nicht in der ökonomischen Überlegenheit durch Mehrbesitz an Land begründet ...

Ein großer Einschnitt in dieser Entwicklung entsteht mit der erschöpfenden Okkupation von Grund und Boden durch die Ackerbauern. Zur Befriedigung der steigenden Bedürfnisse der agrarischen Gesellschaft werden Handwerksbetriebe und schließlich Manufakturen gegründet.

Solange noch ausgeglichene Besitzverhältnisse herrschen, ist der zunehmende Reichtum der Nation noch keine Quelle des Verderbens. Die Manufakturen, die dann in wachsender Zahl errichtet werden, erzeugen billige und einfache Massenartikel. Hält sich die Volkszahl noch in mäßigen Grenzen, so wird auch der Arbeiter seine Arbeitskraft nicht allzu billig verkaufen müssen. Solche ausgeglichenen Verhältnisse haben sich im alten Griechenland und bis auf den heutigen Tag in der Schweiz erhalten. Die republikanische Freiheit kann sich behaupten, wo eine direkte Ausübung der politischen Aktionen durch das versammelte Volk noch möglich ist. Tyrannische oder despotische Gelüste finden hier noch keinen Ansatz zu einer materiellen Machtentfaltung.

Das Bild ändert sich, wenn eine wachsende Volkszahl in den großräumigen Staatsgebilden zusammengefaßt wird und wenn in diesen zentralistisch geleiteten Staaten gigantische städtische Mittelpunkte entstehen. Aller Luxus konzentriert sich in der Großstadt; sie bildet eine Anziehung für eine große Menge mittelloser Menschen, aus denen sich dann die Arbeiterschaft rekrutiert ...

Die wachsende Volkszahl in den räumlich ausgedehnten modernen Staaten bedingt es, daß die Rechte des Volkes nur noch durch ein Repräsentativsystem wahrgenommen werden können. Dabei ist es aber unausbleiblich, daß die Interessen der Gewählten sich immer weiter von den Interessen der Wählermassen entfernen. Durch immer krasser ausgebildete Gegensätze von Reichtum und Armut wird die innere Spaltung der Nation in Klassen beschleunigt. Klassen – sagt Helvétius – sind wie mehrere Nationen, die ein und dieselbe Nation zerreißen ...

All diese Umstände müssen zur völligen Abstumpfung des Gefühls für das Allgemeininteresse führen – sie sind der Ausbildung einer despotischen Regierung günstig, ja müssen zwangsläufig dieses katastrophale Ergebnis zeitigen ...

Es ist vor allem die Zersplitterung der Gesellschaft in Klassen und Sonderinteressen, die jedem Widerstande gegen den einmal gefestigten Despotismus die Spitze abbricht. Die Zellen des Widerstandes, die sich auf dem ausgedehnten Gebiet einer Großmacht bilden können, müssen zu vereinzelt bleiben, um jemals in eine zentral gesteuerte Bewegung einmünden zu können. Der Despotismus hat auch immer die Möglichkeit, die Masse der Besitzlosen für seine Zwecke zu mobilisieren.

Indessen kann kein Volk auf längere Sicht den Verlust der inneren Freiheit überleben. Der Verlust der inneren Freiheit zieht den der äußeren nach sich. Der Schlußstrich unter den Despotismus ist zugleich der Schlußstrich unter das Schicksal einer Gesellschaft, deren völliger Untergang mit dem Verlust der nationalen Selbständigkeit besiegelt ist.

Das Leben der Staaten und der Nationen durchläuft dieselben Entwicklungsstufen wie das Leben der einzelnen Menschen: Jugend, Mannheit, Alter und schließlich Auflösung durch den Tod. Es ist nur logisch, daß Helvétius, der die Gesetze der Gesellschaft aus dem Verhalten der isolierten Individuen entwickeln wollte, auch den Verlauf der Menschheitsgeschichte nach Analogie der Geschichte des einzelnen Menschen konstruierte. Die Erfahrungen der Geschichte gehen also für den Neubeginn einer entfernten Nachwelt verloren. Es gibt nur einen relativen Fortschritt als eine bestimmte Phase im Wachstum einer Gesellschaft, nicht aber den Fortschritt als Grundgesetz der Entwicklung."[46]

Vieles ist ähnlich in den Stufen von Turgot, Goguet und Helvétius. Und doch besteht ein grundlegender Unterschied in der Ideologie. Für Turgot und Goguet ebenso wie für Diderot, Condorcet, Herder, Kames, Smith und zahlreiche andere sind die verschiedenen Stufen der Entwicklung der Menschen alles Stufen zu immer größerem Fortschritt bis in die Gegenwart. Während Helvétius nun natürlich nicht die umgekehrte Linie, wie es etwa Rousseau oder S. N. H. Linguet (1736–1794) tun, nimmt, daß nämlich die menschliche Gesellschaft früher viel besser war, daß an die Stelle des Fortschritts ein Rückschritt getreten ist, so ergibt sich bei ihm doch einerseits eine für damals höchst aktuelle Kritik seiner Zeit (wie auch bei Linguet) und diese trägt natürlich objektiv zum Fortschritt bei, auf der anderen Seite jedoch eine gewisse Neutralität dem Fortschrittsgedanken gegenüber – ich würde nicht so weit gehen wie Werner Krauss und von einem „Pessimismus dieser Geschichtsauffassung"[47] sprechen. Der große Optimismus aber, der vor allem Turgot und, wie wir noch sehen werden, die schottischen „Wirtschaftsgeschichtsphilosophen" beseelt, fehlt bei Helvétius.

Turgot, Goguet, Helvétius sind natürlich alle von Montesquieu beeinflußt, den auch Rousseau, der ebenfalls die Stufentheorie entwickelt, und Linguet kennen. Wir können bei Montesquieu zwar noch keine Stufentheorie finden, aber die Art, an die Geschichte der menschlichen Gesellschaft heranzugehen, der Basis und ihrer Umwelt (Klima etc.) die entscheidende Bedeutung beizumessen, das verdanken sie ihm.

Erstaunlich aber ist, wie die Stufentheorie ganz plötzlich, bei einigen Denkern ganz originell, bei anderen als „Zug der Zeit" aufkommt, wie sie sich innerhalb eines Jahrzehnts festigt, zum Bestandteil der Betrachtung der Entwicklung wird.

Und noch viel erstaunlicher ist, daß sie gleichzeitig in relativer Entfernung und unabhängig von der Entwicklung in Frankreich in Schottland (nicht England!) aufkommt. Unabhängig – aber deswegen nicht ohne Zusammenhang.

[46] *C. A. Helvétius,* Vom Geist, Berlin und Weimar 1973, S. 51, 53 ff.

[47] Ebendort, S. 55 f.

Man darf doch folgendes nicht vergessen. Die Vereinigung von Schottland und England zu einem Königreich hat die Schotten im Grunde bis heute nicht begeistert. Und bis in das 18. Jahrhundert hinein stützen sich Unabhängigkeitsbestrebungen auf Frankreich. Dabei war diese Hinneigung zu Frankreich keineswegs nur eine politische. Den Gebildeten Schottlands war die neueste Literatur Frankreichs im 18. Jahrhundert im allgemeinen näher als die Englands – und wenn etwa Henry Home, später Lord Kames, sich auf literarischem Gebiet gegen sie zu Gunsten von Shakespeare wendet, dann um gegen eine ihm falsch erscheinende allgemeine Richtung in Schottland zu kämpfen.

Das wachsende Interesse an philosophischer Geschichtsbetrachtung, an Konzeptionen der Weltgeschichte, das wir in ganz Europa seit dem 17. Jahrhundert beobachten und das sich in der ersten Hälfte des 18. Jahrhunderts besonders stark in Frankreich entwickelt, ergreift auf Grund der engen kulturellen Verbindungen zwischen Frankreich und Schottland auch dieses. Montesquieu und Voltaire waren den Gebildeten Schottlands wohl vertraut.

Als zum Beispiel Adam Smith 1752 den Lehrstuhl für Moralische Philosophie übernahm, scheint er sich ganz selbstverständlich auf Montesquieu gestützt zu haben. Jedenfalls berichtet sein Schüler John Millar:

„Ungefähr ein Jahr nach dem Antritte der logischen Professur erhielt Smith den Lehrstuhl der Moral. Seine Vorlesungen über diese letztere Wissenschaft waren in vier Theile getheilt. Der erste enthielt die natürliche Theologie; und in diesem trug er die Beweise für das Daseyn und die Eigenschaften Gottes vor, und entwickelte die Grundtriebe und Anlagen der menschlichen Natur, auf welche sich die Religion stützt. Der zweyte Theil enthielt die eigentliche Sittenlehre, und bestand hauptsächlich aus derjenigen Reihe von Lehrsätzen, die der Verfasser nachmahls in seiner *Theorie der moralischen Empfindungen* öffentlich bekannt gemacht hat. In dem dritten Theile handelt er mit größerer Ausführlichkeit den Theil der Sittenlehre ab, welcher sich auf die Pflicht der strengen Gerechtigkeit bezieht, und der, da es in demselben ganz genau bestimmte Regeln gibt, auch eine mehr ins einzelne gehende Theorie zuläßt.

In dieser Materie scheint er dem von Montesquieu angegebenen Plane gefolgt zu seyn, historisch die allmählichen Fortschritte der Rechtswissenschaft, so wohl in Beziehung auf das öffentliche, als auf das Privat-Recht, von den ersten Zeiten der Rohheit bis zu den letzten der größten Cultur zu verfolgen und bemerkbar zu machen, wie diejenigen Künste, welche den Unterhalt der Menschen erleichtern, und durch die Vermehrung nutzbaren Eigenthumes Reichthum erzeugen, stets verhältnißmäßige Aenderungen und Verbesserungen in den Gesetzen und den Regierungsarten der Staaten hervor gebracht haben. Auch diesen wichtigen Theil seiner akademischen Arbeiten war er gesonnen heraus zu geben. Aber er lebte nicht lange genug, um diesen Vorsatz, den er am Ende seiner Theorie der moralischen Empfindungen erklärte, auszuführen.“[48]

[48] *D. Stewart*, Nachricht von dem Leben und den Schriften Adam Smith's, in: *A. Smith*, Untersuchung über die Natur und die Ursachen des National-Reichthums, Erster Band, Wien 1814, S. XXII f.

Umgekehrt werden so manche Werke der Schotten bald ins Französische übersetzt. Vor allem aber wuchs eine eigenständige schottische geschichts-philosophische und historische Literatur heran, die mit zu dem besten gehört, was damals in Europa geleistet wurde. Ich erinnere nur an David Hume, William Robertson und Adam Ferguson.

Nun erscheint es zwar weiter erstaunlich, aber doch immerhin erklärlich, daß praktisch zur gleichen Zeit und unabhängig voneinander sowohl in Frankreich wie in Schottland die Stufentheorie der menschlichen Gesellschaft entwickelt wurde.

Meek, der der Frühgeschichte der Stufentheorie ganz besondere Aufmerksamkeit gewidmet hat, findet sie in der uns bekannten Form – Jäger, Hirten, Ackerbauer – in gedruckter Form zuerst bei Sir John Dalrymple (1726–1810) – in seiner Schrift Essay towards a general history of feudal property in Great Britain (London 1757). Aber Dalrymple kann im Grunde mit dieser Stufentheorie nichts anfangen und hat auch gar nicht die Absicht. Meek schreibt sehr richtig: „Man hat den Eindruck, daß Dalrymple die Vier-Stufentheorie (er hat im Grunde nur drei Stufen – J. K.) als eine Sache betrachtet, deren Nutzen vor allem, wenn nicht ausschließlich, darin liegt, das Problem der Wandlungen im Eigentum zu beleuchten. Die Idee, daß sie große allgemeine Bedeutung haben könnte, lag noch in der Zukunft."[49]

Doch die Zukunft war sehr nahe, sie erschien, in der Tat, ein Jahr später in zwei Schriften von Lord Kames, der zweiten Auflage seiner Essays on the principles of morality and natural religion und seinen Historical law-tracts, die beide 1758 erschienen, das erstgenannte Werk in London, das zweite in Edinburgh. Henry Home, Lord Kames, oder Heinreich Home, als welcher er den Deutschen damals bekannt war, wurde 1696 geboren und starb 1782. Er war einer der Oberrichter Schottlands – wieder ein Jurist! –, der jedoch vor allem durch seine philosophischen Schriften – man nennt ihn einen Moralisten und Ästhetiker – bekannt wurde. Zahlreiche seiner Schriften wurden auch ins Deutsche übersetzt. Lessing hat ihn als Literaturkritiker geschätzt. Wie die anderen schottischen Geschichtsphilosophen und Historiker dieser Zeit war er Kant und Herder bekannt. Adam Smith nannte ihn einmal „unser aller Meister"[50], und John Millar, der Schüler von Adam Smith, den Stewart in seiner Lebensbeschreibung von Smith zitiert, ohne ihn dort zu nennen, war auch ein Schüler von Lord Kames, dessen Sohn er zwei Jahre lang als Hauslehrer betreute. Wie in Deutschland und Frankreich war er auch in den Vereinigten Staaten wohl bekannt. Er korrespondierte mit Benjamin Franklin, und Thomas Jefferson machte sich ausführliche Auszüge aus den Historical law tracts.

Home war jedoch nicht nur Jurist, Moralist und Ästhetiker, Förderer begabter junger Intellektueller, darunter auch von Smith und Hume, sondern auch ein auf die Gesetzgebung einflußreicher Richter und einer der eifrigsten Reformer der schot-

[49] „Ignoble Savage", S. 102.

[50] Vgl. dazu *W. C. Lehmann*, Einleitung zu *John Millar*, Vom Ursprung des Unterschieds in den Rangordnungen und Ständen der Gesellschaft, Frankfurt a. M. 1967, S. 28. (Vgl. auch das größere Werk von *W. C. Lehmann*, Henry Home, Lord Kames and the Scottish enlightment, The Hague, 1971)

tischen Landwirtschaft – auch hierbei erfüllt von stürmendem wissenschaftlichen Geist und bestrebt, den materiellen Fortschritt zu fördern . . . die Chemie des Bodens, die Ernährung der Pflanzen und ähnliche Themen interessierten ihn dabei ganz besonders.

Für Home ist die Stufentheorie, wie für Turgot, von weit größerer Bedeutung als für Dalrymple, denn sie erklärt ihm nicht nur die Entwicklung des Eigentums und seines Rechts, sondern auch des Staates und der Regierung. Und im hohen Alter von 78 Jahren wird er Sketches on the history of man (London 1774) veröffentlichen, in denen er Bruchstücke einer „natürlichen Geschichte des Menschen" zu geben versucht, aufbauend auf der Art und Weise, wie die Menschen ihren Lebensunterhalt gewannen.

Home ist ein kluger Beobachter, der die Vergangenheit wohl mit der Gegenwart zu verbinden weiß. Man höre ihn etwa über den frühesten Zustand der Menschen, als sie von der Jagd lebten: „In gemäßigten Gegenden war die ursprüngliche Speise der Menschen Früchte, die ohne Cultur wachsen, und das Fleisch der Landthiere. Da aber solche Thiere scheu werden, wenn man sie jaget, so hat es die Natur auf eine nicht weniger einfache als wirksame Art eingerichtet, daß die Menschen die Beschwerlichkeiten der Jagd und die Ungewißheit des Fanges mit fröhlichem Muthe ertragen; und dieses ist die Lust zum Jagen. Der Hunger allein ist nicht hinreichend; die Wilden, welche nach Gefühl und nicht nach Vorsicht handeln, bewegen sich nicht, wenn der Magen voll ist; und es würde zu spät seyn, wenn der Magen leer ist, auf eine Jagdparthie zu denken. Da nun diese Lust zum Jagen bey einem jeden Wilden befindlich ist, der sich zur Verschaffung der Speise auf das Jagen verläßt, so ist es unter vielen andern auch ein Beyspiel der weisen Vorsehung, daß sie die innerliche Beschaffenheit des Menschen nach äußerlichen Umständen eingerichtet hat. Die Lust zum Jagen, ob sie gleich bey uns zur Speise eben nicht nöthig ist, zeiget sich doch heut zu Tage noch bey hohen und niedrigen jungen Leuten. Die natürlichen Neigungen können schwach oder dunkel gemacht, aber niemals gänzlich ausgerottet werden."[51]

Wie schön – und in welchem Gegensatz zur Geschichte der Vertreibung aus dem Paradies! – taucht hier die Arbeit als eine Art Lebensbedürfnis des Menschen auf . . . wann wohl zum ersten Male? Wir haben noch keine Untersuchungen darüber. Die Jagd wird nicht nur aus der Not begründet, sondern auch aus der Lust des Menschen zu jagen. Und daß er eine solche Lust hat, dafür wird als Beweis angeführt, daß die Menschen aller Schichten und Klassen auch heute noch jagen, obgleich sie doch ganz andere Berufe haben, um ihren Lebensunterhalt zu verdienen.

Und ganz erstaunlich auch, wie Gottes Handlungen materialistisch begründet werden(!) wo gibt es das sonst noch? Denn die „weise Vorsehung" hat „die innerliche Beschaffenheit des Menschen" (seine Jagdlust) „nach seinen äußerlichen Umständen eingerichtet", nach der Notwendigkeit für ihn, zu jagen.

Aber natürlich bleibt die Not der entscheidende Faktor bis in die Zeit von Home: „Der Hunger, als die hier angegebene Ursache, ist das überwiegendste von allen;

[51] *H. Home*, Versuche über die Geschichte des Menschen, Erster Theil, Leipzig 1774, S. 53 f.

und eben die Ursache, welche die Trägheit und den Müssiggang überwindet, hat auch die Manufakturen, den Handel, und viele andern Künste eingeführet."[52]

Auch für Home wie für Goguet bringt der Ackerbau eine stärkere Wendung als der Weg von der Jagd zum Herdenwesen, wenn auch aus einem anderen Grunde: „In den zween erstern Ständen muss der Unterhalt in der Menge so abnehmen, wie die Verzehrer an der Zahl zunehmen; allein der Ackerbau hat die besondere Eigenschaft, daß er durch Arbeitsamkeit die Nahrung nach der Anzahl der Verzehrer hervorbringt. Und in der That wird das meiste Getraide und Vieh gemeiniglich in den bevölkertesten Gegenden hervorgebracht, wo eine jede Familie ihr gewisses Stück Land hat."[53] Offenbar ist die Bevölkerungsvermehrung, die im allgemeinen in früheren Theorien der entscheidende Faktor für die Notwendigkeit, zu einem erfolgreicheren Stadium der Lebensunterhaltsgewinnung überzugehen, war, nach Erreichung der Stufe des Ackerbaues kein so bedeutender Faktor mehr für den weiteren Fortschritt.

An die Stelle der Bevölkerungsvermehrung tritt zum Beispiel der Eigentumstrieb: „Unter den Empfindungen, welche in der Natur des Menschen sind, ist das Gefühl vom Eigenthume vorzüglich."[54] Aber das „Eigentumsgefühl" ist kein reiner Segen: „O Neigung zum Eigenthum! du mit doppeltem Gesichte begabter Janus, der Du viel Gutes hervorbringst, aber oft in einen Fluch ausartest! In deiner Rechten ist Industrie (im Sinne von Fleiß und Eifer bei der Arbeit – J. K.) und ein Horn des Überflusses, und in deiner Linken der Geitz, die giftige Büchse der Pandora."[55] Dieser Eigentumstrieb sei in den beiden ersten Stufen noch recht schwach (wie auch bei Kindern, meint Home) und entwickelt sich erst mit dem Ackerbau stärker.[56]

Was aber die Entwicklung der „nützlichen Künste" betrifft, so erkennt Home klar, daß Muße, freie Zeit eine notwendige Voraussetzung für ihre Entwicklung ist. „In dem Jägerstande sind die Menschen ganz mit Anschaffung der Speise, Kleidung, Wohnung und anderer nothwendiger Dinge beschäftiget, und haben weder Zeit noch Lust auf Bequemlichkeiten zu denken. Die Ruhe des Hirtenstandes verstattet sowohl Zeit als Lust zu nützlichen Künsten; welche von vielen, die von der körperlichen Arbeit bey dem Ackerbaue befreyet sind, gar sehr sind befördert worden. Der Erdboden giebt durch die stufenweisen Verbesserungen in der Wirthschaft mit weniger Mühe als anfänglich einen großen Überfluß; und die übrigen Hände werden zuerst in nützlichen Künsten, und hernach in den Künsten zur Belustigung gebraucht. Die Künste haben also das schnellste Wachstum in einem fruchtbaren Boden, der mit weniger Mühe einen Überfluß hervorbringt."[57]

Hier wird ein deutlicher Zusammenhang zwischen der Erzeugung von Mehrprodukt, Muße und der Entwicklung von Handfertigkeit, von Technik und später Wissenschaft hergestellt.

Wahrlich erstaunlich schon die Einsicht in den Fortschritt der Menschheit!

Den Höhepunkt dieser Entwicklung in Schottland und, wenn wir von den so lange

[52] Ebendort, S. 61.
[53] Ebendort, S. 68.
[54] Ebendort, S. 73.
[55] Ebendort, S. 81 f.
[56] Ebendort, S. 429.
[57] Ebendort, S. 106.

unveröffentlichten Manuskripten des ganz jungen Turgot absehen, den Höhepunkt dieser Entwicklung vor Marx stellen in den fünfziger Jahren die Gedanken und Überlegungen von John Millar, dem schon genannten Schüler von Home und Smith, dar, die er in seiner Schrift Observations concerning the distinction of ranks in society (London 1771 mit wohl einer Piratenausgabe im gleichen Jahr in Dublin) veröffentlichte. Millar verbindet wirklich den gesamten Überbau in seiner Entwicklung mit der Art, wie die Menschen ihren Lebensunterhalt gewinnen.

Das Schicksal dieser Schrift Millars ist sehr eigenartig. Zu seiner Zeit wurde sie sofort als eine hochbedeutsame Leistung anerkannt. Nach zwei Jahren wurde eine zweite, erweiterte, nach weiteren sechs Jahren eine dritte, endgültige Fassung gedruckt. Sie wurde gleich zweimal ins Deutsche (1772 und 1798) und auch ins Französische (1773) übersetzt; W. C. Lehmann, der Millar 1960 eine Monographie gewidmet hat, meint, daß es „offenbar" auch eine italienische Übersetzung gegeben hat.

Herder besprach das Buch gleich nach Erscheinen für die „Frankfurter gelehrten Anzeigen", wo die Kritik im Jahre 1772 erschien. Er hat wenig von der Bedeutung des Werkes begriffen, hat aber gut den „Zeitzug" solcher Betrachtungen verstanden, wenn er so beginnt:

„Der Geist der Britannischen Philosophie scheint über Hadrians Mauer hinüber zu seyn, und gegenwärtig in den Schottischen Gebürgen sich ein Häufchen der Seinigen gesammelt zu haben. Ferguson, Robertson, Gerard, Home, Beattie, und hier Millar sind, dünkt mich, Leute, die den meisten matten und einzigen Search sehr überstimmen, und durch das Feld, das sich Alle gleichsam zusammenstimmend erwählet haben, wird ihre Philosophie noch schätzbarer – meistens nehmlich Philosophie der Gestalten und Veränderungen des menschlichen Geschlechts nach Maasgabe der Geschichte und Erfahrungen – ein großes, großes Feld! auf dem sich freilich säen und erndten, Garben binden und Ähren lesen läßt, wenn nehmlich erstlich gut geackert worden.

Ob das nun alle diese Herrn thun und gethan haben, ob nicht auch hier jeder lieber mit einer Hand voll Ähren davon läuft, sie mögen sein oder eines andern, reif oder noch grünes feuchtes Gras seyn? ob nicht überhaupt die Naturgeschichte des menschlichen Geschlechts jetzt ein Modestudium werde, das hinter den Montesquieus, Rousseaus, Helvétius, Voltaire usw. nach ziemlich einförmigen Regeln, und sehr einförmigen Vorurtheilen gehandhabet werde? und ob also nicht auch hier, wie bei allen guten Sachen in der Welt, die Mode den Geschmack, und das Einverständniß, die Natur tödten werde? Der Recens. ist zu blöde, diese Fragen schon beantworten zu wollen; erinnert sich aber, daß er auch das Buch, das seine Landsleute in diesem Fach für klaßisch halten, und das unstreitig einen sehr großen Plan in sich hat, Iselins Geschichte der Menschheit immer mit dem Kirchhofsegen vorbeigegangen: von aussen schön und übertüncht, inwendig aber usw."[58]

Über das weitere Schicksal des Buches berichtet Lehmann: „Das Buch fand in der Zeitschriftenpresse und beim gebildeten Publikum der Zeit großen Anklang, man verlor es aber doch bald wieder aus den Augen . . . ‚Wiederentdeckt' wurde es ge-

[58] *Herders* sämtliche Werke, hg. von B. Suphan, Bd. 5, Berlin 1891, S. 452 f.

rade einhundert Jahre nach seinem ersten Erscheinen von dem schottischen Sozialanthropologen und Historiker der Alten Rechte J. F. McLennan, der etwa in den im Werk enthaltenen Aspekten des Mutterrechts eine erstaunliche Vorwegnahme von Bachofens Behandlung dieses Themas im 19. Jahrhundert findet – ‚eine in jeder Hinsicht wissenschaftliche Behandlung des Tatsachenmaterials . . . [ein Werk], das jeder Geschichtskundige kennen sollte'."*[59]

Doch auch McLennans Wiederentdeckung half wenig. Millar geriet wieder in Vergessenheit, bis ihn Werner Sombart 1923 von neuem entdeckte.[60] Aber Sombart selbst und seine Zeit vergaßen ihn schnell wieder. Keiner der Herausgeber der Encyclopaedia of the Social Sciences, auch nicht E. R. A. Seligman, der großartige Kenner der gesellschaftswissenschaftlichen Literatur des 17. und 18. Jahrhunderts, erinnert sich seiner (der entsprechende Band wurde 1933 veröffentlicht).

Es dauerte bis 1960, als Millar wieder einmal, und zwar von W. C. Lehmann, entdeckt wurde – aber sein einziger Erfolg war die schon zitierte Ausgabe von Millars Werk in der Bundesrepublik 1967, ohne daß auch diese einen größeren Widerhall hätte. Die Situation wird sich jedoch wohl mit Meeks Buch über den Ignoble Savage ändern, und ich hoffe, daß meine Besprechung von Meeks Buch und dieses Kapitel meines Buches zu einer Änderung mit beitragen werden. Denn Millar war wirklich ein großer Gesellschaftswissenschaftler und Bereiter des Weges zum marxistischen historischen Materialismus, ebenso wie von wesentlicher Bedeutung in der Wirtschaftshistoriographie.

Die Hauptdaten des 1735 geborenen Millar gibt Lehmann: Millar „wurde eifriger Schüler von Adam Smith, als dieser seine Vorlesungen an der Universität Glasgow aufnahm, und blieb sehr lange unter dem Einfluß dieses geistigen Wegbereiters. Er studierte in Glasgow Jura und gleichsam privat bei Lord Kames, Justice on the Court of Session zu Edinburgh – einer der Oberrichter von Schottland –, bei dem er zwei Jahre lang die Stelle eines Hauslehrers des Sohnes innehatte. Auf Vorschlag dieser beiden Männer erhielt er schon im Alter von 26 Jahren an der Universität von Glasgow die Professur für den sog. Crown Chair of Civil Law (d. h. den Lehrstuhl für Römisches Recht im Unterschied zum Kommunalen und Kanonischen Recht) – ein Lehramt, das er mit großem Erfolg von 1761 bis zu seinem Tode 1801 bekleidete. Distinction of Ranks ist deutlich herausgewachsen aus seinen allgemeinen juristischen Vorlesungen, zum Teil auch aus denen über Staatsrecht (public law) oder über die Grundsätze der Regierungsform (principles of government). Eine ganze Reihe von Kollegheften seiner Studenten zu den verschiedenen Lehrveranstaltungen sind erhalten."[61]

Über Millars politische Auffassungen schreibt Lehmann meiner Ansicht nach sehr

* *J. F. McLennan*, Studies in Ancient History. London 1876. S. 420.

59 *W. C. Lehmann* in der Einleitung zu Millar, a. a. O., S. 9 f.

60 *W. Sombart*, Die Anfänge der Soziologie, in: Hauptprobleme der Soziologie, hg. v. M. Palyi, München, Leipzig 1923, Bd. I, S. 11–14.

61 *W. C. Lehmann*, a. a. O., S. 10.

richtig – wenn man in der ersten Zeile, statt Liberaler, frühbürgerlicher Humanist setzt oder wahrhaftiger bürgerlicher Demokrat:

„Millars politische Haltung war eindeutig die des Liberalen im Sinne eines Verfechters des Fortschritts, der sein Vertrauen in eine demokratische Staatsform setzte, für die Reform der parlamentarischen Institutionen zur Erlangung dieses Ziels eintrat und beseelt war von leidenschaftlicher Freiheitsliebe. Er war ein enger Freund und großer Bewunderer von Charles James Fox, dem Führer der Opposition gegen die Tories im Parlament. Ein Mann zwar von grundsätzlich demokratischer Überzeugung und Observanz, war er jedoch kein ‚Gleichmacher' oder gar ein radikaler Volkstribun . . .

Seine politischen Grundprinzipien offenbaren sich vielleicht am deutlichsten in den Befürchtungen hinsichtlich der Ausdehnung der königlichen Prärogative, in einer Grundhaltung, die überall den Interessenkonflikt zwischen Krone und dem Volk und seiner Repräsentation im Parlament aufspürt, wobei für ihn die primäre Funktion des parlamentarischen Regierungssystems darin liegt, das Volk vor der Tyrannei der gekrönten Häupter zu schützen. Er befürchtet, daß beträchtliche Staatseinnahmen zusehends ‚alle Machtmittel des Monarchen stärken helfen, jede entgegenstehende Gewalt untergraben und zerstören und dabei die allgemeinen Entwicklungstendenzen zur absoluten Herrschaft einer Einzelperson beschleunigen'.* Andererseits begrüßt er Tendenzen, die sich ergeben durch ‚größere Fortschritte einer Nation in Wohlstand und Lebensverfeinerung', denn da ‚die einfacheren Menschen hierdurch in zunehmend unabhängige Verhältnisse gelangen, hegen sie auch allmählich jene Gesinnung der Freiheit, die eine natürliche Eigenschaft des menschlichen Geistes ist und die nur äußere Not niederzuhalten vermag'.** Als ein Aufweichen der starren Demarkationslinien zwischen den einzelnen Rangstufen der Gesellschaft ist ihm dies willkommen, vor allem aber, weil es zum Verschwinden der Sklaverei in der modernen Gesellschaft führt.

Dem allen liegt wiederum selbst da, wo es weniger klar zum Ausdruck gebracht ist, seine eigentlich staatsphilosophische Position zugrunde, die theoretisch und praktisch zugleich ist in bezug auf die Frage nach der Machtausübung in der menschlichen Gesellschaft: die Forderung nämlich, daß nun das Prinzip des Dienens *an* der Gesellschaft und des Nutzens *für* die Gesellschaft an die Stelle der Rangprivilegien und des Rechts der Befehlsgewalt treten müsse, damit das Ziel sich verwirkliche, die Macht in der Gesellschaft auf alle Schichten und auf alle gesellschaftlichen Lebensbereiche gleichmäßig zu verteilen, – in der politischen, ökonomischen, sozialen und selbst der religiösen Sphäre."[62]

Millar beginnt sein Werk mit einer Untersuchung der Lage der Frau. Das erste Kapitel gliedert sich wie folgt:

„Rangstufe und Situation der Frau in den verschiedenen Epochen

1. Die Wirkungen von Armut und Unkultur im Blick auf die Situation der Frau

* Vgl. *J. Millar*, a. a. O., S. 221.

** Vgl. ebendort, S. 223.

[62] *W. C. Lehmann*, a. a. O., S. 37 f.

2. Einfluß der Mutter einer Familie vor der Festigung der Ehe als Institution
3. Das pastorale Zeitalter – Die Verfeinerung der erotischen Leidenschaften unter den Bedingungen von Weidewirtschaft und Hirtendasein
4. Die Auswirkungen einer Ackerbaukultur auf die Beziehungen der Geschlechter
5. Die veränderte Bedeutung der Frau aufgrund von Fortschritten in den praktischen Bereichen von Handwerk und Gewerbe
6. Großer Luxus und Pflege der Annehmlichkeiten des Lebens – Ihre Auswirkungen auf die jeweilige Situation von Mann und Frau."[63]

Wir sehen sofort, welch ganz andere Rolle die Stufentheorie bei Millar als bei allen anderen Gesellschaftswissenschaftlern spielt.

Schon die ersten drei Absätze der Einleitung zeigen Millars außerordentliche Souveränität als Gesellschaftswissenschaftler.

Er geht – insbesondere als Jurist – von den üblichen gesellschaftlichen Interessen der Historiker, Philosophen usw. an der Gesellschaft aus: „Bei der Erforschung von Sitten und Gebräuchen der Völker hatte man im wesentlichen zwei Dinge im Blick. Aus der Betrachtung der in verschiedenen Teilen der Welt entstandenen unterschiedlichen Rechtsordnungen und aus der Erkenntnis der dabei zutage tretenden folgenreichen Zusammenhänge wollte man die Erfahrungen anderer Menschen nutzbringend verwerten und eine Auswahl unter den staatlichen Einrichtungen und Regierungsformen treffen, die am ehesten Nachahmung verdienen." Rechtsverhältnisse, politische, Staatsverhältnisse sind es, die diese Männer interessieren.

Aber das ist zunächst nur ein Oberflächeninteresse. Das Denken geht weiter und tiefer oder sollte doch: „Die Ursachen der unterschiedlichen Gebräuche aufzuspüren wird ebenfalls als nützliche und zugleich unterhaltsame Beschäftigung des Denkens angesehen. Betrachten wir die erstaunlichen Unterschiede in den Rechtsbestimmungen verschiedener Länder, ja sogar innerhalb ein und desselben Landes zu verschiedenen Epochen, dann ist es natürlich, daß unsere Neugier in Erfahrung bringen möchte, wie denn eigentlich die Menschheit dazu geführt wurde, daß sie sich für so ganz verschiedene Lebensregeln entschied. Es wird dabei aber zugleich klar, daß wir nur dann, wenn wir die Bedingungen kennen, unter denen bestimmte Regeln sich einmal für das menschliche Verhalten empfahlen, auch einen rechten Begriff von deren Nutzen gewinnen oder auch nur entscheiden können, inwieweit sie im jeweiligen Falle überhaupt anwendbar sind." Wie will man unter den verschiedenen Rechts- und Staatsformen die geeignetsten zur „Nachahmung" heraussuchen, wenn man nicht weiß warum sie gerade so entwickelt wurden, welchen Verhältnissen sie entsprachen? Und welche Verhältnisse von Bedeutung für die Rechts-, allgemein für die staatlichen Verhältnisse sind?

[63] *J. Millar*, a. a. O., S. 5.

Millar erklärt: „Bei der Suche nach den Gründen für die eigentümlichen Rechts- und Regierungsformen, die sich in der Welt gebildet haben, müssen wir sicherlich allererst auf die ganz unterschiedlichen Lebensumstände zurückgehen, aus denen heraus sich für die Bewohner bestimmter Länder auch die Unterschiede in den Anschauungen und den Motiven des Handelns ergaben. Das aber sind Fruchtbarkeit oder Unfruchtbarkeit des Bodens, die Art der Naturprodukte, die für den Lebensunterhalt notwendigen Arbeitsformen, die Kopfzahl der einer Gemeinschaft Zugehörigen, der Geschicklichkeitsstand in der handwerklichen Praxis, die Gunst oder Ungunst im Blick auf die Gegebenheiten des wechselseitigen Austausches überhaupt sowie auf die Möglichkeiten der engeren persönlichen Beziehungen. Die Vielfalt, die sich oft in solchen und manchen anderen Einzelheiten zeigt, muß auch eine Vielzahl von Auswirkungen im ganzen Gemeinwesen eines Volkes aufweisen; insofern nämlich hier die Wünsche und Interessen der Menschen eine bestimmte eigentümliche Richtung nehmen, müssen daraus auch gewisse zugehörige Gewohnheiten, Anlagen und Denkweisen hervorgehen." Alles sind materielle Faktoren, die die Gesellschaft bestimmen: Arbeitsgegenstände, Arbeitsinstrumente, die Größe der Bevölkerung, das technische Niveau („Geschicklichkeitsstand in der handwerklichen Praxis"), Handelsmöglichkeiten und innerer Verkehr.

Sehen wir uns die Realität und ihre Geschichte daraufhin an: „Werfen wir einen Blick auf die gegenwärtige Verfassung der Erde, so sehen wir, daß die Bewohner in vielen Gegenden so bar jeder Kultur sind, daß sie sich kaum über das Niveau wilder Tiere erheben. Und blättern wir überdies gleichsam in der fernen Geschichte der Kulturvölker, so treffen wir recht schnell auf deren Anfänge in eben solcher wilden Barbarei. Nun aber ist der Mensch mit einem Streben begabt, das ihn zur Höherentwicklung seiner Lebensverhältnisse befähigt. Durch solche Strebungen nimmt sein Fortschritt Stufe für Stufe zu. Seine überall gleichen Bedürfnisse und die Fähigkeiten, mit denen diese Bedürfnisse gestillt werden, haben auch überall eine bemerkenswerte Übereinstimmung in den verschiedenen Stufen seines Fortschritts gezeitigt. Bei einem Volk von Wilden müssen die Menschen, die ja unter dem Mangel an nahezu allem leiden, was zum Leben notwendig ist, ihr Streben auf einige wenige Dinge beschränken – Versorgung mit Nahrung und Bekleidung, oder Schutz und Zuflucht vor den Unbilden der Witterung. Diesen ihren Lebensverhältnissen entsprechend können auch die Gedanken und Gefühle natürlich nur eng umgrenzt sein. Alle Anstrengungen zielen naturgemäß zuallererst darauf ab, die Nahrung zu vermehren, indem man wilde Tiere einfängt oder überlistet und die natürlich wachsenden Früchte der Erde sammelt. Mit den unter solchen Beschäftigungen erworbenen Erfahrungen wird man nach und nach die Methoden der Zähmung und Aufzucht von Vieh und der Bodenkultur erlernen. Je mehr Erfolg den Menschen in diesen großen Fortschritten beschieden ist – so daß also die puren Lebensnotwendigkeiten weniger schwer erlangbar sind –, desto weitere Bereiche eröffnen sich allmählich; Gelüste und Begierden erwachen zunehmend oder stellen sich im Verfolg einer Reihe von Lebensgewohnheiten ein. Es entwickeln sich die verschiedenen Handwerkszweige und, mit ihnen zugleich untrennbar verbunden, entstehen Handel, daneben Wissenschaft und Literatur, die als natürliche Früchte von Muße und Wohlstand schließlich zu voller

Reife gedeihen. Mit dieser schrittweisen Verbesserung der Annehmlichkeiten in den Lebensverhältnissen vollziehen sich auch die bedeutendsten Wandlungen in den Grundbedingungen eines Volkes: die Kopfzahl steigt an, die Beziehungen innerhalb der Gemeinschaft weiten sich aus, und da die Menschen nun nicht mehr vom unmittelbaren Mangel bedrückt werden, sind sie auch viel freier darin, die im eigentlichen Sinne menschlichen Empfindungen zu pflegen: Es entsteht das Eigentum, die große Quelle der Unterschiede zwischen den Menschen. Die verschiedenartigen Rechtsgebräuche innerhalb der Menschheit, wie sie aus der Vielfalt von Beziehungen der Menschen untereinander entstanden sind, finden Schutz und Anerkennung: es werden also die Gesetze eines Landes entsprechend zahlreich. Eine komplexe Regierungsform wird notwendig, wenn einem jeden Recht zugeteilt werden soll, wenn Unordnung und Unruhen vermieden werden sollen, die sich aus den widerstreitenden Interessen und Leidenschaften in einer großen gutsituierten Gemeinschaft herleiten. Es ist zugleich auch leicht einzusehen, daß dergleichen Folgen fortgeschrittener Entwicklung, die so sehr angetan sind, im Dasein der Menschheit Wandlungen hervorzubringen und die Lebensverhältnisse der Menschen zu verändern, auch entsprechende Abweichungen in Neigungen und Empfindungen und ganz allgemein im Verhaltenskodex bewirken müssen."

Wahrlich der ganze Überbau, die Kultur, die „Gedanken und Gefühle", die „Gelüste und Begierden", die „Lebensgewohnheiten", „Wissenschaft und Literatur" – „Früchte von Muße und Wohlstand" –, Eigentum und „die Unterschiede zwischen den Menschen", „Rechtsgebräuche" und Gesetze, die „Regierungsform", „widerstreitende Interessen und Leidenschaften", der allgemeine „Verhaltenskodex" werden aus den Stufen der materiellen Verhältnisse, der Gewinnung des Lebensunterhalts, abgeleitet.

Und alles ist eingebettet in eine kräftig-optimistische Fortschrittsphilosophie: „Es gibt also in der menschlichen Gesellschaft einen natürlichen Fortschritt vom Nichtwissen zum Wissen, von rohen Bräuchen zu kultivierten Sitten, und verschiedene Stationen dieser Entwicklung sind gewöhnlich auch durch besondere Gesetze und Gebräuche gekennzeichnet." Jedoch fehlt diesem Fortschritt jede Mechanik. Unendlich vielfältig geht der Fortschritt vor sich und darum fährt Millar fort: „Allerdings haben zahlreiche Zufallsursachen dazu beigetragen, einen solchen Fortschritt in verschiedenen Ländern entweder voranzutreiben oder aber aufzuhalten. So ist es auch gekommen, daß einzelne Völker durch die Ungunst der Verhältnisse auf der Entwicklungsstufe einer bestimmten Epoche so lange stehengeblieben sind, daß die für diese Epoche eigentümlichen Lebensgewohnheiten so festgefügt waren, daß sich starke Spuren davon durch alle späteren Umwandlungen hindurch erhalten haben. Hieraus dürften einige Hauptunterschiede in den Grundsätzen und Sitten von sonst auf gleicher Kulturstufe stehenden Völkern entstanden sein."[64]

Eine spezielle Polemik führt Millar in der Einleitung gegen methodologische Materialisten, die dem Klima besondere Bedeutung für die Entwicklung der menschlichen Gesellschaft beimessen – der hervorragendste unter ihnen war natürlich Mon-

[64] Ebendort, S. 47–50.

tesquieu: „Einige Philosophen vertreten die Ansicht, daß die Temperaturunterschiede von Hitze und Kälte, Feuchtigkeit und Trockenheit oder andere klimatische Eigentümlichkeiten in stärkerem Maße direkt Charakter und Verhaltensweise der Völker beeinflußten. Insofern nämlich, als sie unauffällig auf den menschlichen Körper einwirken und dabei die entsprechenden Veränderungen des Temperaments hervorbrächten. Es wird sogar behauptet, daß große Hitze die Gewebe erschlaffen und die Hautoberfläche sich erweitern lasse – also dort, wo die Nerventätigkeit sich hauptsächlich abspielt –, und daß auf diese Weise eine größere Sinnempfindlichkeit gegenüber äußeren Eindrücken entstehe, womit gleichzeitig die entsprechende Verlebendigung der Gefühls- und Gedankenbewegungen einhergehe. Darauf fußend sagt man den Bewohnern heißer Klimagegenden nach, daß es ihnen von Natur aus an Mut und auch an der beharrlich aufmerksamen Zielstrebigkeit fehle, wie sie zur richtigen Ausübung der höheren Verstandeskräfte eben notwendig ist. Auf der anderen Seite zeichneten sie sich aber auch durch Äußerungen höchster Feinfühligkeit und durch lebhafteste Einbildungskraft aus."

Einfach, klar und überzeugend antwortet er:

„Gibt es etwa nicht viele Nationen, für die die Lebensbedingungen in bezug auf das Klima offensichtlich ähnlich sind, und die dennoch in ihrem Charakter und in ihren politischen Institutionen einen völligen Gegensatz bilden? Man vergleiche in diesem Punkte nur das sanfte maßvolle Wesen der Chinesen mit den rohen Sitten und der unduldsamen Rücksichtslosigkeit ihrer Nachbarn, der Japaner. Wo gibt es noch solch eklatante Gegensätze zwischen Menschen, die nicht weiter voneinander entfernt leben als die Athener und Spartaner im Altertum? Kann man im Ernst der Auffassung sein, daß etwa der Klimaunterschied zwischen Frankreich und Spanien oder zwischen Griechenland und den benachbarten Provinzen des Türkischen Reichs die unterschiedlichen Sitten und Gebräuche der heutigen Bewohner erklärt? Und wie könnte man die bekannten nationalen Eigenheiten der Engländer, Iren und Schotten erklären wollen, wenn man sich dabei etwa auf unterschiedliche Temperaturen und Witterungsverhältnisse berufen würde? . . .

Die heutigen Bewohner Spartas leben unter den gleichen Witterungsverhältnissen wie zu Leonidas' Zeit, – und die Italiener von heute leben im Land der Römer des Altertums."[65]

Die Ableitung des Überbaus aus den Lebensunterhaltsverhältnissen wird nun gleich im ersten Kapitel über die Rolle der Frau in der Geschichte der menschlichen Gesellschaft streng eingehalten – wie wir schon durch die Angabe der Titel der Unterabschnitte angedeutet haben. Scharf wendet sich Millar am Ende des Kapitels gegen jede idealistische Betrachtung: „Diese Abhandlung bezweckt nun nicht, die sich verändernden Umstände in der Stellung der Frauen daraufhin zu untersuchen, wie sie aus den politischen oder religiösen Ordnungen erwachsen oder aber anderen bestimmten Ursachen entstammen können, die jeweils für die Bewohner verschiedener Länder charakteristisch sind. Die von mir aufgeführten Wandlungen in den Standesformen und Sitten der Geschlechter leiten sich vielmehr im wesentlichen aus der

[65] Ebendort, S. 53 ff.

kulturellen Fortentwicklung des Menschen in seinen Lebensformen her: sie sind deshalb Teil der allgemeinen Geschichte der Gesellschaft."[66]

Die „kulturelle Fortentwicklung" aber basiert auf den Formen der Gewinnung des Lebensunterhalts. Sehen wir, wie Millar den letzten Unterabschnitt im Kapitel über die Frau beginnt:

„Die fortschreitenden Besserungen in den Lebensbedingungen eines Landes bringen überdies weitere vielseitige Wandlungen in den Denkgewohnheiten und Gebräuchen der Bewohner mit sich.

Die allererste Sorge eines Volkes gilt der unmittelbaren Sicherung der Grundbedürfnisse des Menschen und damit auch denjenigen Tätigkeiten, die zur reinen Lebenserhaltung dringend notwendig sind. Gelingt das in immer größerem Maße, so steigern sich nach und nach die Bedürfnisse entsprechend, und die Menschen empfangen erneute Impulse, sich mit frischem Tatendrang die Mittel zu verschaffen, mit denen die neuen Wünsche gestillt werden können. Auf die Fortschritte im praktisch-handwerklichen Können folgt die Pflege der den Genüssen und Vergnügungen förderlichen Künste. Die Menschen werden, ganz den Lebenserleichterungen entsprechend, über die sie zunehmend verfügen, auch kultivierter in den Lebensformen und und also in Geschmack und Lebensweise viel üppiger und wählerischer: Man lebt frei von eigentlich beschwerlicher Arbeit, hat gleichsam alles und mehr als man unbedingt braucht und will nun auch seine Genüsse verfeinern. Die Menschen geraten ganz in den Bann kurzweiliger Unterhaltungen und Vergnügungen, die einmal anregend sind und zum andern von Stumpfsinn und Erschlaffung frei machen – den Folgen von Nichtstun und sinnloser Zerstreuungen. In dieser Situation werden nun die Freuden, die die Natur an die Liebe zwischen Mann und Frau geknüpft hat, zur Quelle für einen bestimmten vornehmen Reiz in den Beziehungen, und es dürfte dies wohl auch nicht ohne spürbare Auswirkungen bleiben auf die Umgangsformen der Gesellschaft. Frauen guten Standes genießen nun allgemein Bewunderung; ihren liebenswürdigen Eigenschaften zuliebe und wegen der Unterhaltsamkeit des Umgangs mit ihnen macht man ihnen den Hof. Man sieht es jetzt gerne, wenn sie die Zurückgezogenheit, die bisher ganz natürlich ihrem guten Ruf angemessen schien, aufgeben, wenn sie ihren Bekanntenkreis erweitern, an allgemeiner Geselligkeit teilnehmen und auch an öffentlichen Vergüngungsstätten zugegen sind. Spindel und Spinnrocken legen sie beiseite und zeigen stattdessen die gefälligeren Lebensäußerungen, wie es der herrschende Ton verlangt. Mehr und mehr ins gesellschaftliche Leben einbezogen, bilden sie auch zusehends jene Talente an sich aus, die alle Welt schätzt: Sie möchten sich durch eine Art vollendeter Eleganz auszeichnen, die Reize der Person besser zur Geltung bringen und damit auch die besonderen Empfindungen und Leidenschaften erregen, die in ihnen als Frauen selbst das natürliche Ziel finden.

Solche Fortschritte in der gesellschaftlichen Stellung und Bildung der Frauen lassen sich etwa durch Aspekte der Sitten bei verschiedenen Nationen Europas näher erläutern."[67]

[66] Ebendort, S. 128.
[67] Ebendort, S. 120 ff.

Großartig! Welche Methodologie! Welch konsequente Ableitung der Stellung der modernen Frau (modern im 18. Jahrhundert) von der Art der Gewinnung des Lebensunterhalts und ihren Wandlungen. Und wie merkwürdig zugleich, daß Millar, der so oft in vergangenen Zeiten das Volk beobachtet, hier nur die bürgerliche oder kapitalistisch-aristokratische Schicht der Gesellschaft sieht. „Spindel und Spinnrocken legen sie beiseite" – wo? etwa in der überwältigenden Masse der Bevölkerung, die auf dem Lande lebt? Natürlich kann davon nicht die Rede sein. „Man lebt frei von eigentlich beschwerlicher Arbeit" – wer? natürlich die herrschende Klasse. Hier wird die ganze bürgerliche Beschränktheit dieser so wundervoll tiefgehenden Analyse des Fortschritts der menschlichen Gesellschaft deutlich. Aber sie bleibt trotzdem eine erstaunliche wissenschaftliche Leistung!

Im sechsten Kapitel seines Buches „Von der Gewalt des Herrn über seine Knechte" geht Millar auch auf die Produktionsverhältnisse ein. Einleitend bemerkt er:

„In den vorangegangenen Kapiteln haben wir einen Überblick über die hauptsächlichsten Unterschiede in der Rangordnung gegeben, wie sie sich unter den freien Bewohnern eines Landes finden, und dabei die Stadien der Fortentwicklung in der Gesellschaft zu erkennen versucht im Blick auf die Macht des Ehemanns, des Vaters und des Staatsoberhaupts. Nun wird es zweckmäßig sein, die Stellung der Knechte zu betrachten und festzustellen, mit welchem Grad von Gewalt die Gesetze und Gebräuche verschiedener Nationen den Herrn ausgestattet haben.

Aus den menschlichen Lebensbedingungen in einfachen und unkultivierten Ländern läßt sich leicht begreifen, auf welche Weise ursprünglich der eine Mensch zum Diener des andern wird. Ehe gesittete Lebensgewohnheiten unter den Menschen und eine ordentliche Regierungsgewalt bestehen, sind wenigbegüterte Personen harten Unannehmlichkeiten in einer wirren und gewalttätigen Zeit ausgesetzt und häufig genug gezwungen, Schutz und Hilfe bei einem mächtigen Nachbarn zu suchen, wo sie entweder in ihrer Stellung als Vasallen oder als militärische Gefolgsleute abhängig werden . . .

In der Frühzeit liegen benachbarte Stämme oder Völkerschaften fast immer miteinander im Streit, so daß häufig eine der kämpfenden Parteien ganz und gar in die Gewalt der andern gerät. Welchen Gebrauch sie bei solchen Gelegenheiten von ihrem Sieg machen, das entspricht erwartungsgemäß der grausamen barbarischen Natur des betreffenden Volkes, wo die Menschen weder genügend Erfahrung noch Verstand haben, um etwa den Nutzen zu erkennen, den selbst das Kriegshandwerk abwerfen kann, wenn es mit einigermaßen humaner Gesinnung betrieben wird. Die Unterlegenen werden oft aus Haß- und Rachegelüsten getötet, läßt man sie aber am Leben, dann nur mit Rücksicht auf ihre künftige Arbeitskraft und Dienstleistungen, die dem Sieger größere Vorteile einbringen. Da in diesen Zeiten jeder einzelne auf eigene Kosten mit ins Feld zieht, fordert er auch einen entsprechenden Anteil am Gewinn des Unternehmens. Er erlangt also die absolute Verfügungsgewalt über die durch eigene Waffentaten gemachten Gefangenen oder die ihm bei der Beuteteilung als Lohn für seine Verdienste zugewiesenen."[68]

[68] Ebendort, S. 232 f.

Wie Turgot hält auch Millar schon aus ökonomischen Gründen nicht viel von der Einrichtung der Sklaverei:

„Vom Sklaven, der für seine Arbeit keinen Lohn erhält, kann man nicht erwarten, daß er sehr viel Energie und Tätigkeitsdrang in der Ausübung irgendwelcher Beschäftigungen an den Tag legt. Seine Nahrung bekommt er auf jeden Fall, und bei allergrößtem Fleiß erhält er auch nicht mehr. Da er nur arbeitet, weil er in ständiger Furcht lebt, läßt sich gut denken, daß er untätig bleibt, sooft er es ohne Furcht vor Strafe tun kann. Dieser Umstand kann leicht übersehen werden, wo die Bewohner eines Landes keinerlei Höherentwicklung kennen. Doch wenn die bürgerlichen Gewerbe zu blühen beginnen, wenn durch die großartigen Leistungen von Fleiß und Geschicklichkeit die Waren und Güter billiger und vollkommener werden – wenn dies alles immer deutlicher erkannt wird, dann muß man einsehen, wie wenig die Arbeit eines Sklaven abwirft, der weder zur Erlernung solcher Fertigkeiten angehalten noch an fleißiges regelmäßiges Arbeiten gewöhnt wurde, welches die wesentlichen Voraussetzungen sind für die höheren und komplizierteren Tätigkeitsbereiche der Gewerbe . . .

Bei genauer Erwägung dieser Umstände wird es klarer, daß die Arbeit eines Sklaven, der nichts als nur seinen bloßen Unterhalt empfängt, in Wirklichkeit teurer ist als die Arbeit eines freien Mannes, der regelmäßigen Lohn im Verhältnis zu seiner Arbeitsleistung erhält."[69]

Millar untersucht dann – ganz materialistisch – wie in Europa die Sklaverei durch feudale Verhältnisse abgelöst wurde, wobei er der Steigerung der Produktivität bei größerer Freiheit erhebliches Gewicht beimißt.

Sehr deutlich wendet er sich auch gegen idealistische Erklärungen: „Man hat vielfach in der Einführung des Christentums die Hauptursache für die Ausmerzung der Sklaverei sehen wollen, die bei allen heidnischen Völkern so allgemein anerkannt und gefördert wird. Es besteht kein Zweifel, daß der Geist dieser Religion – für die alle Menschen Kinder des einen Vaters sind, die ohne Unterschied in seiner väterlichen Fürsorge und Liebe stehen – in den Menschen die Gefühle des Mitleids mit dem Elend anderer erweckt, und daß diese Religion die Reichen und Hochmütigen lehren kann, auch in den von Mühe und Dürftigkeit Bedrückten Geschöpfe ihrer Gattung zu sehen, sie mit Barmherzigkeit und Menschlichkeit zu behandeln und die Härten und Nöte, denen sie in ihrem schweren, ungleichen Los unvermeidlich ausgesetzt sind, zu lindern. Doch scheint es nicht in der Absicht des Christentums gelegen zu haben, die bürgerlichen Rechte der Menschen zu ändern oder jenen Unterschied des Rangs, wie er schon bestand, abzuschaffen."[70]

Und anläßlich seiner Studien zur Sklaverei kommt er zu der schönen Formulierung: „Man kann generell feststellen, daß in dem Umfang, wie der Mensch größere Fortschritte in Handel und Gewerbe macht, auch die Errichtung der persönlichen Freiheit von immer größerer Bedeutung wird; weiterhin, daß bei reichen und gesitteten Nationen diese Freiheit sich auf die große Volksmenge von Menschen erstreckt, die

[69] Ebendort, S. 236 f. und S. 240.

[70] Ebendort, S. 253.

selbst den Hauptanteil des Gemeinwesens ausmachen und deren menschenwürdiges Dasein man niemals aus den Augen verlieren sollte in allen Vorkehrungen, die für das Glück und Gedeihen einer Nation getroffen werden."[71] Man darf auch nicht vergessen, daß diese Ausführungen zu einer Zeit gemacht wurden, als die Sklaverei noch in den englischen Kolonien blühte und englische Reeder gewaltig am internationalen Sklavenhandel verdienten. Diese Ausführungen sind also nicht einfach wissenschaftliche Betrachtungen, sondern auch von politischer Bedeutung.

Doch, wie bei Turgot, fehlt auch bei Millar jede Verbindung zwischen seiner Stufentheorie und solchen Studien der Produktionsverhältnisse.

Im Ganzen aber möchte man wieder sagen: Großartig! Doch, wird der Leser fragen: lassen wir uns nicht durch die historisch-materialistische Methodologie von Millar dazu verführen, von der Geschichte der Wirtschaftsgeschichtsschreibung, die unser Thema ist, abzuschweifen zur Geschichte der Methodologie des historischen Materialismus? Zum Teil ja, und gern folgen wir dieser Verführung, denn sie ist nützlich und wichtig für uns. Wie kümmerlich sind doch unsere Vorgeschichten des historischen Materialismus, wieviele Schätze der Vergangenheit sind noch vergraben oder liegen unbeachtet herum bzw. befinden sich in den Händen von klugen und gebildeten Gelehrten, die sie aus Tradition achten, aber nicht viel mit ihnen anfangen können. Ist es nicht wahrlich an der Zeit, Marx und Engels auch dadurch zu ehren, daß wir eine ihrer Leistung würdige Vorgeschichte des historischen Materialismus schreiben.

Zugleich aber muß man sehr deutlich darauf hinweisen, daß Männer wie Home, Millar und Adam Smith, von dem wir gleich sprechen werden, sich nicht nur sehr gründlich mit der Wirtschaftsgeschichte, mit der Geschichte, wie die Menschen wirtschafteten, wie sie ihren Lebensunterhalt gewannen, beschäftigt haben, sondern daß sie durch ihre allgemeine Gesellschaftsphilosophie – und die Theorie der Stufen in gesetzmäßiger Folge ist natürlich ein Teil der bürgerlichen Gesellschaftsphilosophie – auch eine der Realität schon sehr nahe Ordnung in den Verlauf der Wirtschaftsgeschichte gebracht haben. Sie haben als erste ein Modell und einen Rahmen für die Wirtschaftsentwicklung gefunden, der ihre wissenschaftliche Erfassung zu einem hohen Grade erlaubt. Sie gehören mit zu den Begründern der Wirtschaftsgeschichte. Sie sind die unmittelbaren Vorgänger von Marx und Engels, und es ist wahrlich an der Zeit auch für die marxistischen Wirtschaftshistoriker, sich auf diese große Vergangenheit ihres eigenen „Fachgebietes" zu besinnen.

Als letzten der großen Stufentheoretiker wollen wir Adam Smith betrachten. Wurde die Vorgeschichte der Stufentheorien vor allem von vielseitig gebildeten Juristen geschrieben, so begann ihre Geschichte mit einem großen Politökonomen, Turgot; ihm folgen wieder in der Hauptsache hoch gebildete Juristen; am Ende unserer Betrachtung steht wieder ein Politökonom, ein Genie wie Adam Smith – aber(!) weder Turgot noch Smith waren Politökonomen, als sie ihre Stufentheorien entwickelten.

Adam Smith wurde 1723 geboren. Nach dem Studium in Glasgow und Oxford ließ er sich in Edinburgh nieder, wo er öffentliche Vorlesungen über englische Schöne

[71] Ebendort, S. 261.

Literatur hielt und über Kunst schrieb. Die Vorlesungen waren ein so großer Erfolg, daß sie ihm einmal ein nicht schlechtes Einkommen brachten, zum anderen ihn so bekannt machten, daß er 1750 auf den Lehrstuhl der Logik an die Universität Glasgow berufen wurde und fast gleichzeitig wegen Erkrankung des anderen Lehrstuhlinhabers gebeten wurde, auch das Fach der Ethik oder Moralphilosophie zu übernehmen. In seiner Eigenschaft als Inhaber des letzteren Lehrstuhles begann er im Jahre 1751 über „Jurisprudenz und Politik" zu lesen.

Er blieb bis zum Jahre 1764 an der Universität tätig. In dieser Zeit beschäftigte er sich vor allem natürlich mit philosophischen Fragen und veröffentlichte im Jahre 1759 eine „Theorie der moralischen Gefühle", die zum Zentrum die Lehre der Sympathie, des Mitgefühls der Menschen füreinander, hat. Gleichzeitig jedoch, und ohne daß man hierin eine Abschweifung sehen muß, denn die Philosophie umfaßte einen Großteil der Gesellschaftswissenschaften, war er eminent an wirtschaftlichen Fragen interessiert und beschäftigte sich auch für seine Universität mit zahlreichen Problemen der Verwaltung und Geschäftsführung. Gerade als Philosophieprofessor prüfte er die jährlichen Abrechnungen, inspizierte den Universitätsbesitz, beriet die Universität in Prozessen, war häufig Schatzmeister der Universität, verwaltete die Bibliotheksgelder, war längere Zeit Dekan seiner Fakultät und schließlich Prorektor.

Im Jahre 1763 kam eine entscheidende Wendung in seinem Leben. Es wurde ihm das Angebot gemacht, als Hauslehrer der Söhne des Herzogs von Buccleugh eine Reise nach Frankreich zu machen unter Bedingungen, die ihm einmal während seiner Hauslehrertätigkeit ein Einkommen von 6000 Mark im Jahre sichern und gleichzeitig eine Rente für den Rest seines Lebens in der gleichen Höhe bringen würden.

Smith nahm dieses Angebot an und begab sich zu Beginn des Jahres 1764 als Reisebegleiter zunächst nach Paris. Dort besuchte er seinen Freund Hume, der inzwischen Sekretär der englischen Botschaft geworden war. Von Paris ging er nach Toulouse, wo er sich nach kurzer Zeit ziemlich langweilte und am 5. Juli einen Brief an Hume schrieb, in dem es heißt: „Ich habe begonnen, ein Buch zu schreiben, um mir die Zeit zu vertreiben." Dieses Buch ist das klassische Werk der bürgerlichen Politischen Ökonomie „Der Reichtum der Nationen".

Smith blieb mehr als zwei Jahre in Frankreich. Er lernte dort die ideologischen Führer des Bürgertums kennen, die Enzyklopädisten vor allem und die Physiokraten. Holbach und Quesnay, Helvétius und d'Alembert, Turgot und zahlreiche andere gehörten zu seinen Bekannten. Eine außerordentliche Erweiterung des Kreises seiner Gedanken, eine große Vertiefung seiner Überlegungen und Denkweise waren die Folge. Der Einfluß dieser Männer auf ihn wird hinfort in seinen Arbeiten, in seinen Vorträgen und Diskussionen stets zu spüren sein.

Nach zweieinhalb Jahren Abwesenheit von England kehrt Smith 1766 in seine Heimatstadt Kircaldy zurück. Dort lebt er jetzt mehrere Jahre ziemlich zurückgezogen, ausreichend versorgt durch seine Rente und vor allem mit jenem Buch, das er aus Langeweile in Toulouse begonnen hatte, beschäftigt. 1773 reist er nach London, um dort die letzten Korrekturen an seinem Manuskript vorzunehmen und es dann veröffentlichen zu lassen. Aber diese Korrekturen ziehen sich mehrere Jahre hin. Immer neue und interessante Menschen und Tatsachen lernt er kennen, von denen er meint, daß sie ihm notwendig seien, um das Buch noch weiter zu verbessern. Alle hervorragenden Geister Englands, die zu dieser Zeit in London wohnen, alle hervorragenden Männer aus allen Teilen der Welt, die London in dieser Zeit aufsuchen, trifft er, und manche werden zu guten Freunden. Er lebt in der Gesellschaft des großen Malers Reynolds, des Lexikographen und Literaturwissenschaftlers Johnson, des Historikers Gibbon, des Staatsmannes und Pamphletisten Burke, und wann immer möglich, trifft er seinen treuesten Freund, den Philosophen, Historiker und Politökonomen Hume.

Endlich, 1776, erscheint das große Werk, mit dem wir uns in folgendem ausführlich beschäftigen werden. Kaum ist es herausgekommen, als Smith nach Schottland zurückkehrt, um von dort nur noch gelegentlich nach London zu kommen. Er stirbt, 67 Jahre alt, 1790.

Die Stufentheorie wurde mit Sicherheit in den Lektionen, die Smith 1762/63 über Jurisprudenz für seine Studenten der Moralphilosophie gab, entwickelt. Der große Politökonom, der sich damals noch vor allem mit Rechts- und philosophischen Fragen beschäftigte, formte die Theorie also als Jurist, wie so viele vor ihm. Seine Stufen sind „Das Zeitalter der Jäger", „Das Zeitalter der Hirten", „Das Zeitalter der Landwirtschaft" und „Das Zeitalter des Handels und der Industrie" (commerce). Die Rolle dieser vier Stufen für die Gesellschaft als Ganze verfolgt er in diesen Vorlesungen vor allem mit Beziehung auf die Entwicklung von Recht und Staatsform. Leider besitzen wir für diese Lektionen kein Werk von Smith, sondern nur Studentennotizen auf Grund der Vorlesungen. Meek zitiert sie ausführlich[72] aus dem Manuskript und sie werden nächstens veröffentlicht werden.

Meek möchte nun gern Smith zum Pionier der Stufentheorie in Schottland machen und argumentiert so: „Die Vier-Stufentheorie und die allgemeineren Auffassungen, die ihr unterliegen, wurden in der Tat so häufig in den Lektionen von Smith in den frühen sechziger Jahren benutzt und dazu mit einem so hohen Grad der Sicherheit und Reife, daß man sehr schwer glauben kann, sie seien nicht in seinen Lektionen in der einen oder anderen Form *vor* 1757 und 1758, als Dalrymple und Kames ihre Theorien veröffentlichten, vorgebracht worden."[73] So verständlich mir nun der Wunsch von Meek ist, in einem Buch, das im Jahr des zweihundertjährigen Jubiläums der Veröffentlichung des „Wealth of Nations" von Smith erscheint, Smith zum Pionier zu machen, so wenig überzeugend erscheint mir seine Argumentation. Wenn schon von dem „hohen Grad der Sicherheit und Reife" (such a degree of confidence and maturity) geschlossen werden soll, dann doch viel eher, daß Smith annehmen konnte, daß diese Gedankengänge seinen Hörern bereits durch die Schriften von Dalrymple und Kames – Kames der „Meister von Smith"! – bekannt waren, bzw. Smith sich in ihnen so vertraut bewegte, weil sie seit Jahren in seiner akademischen Umgebung diskutiert worden waren.

Ich meine vielmehr, daß die Bedeutung von Smith als Wirtschaftshistoriker nicht so sehr in seiner Verwendung der Stufentheorie liegt als vielmehr in der Verbindung

[72] „Ignoble Savage", S. 116 bis 125.
[73] Ebendort, S. 126.

von Wirtschaftsgeschichte und Wirtschaftstheorie, die wir in seinem politökonomischen Hauptwerk, dem „Reichtum der Nationen“ finden. In der Tat scheue ich mich nicht zu sagen, daß es nur zwei Politökonomen gibt, die in einem umfangreichen Werk großartig Theorie und Geschichte verbunden haben: Adam Smith und Karl Marx.

Dabei gibt es jedoch einen sehr grundlegenden Unterschied – daß Marx natürlich 90 Jahre später im „Kapital“ als Vertreter der Nachfolgeklasse der Bourgeoisie ein höheres wissenschaftliches Niveau erreicht, ist selbstverständlich –, der beide trennt und die echte (nicht zeitlich bedingte) wissenschaftliche Überlegenheit von Marx zeigt, auf den es hier einzugehen gilt.

In meiner Smithstudie in der „Lage der Arbeiter“[74] untersuche ich seine wissenschaftliche Ableitung (im Gegensatz zu seinen anderen Varianten) der Wertbestimmung so:

„Smith geht zunächst von der Bestimmung der Höhe des Arbeitslohnes aus, und zwar des Durchschnittslohnes: ‚Ein Mensch muß immer von seiner Arbeit leben können, und sein Arbeitslohn muß wenigstens hinreichen, ihn zu erhalten. In den meisten Fällen muß er noch etwas mehr betragen: sonst würde der Arbeiter unmöglich Kinder aufziehen können; und das ganze Geschlecht solcher Arbeiter müßte mit der ersten Generation aussterben.‘[75]

Im ‚ursprünglichen Zustand‘ der Gesellschaft, der vor der Schaffung des Privateigentums an Grund und Boden und der Ansammlung von Kapital bestand, als der Arbeiter weder einen Grundherrn noch einen Meister hatte und ihm so das Produkt seiner Arbeit ganz gehörte, wurde der Arbeitslohn, der nach Smith auch damals empfangen wurde, anders bestimmt. Damals richtete sich der Arbeitslohn nach der Arbeitsleistung. Und damals kam dem Arbeiter jede Steigerung seiner Arbeitsproduktivität zugute. Doch nun müssen wir Smith selbst zitieren, denn es handelt sich um eine der prachtvollst formulierten Äußerungen dieses großen Denkers, und wir sollten von Marx lernen, uns an der hohen Qualität von Formulierungen bedeutender Wissenschaftler zu freuen. Smith sagt: ‚Hätte dieser Zustand fortgedauert, so wäre der Lohn der Arbeit mit jeder Zunahme ihrer Produktivkraft, die aus der Arbeitsteilung hervorgeht, entsprechend gewachsen. Alle Dinge wären stufenweise wohlfeiler geworden. Sie wären durch eine kleinere Menge Arbeit produziert worden; und da in diesem Zustand der Dinge Produkte von gleich viel Arbeit natürlicherweise im Tausche von gleichem Werte gewesen wären, so hätten sie ebenfalls mit einer kleineren Menge Arbeit erkauft werden können . . . Aber dieser primitive Zustand der Dinge, in dem der Arbeiter das ganze Produkt seiner Arbeit sich zueignen konnte, überdauerte nicht die erste Aneignung von Grund und Boden und die Akkumulation von Kapital. Er war daher schon lange vorüber, ehe die größten Fortschritte in der

[74] *J. Kuczynski*, Zur politökonomischen Ideologie in England und anderen Studien, in: Die Geschichte der Lage der Arbeiter unter dem Kapitalismus, Bd. 26, Berlin 1965, S. 82–129.

[75] *A. Smith*, An inquiry into the nature and causes of the wealth of nations, im folgenden zitiert nach der deutschen Ausgabe, Jena 1923, S. 87; wenn Marx ein Zitat gibt, nehmen wir natürlich die Übersetzung in der Schrift von Marx, führen jedoch gleichzeitig die betreffende Stelle in der deutschen Ausgabe von Smith an; zitiert nach *K. Marx*, „Mehrwerttheorien“, Bd. I, Berlin 1923, 126.

Produktivkraft der Arbeit gemacht wurden, und es wäre daher unnütz, untersuchen zu wollen, welches seine Wirkungen auf den Arbeitslohn hätten sein können.'[76]

Ganz klar erkennt Smith hier, daß, wie wir heute sagen, in der Urgemeinschaft[77] eben kein Lohn gezahlt wurde, daß das ganze Produkt der Arbeit dem Arbeiter gehörte. Und da für Smith jede Ausbeutergesellschaft (natürlich gebraucht er diesen Ausdruck nicht) identisch ist mit der kapitalistischen Gesellschaft, da er keine andere als die kapitalistische Ausbeutergesellschaft kennt, so wird Lohnarbeit geleistet, Lohn gezahlt, so fungiert das Lohngesetz, sobald Privateigentum an den Produktionsmitteln und Ausbeutung auftreten.

Doch noch tiefer dringt Smith in diese Problematik ein. Marx schreibt: ‚A. Smith bemerkt hier sehr fein, daß die wirkliche große Entwicklung der Produktivkraft der Arbeit erst von dem Augenblick beginnt, wo sie in Lohnarbeit verwandelt ist und die Arbeitsbedingungen ihr einerseits als Grundeigentum, andererseits als Kapital gegenübertreten. Die Entwicklung der Produktivkraft der Arbeit beginnt also erst unter Bedingungen, worin die Arbeiter selbst das Resultat derselben sich nicht mehr aneignen können. Es ist daher ganz nutzlos, zu untersuchen, wie diese Vermehrung der Produktivkräfte auf den Arbeitslohn, der hier noch gleich ist dem Produkt der Arbeit, eingewirkt hätte oder einwirken würde unter der Voraussetzung, daß das Produkt der Arbeit (oder der Wert dieses Produkts) dem Arbeiter selbst gehörte.'[78]

In diesen Bemerkungen über die Verwandlung der Arbeitskraft in eine Ware und in den sich daraus ergebenden Feststellungen über die Bestimmung der Höhe des Arbeitslohnes zeigt Smith den ersten großen Fortschritt auf diesem Fragengebiet seit Petty. Und worin ist dieser Fortschritt letztlich begründet? In der Tatsache, daß er zu einem winzigen Grad historisch denkt. Denn worin liegt die Beschränktheit der klassischen Politökonomen des Bürgertums hauptsächlich begründet? Doch darin, daß ihr Klassenstandpunkt von ihnen eine unhistorische Betrachtungsweise verlangt, daß ihre Kategorien Ewigkeitscharakter haben müssen, daß also ihren Kategorien der historische, gesellschaftliche Charakter fehlen muß.

Das winzige bißchen Geschichte, das Smith jedoch anerkennt, nämlich die Tatsache, daß der für alle Ewigkeit herrschenden kapitalistischen Gesellschaft eine Urgemeinschaft voranging, dieses minimale Eindringen historischer Gedanken bringt nun sogleich einen gewaltigen Fortschritt in der Politischen Ökonomie, bringt die klare Scheidung der Art der Aneignung und Verteilung des gesellschaftlichen Produktes in der Ausbeutergesellschaft und in der Zeit vor ihrer Existenz.

Jeder wird an diesem Beispiel ermessen können, was es bedeutet, wenn statt dieser winzigen Lockerung der vom Standpunkt der Klasse der Kapitalisten notwendigen Fesseln der Ewigkeitsbetrachtung, wenn, an die Stelle der undialektischen, statischen

[76] *A. Smith*, ebendort, S. 82 f.; zitiert nach *K. Marx*, ebendort, S. 126 f.

[77] Der Ausdruck Urgemeinschaft ist nicht ganz passend; es handelt sich bei Smith und auch bei Ricardo sowohl um die Urgemeinschaft wie auch um eine Mischung von Urgemeinschaft und einfacher Warenwirtschaft, die teilweise auch noch feudale Zustände umfaßt. Marx gebraucht dafür (aber auch nicht regelmäßig) den Ausdruck „ursprünglicher Zustand der Gesellschaft".

[78] *K. Marx*, „Mehrwerttheorien", Bd. I, a. a. O., S. 127.

bourgeoisen Theorie tretend, der wissenschaftliche Standpunkt der Arbeiterklasse, die Lehre des Marxismus-Leninismus, alle Fesseln, die eine unhistorische Ewigkeitsbetrachtung erzwingen sollen, sprengt und eine dialektische, historische Erfassung der Wirklichkeit verlangt."[79]

Natürlich wäre es völlig unrichtig – und meine Ausführungen können sicherlich dazu verführen –, aus dem von mir Geschriebenen die Schlußfolgerung zu ziehen, daß Smith kein Wirtschaftshistoriker und erst recht kein hochbedeutender wäre. Ebenso unrichtig wäre es, daraus zu folgern, daß Smith nicht stets seine theoretischen Sätze auf der vergangenen oder gegenwärtigen Wirtschaftsrealität aufbaut und sie in seinem Werk nicht für jeden verständlich aus ihr ableitet oder sie doch wenigstens illustriert.

Aber: die Geschichte besteht wie für alle genannten Stufentheoretiker so auch für Smith – und jetzt erkennen wir die ganze Begrenzung der Stufentheorie – aus drei Stufen, die alle hauptsächlich in die alte Zeit, in die „Urgesellschaft" fallen, und einer Stufe, die die ganze spätere Zeit bis zu ihrer Gegenwart umfaßt, bzw. aus zwei Stufen der Urgesellschaft, den Stufen der Jäger wie der Hirten, und der „modernen" Stufe der Landwirtschaft, von der die Stufe des commerce im allgemeinen nur ein Ableger ist. Darum genügt zum Beispiel auch Goguets Arbeit, die ausdrücklich im Titel nur das Altertum erfaßt, völlig, um die gesamte Stufentheorie bis in die Gegenwart zu entwickeln. Darum sieht Smith auch keinen prinzipiellen Unterschied zwischen seiner Gegenwart und etwa der entwickelten Ökonomie der alten Griechen und Römer, was die ökonomischen Kategorien und Gesetze, was Eigentum und Staatsform betrifft. Wobei er allerdings nicht so weit geht wie Ricardo, über den ich, Marx zitierend, schrieb:

„Er vertritt den Klassenstandpunkt des kapitalistischen Systems so hemmungslos, daß er es gewissermaßen zur Urmutter aller Dinge erklärt. Und wenn der unhistorische Adam Smith wenigstens noch die ‚Urgemeinschaft' als Vorläufer des Kapitalismus anerkennt, sind bei Ricardo bereits die primitiven Jäger und Fischer Kapitalisten. Dazu bemerkt Marx mit beißendem Witz: ‚Auch Ricardo ist nicht ohne seine Robinsonade. 〉 Den Urfischer und den Urjäger läßt er sofort als Warenbesitzer Fisch und Wild austauschen, im Verhältnis der in diesen Tauschwerten vergegenständlichten Arbeitszeit. Bei dieser Gelegenheit fällt er in den Anachronismus, daß Urfischer und Urjäger zur Berechnung ihrer Arbeitsinstrumente die 1817 auf der Londoner Börse gangbaren Annulitätentabellen zu Rate ziehen. Die «Parallelogramme» des Herrn Owen[80] scheinen die einzige Gesellschaftsform, die er außer der bürgerlichen kannte.〈 (Nach Marx: ‚Zur Kritik der politischen Ökonomie', S. 38, 39.)'[81]

Für Ricardo sind die Gesetze der bürgerlichen Produktion Gesetze der Produktion überhaupt. So genial seine Forschungen über die Gesetzmäßigkeit der kapitalistischen Produktion, so beschränkt sein Gesichtspunkt und darum auch seine Forschungsresul-

[79] *J. Kuczynski*, a. a. O., S. 89 f.

[80] Owen schlug zur Lösung der Arbeitslosenfrage genossenschaftliche Siedlungen vor, die in Parallelogramme geteilt werden sollten.

[81] *K. Marx*, „Das Kapital", Bd. I, Berlin 1962, S. 90.

tate, da er die historischen Kategorien der kapitalistischen Produktionsweise identifiziert mit einer Fiktion, nämlich einer Produktionsweise an sich."[82]

Während sich bei Turgot wenigstens schon Andeutungen einer speziellen Stufe nach der des commerce finden, ist das bei Smith nicht der Fall. Dabei darf man aber nicht vergessen, daß zur Zeit von Smith (und erst recht von Turgot) der Industriekapitalismus mit Verwendung von Maschinen erst im allerersten Stadium war. Das bedeutet aber nicht, daß er nicht zum Politökonomen des Kapitalismus überhaupt werden konnte. Marx nennt zwar Adam Smith völlig richtig den „zusammenfassenden politischen Ökonomen der Manufakturperiode"[83]. Adam Smith ist jedoch nicht nur einfach der bedeutendste Politökonom der Manufakturperiode. Dadurch, daß er auf einer kapitalistischen Manufaktur aufbaut, die den Höhepunkt ihrer Entwicklung erreicht hat, und seine Aufmerksamkeit vor allem auch Problemen zuwendet, die der Manufaktur und dem Fabriksystem gemeinsam sind, kann er, obgleich er, wie Marx feststellt, der „Maschinerie eine untergeordnete Rolle anweist"[84], zum Politökonomen des Industriekapitalismus überhaupt werden. Seine Theorie und die seines größten Schülers und Fortentwicklers Ricardo stellen den Höhepunkt der bürgerlichen kapitalistischen Wissenschaft von den ökonomischen Gesetzen überhaupt dar und sind bereits so umfassend, können bereits auf Grund der Entwicklung der Basis so relativ genau – im beschränkten Rahmen der Erkenntnismöglichkeiten der Bourgeoisie – die Wirklichkeit der kapitalistischen Basis überhaupt widerspiegeln, kommen der Erkenntnis der Gesetze der gesellschaftlichen Produktion und der Verteilung der materiellen Güter in der kapitalistischen Gesellschaft so nahe, daß Adam Smith die entscheidenden Grundprobleme der Politischen Ökonomie des Kapitalismus entweder einer Lösung nahebringt oder zumindest, wie Marx formuliert, „dadurch ausspricht, daß er sich widerspricht".[85]

Es mag durchaus sein, daß man später einmal den Mangel der Stufentheorie, für die alle Ausbeutergesellschaften eine einzige Stufe darstellen, für viel bedeutungsloser halten wird, als wir es heute tun. Wenn man nach hunderttausend Jahren Kommunismus auf die kleine Zwischenzeit zwischen Urgemeinschaft und Kommunismus zurückblicken wird, werden die Verschiedenheiten der einzelnen Ausbeutergesellschaften nicht allzu groß erscheinen. Aber theoretisch wird es immer falsch sein, kapitalistische Kategorien aus vorangehenden Gesellschaftsordnungen abzuleiten oder sie auf solche zu übertragen.

Wenn wir jedoch allgemein das Verhältnis von Politischer Ökonomie und Wirtschaftsgeschichte bei Adam Smith betrachten, dann ist es ein wissenschaftlich völlig richtiges, sie ergänzen sich zu einer Wissenschaft, so wie es sein soll. Und wenn Engels, wie weiter oben gezeigt, in einer Reihe von Besprechungen des „Kapital" aus Opportunitätsgründen die wirtschaftshistorische Seite des „Kapital" besonders hervorhob, so könnte man das Gleiche auch mit dem „Reichtum der Nationen" von Smith tun.

[82] *J. Kuczynski*, a. a. O., S. 138.

[83] *K. Marx*, „Das Kapital", Bd. I, a. a. O., S. 369.

[84] Ebendort.

[85] *K. Marx*, „Mehrwerttheorien", a. a. O., S. 171.

Die Stufentheorie erreicht ihren wissenschaftlichen Höhepunkt in der Theorie der Gesellschaftsordnungen von Marx. Marx setzt an die Stelle der Arten der Gewinnung des Lebensunterhalts die Produktionsweise, die die Produktivkräfte und mit den Produktionsverhältnissen auch die Beziehungen der Menschen in der Produktion umfaßt. Zwar finden wir schon Anfänge zu einem solchen Bemühen bei Turgot und Millar, aber erst Marx gelingt es, die Realität der Beziehungen der Produktionsverhältnisse, der Beziehungen zwischen Produktivkräften und Produktionsverhältnissen sowie zwischen Produktionsweise und Überbau voll zu erfassen.

Das heißt nicht etwa, daß Marx uns nichts mehr zu tun übrig gelassen hat. Nicht nur hat Marx riesige Sachgebiete, riesige Flächen solcher Beziehungen wie in China oder in Indien praktisch unbearbeitet gelassen; wie schon im ersten Kapitel angedeutet, haben wir noch keine ausreichende Bestimmung der Produktionsweisen (ich benutze ganz bewußt den Plural), die der Urgemeinschaft unmittelbar folgten und die Marx als asiatische oder altorientalische bezeichnete; auch fehlt noch eine genauere Bestimmung dessen, was wir Feudalismus nennen, da die Kennzeichnungen von Marx im Großen und Ganzen nur für den europäischen Feudalismus zutreffen, und natürlich konnte Marx nur einige ganz grobe Umrisse für die sozialistische Produktionsweise geben.

Aber all das sind, fast möchte man sagen Kleinigkeiten, nachdem Marx und Engels die allgemeine Methodologie solcher Studien entwickelt haben.

Um so erstaunlicher ist der Verfall der bürgerlichen Stufentheorie im 19. und 20. Jahrhundert: von den Stufen Natural-, Geld- und Kreditwirtschaft Bruno Hildebrands über Karl Büchers Hauswirtschaft, Stadtwirtschaft, Volkswirtschaft bis zu Walt Whitman Rostows Stages of Economic Growth, die fünf Stadien der Entwicklung umfassen, deren erstes das „traditionelle" vom Anfang der Geschichte der Menschheit bis zum Übergang des Feudalismus zum Kapitalismus gedauert hat und deren vier übrige die letzten Jahrhunderte umfassen, mit dem „Zeitalter des Massenkonsums" als letztem.

Dadurch, daß Marx in den Produktivkräften den revolutionären Faktor in der Wirtschaftsgeschichte sah, in den von den Produktivkräften entscheidend beeinflußten Produktionsverhältnissen aber den gesellschaftsformenden Faktor erkannte, gab er uns den Schlüssel zur Bewältigung, zur Ordnung, zur geistigen Meisterung des wirtschaftlichen und zugleich allgemein des gesellschaftlichen Geschehens. Dabei gehören Produktivkräfte und Produktionsverhältnisse so eng zusammen, daß sie eine (in den Ausbeutergesellschaften zumeist sehr widerspruchsvolle) Einheit bilden und wir sie als solche Einheit auch Produktionsweise nennen.

Mit diesem Schlüssel haben Marx und Engels die gesamte Weltgeschichte und insbesondere die Wirtschaftsgeschichte in Umrissen dargestellt und speziell und sehr konkret die Wirtschaftsgeschichte des Kapitalismus von seiner Geburt aus dem Feudalismus bis gegen das Ende des 19. Jahrhunderts, vornehmlich in England, untersucht.

Worin bestand die entscheidende Leistung von Marx für die Aneignung der Realität der Wirtschaftsgeschichte?

In dem bekannten Lehrbuch „Grundlagen des Marxismus-Leninismus", das von einem Kollektiv unter Leitung von O. W. Kuusinen ausgearbeitet wurde und das immer noch ein Meisterwerk einfacher populärwissenschaftlicher Darstellung ist, finden sich im Kapitel 7, das „Der gesellschaftliche Fortschritt" überschrieben ist, folgende Ausführungen:

„Die objektiven Kriterien des Fortschritts sind für die verschiedenen Gebiete des Lebens unterschiedlich. Über den Fortschritt auf dem Gebiet des Gesundheitswesens und des materiellen Wohlstands der Menschen können wir zum Beispiel an Hand der durchschnittlichen Lebensdauer der Menschen urteilen. Vom Fortschritt auf kulturellem Gebiet kann man sich eine Vorstellung machen, wenn man feststellt, wieviel Prozent der Menschen lesen und schreiben können, wieviel Menschen Oberschul- und Hochschulbildung besitzen, wieviel Schulen und Bibliotheken es gibt, wieviel wissenschaftliche Institutionen, Theater usw. Analoge Kriterien des Fortschritts kann man auch für viele andere Sphären des gesellschaftlichen Lebens finden.

Um jedoch über die fortschreitende Entwicklung der gesamten Gesellschaft, nicht aber ihrer einzelnen Seiten urteilen zu können, ist ein Kriterium anderer Art, ein allgemeineres, universelleres Kriterium erforderlich. Als ein solches Kriterium, das heißt als Gradmesser für die Fortschrittlichkeit einer bestimmten Gesellschaftsformation, betrachtet die marxistisch-leninistische Wissenschaft die *Entwicklung der Produktivkräfte*. Einen fortschrittlicheren Charakter besitzt die Formation, die der Entwicklung der Produktivkräfte neue Möglichkeiten eröffnet, ihnen ein höheres Wachstumstempo gewährleistet und zu einem höheren Niveau der Produktivkräfte führt.

Warum messen die Marxisten gerade diesem Kriterium eine erstrangige Bedeutung bei?

Vor allem deshalb, weil die Entwicklung der Produktivkräfte der unmittelbare Gradmesser des Fortschritts auf einem so außerordentlich wichtigen Gebiet ist wie der Produktion der Existenzmittel der Menschen. Indem die Menschen die Technik entwickeln und Arbeitsfertigkeiten sowie Kenntnisse über die sie umgebende Natur sammeln, befreien sie sich allmählich von der Herrschaft der blinden Naturkräfte, beherrschen sie und vermögen die Natur in immer größerem Maße in ihrem Interesse auszunutzen und umzugestalten. Die Entwicklung der Produktivkräfte bestimmt also den Grad der Herrschaft des Menschen über die Natur. Aber nicht nur das: Von der Entwicklung der Produktivkräfte hängt letzten Endes auch der Fortschritt auf den anderen Gebieten des gesellschaftlichen Lebens ab, auf dem Gebiet der gesellschaftlichen Verhältnisse, der Kultur usw.

Es ist zum Beispiel bekannt, daß sich erst seit jener Zeit, als die menschliche Arbeit außer den Existenzmitteln, die für den Lebensunterhalt des Produzenten selbst notwendig waren, noch ein Mehrprodukt zu liefern begann, ein Teil der Mitglieder der Gesellschaft von der physischen Arbeit zu befreien und mit Wissenschaft, Kunst, Literatur zu beschäftigen vermochte. Das aber führte zu den ersten bedeutenden Fortschritten der geistigen Kultur."[86]

Diese Darstellung ist völlig richtig. Das ist die Auffassung aller Marxisten, das

[86] „Grundlagen des Marxismus-Leninismus", Berlin 1960, S. 224 f.

war auch die Auffassung von Marx – aber natürlich hätte Marx, der die großen französischen und schottischen Gesellschaftswissenschaftler der zweiten Hälfte des 18. Jahrhunderts sehr wohl kannte, niemals behauptet, daß das Originalideen von ihm waren. Wenn irgendjemand geschrieben hätte, daß solche Theorien von Marx entdeckt worden wären, hätte er sich sinngemäß genau so dagegen gewehrt, wie er sich dagegen gewehrt hatte, der „Entdecker" der Geschichte von Klassenkämpfen zu sein, und geantwortet: „Was mich nun betrifft, so gebührt mir nicht das Verdienst, weder" die Bedeutung der Produktivkräfte für den gesellschaftlichen Fortschritt noch ihre spezifische Rolle für die Entwicklung von Kunst und Wissenschaft auf Grund von Mehrproduktschaffung und mehr Muße durch Befreiung von körperlicher Arbeit in der Produktion „entdeckt zu haben. Bürgerliche Geschichtsschreiber hatten längst vor mir die historische" Bedeutung der Produktivkräfte entdeckt. „Was ich neu tat, war" 1. Die Produktionsverhältnisse als solche klar herauszuarbeiten, sie als „bestimmte historische Entwicklungsphasen der Produktion" aufzuzeigen. 2. Die Beziehung zwischen Produktivkräften und Produktionsverhältnissen zu klären. 3. Produktivkräfte und Produktionsverhältnisse als eine dialektische Einheit, Produktionsweise zu nennen, aufzuzeigen.[87]

Durch diesen gewaltigen Fortschritt und „Abschluß" in der Geschichte der Stufentheorien gelang es Marx, gelingt es uns, wird es allen Wissenschaftlern der Zukunft möglich sein, auf der Basis des historischen Materialismus sinnvolle Wirtschaftsgeschichte, das heißt, sich wirklich der Realität bemächtigende Wirtschaftsgeschichte zu schreiben.

Zugleich aber muß man noch eines hinzufügen: Nur eine solche Art der Aneignung der wirtschaftlichen Wirklichkeit ermöglicht eine echte Verbindung von Politischer Ökonomie und Wirtschaftsgeschichte, von Theorie und Praxis, von der Lehre von den Produktivkräften und den Produktionsverhältnissen zur Wirtschaftswissenschaft, wie sie Marx in genialer Weise gelang. Zwei Beispiele für das letztere seien gegeben.

Das so großartige dreizehnte Kapitel des ersten Bandes des „Kapital", das „Maschinerie und große Industrie" behandelt, beginnt so:

„John Stuart Mill sagt in seinen ‚Prinzipien der politischen Ökonomie‘:

‚Es ist fraglich, ob alle bisher gemachten mechanischen Erfindungen die Tagesmühe irgendeines menschlichen Wesens erleichtert haben.‘

Solches ist jedoch auch keineswegs der Zweck der kapitalistisch verwandten Maschinerie. Gleich jeder andren Entwicklung der Produktivkraft der Arbeit soll sie Waren verwohlfeilern und den Teil des Arbeitstags, den der Arbeiter für sich selbst braucht, verkürzen, um den andren Teil seines Arbeitstags, den er dem Kapitalisten umsonst gibt, zu verlängern. Sie ist Mittel zur Produktion von Mehrwert.

Die Umwälzung der Produktionsweise nimmt in der Manufaktur die Arbeitskraft zum Ausgangspunkt, in der großen Industrie das Arbeitsmittel. Es ist also zunächst zu untersuchen, wodurch das Arbeitsmittel aus einem Werkzeug in eine Maschine verwandelt wird, oder wodurch sich die Maschine vom Handwerksinstrument unterscheidet. Es handelt sich hier nur um große, allgemeine Charakterzüge, denn abstrakt

[87] Vgl. dazu *Marx/Engels*, Werke, Bd. 28, Berlin 1963, S. 507 f.

strenge Grenzlinien scheiden ebensowenig die Epochen der Gesellschafts- wie die der Erdgeschichte.

Mathematiker und Mechaniker – und man findet dies hier und da von englischen Ökonomen wiederholt – erklären das Werkzeug für eine einfache Maschine und die Maschine für ein zusammengesetztes Werkzeug. Sie sehn hier keinen wesentlichen Unterschied und nennen sogar die einfachen mechanischen Potenzen, wie Hebel, schiefe Ebne, Schraube, Keil usw., Maschinen.* In der Tat besteht jede Maschine aus jenen einfachen Potenzen, wie immer verkleidet und kombiniert. Vom ökonomischen Standpunkt jedoch taugt die Erklärung nichts, denn ihr fehlt das historische Element. Andrerseits sucht man den Unterschied zwischen Werkzeug und Maschine darin, daß beim Werkzeug der Mensch die Bewegungskraft, bei der Maschine eine von der menschlichen verschiedne Naturkraft, wie Tier, Wasser, Wind usw.** Danach wäre ein mit Ochsen bespannter Pflug, der den verschiedensten Produktionsepochen angehört, eine Maschine, Claussens Circular Loom (Rundwebstuhl – J. K.), der, von der Hand eines einzigen Arbeiters bewegt, 96000 Maschen in einer Minute verfertigt, ein bloßes Werkzeug. Ja, derselbe loom wäre Werkzeug, wenn mit der Hand, und Maschine, wenn mit Dampf bewegt. Da die Anwendung von Tierkraft eine der ältesten Erfindungen der Menschheit, ginge in der Tat die Maschinenproduktion der Handwerksproduktion voraus. Als John Wyatt 1735 seine Spinnmaschine und mit ihr die industrielle Revolution des 18. Jahrhunderts ankündigte, erwähnte er mit keinem Wort, daß statt eines Menschen ein Esel die Maschine treibe, und dennoch fiel diese Rolle dem Esel zu. Eine Maschine, ‚um ohne Finger zu spinnen‘, lautete sein Programm. ...

Die Werkzeugmaschine ist also ein Mechanismus, der nach Mitteilung der entsprechenden Bewegung mit seinen Werkzeugen dieselben Operationen verrichtet, welche früher der Arbeiter mit ähnlichen Werkzeugen verrichtete. Ob die Triebkraft nun vom Menschen ausgeht oder selbst wieder von einer Maschine, ändert am Wesen der Sache nichts.“

Der absolut unhistorischen Betrachtung von Mill, die bestimmt nicht für die vorkapitalistischen Gesellschaftsordnungen allgemein zutrifft, setzt Marx die historische Betrachtung unter Bezug auf die kapitalistische Gesellschaftsordnung entgegen. Er legt dann dar, daß die Manufaktur (die ja noch sowohl frühkapitalistisch wie feudal betrieben werden kann) die Arbeitskraft, der Industriekapitalismus aber, das heißt, der ausgereifte, der mit Maschinen arbeitende, das Arbeitsmittel, die Maschine zum Ausgangspunkt nimmt. Sodann beginnt er den Unterschied zwischen dem Werkzeug und der Maschine, das heißt der entscheidenden Maschine für den Kapitalismus, der

* Sieh z. B. Huttons „Course of Mathematics“.

** „Von diesem Gesichtspunkt aus läßt sich denn auch eine scharfe Grenze zwischen Werkzeug und Maschine ziehn: Spaten, Hammer, Meißel usw., Hebel- und Schraubenwerke, für welche, mögen sie übrigens noch so künstlich sein, der Mensch die bewegende Kraft ist . . . dies alles fällt unter den Begriff des Werkzeugs; während der Pflug mit der ihn bewegenden Tierkraft, Wind- usw. Mühlen zu den Maschinen zu zählen sind.“ (Wilhelm Schulz, „Die Bewegung der Produktion“, Zürich 1843, p. 38) Eine in mancher Hinsicht lobenswerte Schrift.

Werkzeug- oder Arbeitsmaschine, zu erklären. Dabei kommen seine Beispiele aus der Geschichte der Produktivkräfte. Und in einer Fußnote mahnt er, eine „kritische Geschichte der Technologie" zu schreiben.

Und zum Schluß folgender Schlag gegen Mill, bei dem Marx die fundamentale Bedeutung der Produktionsverhältnisse für die theoretische und empirische Erforschung der Wirtschaft aufzeigt: „Da also die Maschinerie an sich betrachtet die Arbeitszeit verkürzt, während sie kapitalistisch angewandt den Arbeitstag verlängert, an sich die Arbeit erleichtert, kapitalistisch angewandt ihre Intensität steigert, an sich ein Sieg des Menschen über die Naturkraft ist, kapitalistisch angewandt den Menschen durch die Naturkraft unterjocht, an sich den Reichtum des Produzenten vermehrt, kapitalistisch angewandt ihn verpaupert usw., . . ."[88] Diese Sätze erscheinen mir immer als eine der großartigsten Passagen „des Kapitals" – sprachlich, in ihrer Dialektik und in der Herausarbeitung der Rolle der Produktionsverhältnisse, gerade auch gegenüber den Produktivkräften. Und zugleich wird gezeigt, ohne daß auch nur ein Wort ausdrücklich darüber verloren wird, welche Rolle die Maschine in der wirklich entwickelten sozialistischen Gesellschaft spielen wird.

Als zweites Beispiel geben wir ein Zitat aus dem ersten Abschnitt des 24. Kapitels des gleichen Bandes, das auf 50 Seiten die Geschichte der urspünglichen Akkumulation in England mit überaus vielen Details gibt:

„Die ökonomische Struktur der kapitalistischen Gesellschaft ist hervorgegangen aus der ökonomischen Struktur der feudalen Gesellschaft. Die Auflösung dieser hat die Elemente jener freigesetzt.

Der unmittelbare Produzent, der Arbeiter, konnte erst dann über seine Person verfügen, nachdem er aufgehört hatte, an die Scholle gefesselt und einer andern Person leibeigen oder hörig zu sein. Um freier Verkäufer von Arbeitskraft zu werden, der seine Ware überall hinträgt, wo sie einen Markt findet, mußte er ferner der Herrschaft der Zünfte, ihren Lehrlings- und Gesellenordnungen und hemmenden Arbeitsvorschriften entronnen sein. Somit erscheint die geschichtliche Bewegung, die die Produzenten in Lohnarbeiter verwandelt, einerseits als ihre Befreiung von Dienstbarkeit und Zunftzwang; und diese Seite allein existiert für unsre bürgerlichen Geschichtsschreiber. Andrerseits aber werden diese Neubefreiten erst Verkäufer ihrer selbst, nachdem ihnen alle ihre Produktionsmittel und alle durch die alten feudalen Einrichtungen gebotnen Garantien ihrer Existenz geraubt sind. Und die Geschichte dieser ihrer Expropriation ist in die Annalen der Menschheit eingeschrieben mit Zügen von Blut und Feuer.

Die industriellen Kapitalisten, diese neuen Potentaten, mußten ihrerseits nicht nur die zünftigen Handwerksmeister verdrängen, sondern auch die im Besitz der Reichtumsquellen befindlichen Feudalherren. Von dieser Seite stellt sich ihr Emporkommen dar als Frucht eines siegreichen Kampfes gegen die Feudalmacht und ihre empörenden Vorrechte, sowie gegen die Zünfte und die Fesseln, die diese der freien Entwicklung der Produktion und der freien Ausbeutung des Menschen durch den Menschen angelegt. Die Ritter von der Industrie brachten es jedoch nur fertig, die Ritter

[88] Ebendort, Bd. 23, S. 391–394, 465.

vom Degen zu verdrängen, dadurch, daß sie Ereignisse ausbeuteten, an denen sie ganz unschuldig waren. Sie haben sich emporgeschwungen durch Mittel, ebenso gemein wie die, wodurch der römische Freigelassene sich einst zum Herrn seines patronus gemacht hat.

Der Ausgangspunkt der Entwicklung, die sowohl den Lohnarbeiter wie den Kapitalisten erzeugt, war die Knechtschaft des Arbeiters. Der Fortgang bestand in einem Formwechsel dieser Knechtung, in der Verwandlung der feudalen in kapitalistische Exploitation. Um ihren Gang zu verstehn, brauchen wir gar nicht so weit zurückzugreifen. Obgleich die ersten Anfänge kapitalistischer Produktion uns schon im 14. und 15. Jahrhundert in einigen Städten am Mittelmeer sporadisch entgegentreten, datiert die kapitalistische Ära erst vom 16. Jahrhundert. Dort wo sie auftritt, ist die Aufhebung der Leibeigenschaft längst vollbracht und der Glanzpunkt des Mittelalters, der Bestand souveräner Städte, seit geraumer Zeit im Erbleichen.

Historisch epochemachend in der Geschichte der ursprünglichen Akkumulation sind alle Umwälzungen, die der sich bildenden Kapitalistenklasse als Hebel dienen; vor allem aber die Momente, worin große Menschenmassen plötzlich und gewaltsam von ihren Subsistenzmitteln losgerissen und als vogelfreie Proletarier auf den Arbeitsmarkt geschleudert werden. Die Expropriation des ländlichen Produzenten, des Bauern, von Grund und Boden bildet die Grundlage des ganzen Prozesses. Ihre Geschichte nimmt in verschiedenen Ländern verschiedene Färbung an und durchläuft die verschiedenen Phasen in verschiedener Reihenfolge und in verschiedenen Geschichtsepochen. Nur in England, das wir daher als Beispiel nehmen, besitzt sie klassische Form.*"[89]

Auch hier ist im Zentrum der Aufmerksamkeit der Übergang von einer Form der Produktionsverhältnisse zur anderen. Nur die Theorie von der Rolle der Produktionsverhältnisse kann uns die Rolle der ursprünglichen Akkumulation, ihre Ursachen und ihren gesellschaftlichen Sinn erklären. Nur so können wir die Wandlung in der Rolle des Menschen in der Produktion, und auch den merkwürdigen Weg zur Freiheit des Menschen, den jeweiligen Sinn dieser Freiheit verstehen.

Und auch nur, wenn wir die Rolle der Produktionsverhältnisse in der Realität und darum in der Theorie von Marx verstehen, werden wir auch den gewaltigen Fortschritt der „Stufentheorie" von Marx über die aller seiner Vorgänger begreifen.

[89] Ebendort, S. 743 f.

* In Italien, wo die kapitalistische Produktion sich am frühesten entwickelt, findet auch die Auflösung der Leibeigenschaftsverhältnisse am frühsten statt. Der Leibeigne wird hier emanzipiert, bevor er irgendein Recht der Verjährung an Grund und Boden gesichert hat. Seine Emanzipation verwandelt ihn also sofort in einen vogelfreien Proletarier, der überdem in den meist schon aus der Römerzeit überlieferten Städten die neuen Herren fertig vorfindet. Als die Revolution des Weltmarkts seit Ende des 15. Jahrhunderts die Handelssuprematie Norditaliens vernichtete, entstand eine Bewegung in umgekehrter Richtung. Die Arbeiter der Städte wurden massenweise aufs Land getrieben und gaben dort der nach Art des Gartenbaus getriebnen, kleinen Kultur einen nie gesehenen Aufschwung.

Kapitel V

Monographien und Zweige der Wirtschaftsgeschichte

Den ersten Baustein zur eigentlichen Begründung der Politischen Ökonomie als Wissenschaft legte Thomas Mun, der von 1571 bis 1641 lebte. Sein erstes Buch erschien spätestens 1621. Er war wohl der Begründer der ökonomischen Gesetze-Findung, der zugleich auch den Charakter eines ökonomischen Gesetzes kennzeichnete. Ein Komitee, das über Fragen des Exportes von Edelmetall beriet und dem er angehörte, formulierte seine Ideen 1622 so:

„Die Ausfuhr von Edelmetallen ist unweigerlich darauf zurückzuführen, daß mehr Waren eingeführt als ausgeführt werden. Das ist so notwendig wahr, daß kein Gesetz, kein Handelsvertrag, kein Verlust für die Kaufleute . . . oder Gefahr für die Exporteure es verhindern kann; und wenn es in einem Punkte verhindert wird, so muß es gleichwohl an einem anderen zum Durchbruch kommen." Kein parlamentarisches Gesetz, kein Handelsvertrag usw. können sich also gegen das ökonomische Gesetz durchsetzen, daß ein Überschuß der Einfuhr über die Ausfuhr zum Edelmetallabfluß führen muß. Und wenn es gelingt, an einer Stelle diesen Abfluß einzudämmen, dann wird er an einer anderen Stelle um so stärker zum Durchbruch kommen. Und um diese Feststellung von der alles überrennenden Wucht des Gesetzes noch einmal zu betonen (und gleichzeitig das herauszuarbeiten, worauf es ihm ankommt), wird der gleiche Gedankengang auch in der Umkehrung formuliert: „Wenn aber diese Überschwemmung mit fremden Waren im richtigen Verhältnis zu unserer Warenausfuhr unserer Produkte in fremde Länder gehalten wird, dann muß . . . auch wenn der Wechselkurs frei beweglich ist, je nach Belieben der Kaufleute, die ihn festsetzen, auch wenn . . . allen Menschen die Ausfuhr von Edelmetallen gestattet wird, dennoch sich infolge des bilanzmäßigen Überschusses eine Vorratserhöhung an Edelmetallen ergeben, durch eine Naturnotwendigkeit, die allen Widerstand bricht."[1]

Hier spricht ein Mann, der wirklich tiefstes Verständnis für die politökonomischen Notwendigkeiten hat, der das Wirken gesellschaftlicher Gesetze begriffen hat. Sobald gewisse Vorbedingungen geschaffen sind, meint er, sobald England mehr ausführt als einführt, können sich die englischen Kaufleute frei als Herren dieser Erde bewegen, können sie, wann immer es ihnen paßt, Edelmetalle ausführen, können die Kaufleute die Wechselkurse festlegen, wie sie wollen – es muß doch auf Grund der ökonomischen Gesetzmäßigkeit der Entwicklung alles für sie gut ausgehen: England wird naturnotwendig – und hier spricht er die „höchste vernunftgemäße Gesetz-

[1] Vgl. dazu *E. F. Heckscher,* Der Merkantilismus, Bd. II, Jena 1932, S. 285.

gebung" an, nämlich die der Natur – eine Erhöhung seines Edelmetallvorrates erfahren.

Dem Pionier in der Bestimmung ökonomischer Gesetze Mun folgt schnell der erste Klassiker der bürgerlichen Politischen Ökonomie, William Petty (1623–1687). Petty ragt durch das Niveau seiner politökonomischen Forschungen so weit über seine Zeitgenossen (und alle Denker des ihm folgenden Jahrhunderts, über alle Politökonomen vor Quesnay) hinaus, daß schon Charles Davenant ihn den Vater der Wirtschaftswissenschaft nannte[2] und Marx dieses Urteil bestätigte, indem er ihn als den „Begründer der modernen politischen Ökonomie"[3] bezeichnete.

Wenn Aristoteles erklärte, daß alle Philosophie damit beginnt, daß der Mensch sich wundert, so können wir feststellen, daß der Mann, den Marx den Begründer der modernen Politischen Ökonomie nennt, wahrlich ein „Wunderer", das heißt ein Zweifler, war. Es ist daher nicht überraschend, zum Beispiel zu hören, daß Petty als Mitbegründer der vornehmsten bürgerlichen wissenschaftlichen Institution, der Royal Society, vorschlug, den Jahrestag der Society auf den St. Thomastag zu verlegen – sei doch der heilige Thomas der berühmteste Zweifler der Weltgeschichte.

Warum aber bezeichnet Marx Petty als den Begründer der modernen Politischen Ökonomie? Ist nicht der Merkantilismus das erste System der kapitalistischen Wirtschaftstheorie, und ist nicht Mun, mehr als eine Generation vor Petty, der erste bedeutende Merkantilist?

Zweifellos ist Mun der erste bedeutende politökonomische Vertreter der kapitalistischen Ideologie – aber der Ideologie des Kapitalismus in einer Zeit, in der der Kapitalismus gewissermaßen noch nicht seine korrekte Lage gefunden hatte, als das Schwergewicht seiner Position noch im Handel lag, als faktisch ein großer Teil der „erweiterten Reproduktion" auf Handelsraub zurückzuführen war. Auch zu Zeiten von Petty ist das noch der Fall, und darum gelingt es auch Petty nur auf dem Höhepunkt seiner Entwicklung, sich über die Anschauungsweise des Merkantilismus zu heben. Aber sein ganzes Werk durchzieht eine Ahnung des wahren Schwerpunkts des Kapitalismus, nämlich der kapitalistischen Produktion, in der der Mehrwert erzeugt wird.

Die Tatsache nun, daß sich Petty diesem Schwerpunkt immer wieder nähert, diese Tatsache macht ihn zum Begründer der modernen Politischen Ökonomie, diese Tatsache veranlaßt Marx, ihn den ersten Vertreter der klassischen Politischen Ökonomie des Bürgertums zu nennen. Marx schreibt: „Um es ein für allemal zu bemerken, verstehe ich unter klassischer politischer Ökonomie alle Ökonomie seit W. Petty, die den innern Zusammenhang der bürgerlichen Produktionsverhältnisse erforscht im Gegensatz zur Vulgärökonomie, die sich nur innerhalb des scheinbaren Zusammenhangs herumtreibt, für eine plausible Verständlichmachung der sozusagen gröbsten Phänomene und den bürgerlichen Hausbedarf das von der wissenschaftlichen Ökonomie längst gelieferte Material stets von neuem wiederkaut, im übrigen aber sich darauf beschränkt, die banalen und selbstgefälligen Vorstellungen der bürger-

[2] *Ch. Davenant,* The political and commercial works. Bd. I, London 1771, S. 128.
[3] *Marx/Engels,* Werke, Bd. 20, S. 216.

lichen Produktionsagenten von ihrer eigenen besten Welt zu systematisieren, pendatisieren und als ewige Wahrheiten zu proklamieren."[4]

Petty, der erste klassische Politökonom, war wohl auch der erste große Wirtschaftshistoriker in dem Sinne, als er vor allem der Wirtschaftsgeschichte gewidmete Schriften verfaßte – wobei unter Wirtschaftsgeschichte speziell Wirtschafts-Zeitgeschichte zu verstehen ist. Dabei entwickelte er sowohl die komparative wie auch die quantitative Methode der Wirtschaftsgeschichtsschreibung – neben seiner rein theoretischen eine enorme Leistung auf dem Gebiete der Wirtschaftswissenschaft.

Sein wirtschaftshistorisches Hauptwerk ist wohl die „Political Arithmetick", die „Politische Rechenkunst" oder „Politische Statistik", nach seinen Angaben 1671 in erster Fassung geschrieben, aber aus politischen Gründen erst 1690, nach seinem Tode, veröffentlicht. Dabei vergleicht er insbesondere auch die Verhältnisse Englands mit denen in Holland und Frankreich. Die Methode ist die quantitative und über sie äußert er sich: „Die Methode (of ‚ordering things', der Ordnung der Dinge) die ich anwende ist nicht sehr üblich; denn statt nur vergleichender, und den höchsten Grad ausdrückender Worte und intellektueller Argumente, bin ich den Weg gegangen (ein Probestück, ein Muster der Political Arithmetick, die lange mein Ziel war), mich in *Zahl, Gewicht und Mass* auszudrücken."[5]

Petty maß der Bevölkerung, ihrer Zahl und ihrer Struktur große Bedeutung bei. „Wenn man die Zahl der Arbeitsfähigen im Alter von zehn bis siebzig Jahren und die Zahl derjenigen, die schon Beschäftigte sind, kennt, kann man feststellen, wie viele freie Hände es gibt, und folglich auch, welche neuen Gewerbe man einführen kann, ohne schon vorhandene zu zerstören."[6] Auch auf dem Gebiete der Bevölkerungsstatistik entwickelte er zusammen mit seinem Freund John Graunt (1620–1674) neue Methoden. 80 Jahre nach den Arbeiten von Petty wird Johann Peter Süssmilchs „Die göttliche Ordnung in den Veränderungen des menschlichen Geschlechts aus der Geburt, dem Tode und der Fortpflanzung derselben erwiesen" (Berlin 1741) erscheinen, von der Roscher schreibt: „Dies ist eigentlich die erste ausführliche Bevölkerungstheorie, welche, in dieser Hinsicht Graunt, Petty und Kersseboom[7] nachfolgend, ihren Gegenstand als wissenschaftlichen Selbstzweck behandelt."[8] Auch hier erkennen wir wieder den Piooniercharakter der wirtschaftshistorischen Arbeiten von Petty – seine Zusammenarbeit mit Graunt war so eng, daß man wohl mit Recht annimmt, daß ein Großteil der kühneren Gedanken von Graunts Natural and Political Observations made upon the Bills of Mortality (1662) von Petty stammen. Aber ob nun und welche Ideen von Petty stammen, wie weit Graunt und Petty schon in ihren

[4] Ebendort, Bd. 23, S. 95.

[5] The Economic Writings of Sir William *Petty*, ed. by Ch. H. Hull, Bd. I, Cambridge 1899, S. 244. – Als ein Vorläufer von Petty kann in dieser Beziehung auch Gerard Malynes genannt werden.

[6] The *Petty* Papers, ed. by Lord Lansdowne, Bd. I, London 1927, S. 197.

[7] Willem Kersseboom, 1691–1771.

[8] *W. Roscher*, Geschichte der National-Oekonomik in Deutschland, München und Berlin 1874, S. 421.

Überlegungen und Untersuchungen gekommen waren, sei aus einer kurzen Zusammenfassung einiger Gedanken aus der Schrift von Graunt illustriert:

„Wie so mancher Zweig der Volkswirtschaftslehre, so gelangt auch die Bevölkerungsstatistik zunächst in England zur Entfaltung. Als ihr Begründer gilt John Graunt, der Columbus auf dem Gebiete der Statistik, wie ihn Süssmilch wohl nicht zu Unrecht nennt*. Die Ergebnisse seiner Untersuchungen hat er in den im Jahre 1661 zuerst erschienenen ‚Natural and political observations upon the bills of mortality' niedergelegt. Gelegentlich der Erörterungen über die Bevölkerungsbewegung kommt er auch eingehend auf die Frage des Absterbens der Londoner Bevölkerung und ihrer Ersetzung durch die ländliche zu sprechen. Er geht dabei davon aus, daß die Abnahme und Zunahme der Bevölkerung vornehmlich in der Zahl der Getauften ihren Ausdruck finde. Er untersucht die Pestjahre 1603 und 1625 und findet für London, dass in beiden Jahren die Zahl der Getauften erheblich sank, während sie in den darauf folgenden Jahren etwa ebenso hoch war wie in den der Pest vorangehenden. Diese rasche Zunahme der Taufen lasse sich nicht durch die blosse Fortpflanzung erklären; also müsse sie von dem ländlichen Zuzug nach London herrühren. Es folge daraus, dass, wie gross auch immer die Sterblichkeit sein möge, die Lücken in der Londoner Bevölkerung doch stets binnen zwei Jahren wieder aufgefüllt würden. An anderer Stelle führt er aus, dass im Jahre 1642 viele Londoner in den Krieg gezogen seien, dass sich aber entgegen seiner Erwartung herausgestellt habe, dass im Jahre 1643 die Zahl der männlichen Gestorbenen wie bisher die der weiblichen übertroffen habe. Auch diese Thatsache bestätige die Vermutung, dass London niemals eine dauernde Einbusse an seiner Bevölkerungszahl erleide, so dass eine grosse Pest, die in London herrsche, nicht die Einwohnerzahl Londons, sondern die des platten Landes vermindere.“[9]

Das sind doch theoretische Überlegungen, historische Untersuchungen und statistische „Tricks“ – für die Taufen liegt das beste Material vor –, schon von ganz hohem Niveau!

Auch ein historisches Werk, im Sinne von in der Zeit weiterer zurückgehend, verdanken wir Petty, eine „Geschichte des Färbens“, ein Essay, das er für die Royal Society geschrieben hatte – ein Teil seiner Bemühungen, die Royal Society für eine Geschichte der Gewerbe zu interessieren, für die er bereits detaillierte Pläne ausgearbeitet hatte.[10]

Phyllis Deane meint in dem Artikel William Petty in der International Encyclopedia of the Social Sciences (Bd. 12, S. 67): „Pettys Anspruch auf Ruhm als Ökonom beruht nicht so sehr auf seiner Originalität oder theoretischen Fähigkeit“ – an einer anderen Stelle dieses Artikel meint sie, Petty sei „mehr ein Mann der Welt als ein Gelehrter gewesen. Er schrieb mehr als er las“ – „als auf seiner analytischen Geschicklichkeit. Sein Bestehen auf das Messsen und sein klarer, nach Schematen ge-

[9] *R. Kuczynski*, Der Zug nach der Stadt, Stuttgart 1397, S. 161 f.

[10] Vgl. dazu auch *Ch. Webster*, The Great Instauration, London 1975, S. 425.

* Johann Peter Süssmilch, Die göttliche Ordnung in den Veränderungen des menschlichen Geschlechts. 2. Ausgabe. Berlin 1761. Zweiter Teil S. 57.

ordneter, Überblick über die Wirtschaft machen aus ihm den ersten Ökonometriker und er entwickelte und gebrauchte ständig Konzeptionen wie analytische Methoden, die seiner Zeit voraus waren."

Marx dagegen hat die größte Bewunderung für Petty als politökonomischen Denker und gibt ihr immer wieder Ausdruck. Er spricht von der „genialen Kühnheit" seiner Ideen und freut sich an „seinem originellen Humor"[11], er nennt Petty „einen der genialsten und originellsten ökonomischen Forscher"[12], charakterisiert seine Fragestellung als „ingeniös", bezeichnet seine Methode, den Wert des Grund und Bodens zu bestimmen, als „wieder sehr genial"[13] oder bezieht sich auf Pettys „gewohnte Meisterschaft"[14].

Marx arbeitet die Größe von Petty als Ökonom heraus, Phyllis Deane als bedeutungslose Politökonomin, aber tüchtige statistische Wirtschaftshistorikerin seine Bedeutung als mit Zahlen arbeitenden Methodologen der Zeitgeschichte der Wirtschaft – eine Seite, die auch Marx lobend erwähnt.

In der Tat, Petty war, wie nach ihm Smith und Marx, zugleich ein bedeutender Politökonom und Wirtschaftshistoriker, wenn er sich auch in letzterer Eigenschaft vornehmlich auf die Zeitgeschichte beschränkte. –

Wenn Petty in seinem „Verbum sapienti" (1665) die ersten bekannten Schätzungen des Nationaleinkommens machte, so war Gregory King (1648–1712), Sohn eines Mathematikers – auf die Mathematik legte ja auch Petty solchen Wert – der erste, der eine genaue Übersicht der Einnahmen und Ausgaben der in England 1688 wohnenden Familien nach ihrer Zahl, ihrer sozialen Stellung und ihrem Beruf gab. Was man mit der von King errechneten Tabelle unter anderem (!) bis heute anfangen kann, zeigt Brentano in seiner Wirtschaftsgeschichte Englands:

„Zählt man die Zahl der Familien zusammen, die nach dieser Tabelle als Grundeigentümer angesehen werden dürften, die weltlichen Lords bis zu den kleinen Freisassen, so ergeben sich 196 586 Familien, die Grundeigentum haben, wovon 180 000 Bauernfamilien, die ihren Besitz selbst bestellten. Die 2000 höheren und niederen Geistlichen dürften gleichfalls dem Landinteresse zuzurechnen sein, da sie ihr Einkommen aus Grundbesitz zogen, sei es in Renten, sei es in Zehnten. Dagegen müssen von den Matrosen, den Arbeitern, den außerhalb des Hauses ihrer Herrschaft wohnenden Dienern, den Häuslern, Armen und gemeinen Soldaten, endlich von den Vagabunden, kurz von all denen, welche King, weil sie nicht ganz von ihrem eigenen Einkommen, sondern zum Teil von Zuwendungen anderer lebten, als Personen, welche den Reichtum des Landes mindern, bezeichnet, 2 064 480 Personen als Anhang des Landesinteresses angesehen werden. Diese Ziffer ergibt sich, indem von den 4 100 000 Personen, die nach King auf Dörfern und Weilern leben, die 1 935 520 Personen des Landinteresses, welche den Reichtum des Landes mehren, in Abzug kommen, während alsdann 760 520 Personen, die den Reichtum des Landes mindern, den städtischen Berufsarten zuzuteilen sind. Im Ganzen also 4 100 000 Perso-

[11] *Marx/Engels*, Werke, Bd. 13, S. 38 f.

[12] *K. Marx*, „Mehrwerttheorien", a. a. O., S. 1.

[13] Ebendort, S. 4 f. [14] *Marx/Engels*, Werke, Bd. 23, S. 156.

nen, die vom Landesinteresse, gegen 1 400 520, die von städtischen Berufsinteressen beeinflußt werden, und von diesen 530 000 in London und 870 520 in anderen Städten und in Marktflecken. . . .

Die oben wiedergegebenen Ziffern Kings über die Verteilung der Bevölkerung auf Stadt und Land zeigen ein erdrückendes Übergewicht der Landwirtschaft für das England von 1688. Mehr als zwei Drittel der Familien wie der Personen waren nach King in ihrem Einkommen von dem Ertrage der Landwirtschaft abhängig. Kaufleute, Gewerbetreibende und Handwerker bildeten nach ihm der Familienzahl nach weniger als ein Drittel der von der Landwirtschaft lebenden, und ebenso hat King das von Handel, Gewerbe und Handwerk bezogene Einkommen auf weniger als ein Drittel des aus der Landwirtschaft bezogenen berechnet; dagegen ist nach ihm die Fähigkeit der Kaufleute, Gewerbetreibenden und Handwerker, Überschüsse zurückzulegen, größer als die der Bauern und Pächter gewesen. Die Familie der 40 000 größeren Freisassen vermochten nach King nur 1 £, die der 140 000 kleineren Freisassen nur 10 Shilling und die 150 000 Pächter nur 5 Shilling pro Kopf jährlich zurückzulegen; dagegen die der 2000 großen Kaufleute und Händler über See 10 £, die der 8000 kleineren Kaufleute und Händler über Land 5 £, die der 40 000 Ladenbesitzer und Kaufleute und ebenso die der 60 000 Gewerbetreibenden und Handwerker 10 Shilling pro Kopf jährlich."[15]

Wir haben Brentano ausführlicher zitiert, um die gewaltige wirtschaftshistorische Leistung von King hervorzuheben.

Wie Petty erweiterte auch King seine wirtschaftshistorischen Studien auf die Hauptrivalen Englands, auf Frankreich und Holland, und berechnete für sie und England (Of the Naval Trade of England Anno 1688 and the National Profit then arising thereby [1697]) vergleichende Angaben über Nationaleinkommen und Nationalausgaben.

King beschäftigte sich ferner als Politökonom mit dem Verhältnis von Wert und Preis, und Mombert spricht in seiner Geschichte der ökonomischen Lehrmeinungen von der sogenannten „Kingschen Regel . . . daß bei einer Änderung des Ernteausfalles nach oben oder unten der Getreidepreis wesentlich stärker steigen oder sinken werde, als diese Änderung im Ernteausfall selbst beträgt. Mit der in der Kingschen Regel niedergelegten Erfahrung der damaligen Geschäftswelt stehen wir, um die Worte Brentanos zu gebrauchen, ‚bei der modernen Lehre vom Grenznutzen, allerdings nicht psychologisch oder sonstwie begründet, sondern einfach als Tatsache hingestellt, als Erkenntnis gefunden auf dem Wege empirischer Beobachtung'."[16]

Dabei widmete sich King erst etwa seit 1695 der „Politischen Arithmetik"; er war zuvor beruflich vor allem mit Problemen der Heraldik beschäftigt. Und noch etwas ist zu erwähnen: die meisten seiner Statistiken wurden von anderen veröffentlicht, zum Teil erst längere Zeit nach seinem Tode; während seines Lebens aber ließ er sie unter seinen interessierten Freunden frei zirkulieren.

[15] *L. Brentano*, Eine Geschichte der wirtschaftlichen Entwicklung Englands, Bd. II, Jena 1927, S. 238 f. und 249 f.

[16] *P. Mombert*, Geschichte der Nationalökonomie, Jena 1927, S. 197.

Mit Petty und King hat die Wirtschaftsgeschichte, und zwar als quantitative, als Teil der Wirtschaftswissenschaft, gleich von Anbeginn an ganz große Fortschritte gemacht. Sie entstand, wie ihr theoretischer Teil, direkt aus den Bedürfnissen der Praxis.

Wenn ich meine Bemerkungen zu den drei großen merkantilistischen politökonomischen Denkern Mun, Josiah Child (1630–1699) und Charles Davenant (1656 bis 1714) so einleitete:

„Alle drei waren Geschäftsleute in einer Periode, in der die Klasse der Kapitalisten, vertreten vor allem durch die ländlichen und die Handelskapitalisten, zur Herrschaft kam. Alle drei waren zumindest zeitweise auf das engste mit der größten Handelsgesellschaft des vorindustriellen Kapitalismus, der East India Trading Company, verbunden. Mun, Enkel eines Geldmannes und Sohn eines Kaufmannes, war einer ihrer Direktoren und nach heutigen Begriffen Millionär. Child, der als Lehrling mit dem Ausfegen der Kontorräume begann und zeitweise an der Versorgung der Flotte reichlich verdiente, wurde Direktor und später Gouverneur der Gesellschaft und in seiner Zeit der reichste Kaufmann Englands. Von dem damaligen Aktienkapital der Gesellschaft in Höhe von 396 891 Pfund Sterling besaß er 1681 rund 100 000 Pfund. Als die Gesellschaft 1685 50 Prozent Dividende auszahlte, erhielt er also 50 000 Pfund an einem Tag – den gleichen Betrag, 1 Million Mark, gab er seiner Tochter, die den ältesten Sohn des Herzogs von Beaufort heiratete, als Mitgift. Charles Davenant verfaßte mindestens eine seiner Schriften in direktem Auftrag der East India Company; die letzten zwölf Jahre seines Lebens war er königlicher Generalinspektor des Außenhandels.

Das heißt, die Verbindung zwischen Theorie und Geschäft war bei allen dreien ganz eng, und das heißt zugleich, daß die Träger politökonomischen Denkens auf dem Gebiete der Handelstheorie vor allem Kaufleute, Handelskapitalisten waren. Es ist offenbar, daß eine solche Verbindung von Theorie und Geschäft in der Aufschwungszeit des Kapitalismus nur von Vorteil sowohl für die ökonomische Entwicklung als auch für die Entwicklung der Theorie sein konnte. Später zeigt sich entsprechend, daß, je enger ein Politökonom mit dem sterbenden Kapitalismus, mit dem Monopolkapital, verbunden ist, es um so jämmerlicher mit seinem politökonomischen Denken bestellt ist."[17] –

so geht aus den vorangehenden Ausführungen über Petty und King gleichermaßen ganz deutlich hervor, daß ihre zeit-wirtschaftshistorischen Ausführungen ebenfalls auf das engste mit ganz konkreten Zeitproblemen verbunden waren, teils mit innenpolitischen, wie Pettys Bevölkerungsstudien, teils mit außenpolitischen, wie Pettys und Kings erste Versuche, großartig in ihrer Art, internationaler Vergleiche der Position Englands mit der seiner politischen und wirtschaftlichen Hauptkonkurrenten Holland und Frankreich.

Aber noch fehlt eine weit in die Geschichte zurückgehende quantitative wirtschaftshistorische Studie. Doch nicht für lange, denn sie wird noch zu Lebzeiten von Gregory King und Charles Davenant erscheinen.

[17] *J. Kuczynski*, Die Geschichte der Lage der Arbeiter unter dem Kapitalismus, Bd. 26, S. 28 f.

Ihr Verfasser ist William Fleetwood (1656–1723), der berühmteste englische Prediger seiner Zeit, ein Fellow of Kings College in Cambridge, Kaplan des Königs William III. und der ihm nachfolgenden Königin Anne, fortschrittlich in seiner Gesinnung und als Krönung seiner kirchlichen Laufbahn Bischof von Ely.

Schon 1694 hielt er eine Predigt gegen das Kippen, das heißt Randabschneiden von Münzen, die dadurch faktisch an Wert verlören, ohne daß ihr nomineller Wert verändert wurde. Er meinte, daß der Wert einer half crown, einer halben Krone gleich $2^1/_2$ Schilling, so gesunken sei, daß, was 1248 $2^1/_2$ Schilling gekostet hätte, gegenwärtig (1694) 12 oder 14 Schillinge koste.

Die Diskussion dieses Problems war damals insbesondere auch für die Kirche wichtig, da ein Großteil ihres und speziell persönlich auch der Kirchenleute Einkommens auf in früher Feudalzeit in Geldeinheiten festgelegten Renten beruhte. Das Problem ließ ihn nicht los und wurde auch insofern für ihn persönlich noch ganz aktuell, als die Statuten seines College in Cambridge in alter Zeit festgelegt hatten, daß ein Vermögen, das fünf Pfund Sterling im Jahr bringe, den Betreffenden von der Fellowship ausschloß. Er vertiefte daher seine Untersuchungen in die historische Entwicklung des englischen Münzwesens und der Preise von Getreide, Fleisch, Getränken, Kleidung und Löhnen wie Gehältern und Stipendien über sechs Jahrhunderte. Sein spezieller Zweck war, herauszufinden, ob jemand, der „heute" ein Jahreseinkommen von 6 £ hat, nicht einmal so viel hat wie jemand, der um 1450, als das Kings College-Statut erlassen worden war, 5 £ hatte. Es handelte sich wohl um den ersten Versuch, die Kaufkraft des Geldes für längere Zeit an den Preisschwankungen zu messen. 1707 veröffentlichte Fleetwood die Resultate seiner Untersuchungen in seinem Chronicon preciosum, dessen voller Titel alles anzeigt:

„Chronicon Preciosum or an Account of English Gold and Silver Money; The Price of Corn and other Commodities; and of Stipends, Salaries, Wages, Jointures, Portions, Day-labour, etc. in England. For Six hundred Years last past: Shewing from the Drecrease of the Value of Money, and from the Increase of the Value of Corn and other Commodities, etc. That a Fellow, who has an Estate in Land of Inberitance or a perpetual Pension of Five Pounds per Annum, may conscientiously keep his Fellowship, and ought not to be compelled to leave the same, tho' the Statutes of his College (founded between the years 1440 and 1460) did then vacate his Fellowship on such Condition."

Fleetwood gibt zunächst zahlreiche Einzeldaten aus der Vergangenheit; am Ende der Preisdaten aber finden wir eine Tabelle, die Jahr für Jahr von 1646 bis 1705 die Preise für Weizen und Malz gibt. Rund 40 Jahre später wurde diese Tabelle von einem Unbekannten fortgesetzt in An Account of the true Market-Price of Wheat and Malt at Windsor for 100 Years. Began and published by W. F. Bp. of Ely from 1646 to 1706 (faktisch 1705 – J. K.); and since continued in the same manner [to 1745], London? 1746? Fast gleichzeitig, 1745, wurde in London eine zweite Auflage der Schrift von Fleetwood mit einem Anhang An Historical Account of Coins, illustrated with several Plates of Gold and Silver Coins veröffentlicht.

Nach diesem prächtigen Beginn der englischen statistischen Geschichtsschreibung über Preise und Löhne in der ersten Hälfte des 18. Jahrhunderts wanderte das

Schwergewicht dieses Studiums nach Frankreich. Zwei Männer sind hier vor allem zu nennen:

Nicolas-François Dupré de Saint-Maur (1695–1774). Er war lange Jahre am Königlichen Rechnungshofe in Paris tätig. Zu den Problemen der Preise und des Geldes veröffentlichte er Essai sur les Monnoies, Paris 1746, sowie Recherches sur la Valeur des Monnoies, et sur le prix des Grains, avant et après le Concile de Francfort, Paris 1762. Er beschäftigte sich auch viel mit Bevölkerungsstatistiken und übersetzte das Paradise lost von Milton ins Französische.

Über seine Preisstudien in dem Essai sur les Monnois schreibt M. Kuczynski:

„Durpé de Saint-Maur, dessen Sammlung von frühen französischen Preisen eine Pionierleistung darstellt und der zum Beispiel von Adam Smith wiederholt seiner ‚great diligence and fidelity‘ wegen lobend hervorgehoben worden ist (Vgl. The Wealth of Nations, Ausgabe E. Cannan, 1950, Bd. I, Kap. XI, S. 186 und 239–240), beschreibt seine Methode ausführlich wie folgt:

Die je Jahrzehnt berechneten mittleren Nominalpreise basieren auf den am ersten Markttage eines jeden Quartals im Januar, April, Juli und Oktober im ‚Marktflekken Rosoy (Brie) für einen Sester besten Korns bezahlten Preisen‘ (a. a. O., S. 165 und 161). Als Quelle der Preise gibt er an: ‚ils m'ont été délivrés par une personne très-laborieuse, très exacte, et revêtue de caractère d'officier public, dans la forme qui leur donneroit foi en justice, s'il étoit question de juger un Procès pour des arrérages d'une rente en grains‘ (a. a. O., S. 160–161). Die Genauigkeit der Zahlensammlung sei überdies durch den Vergleich mit den Zahlen aus den Registern des Kapitels von Notre-Dame de Paris, des Lehnsherrn des Ortes, erwiesen (a. a. O., S. 162). Er habe gelegentlich – so zum Beispiel im Pestjahre 1929 – einen anderen als den Preis am ersten Markttag des Quartals einsetzen müssen; es werde aber, wenn auch ‚in Jahren der Teuerung der höchste Preis nicht unbedingt auf den ersten Markttag des Quartals fällt . . . ein gewisser Ausgleich dadurch geschaffen, daß auch der niedrigste Preis in jedem Jahr nicht immer auf den ersten Markttag im Quartal fällt‘ (a. a. O., S. 165).

Folgende Bemerkung prinzipieller Art dürfte im Zusammenhang mit den verarbeiteten Preisdaten von Interesse sein. Sie fußt auf der großen Kompilation von J. E. Th. Rogers A history of agriculture and prices in England. From the year . . . 1259 . . . to . . . 1793. Compiled entirely form original and contemporary records. Bd. I–VII, Oxford 1866–1902: ‚Ich muß meinen Leser wiederum daran erinnern, daß ich unter Jahr das landwirtschaftliche, von September bis September verstehe. Es ist höchst bedauerlich, daß die Autoren, die sich mit Getreidepreisen befassen, ausnahmslos vom Kalenderjahr ausgegangen sind. Eine kurze Überlegung zeigt, daß durch diese Systematik zwei Ernten durcheinandergebracht und die Tatsachen völlig neutralisiert werden. Bei all ihrer Fähigkeit sind sogar Th. Tooke und W. Newmarch [und in unserem Falle ein Pionier wie Dupré de Saint-Maur] Opfer dieses Irrtums geworden‘. (Übersetzt nach dem obengenannten Werk, Bd. VI, S. 3).“[18]

[18] *Fr. Quesnay*, Ökonomische Schriften, Bd. I, 2. Halbband, hg. von *Marguerite Kuczynski*, Berlin 1971, S. 519 f.

Die Schrift von Saint-Maur erschien ein Jahr nach der zweiten Auflage von Fleetwoods Arbeit. Neun Jahre später, 1755, veröffentlichte Cl. J. Herbert sein Essai sur la Police générale des Grains. Herbert kennt natürlich die Arbeit von Saint-Maur, stützt sich auf sie und bringt eine Neuerung, über die M. Kuczynski schreibt: „Von ganz besonderem Interesse ist es aber, daß Herbert die von Dupré de Saint-Maur vorgenommene Zusammenfassung der Preise nach Jahrzehnten nicht benutzt. Er nimmt seine eigene Gruppierung vor, und zwar mit dem ausdrücklichen Ziele, die Jahre der Teuerung nicht im Durchschnitt untergehen zu lassen, sondern die Möglichkeit zu wahren, daß ‚der Vergleich von einer Teuerung zur anderen ohne weiteres gemacht werden kann' (a. a. O., S. 75)."[19]

Von Frankreich wanderte im 19. Jahrhundert das Hauptinteresse für langfristige, weit in die Vergangenheit zurückgehende Statistiken für Preise und Löhne wieder zurück nach England. Führend war Thomas Tooke, mit dessen Geldtheorien sich Marx ausführlich auseinandergesetzt hat, der aber bleibende Bedeutung wegen seiner Preisuntersuchungen hat. Mit diesem letzteren ordnet ihn Marx in die Geschichte der Wirtschaftswissenschaft so ein: „Die Geschichte der modernen politischen Ökonomie endet mit Ricardo und Sismondi: Gegensätze, von denen der eine englisch, der andere französisch spricht – ganz wie sie am Ende des 17. Jahrhunderts beginnt mit Petty und Boisguillebert. Die spätere politisch-ökonomische Literatur verläuft sich entweder in eklektische, synkretistische Kompendien, wie. z. B. das Werk von J. St. Mill, oder in tiefere Ausarbeitung einzelner Zweige, wie z. B. Tookes ‚History of Prices' und im allgemeinen die neuern englischen Schriften über Zirkulation ..."[20]. Sein Leben sei kurz zusammengefaßt: „Tooke, Thomas (1774–1858), in Kronstadt als Sohn eines englischen Geistlichen geboren; verlebte seine Jugend als Handelsangestellter in Petersburg, wurde dann Vertreter einer russischen Firma in London; figurierte 1819 vor dem Parlament als Sachverständiger in bezug auf die Einstellung der Bargeldzahlungen durch die Bank von England; seit 1820 Mitglied der Royal Society; der Currency-principle-Richtung, deren unentwegter Gegner er bis an seinen Tod blieb, trat er zuerst schriftlich 1823 entgegen."[21]

Sein großes Werk A History of Prices and of the State of the Circulation from 1793–1856, das in sechs Bänden von 1838–1857 erschienen, ist die erste wirklich umfassende Preisgeschichte – ihre letzten zwei Bände, die Zeit von 1848–56 umfassend, wurden von W. Newmarch mitverfaßt.

Ihm folgte schnell James E. Thorold Rogers mit zwei prächtigen Werken: A History of Agriculture and Prices in England from the Year after the Oxford Parliament (1259) to the Commencement of the Continental War (1793), compiled entirely from original and contemporaneous records, sieben Bände, Oxford 1866–1902 und Six Centuries of Work and Wages, zwei Bände, London 1884.

Rogers (1823–1890) hatte Theologie und Philosophie studiert, wurde Geistlicher, entsagte aber seinem Amt, wurde Professor der Politischen Ökonomie in Oxford und war von 1880 bis 1886 Mitglied des Parlaments.

[19] *M. Kuczynski*, ebendort, S. 520.

[20] *K. Marx*, Grundrisse, a. a. O., S. 843.

[21] Ebendort, S. 1092.

Man kann wohl sagen, daß mit den Arbeiten von Fleetwood und Saint-Maur wie Herbert wir uns im Pionierstadium sowohl der längerfristigen Preis- und Lohnstudien wie überhaupt der Konstruktion „Langer Reihen" der wirtschaftshistorischen Statistik befinden. Die Arbeiten von Tooke und Rogers führen uns in das Stadium der Reife. Seitdem sind große Fortschritte gemacht worden. So hat man etwa nachgewiesen, daß die Annahme von Rogers, daß Geldzahlungen in der Feudalzeit vor allem nach dem Münzgewicht und nicht nach dem Namen der Münze gemacht wurden, falsch ist. Auch teilt man nicht mehr die Ansicht von Rogers, daß die Beschäftigung in der Feudalzeit so regelmäßig war, daß Lohnraten und faktische Lohnverdienste identisch wären. Jedoch sollte das unser Urteil über den hohen Reifegrad der Arbeiten von Tooke und Rogers nicht beeinflussen, zumal ähnliche Fehler auch heute noch gemacht werden. Was die Problematik der Gruppierung betrifft, so wurde sie schon im Pionierstadium von Herbert angesprochen. Die Problematik der Zyklizität der Bewegung aber gehört in einen anderen Problemkreis, ebenso die Verfeinerung der statistischen Methodik.

Die ausführlichsten Preisstatistiken wurden in den USA von einer ganzen Reihe von tüchtigen Autoren berechnet – hier sei nur W. C. Mitchell genannt –, in Deutschland ist vor allem das Preußische Statistische Amt hervorzuheben, das Einzelarbeiten seiner Beamten trefflich förderte.

Was die langfristigen Lohnstatistiken betrifft, so sind vor allem die Arbeiten von A. G. Bowley und G. H. Wood in England, von R. Kuczynski für Deutschland, von Fr. Simiand in Frankreich und des U. S. Bureau of Labour Statistics für die USA zu nennen.

Im Jahre 1930 wurde unter Führung von William H. Beveridge (England) und Edwin F. Gay (USA) ein Internationales Wissenschaftliches Komitee für die Geschichte der Preise gebildet, das für eine ganze Reihe von Ländern zu sehr gründlichen Preisgeschichten Anlaß gab.

Leider gab und gibt es kein entsprechendes Komitee für die Geschichte der Löhne, der Preise der Ware Arbeitskraft. Die beste Sammlung von Statistiken der Löhne für die wichtigsten imperialistischen Länder in den letzten 200 Jahren, ergänzt durch eigene Berechnungen, befindet sich in den 40 Bänden der „Geschichte der Lage der Arbeiter unter dem Kapitalismus" von J. Kuczynski.

Sicher wird die Erforschung der Preise und Löhne in den letzten 200 Jahren noch manch neues Material zu Tage fördern, aber für den Trend als Ganzen in den letzten 100 Jahren wird sie kaum Änderungen bringen, wenn wir an die Preise der Hauptnahrungsmittel und der Löhne für die Hauptarbeitergruppen in den entwikkelten kapitalistischen Ländern denken. Wenn wir jedoch daran denken, daß wir für noch kein einziges Land einen zuverlässigen Mietsindex im 18. und 19. Jahrhundert, ja auch noch nicht für das frühe 20. Jahrhundert haben, dann wird uns klar, wieviel allein noch in der Materialsuche zu tun ist; und daß wir keinen wirklich zuverlässigen Reallohnindex ohne einen zuverlässigen Index der Mietskosten berechnen können, sollte ebenfalls klar sein. Leider sind den Wirtschaftswissenschaftlern in den sozialistischen Ländern so viele so wichtige, die unmittelbare Gegenwart betreffende Aufgaben gestellt, daß Arbeiten, die sich mit der Vergangenheit beschäftigen, relativ zurückgestellt werden. Die Frage ist nur: müssen wir uns so damit zurückhalten – und auch hinter der bürgerlichen historischen Wirtschaftsstatistik zurückbleiben –, wie wir es bisher getan haben?

Nur wenige Jahre nach der Preis- und Lohnstatistik von Fleetwood erschien auch die erste Geschichte einer Industrie, die ich gefunden habe: J. Blanch, Speculum Commercii: or, The History of our Golden Fleece, London 1716.[22] Clapham kennt diese Geschichte nicht; auch das British Museum besitzt sie nicht. Sie gehört zu den Hunderten, ja Tausenden kleinen Schriften, die der Merkantilismus im 17. und 18. Jahrhundert hervorgebracht hat und in denen sich eine Fülle von für eine Wirtschaftsgeschichte nützlichen Daten für die Zeit-Wirtschaftsgeschichte finden. Die beste Sammlung solcher Schriften befindet sich im British Museum und die gesamte Literatur ist noch völlig ungenügend ausgewertet. Nur auf dem Gebiet der Position der Arbeiter hat E. S. Furniss in The Position of the Laborer in a system of Nationalism. A study in the labor theories of the later English mercantilists, Boston and New York 1920, einen ersten ernsten Schritt unternommen. Die erste ausführlichere, aber immer noch völlig ungenügende Bibliographie solcher Schriften – als sie verfaßt wurde, verweigerte man dem Autor die Einreise sowohl nach Großbritannien wie nach den USA, wo die besten Sammlungen sind –, wurde in Bd. 26 von Kuczynskis „Geschichte der Lage der Arbeiter" gegeben.

In der Widmung an den Prinzen von Wales, den späteren König Georg II, spricht der Autor von den objektiven Interessen als Regulatoren der Nationen. „Der Fürst mag sich selbst täuschen, sein Rat (council) mag korrumpiert sein, aber das Interesse ist immer echt; und je nach dem, ob es wohl oder falsch verstanden wird, läßt es Staaten leben oder sterben."[23] Der Autor äußert sich hier über „das Interesse" genau so objektiv wie Mun über das ökonomische Gesetz. Er meint auch, daß „die Königin Elisabeth durch die Verbesserung des Handels sich den größten Königen des Christentums an die Seite stellte". All diese Ideen werden vom Autor dem Herzog von Rohan zugeschrieben. Jetzt aber greift er selber ein und schreibt: „Wozu ich weiter hinzufügen möchte, daß die berühmte Fürstin durch die Kraft des Goldenen Vlies (das heißt, der Wolle, dem Hauptartikel der englischen Wirtschaft als Rohstoff und in der Verarbeitung – J. K.) die außerordentliche Macht Spaniens reduzierte, gleichzeitig Henry IV. von Frankreich Hilfe gab und die aufblühenden Freiheiten Hollands unterstützte; und daß Großbritannien dadurch den Handel beherrschen und die Machtbalance in aller Christenwelt halten kann."[24] Für den Autor ist die Wolle das Rückgrat der englischen Wirtschaft, und das möchte er durch die ganze Geschichte des Landes beweisen – etwas wie es unter Edward III. und Henry IV. England durch „eine sorgfältige Verbesserung unseres Goldenen Vlies (des Brotes unserer Nation)" immer besser ging, und wie umgekehrt, wenn die Wolle und ihre Produkte vernachlässigt wurden, wie unter Richard II., Henry VIII. und König James I., seine Lage sich verschlechterte.

[22] Im folgenden zitiert als „Golden Fleece".

[23] „Golden Fleece", S. 3. [24] Ebendort.

Die Geschichte der Wolle beginnt in den frühesten Zeiten, als die „Phönizier" England entdeckten, bis in die Gegenwart. Liest man die Schrift genauer, so findet man mehr Nachrichten über die Wirtschaftspolitik hinsichtlich der Wolle- und Wolltuchproduktion als über die Produktion selbst. Im Ganzen aber handelt es sich bei dem 109 Seiten umfassenden Büchlein doch wohl um die erste größere Studie dieser Art, und wir können sie als die erste weit in die Vergangenheit zurückgehende Studie einer Industrie bzw. der Wirtschaftspolitik einer Industrie gegenüber ansehen.

Clapham erwähnt als erste Industriegeschichte Chronicon rusticum-commerciale; or Memoirs of Wool von John Smith (London 1747). Seitdem sind eine Fülle von Geschichten der verschiedensten Zweige der Textilindustrie in Großbritannien erschienen. Meilensteine waren P. Colquhoun's An Account of Facts relating to the Rise and Progress of the Cotton Manufacture in Great Britain, London 1789, E. Baines' A History of the Cotton Manufacture in Great Britain; with a Notice of its Early History in the East and in all Quarters of the Globe, London 1835 – wohl der erste Versuch einer Internationalisierung der Geschichte einer einzelnen Industrie –, G. J. French's Life and Times of Samuel, Crompton, London 1859 – wohl die erste ausführliche Biographie eines großen Erfinders eines mechanisierten Industrie – bis zu dem Werk von A. P. Wadsworth und Julia de Lacy Mann, The Cotton Trade and Industrial Lancashire 1600–1780, Manchester 1931.

Es ist nur natürlich, daß kein Land zwischen 1750 und 1850 eine so reiche Literatur für einzelne Industrien besitzt wie England. Auch ist es nicht verwunderlich, daß wohl kein Land in dieser Zeit über eine so reiche Literatur gerade für die Textilindustrie verfügt. Frankreich zum Beispiel hat wohl mehr auf dem Gebiet der Untersuchung der Schwerindustrie geleistet – man denke etwa an die Arbeiten von Baron J. J. Baude (De l'Enquête sur les Fers, Paris 1829), E. Flachat (De l'Industrie du Fer en France considerée par rapport aux entraves qu'elle éprouve dans le développement de ses moyens de production, 1836) und A. M. Héron de Villefosse (besonders auch seine Zeitgeschichte: Recherches Statistiques sur l'Etat actuel des Usines à Fer de la France en l'année 1825, Paris 1828); genau wie in Deutschland beschäftigte man sich in dieser Zeit auch intensiv mit der entsprechenden Situation in England – man denke etwa an die zweibändige Schrift von A. A. Perdonnet, Voyage métallurgique en Angleterre, Paris 1837. Die deutsche Wirtschaftsgeschichte einzelner Industrien ist in dieser Zeit natürlich stark lokal orientiert, sich auf die vielen Länder, in die Deutschland aufgespalten ist, konzentrierend. Selten ist in der frühen deutschen Wirtschaftsgeschichte einzelner Industrien ein Werk wie P. Mischlers „Das deutsche Eisenhüttengewerbe vom Standpunkte der Staatswirtschaft", zwei Bände, Stuttgart 1852–1854; typisch ist vielmehr E. Engel, „Die Baumwollen-Spinnerei im Königreich Sachsen seit Anfang dieses Jahrhunderts bis auf die neueste Zeit", Dresden 1856.

In den letzten 100 Jahren hat sich die Geschichte einzelner Industrien überall verbreitet, und eine Fülle solider Werke wurden von zahlreichen tüchtigen Wirtschaftshistorikern geschrieben, keines jedoch, das so wie manche Werke der politischen Geschichte hervorragte.

Von der Wirtschaftsgeschichte einzelner Industrien seit der Veröffentlichung des Golden Fleece von Blanch haben viele Wege in viele Richtungen geführt: zur Geschichte der Industrie als ganzer und zur Geschichte der Wirtschaft eines Landes und zur vergleichenden Wirtschaftsgeschichte mehrerer Länder; zur Geschichte anderer Wirtschaftszweige wie des Handels, der Finanzen und der Landwirtschaft; zur Lokalgeschichte; zur Kolonialgeschichte; zur Wirtschaftsgeschichte einzelner Gesellschaftsordnungen; zur Wirtschaftsgeschichte einzelner Klassen und Schichten.

Alle Länder sind seit der Mitte des 19. Jahrhunderts an der Entwicklung der Wirtschaftsgeschichte beteiligt gewesen, manche, wie Rußland und Japan, entsprechend der Entwicklung ihrer Wirtschaft, verspätet, dann aber auf einzelnen Gebieten ganz hervorragend, wie das zaristische Rußland mit J. Loutschisky und Paul Vinogradov auf dem Gebiet der Agrargeschichte.

Hier sei nur noch auf ein Gebiet eingegangen, das der Untersuchung der Lage der „Armen", wie man in alten Zeiten sagte, und später der Lage der Arbeiter.

Auch hier hat England die erste große Leistung vollbracht, mit dem Werk von Sir Frederick Eden The State of the Poor: or, an History of the Labouring Classes in England, from the Conquest to the Present Period, 3 Bände, London 1797. Engels kannte es wohl noch nicht, als er seine „Lage der arbeitenden Klasse in England" schrieb, sonst hätte er es sicher erwähnt. Marx zitiert es öfter im „Kapital" und hielt viel von ihm. So heißt es im 23. Kapitel, das das allgemeine Gesetz der kapitalistischen Akkumulation behandelt:

„Was Mandeville, ein ehrlicher Mann und heller Kopf, noch nicht begreift, ist, daß der Mechanismus des Akkumulationsprozesses selbst mit dem Kapital die Masse der ‚arbeitsamen Armen' vermehrt, d. h. der Lohnarbeiter, die ihre Arbeitskraft in wachsende Verwertungskraft des wachsenden Kapitals verwandeln und ebendadurch ihr Abhängigkeitsverhältnis von ihrem eignen, im Kapitalisten personifizierten Produkt verewigen müssen. Mit Bezug auf dies Abhängigkeitsverhältnis bemerkt Sir F. M. Eden in seiner ‚Lage der Armen, oder Geschichte der arbeitenden Klasse Englands':

‚Unsere Zone erfordert Arbeit zur Befriedigung der Bedürfnisse, und deshalb muß wenigstens ein Teil der Gesellschaft unermüdet arbeiten... Einige, die nicht arbeiten, haben dennoch die Produkte des Fleißes zu ihrer Verfügung. Das verdanken diese Eigentümer aber nur der Zivilisation und Ordnung; sie sind reine Kreaturen der bürgerlichen Institutionen.* Denn diese haben es anerkannt, daß man die Früchte der Arbeit auch anders als durch Arbeit sich aneignen kann. Die Leute von unabhängigem Vermögen verdanken ihr Vermögen fast ganz der Arbeit andrer, nicht ihrer eignen Fähigkeit, die durchaus nicht besser ist als die der andren; es ist nicht der Besitz von Land und Geld, sondern das Kommando über Arbeit (the command

* Eden hätte fragen sollen, wessen Kreatur sind denn „die bürgerlichen Institutionen"? Vom Standpunkt der juristischen Illusion betrachtet er nicht das Gesetz als Produkt der materiellen Produktionsverhältnisse, sondern umgekehrt die Produktionsverhältnisse als Produkt des Gesetzes. Linguet warf Montesquieus illusorischen ‚Esprit des Lois' mit dem einen Wort über den Haufen: „L'esprit des lois, c'est la propriéte".

of labour), das die Reichen von den Armen unterscheidet . . . Was dem Armen zusagt, ist nicht eine verworfene oder servile Lage, sondern ein beuqemes und liberales Abhängigkeitsverhältnis (a state of easy and liberal dependence), und für die Leute von Eigentum hinreichenden Einfluß und Autorität über die, die für sie arbeiten . . . Ein solches Abhängigkeitsverhältnis ist, wie jeder Kenner der menschlichen Natur weiß, notwendig für den Komfort der Arbeiter selbst.'*"[25]

Eden, der relativ jung starb (1766–1809) war Gründer und Vorsitzender einer großen Versicherungsgesellschaft, der Globe Insurance Company, war keineswegs ein „Freund der niederen Klassen", absoluter Laissez-Faire-Propagandist, mehr der Landwirtschaft als der Industrie zugeneigt, also in dieser Beziehung auch vom bürgerlichen Standpunkt wahrlich nicht fortschrittlich, dabei sich doch als Schüler von Adam Smith betrachtend, für „Selbsthilfe der Arbeiter", gegen Armenunterstützung und Mindestlöhne.

Eden war ein wundervoller Erforscher der Lage der Arbeiter, und er unternahm diese Untersuchung, wie er schreibt, „aus Motiven sowohl der Menschenfreundlichkeit wie der persönlichen Neugierde", um eine Begründung für die hohen Preise von 1794/95 und die Not, die sie verursachten, zu finden.

Das Material suchte er sich teils durch Aufstellung eines Fragebogens und seine Verteilung mit Hilfe eines Mitarbeiters, der mit dem Bogen herumreiste, fuhr auch selbst in manche Orte, veranlaßte auch Pfarrer und andere „wohlangesehene Leute", Material für ihn zu sammeln. So brachte er für einen beachtlichen Teil Englands Angaben über Ernährung, Kleidung, Heizung und Wohnverhältnisse von Arbeitern, über ihre Löhne, Kinderzahl, über Arbeitshäuser usw. zusammen. Noch heute werden seine Familienbudgets zitiert – man lese etwa nach in G. D. H. Cole and R. Postgate, The Common People 1746–1938, London 1938 oder in J. Kuczynskis „Geschichte der Lage der Arbeiter", Bd. 23. So großartig in der Methodologie war dieses Werk, daß es vielen folgenden als Muster gedient hat.

Etwas mehr als eine Generation später folgte auf internationaler Ebene eine prächtige Schrift nach der anderen über die Lage der Arbeiter, etwa in England Peter Gaskells The Manufacturing Population in England; its Moral, Social and Physical Conditions, and the Changes which have arisen from the Use of Steam Machinery, London 1833, in Frankreich Eugène Burets La Misère des Classes Laborieuses en France et en Angleterre, Paris 1840, Hunderte von Schriften, verfaßt von fortschrittlichen Bürgern, im Deutschland der dreißiger und vierziger Jahre (vgl. dazu die Bibliographie in Bd. 9 meiner „Geschichte der Lage der Arbeiter") –

und dann 1845 von Friedrich Engels, Die Lage der arbeitenden Klasse in England, mit der Unterüberschrift „nach eigner Anschauung und authentischen Quellen". Genau dazu wird in der Widmung „An die arbeitende Klasse Großbritanniens" gesagt:

„Arbeiter!

Euch widme ich ein Werk, in dem ich den Versuch gemacht habe, meinen deut-

[25] *Marx/Engels*, Werke, Bd. 23, S. 643 f.

* *Eden*, l. c., v. I, l. I, ch. I, P. 1, 2 und Preface, p. XX.

schen Landsleuten ein treues Bild eurer Lebensbedingungen, eurer Leiden und Kämpfe, eurer Hoffnungen und Perspektiven zu zeichnen. Ich habe lange genug unter euch gelebt, um einiges von euren Lebensumständen zu wissen; ich habe ihrer Kenntnis meine ernsteste Aufmerksamkeit gewidmet; ich habe die verschiedenen offiziellen und nicht offiziellen Dokumente studiert, soweit ich die Möglichkeit hatte, sie mir zu beschaffen – ich habe mich damit nicht begnügt, mir war es um mehr zu tun als um die nur *abstrakte* Kenntnis meines Gegenstandes, ich wollte euch in euren Behausungen sehen, euch in eurem täglichen Leben beobachten, mit euch plaudern über eure Lebensbedingungen und Schmerzen. Zeuge sein eurer Kämpfe gegen die soziale und politische Macht eurer Unterdrücker. Ich verfuhr dabei so: Ich verzichtete auf die Gesellschaft und die Bankette, den Portwein und den Champagner der Mittelklasse und widmete meine Freistunden fast ausschließlich dem Verkehr mit einfachen *Arbeitern*; ich bin froh und stolz zugleich, so gehandelt zu haben. Froh, weil ich mir auf diese Weies manche frohe Stunde verschaffte, während ich gleichzeitig euer wirkliches Leben kennenlernte – manche Stunde, die sonst vertan worden wäre in konventionellem Geschwätz und langweiliger Etikette; stolz, weil mir dies Gelegenheit gab, einer unterdrückten und verleumdeten Klasse Gerechtigkeit widerfahren zu lassen, der bei allen ihren Fehlern und unter allen Nachteilen ihrer Lage höchstens eine englische Krämerseele die Achtung versagen wird; stolz auch, weil ich auf diese Weise in die Lage versetzt wurde, das englische Volk zu bewahren vor der wachsenden Verachtung, die auf dem Festland die unvermeidliche Konsequenz der brutaleigennützigen Politik und überhaupt des Auftretens eurer herrschenden Mittelklasse gewesen ist."[26]

Das Werk von Engels erregte größtes Aufsehen in Deutschland und wurde auch in führenden Organen der herrschenden halb-feudalen Klasse besprochen, die antiindustriell eingestellt war und die Lage der Arbeiter zu Vorwürfen an das industrielle Bürgertum benutzte, ebenso wie die Bourgeoisie der herrschenden halb-feudalen Klasse die Schuld an den Zuständen zuschob. Es ist bis heute ein klassisches Werk der Wirtschaftsgeschichte geblieben. Teils wegen der großartigen Komposition des Materials, vor allem aber wegen des festen Klassenstandpunktes des Autors.

Als direkte Nachfolgeschrift, wenn auch ganz anders geartet, muß man das „Kapital" von Marx ansehen, ein Werk, dessen wirtschaftshistorische Bedeutung in den Augen so vieler Leser hinter seinen politökonomischen Ausführungen verschwindet. Und doch ist es die Basis aller Analysen der Lage der Arbeiter unter dem Kapitalismus allgemein und speziell natürlich in England. Man denke nur an das Kapitel über „Die sogenannte ursprüngliche Akkumulation"; fast 50 Seiten lang, mit folgenden Unterabschnitten:

1. Das Geheimnis der ursprünglichen Akkumulation
2. Expropriation des Landvolks von Grund und Boden
3. Blutgesetzgebung gegen die Expropriierten seit Ende des 15. Jahrunderts. Gesetze zur Herabdrückung des Arbeitlohns
4. Genesis der kapitalistischen Pächter

[26] *Marx/Engels*, Werke, Bd. 2, Berlin 1957, S. 229.

5. Rückwirkung der agrikolen Revolution auf die Industrie. Herstellung des innern Markts für das industrielle Kapital
6. Genesis des industriellen Kapitalisten
7. Geschichtliche Tendenz der kapitalistischen Akkumulation.

Oder man denke daran, daß das vorangehende 23. Kapitel über „Das allgemeine Gesetz der kapitalistischen Akkumulation" einen 5. Unterabschnitt hat, der überschrieben ist: „Illustration des allgemeinen Gesetzes der kapitalistischen Akkumulation", dessen Teil b „Die schlechtbezahlten Schichten der britischen industriellen Arbeiterklasse" u. a. über die Wohnungsnot und ihre Folgen so berichtet:

„Der innere Zusammenhang zwischen Hungerpein der fleißigsten Arbeiterschichten und auf kapitalistischer Akkumulation begründetem, grobem oder raffiniertem Verschwendungskonsum der Reichen, enthüllt sich nur mit Kenntnis der ökonomischen Gesetze. Anders mit dem Wohnungszustand. Jeder unbefangne Beobachter sieht, daß je massenhafter die Zentralisation der Produktionsmittel, desto größer die entsprechende Anhäufung von Arbeitern auf demselben Raum, daß daher, je rascher die kapitalistische Akkumulation, desto elender der Wohnungszustand der Arbeiter. Die den Fortschritt des Reichtums begleitende ‚Verbesserung' (improvements) der Städte durch Niederreißen schlecht gebauter Viertel, Errichtung von Palästen für Banken, Warenhäuser usw., Streckung der Straßen für Geschäftsverkehr und Luxuskarossen, Einführung von Pferdebahnen usw. verjagt augenscheinlich die Armen in stets schlechtere und dichter gefüllte Schlupfwinkel. Andrerseits weiß jeder, daß die Teuerkeit der Wohnungen im umgekehrten Verhältnis zu ihrer Güte steht und daß die Minen des Elends von Häuserspekulanten mit mehr Profit und weniger Kosten ausgebeutet werden als jemals die Minen von Potosi. Der antagonistische Charakter der kapitalistischen Akkumulation und daher der kapitalistischen Eigentumsverhältnisse überhaupt wird hier so handgreifbar, daß selbst die offiziellen englischen Berichte über diesen Gegenstand wimmeln von heterodoxen Ausfällen auf das ‚Eigentum und seine Rechte'. Das Übel hielt solchen Schritt mit der Entwicklung der Industrie, der Akkumulation des Kapitals, dem Wachstum und der ‚Verschönerung' der Städte, daß die bloße Furcht vor ansteckenden Krankheiten, welche auch der ‚Ehrbarkeit' nicht schonen, von 1847 bis 1864 nicht weniger als 10 gesundheitspolizeiliche Parlamentsakte ins Leben rief, und die erschreckte Bürgerschaft in einigen Städten, wie Liverpool, Glasgow usw., durch ihre Munizipalitäten eingriff. Dennoch, ruft Dr. Simon in seinem Bericht von 1865: ‚Allgemein zu sprechen, sind die Übelstände in England unkontrolliert.' Auf Befehl des Privy Council fand 1864 Untersuchung über die Wohnungsverhältnisse der Landarbeiter, 1865 über die der ärmeren Klassen in den Städten statt. Die meisterhaften Arbeiten des Dr. Julian Hunter findet man im siebenten und achten Bericht über ‚Public Health'. Auf die Landarbeiter komme ich später. Für den städtischen Wohnungszustand schicke ich eine allgemeine Bemerkung des Dr. Simon voraus:

‚Obgleich mein offizieller Gesichtspunkt', sagte er, ‚ausschließlich ärztlich ist, erlaubt die gewöhnlichste Humanität nicht, die andre Seite dieses Übels zu ignorieren. In seinem höheren Grad bedingt es fast notwendig eine solche Verleugnung aller Delikatesse, so schmutzige Konfusion von Körpern und körperlichen Verrichtungen, solche Bloßstellung geschlechtlicher Nacktheit, die bestial, nicht menschlich sind. Diesen Einflüssen unterworfen zu sein, ist eine Erniedrigung, die sich vertieft, je länger sie fortwirkt. Für die Kinder, die unter diesem Fluch geboren sind, ist er Taufe in Infamie (baptism into infamy). Und über alles Maß hoffnungslos ist der Wunsch, daß unter solche Umstände gestellte Personen in andren Hinsichten nach jener Atmosphäre der Zivilisation aufstreben sollten, deren Wesen in physischer und moralischer Reinheit besteht.'*

Den ersten Rang in überfüllten oder auch für menschliche Behausung absolut unmöglichen Wohnlichkeiten nimmt London ein.

‚Zwei Punkte', sagt Dr. Hunter, ‚sind sicher; erstens gibt es ungefähr 20 große Kolonien in London, jede ungefähr 10000 Personen stark, deren elende Lage alles übersteigt, was jemals anderswo in England gesehen worden ist, und sie ist fast ganz das Resultat ihrer schlechten Hausakkommodation; zweitens, der überfüllte und verfallne Zustand der Häuser dieser Kolonien ist viel schlechter als 20 Jahre zuvor.'** ‚Es ist nicht zuviel zu sagen, daß das Leben in vielen Teilen von London und Newcastle höllisch ist.'***"[27]

Großartig gleich der Anfang: Um zu verstehen, warum (wie Marx zuvor, bevor er auf die Wohnungsverhältnisse zu sprechen kam, zeigte) die, die die Arbeit leisteten, sich nur jämmerlich ernähren können, während die Kapitalmagnaten in größtem Luxus leben – dazu muß man die Gesetze der Politischen Ökonomie kennen. Warum aber die Arbeiter auch in fürchterlichster Wohnungsnot leben – um das zu verstehen, dazu braucht man kein gelehrter Politökonom zu sein, dazu genügt der gesunde Menschenverstand. Schon diese gewissermaßen methodologische Erklärung – wo man von politökonomisch begründeten Gesetzen sprechen muß, um ein Phänomen der Wirtschaftsgeschichte zu verstehen, und wo der gesunde Menschenverstand genügt – ist ein wahrlich seltener und wahrlich für alle Wirtschaftsgeschichtsschreibung bedeutsamer, viel zu wenig beachteter Hinweis, der das ganz hohe Niveau der Marxschen Wirtschaftsgeschichtsschreibung andeutet.

Zwischen dem Frühwerk von Engels und dem „Kapital" von Marx liegt ein Werk der bürgerlichen Beschreibung der Lage der Arbeiter, das größte Bedeutung hat: „Les Ouvriers Européens, Etudes sur les travaux, la vie domestique et la condition morale des populations ouvrières de l'Europe, précédées d'un exposé de la methode d'observation" von Fréderic Le Play (1806–1882), das 1855 und in 6 Bänden, 1877/79 erneut erschien. Le Play ist heute unverdienterweise wenig bekannt, während es noch im „Handwörterbuch der Staatswissenschaften" (3. Aufl. 6. Bd., S. 492 f.) über ihn

[27] Ebendort, Bd. 23, a. a. O., S. 687 f.

* „Public Health. Eighth Report", Lond. 1866, p. 14, Note.

** l. c. p. 89. Mit Bezug auf die Kinder in diesen Kolonien sagt Dr. Hunter: „Wir wissen nicht, wie Kinder von diesem Zeitalter dichter Agglomeration der Armen aufgebracht worden, und er wäre ein kühner Prophet, der vorhersagen wollte, welches Betragen zu erwarten von Kindern, die unter Zuständen ohne Parallele in diesem Land jetzt ihre Erziehung für künftige Praxis als gefährliche Klassen durchmachen, indem sie die halbe Nacht aufsitzen mit Personen jeden Alters, trunken, obszön und zanksüchtig." (l. c. p. 56.)

*** l. c. p. 62.

heißt: „Le Play war der bedeutendste französische Sozialtheoretiker der Neuzeit. Mit ihm begannen die katholisch-sozialen Bestrebungen in Frankreich. Er kam über ein Programm der Selbsthilfe: durch Beobachtung des Dekalogs, freie Assoziationen und Fürsorge der Unternehmer für ihre Arbeiter (Patronat) nicht hinaus. Er befolgte bei seinen Forschungen die induktive Methode. Nur die Beobachtung der Tatsachen an Ort und Stelle kann nach ihm zum Ziele führen und ist soviel wie möglich in Form von Monographien vorzunehmen. Er hat deshalb selbst große Reisen unternommen, um die Verhältnisse der Arbeiter an Ort und Stelle zu studieren. Seine Schule führt den Namen ‚Ecole de la paix sociale'; seine Anhänger sind vereinigt in den ‚Unions de la paix sociale' und der ‚Société internationale d'économie sociale'; Organ der Schule ist die 1881 gegründete ‚Réforme sociale'. Seine Schule setzte die von ihm selbst in den ‚Ouvriers européens' begonnenen monographischen Darstellungen von Arbeiterfamilien fort in den ‚Ouvries des deux mondes'."

Seine Stärke liegt in der minitiösen Beschreibung des Lebens einzelner Arbeiterfamilien, die uns auch heute manchen Einblick in die Verhältnisse jener Zeit gibt. Ich benutzte Plays Werk zum Beispiel so:

„Wie aber lebte der Arbeiter faktisch, absolut? Was aß er, wie oft hatte er Fleisch? Le Play hat unter anderem die Lebenshaltung eines Bergarbeiters in der Auvergne, also eines Arbeiters, der besonders schwere Arbeit tut, untersucht.* Einleitend spricht er von den Ackerbauern, die mit den Bergarbeitern die Bevölkerung dieser Gegend ausmachen, und stellt fest: ‚Der Ackerbauer geht mit wenig Energie, oft gleichgültig, an seine Arbeit. Dieser Zustand der Trägheit kann ohne Zweifel zum Teil der ungenügenden Ernährung, bei der Fleisch und alkoholische Getränke fast völlig fehlen, zugeschrieben werden.'

Und nun hören wir vom Leben der Bergarbeiter: ‚Suppe ist im Orte Barbecot, wie in dem größeren Teil Frankreichs, das Hauptnahrungsmittel der Familien. Sie setzt sich in der Hauptsache aus Brot und etwas Wasser zusammen; man würzt sie mit etwas Butter und Salz; man fügt, je nach der Saison, verschiedene Gemüse, besonders Zwiebeln, Kartoffeln oder Kohl hinzu . . . Um 5 Uhr morgens, bevor er zu dem vier Kilometer vom Hause entfernten Schacht geht, ißt der Arbeiter seine Suppe und dann ein Stück Brot. Die anderen Familienmitglieder frühstücken etwas später. Der Arbeiter nimmt ein Stück Brot für sein zweites Frühstück um 8 Uhr mit; Suppe, Brot, ein Stück Käse oder Eier für sein Mittagessen. Nach Hause gekommen, nimmt der Arbeiter um 7 Uhr zusammen mit der ganzen Familie wieder Suppe zu sich, dazu Brot und ein wenig Käse; manchmal gibt es abends auch statt der Suppe Kartoffeln oder Eier oder Salat. Während des Sommers und Herbstes gibt es auch noch Früchte. Sonntags kocht man einen Brei aus Eiern und Buchweizenmehl. Fleisch ißt man an den Feiertagen, also etwa sechsmal im Jahr.'

So lebt ein Schwerstarbeiter, der überdies, wie alle von Le Play mit seinen Schülern genauer untersuchten Arbeiterfamilien, zu den bessersituierten Arbeitern gehört – verfügt die Familie, deren Ernährung hier geschildert wird, doch über Möbel im Werte von über 200 frs, und der Mann hat sowohl eine Mütze wie auch einen Hut,

* *F. Le Play*, Les ouvriers européens. 2. Aufl., Bd. 5. Tours u. Paris 1877, S. 153 u. 158 ff.

während die Frau sogar u. a. ein Wollkleid mit eingenähtem Korsett und zwei Halstücher besitzt! Das heißt, der Lebensstandard dieser Familie liegt weit über dem Durchschnittsstandard des französischen Arbeiters! Überdies ist er ‚nur' knapp 14 Stunden von zu Hause abwesend, obwohl er morgens und abends etwa 4 Kilometer zur Arbeit zu laufen hat.

Und doch, wie eintönig ist das Essen: Suppe, Suppe und wieder Suppe – ein Stück trocken Brot zum zweiten Frühstück für einen Bergarbeiter! Sechsmal im Jahr Fleisch für einen Bergarbeiter: und all das in einer Familie mit einem gehobenen Lebensstandard! So sieht die Ernährung eines ‚Arbeiteraristokraten' des Zweiten Kaiserreiches aus!“[28]

Und neben dem Werk von Le Play ist in der gleichen Zeit eines anderen Franzosen zu gedenken: dem Werk von Pierre Emile Levasseur (1828–1911) Histoire des Classes Ouvrières en France depuis la conquête de Jules César jusqu' à la Révolution, 2 Bde., Paris 1859, mit einer zweibändigen Fortsetzung von 1789 bis in die Gegenwart, Paris 1867. Allein schon der Zeitraum, den die zwei Werke umfassen, ist außerordentlich. In der Tat ist es nach Edens wohl das erste Werk dieser Art, das erst in unserer Zeit in der unter der Leitung von Louis-Henri Parias angefertigten vierbändigen Kollektivarbeit Histoire générale du Travail, Paris 1965, einen Nachfolger in der Größe des betrachteten Zeitraums gefunden hat, wobei das letztgenannte Werk versucht, die gesamte Geschichte der Arbeit (nicht allein der Arbeiter!) im Weltmaßstab zu erfassen. Natürlich ist das Werk von Levasseur in vielem überholt, und doch sollte man dieses kühnen Versuches in einer Geschichte der Wirtschaftsgeschichte gedenken.

Und neben dem Werk von Levasseur, das gewissermaßen die Geschichte der Lage der arbeitenden Klasse eines ganzen Landes in fast zwei Jahrtausenden erfaßt, stehen – und das zeigt die ganze Spannweite solcher Untersuchungen im 19. Jahrhundert – zwei einzigartige Lokaluntersuchungen, beide auf London bezogen, H. Mayhew's (1812–1887) London Labour and the London Poor, drei Bände 1851, vier Bände 1861/62 und unter der Leitung von Charles Booth (1840–1916) das Werk über die Lage der arbeitenden Klasse in London, das von 1889 bis 1891 erschien und 17 Bände umfaßt.

Die bis ins kleinste Detail gehende Art und der Ideenreichtum der Untersuchung von Mayhew, der arg in Vergessenheit geraten ist, sei nur an einer im Band II (S. 192) seines Werkes gegebenen Tabelle illustriert, die er mit Hilfe eines Schneiders aufgestellt hat. (siehe nächste Seite)

Durch die schnellere Abnutzung der Kleidung in der Stadt sind die Bekleidungskosten bei identischen Preisen um 50 Prozent höher in der Stadt als auf dem Lande!

Charles Booth, Sohn eines wohlhabenden Liverpooler Geschäftsmannes, selbst ein Industriemagnat, intellektuell interessiert – seine Frau war eine Cousine von Beatrice Webb und eine Nichte von Macaulay – und voll humaner Gesinnung, begann als Mittevierziger sich für die Menschen in den Elendsvierteln von London zu interessieren. Als erstes Organ zur Veröffentlichung seiner Untersuchungen benutzte er

[28] *J. Kuczynski*, Die Geschichte der Lage der Arbeiter, Bd. 33, S. 42 f.

Vergleichsweise Kosten der Bekleidung in Stadt und Land

Kleidung	Kosten der Anschaffung Mark	Stadt Dauer des Tragens Jahre	Kosten pro Jahr Mark	Land Dauer des Tragens Jahre	Kosten pro Jahr Mark	Kostenunterschied Mark
Jacke	50	2	25	3	16,67	8,33
Weste	15	2 1/2	6	3	5,00	1,00
Hose	25	1 1/4	20	2	12,50	7,50
Anzug	90		51		34,17	16,83

das Journal of the Royal Statistical Society. Die Forschungsarbeit, die in dem großen siebzehnbändigen Werke Life and Labour of the People in London steckte und die zahlreiche Mitarbeiter erforderte, finanzierte er selbst. Ein erstaunlicher Mensch und ein erstaunliches Werk!

Abschließend über das 19. Jahrhundert ist noch an einen Mann zu erinnern, der einen entscheidenden Einfluß auf die Untersuchung und das Schreiben der Geschichte der Lage der Arbeiter gehabt hat, an den Amerikaner Carroll Davidson Wright, 1840–1909. Wright leitete von 1873–1885 das Bureau of Statistics of Labor des Staates Massachusets und war von 1885 bis 1905 United States Commissioner of Labor. Ihm, seinem methodologischen Ideenreichtum und seinem unendlichen Eifer, sowie der Tradition, die er geschaffen, verdanken es die Vereinigten Staaten, daß sie hundert Jahre hindurch, bis in unsere Tage, über die besten amtlichen Statistiken zur Lage der Arbeiter in der ganzen Welt verfügen. Als die Avelings die USA besuchten, waren sie sehr beeindruckt von seinen Leistungen. Sie schrieben: „Die durchschnittliche Lage des Durchschnittsarbeiters ist in Amerika so schlecht, wie sie in England ist. Als Beweis dafür werden wir vor allem die letzten Jahresberichte der Arbeitsämter der verschiedenen Staaten benutzen. Diese Berichte, zusammen mit viel wertvoller mündlicher Information, verdanken wir Oberst Carroll D. Wright, dem Leiter des Massachusetts-Amtes (dem ersten in Amerika geschaffenen) seit seiner Begründung bis heute. Oberst Wright ist auch Leiter des zentralen Bureaus, das 1884 in Washington geschaffen wurde . . . Über den Wert dieser Berichte braucht man sich nicht lange auszulassen . . . (An ihnen) sind, mit Ausnahme eines Berichts (für Wisconsin – J. K.), die bis ins kleinste gehende Ehrlichkeit und eine beinahe schon pedantische Genauigkeit der Feststellung und ebensolches Abwägen der Tatsachen bemerkenswert."[29]

Carroll D. Wright war zweifellos der größte bürgerliche Statistiker der Lage der Arbeiter im 19. Jahrhundert. Jedes Wort von Aveling und der Tochter von Marx über Wright ist zutreffend. Ebenso bedeutend wie als Statistiker war Wright auch als Erzieher einer ganzen Generation von Arbeitsstatistikern. Natürlich trug die

[29] Vgl. *E. und E. Marx Aveling,* The Working Class Movement in America, 2nd. ed., London 1891, S. 23 ff.

Tätigkeit von Wright und seinen Schülern sehr wesentlich zur Aufdeckung bzw. Belegung von vielen schlimmen Seiten in der Lage der Arbeiter und zur Milderung gar mancher Übel bei. –

Wir haben in diesen Studien zu einer Geschichte der Gesellschaftswissenschaften oft Wert darauf gelegt, die Haltung von Wissenschaftlern zu ihrer Arbeit zu untersuchen. Auch in dieser Studie zur Geschichtsschreibung der Lage der Arbeiter sei auf eine solche Haltung eingegangen. Es handelt sich um den „Bericht von Senator Martin Griffin aus Boston im Namen des Rechtskomitees, das aufgefordert war, den Nutzen einer Regelung und Beschränkung der Zahl der täglichen Arbeitsstunden zu beraten" vom 29. April 1865. Dort heißt es: „Es gibt etwas, das noch wichtiger für uns als Volk ist als das reine Wachsen des Reichtums oder die Vollendung der Technik – und das ist der Schutz, die Erhaltung und die Förderung des Menschen. In dieser Beziehung haben wir das Gefühl, daß auf uns eine heilige Pflicht und Verantwortung ruht und daß wir verpflichtet sind, unsere Apathie in der Vergangenheit durch schnelles und ernsthaftes Handeln in der Zukunft wiedergutzumachen. Wir sind erstaunt über die Entwicklungen, die diese Untersuchung herbeigeführt hat. Kein Thema, das von diesem Komitee der gesetzgebenden Versammlung untersucht worden ist, hat wichtigere Tatsachen an das Licht gebracht oder ein lebhafteres und allgemeineres Interesse hervorgerufen – ein Interesse für die zahlreichste Klasse unserer Gesellschaft und eines, das unserer Ansicht nach nur allzu selten die Aufmerksamkeit der gesetzgebenden Versammlung erregt hat – die Lage der werktätigen Klasse. Ohne uns darin von der großen Mehrheit der Gesellschaft zu unterscheiden, sind wir an dieses Thema mit einer völligen Ignoranz herangegangen und zugleich in dem Glauben, daß eine Untersuchung und erst recht eine Verbesserung der Lage derer, deren Arbeit uns reich gemacht hat und deren technische Fertigkeit und Begabung uns an die Spitze der Nation gestellt haben, nicht notwendig wäre oder sein könnte. Die Untersuchung hat unsere Ignoranz vertrieben, und ihr Komitee muß Zeugnis ablegen für die dringende Notwendigkeit, etwas zu tun und die Lage zu verbessern. Die Tatsachen, die wir gefunden haben, sind beinahe unglaubwürdig. Wahrlich, das Komitee war erstaunt, daß mitten in einem Fortschritt und in einer Prosperität, die keine Parallele haben, während Kunst und Wissenschaft blühen, arbeitssparende Maschinen entwickelt werden, immer neue Erfindungen aufkommen und Reichtum und Prosperität im Wachsen sind – daß unter solchen Umständen der Mensch, der all das produziert, ‚die erste große Ursache von allem', der geringste und am wenigsten verstandene war. Diese Prosperität, deren wir uns rühmen und die ein Segen für uns sein sollte, hat die Tendenz, aus dem Arbeiter wenig mehr als eine Maschine zu machen, ohne hochfliegende Gedanken, in der Sprache eines der Zeugen, ‚einen Sklaven'; ‚denn', fügte dieser hinzu, ‚wir sind Sklaven, überarbeitet, erschöpft und geschwächt von unseren Mühen, ohne Zeit, unseren Geist oder unsere Seele zu pflegen. Ist es erstaunlich, daß wir verkommen und unwissend sind?' "

Dies ist wirklich eines der würdigsten Dokumente, das je von einem Parlamentskomitee unter dem Kapitalismus herausgebracht worden ist. Es gibt ein klares Bild der Reaktion unwissender, aber humaner Männer, wenn sie sich über die Lage der

Arbeiter informierten und wenn sie ehrlich und, wie Marx es nennt, rücksichtslos an ihre Arbeit gehen.

Und ganz zum Abschluß der Betrachtung des 19. Jahrhunderts sei noch einmal ein Zitat von Engels, und zwar aus dem Anhang zur amerikanischen Ausgabe der „Lage der arbeitenden Klasse in England", gegeben, um zu zeigen, welcher Reichtum an wirtschaftshistorischen Überlegungen sich in den kürzesten Gelegenheitsäußerungen von Marx und Engels findet: „Es gab zwei Umstände, die viele Jahre verhinderten, daß die unvermeidlichen Konsequenzen des kapitalistischen Systems in Amerika voll ans Tageslicht kamen. Diese bestanden in dem leichten Erwerb von billigem Land und in der starken Einwanderung. Sie erlaubten es lange Zeit der großen Masse der einheimischen amerikanischen Bevölkerung, sich in jüngeren Jahren von der Lohnarbeit ‚zurückzuziehen' und Farmer, Händler oder Arbeitgeber zu werden, während die harte Lohnarbeit, die Stellung eines lebenslänglichen Proletariers, hauptsächlich den Einwanderern verblieb. Doch Amerika ist diesem Jugendstand entwachsen. Die unendlichen Urwälder sind verschwunden und die noch unendlicheren Prärien gehen rascher und rascher aus den Händen des Staates und der Staaten in die von Privateigentümern. Das große Sicherheitsventil gegen die Bildung einer permanenten proletarischen Klasse hat – praktisch genommen – zu wirken aufgehört. Zur Zeit besteht in Amerika eine Klasse lebenslänglicher und selbst erblicher Proletarier. Eine Nation von 60 Millionen, die hart und mit nicht geringer Aussicht auf Erfolg darum kämpft, die führende Industrienation der Welt zu werden, kann nicht ständig ihre eigene Lohnarbeiterklasse importieren; selbst dann nicht, wenn eine halbe Million Einwanderer pro Jahr in das Land strömen. Die Tendenz des kapitalistischen Systems, die Gesellschaft endgültig in zwei Klassen zu spalten, mit einigen wenigen Millionären auf der einen und der großen Masse der bloßen Lohnarbeiter auf der andern Seite, diese Tendenz wirkt, obwohl sich ihr ständig andere soziale Kräfte hemmend entgegenstellen, nirgends mit größerer Macht als in Amerika; und das Ergebnis war das Hervorbringen einer Klasse einheimischer amerikanischer Lohnarbeiter, die in der Tat, verglichen mit den Einwanderern, die Aristokratie der Lohnarbeiterklasse bildet, die aber mit jedem Tag sich mehr und mehr ihrer Solidarität mit den Einwanderern bewußt wird und die nun um so stärker ihre Verurteilung zu lebenslanger Lohnsklaverei erkennt, weil die Erinnerung an vergangene Tage, als es verhältnismäßig einfach war, eine höhere gesellschaftliche Ebene zu erreichen, in ihr noch wach ist. Demgemäß hat sich in Amerika die Bewegung der Arbeiterklasse mit wahrhaft amerikanischer Energie in Marsch gesetzt, und da sich auf der anderen Seite des Atlantik die Dinge mit zumindest der doppelten Geschwindigkeit entwickeln als in Europa, könnten wir es noch erleben, daß Amerika auch in dieser Beziehung die Führung an sich reißt."[30]

Auf einer einzigen Druckseite eine historische Analyse der Hauptmomente, die die amerikanischen Arbeiter in so vieler Beziehung einen anderen Weg gehen ließen als die Arbeiter West- und Mitteleuropas, bis auch sie in den allgemeinen Strom mündeten.

[30] *Marx/Engels*, Werke, Bd. 21, Berlin 1962, S. 253 f.

Und wenn wir an Engels, der doch ein großes Werk über die Lage der Arbeiter geschrieben, soeben rühmten, wie er auch, gewissermaßen in einer kurzen Anmerkung, wunderbar verdeutlichendes Licht auf die Geschichte der Lage warf, so gilt das auch für den größten Wirtschaftshistoriker des 20. Jahrhunderts, für Lenin. Man denke etwa an seine Analyse der Spaltung der Arbeiterklasse im „Imperialismus", ausgehend von Bemerkungen des deutschen bürgerlichen Wirtschaftswissenschaftlers G. v. Schulze-Gaevernitz:

„Nun ist der bürgerliche Erforscher des ‚britischen Imperialismus' zu Beginn des 20. Jahrhunderts" gezwungen, wenn er von der englischen Arbeiterklasse spricht, systematisch einen Unterschied zu machen zwischen der *‚Oberschicht'* der Arbeiter und der *‚eigentlich proletarischen Unterschicht'*. Die Oberschicht liefert die Mitgliedermasse der Genossenschaften und Gewerkschaften, der Sportvereine und der zahllosen religiösen Sekten. Ihrem Niveau ist auch das Wahlrecht angepaßt, das in England ‚immer noch *beschränkt genug ist, um die eigentlich proletarische Unterschicht fernzuhalten*'!! Um die Lage der englischen Arbeiterklasse zu beschönigen, pflegt man nur von dieser Oberschicht zu sprechen, die die *Minderheit* des Proletariats ausmacht: bei der Arbeitslosigkeit z. B. ‚handelt es sich überwiegend um eine Frage Londons und der proletarischen Unterschicht, *welche politisch wenig in das Gewicht fällt*' . . .* Es hätte heißen müssen: welche für die bürgerlichen Politikaster und die ‚sozialistischen' Opportunisten wenig ins Gewicht fällt.

Zu den mit dem geschilderten Erscheinungskomplex verknüpften Besonderheiten des Imperialismus gehört die abnehmende Auswanderung aus den imperialistischen Ländern und die zunehmende Einwanderung (Zustrom von Arbeitern und Übersiedlung) in diese Länder aus rückständigeren Ländern mit niedrigeren Arbeitslöhnen . . . In den Vereinigten Staaten nehmen die Einwanderer aus Ost- und Südeuropa die am schlechtesten bezahlten Stellen ein, während die amerikanischen Arbeiter den größten Prozentsatz der Aufseher und der bestbezahlten Arbeiter stellen.** Der Imperialismus hat die Tendenz, auch unter den Arbeitern privilegierte Kategorien auszusondern und sie von der großen Masse des Proletariats abzuspalten.

Es muß bemerkt werden, daß in England die Tendenz des Imperialismus, die Arbeiter zu spalten, den Opportunismus unter ihnen zu stärken und eine zeitweilige Fäulnis der Arbeiterbewegung hervorzurufen, viel früher zum Vorschein kam als Ende des 19. und Anfang des 20. Jahrhunderts. Denn zwei der wichtigsten Merkmale des Imperialismus – riesiger Kolonialbesitz und Monopolstellung auf dem Weltmarkt – traten in England schon seit Mitte des 19. Jahrhunderts hervor."[31]

Auch hier, genau wie in dem Zitat von Engels, wird in wenigen Sätzen eine erstaunliche Einsicht in die Verhältnisse der Arbeiter, ihre Wandlungen, dazu deren Beurteilung durch bürgerliche Wissenschaftler und wie man sie korrigieren muß, gegeben.

Ansonsten hat das 20. Jahrhundert eine Fülle von ordentlichen fleißigen For-

[31] *W. I. Lenin*, Werke, Bd. 22, Berlin 1960, S. 287 f.

* *Schulze-Gaevernitz*, „Br. Imp.", S. 301.

** *Hourwich*, „Immigration and Labor", N. Y. 1913.

schungsresultaten über die Lage der Arbeiter gebracht, sowohl von bürgerlicher Seite wie von marxistischer, die ersteren oft weit gründlicher in der Materialsuche und Materialaufbereitung, die letzteren stets weit tiefer in der Einsicht. Vor allem wurde die quantitative Seite der Untersuchungen entwickelt, wurden gleichzeitig Mikrountersuchungen und internationale Vergleiche in wachsender Anzahl gemacht.

Als wissenschaftliche Merkwürdigkeit sei das Werk der Kuczynskis erwähnt, von denen René (1876–1947) die Lage der Arbeiter (als Zeitgeschichte und historisch) von 1899 bis 1926 und sein Sohn Jürgen von 1926 bis 1968 laufend, gewissermaßen als wissenschaftlichen Lebensinhalt untersuchten. Der letztere faßte seine Arbeiten schließlich in einem 40bändigen Werk über die Lage der Arbeiter in den führenden kapitalistischen Ländern vom Ende der Feudalzeit bis in die Gegenwart zusammen. In den rund 70 Jahren, die ihre Arbeit umfaßt, schrieben die Kuczynskis über 100 Bücher und Broschüren und weit über 1000 Artikel zur Lage der Arbeiter.

Kapitel VI

Die deutsche Historische Schule

Es gibt ein Land, das auf dem Gebiet der Wirtschaftsgeschichte zeitweise Welteinfluß hatte und eine wirtschaftshistorische Schule entwickelte, die aus einem völligen Mißverständnis darüber, wie wissenschaftliche Arbeit vor sich gehen sollte, außerordentliche Leistungen auf dem Gebiet der Wirtschaftsgeschichte durch mittelmäßige Gelehrte und nicht zum Wenigsten durch Doktoranden vollbracht hat. Und dieses Land ist Deutschland zwischen 1860 und 1910, die wirtschaftshistorische Schule aber ist die sogenannte Historische Schule der Nationalökonomie von Roscher bis Schmoller. Sie verdient ein besonderes Kapitel in jeder Geschichte der Wirtschaftsgeschichtsschreibung nicht zum Wenigstens auch, um zu zeigen, wie ungleichmäßig und auf wie krummen Wegen sich eine Wissenschaft entwickeln kann.

Schmoller hat die Historische Schule mit Recht in die ältere und die jüngere geteilt. Als Haupt der älteren gilt Wilhelm Roscher, als Haupt der jüngeren Gustav Schmoller.

Über Roscher heißt es im Handwörterbuch der Staatswissenschaften (3. Aufl., 7. Bd., S. 156 f.):

„Geb. am 21./X. 1817 zu Hannover, gest. am 4./VI. 1894 in Leipzig, besuchte das Lyceum seiner Vaterstadt, studierte 1835–1839 zu Göttingen und Berlin, promovierte 1838 in der philosophischen Fakultät zu Göttingen, habilitierte sich 1840 an derselben Universität für Geschichte und Staatswissenschaften, wurde 1843 außerordentlicher und 1844 ordentlicher Professor in Göttingen und folgte 1848 einer Berufung nach Leipzig.

Roscher starb als Ehrendoktor der Rechte von Königsberg, Bologna und Edinburg, der Staatswirtschaft von Tübingen, ferner als Ehrenmitglied der Universitäten Kasan, Kiew, Präses der fürstlich Jablonowskischen Gesellschaft, Mitglied der Königlichen Sächsischen Gesellschaft der Wissenschaften, der Akademien zu München, Wien, Budapest, Mailand, Stockholm, Venedig, der Lynceer zu Rom des Institut de France, der Société d'economie politique und der Société statistique zu Paris, Ehrenmitglied des Institut international de statistique etc.

Roscher ist der eigentliche Begründer der historischen Schule der deutschen Nationalökonomie. Im Jahre 1843 erschien sein ‚Grundriß zu Vorlesungen über die Staatswirtschaft nach geschichtlicher Methode', und diese kleine Schrift bildet ein Ereignis in der Geschichte der Volkswirtschaftswissenschaft. Roscher wendet hier die historische Methode auf die Nationalökonomie an; er will durch sie, wie er im Vorwort sagt, ‚für die Staatswirtschaft etwas Ähnliches erreichen, was die Savigny-Eichhornsche Methode für die Jurisprudenz erreicht hat'."

Die Aufzählung seiner akademischen Ehren scheint hier angebracht, um sie im Lichte von zwei Einschätzungen seiner Leistungen zu sehen.

Die eine findet sich in einem Brief von Marx an Lassalle (vom 16. Juni 1862): „Was den Roscher betrifft, so kann ich erst in einigen Wochen das Buch neben mich legen und einige Randglossen dazu machen. Ich behalte mir diesen Burschen für eine *Note* vor. In den *Text* passen solche Professoralschüler nicht. Roscher besitzt viel – oft ganz nutzlose – Literaturkenntnis, obgleich ich selbst hier den Göttinger alumnus durchblicke, der unfrei in den Literaturschätzen wühlt und sozusagen nur ‚offizielle' Literatur kennt; respectable. Aber davon abgesehn. Was nützt mir ein Kerl, der die ganze mathematische Literatur kennte und keine Mathematik verstünde? So ein selbstgefälliger, wichtigtuender, gemäßigt gewiegter eklektischer Hund! Wenn ein solcher Professoralschüler, der seiner Natur nach nun einmal nie über Lernen und Lehren des Gelernten hinauskam, der nie zur Selbstbelehrung kommt, wenn ein solcher Wagner wenigstens ehrlich wäre, gewissenhaft, so könnte er seinen Schülern nützlich sein. Wenn er nur keine falschen Ausflüchte machte und offen sagte: Hier ist ein Widerspruch. Die einen sagen so, die andern so. Ich, der Natur der Sache nach, habe kein Urteil. Nun seht, wie Ihr Euch selbst herausarbeitet! In dieser Form würden die Schüler, einerseits gewissen Stoff bekommen, andrerseits zum Selbstarbeiten angeleitet. Aber allerdings, ich stelle hier eine Forderung, die der Natur des Professoralschülers widerspricht. Es liegt essentiellement in ihm, daß er die *Fragen* selbst nicht versteht und sein Eklektizismus daher eigentlich nur in der Ernte der gegebnen *Antworten* umherschnuppert; aber auch hier nicht ehrlich, sondern always with an eye to the prejudices and the interests of his paymasters! Ein Steinklopfer ist respectable, verglichen mit einer solchen Kanaille."[1]

Die zweite Einschätzung stammt von dem respektablen, konservativen, grundgebildeten bürgerlichen Ökonomen Edgar Salin. Er sagte von Roscher, „daß er sich zwar gern als Schüler Rankes bekannte, aber seiner Anlage nach nicht zur echten Geschichtsforschung und -darstellung geboren, sondern nur zu einer unromantischen, positivistischen Geschichtskonstruktion begabt war. Er hatte Verständnis für alles und jedes und sammelte in der Botanisiertrommel seiner Bücher jeden Vorgang und jede Theorie; aber da er keinen eignen theoretischen Standpunkt besaß, da jede wirkliche Stellungnahme seiner versöhnlichen Natur fern lag, und da seine ‚physiologische Methode' in der Geschichte nur das nicht vorhandene ‚Naturgesetz' oder ‚Entwicklungsgesetz' suchte, so ward er zwar der gefeierte Lehrer für zwei stoffhungrige Generationen von Praktikern; aber wenn er selbst als den Sinn seines geschichtlichen Verfahrens aussprach, er wolle ‚für die Staatswirtschaft etwas Ähnliches erreichen, was die Savigny-Eichhornsche Methode für die Jurisprudenz erreicht hat', so täuschte er sich über sein Verfahren, seine Leistung und seinen Erfolg."[2]

Sowohl das Handwörterbuch der Staatswissenschaften wie Salin enden ihre Einschätzung mit dem gleichen Zitat aus Roscher, das ihn in gewisser Beziehung in einen größeren akademisch-ideologischen Rahmen stellt, in dem sich auch Savigny und

[1] *Marx/Engels*, Werke, Bd. 30, Berlin 1964, S. 627 f.

[2] *E. Salin*, Geschichte der Volkswirtschaftslehre, 4. Aufl., Bern und Tübingen 1951, S. 139.

Jacob Grimm befinden – Savigny, der Begründer der Historischen Rechtsschule, Jacob Grimm, der große Führer der „historischen Germanistik".

Roscher fühlt sich als Vertreter einer Richtung auf dem Gebiete der Wirtschaftswissenschaften, die die gesamten Gesellschaftswissenschaften mehr oder weniger erfaßt hat und blickt in die Vergangenheit auf Justus Möser, den Goethe einen „herrlichen, unvergleichbaren Mann" genannt hat, als einen Ahnherrn seiner Richtung zurück. In seiner Geschichte der National-Ökonomik allerdings beginnt er das 33. Kapitel, „Die unmittelbare Vorbereitung der geschichtlichen Nationalökonomik", ebenso abstrus gelehrt wie kindisch in typisch Roscher'scher Art: „Der erste große Historiker im neuern Deutschland, Winkelmann, bietet uns eigentlich gar keinen Anknüpfungspunkt, was um so mehr zu bedauern ist, je mehr gerade für alle plastische Kunst die wirtschaftliche Entwicklung des städtischen Gewerbefleißes die eigentliche Unterlage bildet."[3] Vom wirklichen Hintergrund seiner Richtung hat er wenig Ahnung: der Reaktion einerseits auf die Aufklärung und andererseits auf das Verkommen der klassischen Schule der bürgerlichen Politökonomie in abstrakt-vulgärem Dogmenstreit.

Die Historische Schule als gesamtgesellschaftliche Richtung hätte große Bedeutung für die Wissenschaft haben können, wenn neben einigen bedeutenden Männern wie Savigny, Jacob Grimm und G. L. Maurer, von denen aber auch der erstere nach einiger Zeit verkam, eine Reihe wissenschaftsphilosophisch gebildeter Männer auch nur unteren wissenschaftlichen Ranges gestanden hätten. Wenn Marx von der Historischen Rechtsschule gesagt hat: „Die historische Schule hat das Quellenstudium zu ihrem Schiboleth gemacht, sie hat ihre Quellenliebhaberei bis zu dem Extrem gesteigert, daß sie dem Schiffer anmutet, nicht auf dem Strome, sondern auf seiner Quelle zu fahren,"[4] so können wir sagen, daß die Historische wirtschaftswissenschaftliche Schule in der Quelle ertrunken ist.

Allerdings handelt es sich bei dem älteren Teil der Historischen Schule vorerst noch um die Aufstellung von Grundsätzen, von methodologischen Lehren, die sie im Grunde nicht befolgen. Gide und Rist sagen über Roscher:

„Der Gründer der Schule ist unbestritten Wilhelm Roscher, Professor an der Universität Göttingen, der 1843 seinen Grundriß zu Vorlesungen über die Staatswissenschaft nach geschichtlicher Methode* veröffentlichte. In dem Vorwort zu diesem kleinen Werk legt er schon die Richtlinien fest, die ihn leiten sollten, Richtlinien, die er später in seinem berühmten System der Volkswirtschaft, dessen erste Ausgabe (die Grundlagen) 1854 erschien, ausführlich entwickelte. Er erhebt nicht den Anspruch, sich mit etwas Anderem als mit Wirtschaftsgeschichte zu befassen. ‚Unser Zweck', sagt er, ‚ist die Beschreibung dessen, was die Völker in wirtschaftlicher Hinsicht gewollt und gefühlt haben, der Zwecke, die sie verfolgten und erreichten, der Ursachen, für welche sie sie verfolgt und erreicht haben**.' Eine derartige Unter-

[3] *W. Roscher,* Geschichte der National-Ökonomik in Deutschland, München u. Berlin 1874, S. 912.

[4] *Marx/Engels,* Werke, Bd. 1, Berlin 1956, S. 78.

* Grundriß zu Vorlesungen über die Staatswirtschaft nach geschichtlicher Methode, Göttingen 1843.

** „Grundriß", Vorwort, S. IV.

suchung, fügt er hinzu, kann nur gemacht werden, ‚indem man in enger Verbindung mit den anderen Wissenschaften des nationalen Lebens bleibt, hauptsächlich mit der Rechtsgeschichte, mit der politischen Geschichte und der Geschichte der Zivilisation'. Er verwahrt sich zugleich dagegen, der Schule Ricardo's Opposition machen zu wollen. ‚Ich bin weit davon entfernt,' so fährt er fort, ‚diesen Weg als den einzigen oder den kürzesten zu betrachten, um die Wahrheit zu erreichen; aber ich zweifle nicht daran, daß er in besonders schöne und fruchtbare Gegenden führt, die, einmal aufgeschlossen, niemals wieder vollständig verlassen werden.'

Das, was Roscher sich hier vorsetzt, ist daher lediglich die Ergänzung der gewöhnlichen Theorie durch eine Geschichte der Ereignisse und der wirtschaftlichen Meinungen. In Wahrheit hat sich auch Roscher in der Reihe der sich folgenden Bände seines Systems, die mit wachsender Gunst von dem gebildeten Deutschland aufgenommen wurden, damit begnügt, neben die Darlegung der klassischen Doktrinen zahlreiche gelehrte Betrachtungen über die wirtschaftlichen Tatsachen und Ideen der Vergangenheit zu stellen."[5]

Mit dieser Kennzeichnung haben Gide und Rist an sich völlig recht. Doch muß man hinzufügen, daß Roscher von seiner Methode als der „geschichtlichen oder physiologischen" spricht und einen Haufen romantischer Ideologie beimischt. Man höre sich etwa folgendes allgemeines Gewäsch über das historische Schicksal von Völkern an:

„Daß ein Altern und Verfallen nach erreichter Blüthenzeit für ganze Völker ebenso unvermeidlich ist, wie für einzelne Menschen, kann im Allgemeinen so wenig bewiesen, als widerlegt werden.* Diese Ungewißheit ist praktisch sehr nützlich, weil das Gegentheil mittelmäßige Staatsmänner leicht verzagt oder gleichgültig machen könnte. Jedenfalls aber darf man nicht, wie so Viele thun, die irdische Unsterblichkeit der Völker, falls sie nur eine richtige Diät beobachten, ohne Beweis voraussetzen, und eine Wissenschaft (Physiologie oder Medicin des Volkes) schon um deßwillen für irrig erklären, weil sie gegen das Altwerden kein Heilmittel zu kennen gesteht. Viele Völker haben unzweifelhaft dieß Schicksal gehabt: sie sind gestorben, d. h. nicht gerade zerstört, wie ja auch in der körperlichen Welt kein Stoff verloren geht, aber doch in ihrer frühern nationalen Persönlichkeit verschwunden und nur noch als Bestandtheile anderer Nationen fortlebend. Diese Erscheinung hat zwar die Analogie alles Menschlichen für sich, scheint aber einem weit verbreiteten Naturgesetze zu widersprechen, wonach das Fortgehen in einer Richtung gewöhnlich um so leichter wird, je weiter man bereits darin gegangen ist.

Es erklärt sich indessen das Problem des Sinkens zunächst schon aus den erschlaffenden Einwirkungen des Besitzes und Genusses selbst, welchen nur ausgezeichnete Menschen ganz entgehen. Und doch muß jedem äußeren Fortschritte ein innerer

[5] *Ch. Gide* und *Ch. Rist*, Geschichte der volkswirtschaftlichen Lehrmeinungen, Jena 1921, S. 418 f.

* Auch bei den Einzelnen ist die Nothwendigkeit des Todes unbeweisbar; man zweifelt aber nicht daran wegen der großen Menge von Erfahrungen, wie sie in Bezug auf den Tod ganzer Völker natürlich in dem Grade nicht stattfinden kann.

Fortschritt entsprechen, oder es drohet ein um so tieferer Sturz, je höher man vorher gestiegen war. Die Meisten werden bequemer, wenn sie ihr Hauptziel erreicht haben. Ich erinnere an die Nachkommen derer, welche durch ungewöhnliche Thätigkeit reich geworden sind. Aus dem Gelingen selber geht eine große Gefahr der Eitelkeit und Sicherheit hervor; die letztere namentlich insofern, als man nun vom Ganzen, (z. B. vom Staate), überhaupt von Anderen erwartet, was man durch eigene Wachsamkeit und Thätigkeit erhalten sollte. Das Ganze besteht ja doch schließlich immer aus den Einzelnen! – Hierzu kommt das Streben nach dem Neuen um seiner Neuheit willen: ein an sich förderliches Streben, ohne welches die volle Entwicklung aller Kräfte vielleicht nicht möglich wäre. Wenn aber der Geist keines Volkes eine unbegränzte Capacität besitzt, so muß wohl endlich, falls das Beste erreicht ist, und immer Neues geschafft werden soll, nach dem Schlechtern gegriffen werden. Schon die bloße sehr starke Concurrenz wirkt hier gefährlich, weil sie leicht die große Masse der Unverständigen zum Schiedsrichter macht, und durch unerlaubte Nebenmittel zu reizen verführt: in den Künsten z. B. durch Lüsternheit statt des Schönheitsgefühles. – Man denke ferner an die Enttäuschungen, welche bei jedem idealen Streben unvermeidlich sind. Solche Ideale haben doch immer viel menschliche Schwächen an sich. Der große Haufe der gewöhnlichen Menschen dient in der Regel den materiellen Interessen; nur zuweilen gelingt es, ihn zu idealen Dingen aufzuspornen: und das sind gleichsam die Silberblicke der Geschichte. Späterhin folgt dann regelmäßig eine Periode vielfacher Enttäuschung, Abspannung vom Rausche. Haben sich nun allmälich alle Ideale, denen das einzelne Volk zugänglich war, abgenutzt, so kann nichts mehr die große Masse aus ihrer Ruhe, ihrer Trägheit hervorlocken. – Dabei wiederholt es sich in der Regel, daß dieselben Richtungen, welche das Volksleben zu seinem Höhepunkte führen, es in ihrem weitern Fortwirken auch wieder hinabstürzen. Keine menschliche Richtung, die doch fast immer mit Sünde behaftet, die jedenfalls endlicher Natur ist, verträgt ihre äußersten Consequenzen. Bei allem irdischen Dasein pflegt der Entstehungsgrund schon die Keime des künftigen Unterganges zu enthalten.

Uebrigens darf zur Beruhigung des menschlichen Freiheitsgefühles kühn versichert werden, daß noch kein religiös und sittlich tüchtiges Volk, so lange es diese höchsten Güter bewahrte, aber freilich auch nur so lange nicht, verfallen ist."[6]

Man möge das lange Zitat verzeihen, aber es zeigt den ganzen Roscher in seiner ganzen Flachheit, die nur selten einen Höhepunkt des Grotesken, wie etwa in der Fußnote, erreicht.

Die beiden anderen bekannten Vertreter der älteren Historischen Schule, Bruno Hildebrand (1812–1878) und Karl Knies (1821–1898), sind im Grunde nicht anders verfahren als Roscher, was die Verwirklichung der Methodik betrifft.

Über Hildebrand bemerkt Salin: „Auch über Hildebrands Werk steht das Urteil, daß die Ausführung nicht der Größe des Programms entsprach. Seine Nationalökonomie der Gegenwart und Zukunft* hatte beim Erscheinen des ersten Teils eine

6 *W. Roscher*, System der Volkswirtschaft, Bd. 1, 21. Aufl., Stuttgart 1894, S. 776 ff.

* Frankfurt a. M. 1848; Natural-, Geld- und Kreditwirtschaft, Jahrb. f. Nat. u. Stat. 1864; Die Entwicklungsstufen der Geldwirtschaft, ebenda 1876.

kaum mehr begreifliche Schlagerwirkung, – aber dieser erste, wesentlich kritische Band ist der einzige geblieben. So war zwar nochmals der schon von List erkannte ‚Atomismus‘ der Klassiker widerlegend beleuchtet, so war Adam Müllers Bedeutung richtig dahin umschrieben, daß er die Notwendigkeit zeigte, die Nationalökonomie ‚als einen integrierenden Teil der gesamten Wissenschaft von der menschlichen Gesellschaft zu betrachten‘ (S. 329), so war ein Versuch gerechter Würdigung von List, Engels, Proudhon unternommen. Aber der Band über Die Methode der Nationalökonomie, der den Weg zum gemeinsamen Mittelpunkt aller richtigen Ergebnisse der früheren Wirtschaftsschriften hätte weisen sollen, blieb ungeschrieben. Statt der versprochenen Krönung durch eine ‚neue Gestaltung der Wissenschaft nach der gefundenen Methode‘ (S. 6) errichtete Hildebrand statistische Seminare und bot in statistischen Arbeiten an Stelle der statistischen Angaben der Vergangenheit, die er als ‚ungenügend und von der Oberfläche geschöpft oder zu falschen Folgerungen benutzt‘ schon früher erkannt hatte (S. 4), der wissenschaftlichen Arbeit einen neuen, noch schneller veraltenden Stoff."[7]

Über Knies schreibt Paul Mombert: „Unstreitig der bedeutendste aus dem Kreise der älteren historischen Schule ist K. Knies. Das gilt nicht nur von seinen methodischen Arbeiten (Die politische Ökonomie vom Standpunkt der geschichtlichen Methode, I. Aufl. 1853) sondern auch von seinem zweiten Hauptwerk, ‚Geld und Kredit‘ (1873–76). Gegenüber Roscher und Hildebrand bringt er in methodischer Beziehung nicht viel Neues, aber das, was er über diese Fragen sagt, ist wesentlich tiefer und gründlicher ausgebaut. Das an erster Stelle genannte Werk blieb fast ein Menschenalter unbeachtet und hat erst nach dreißig Jahren eine zweite Auflage erlebt."[8]

Mombert hat recht, daß Knies theoretisch klüger ist als Roscher oder Hildebrand – er hat aber auch recht, und das ist es, worauf es uns hier ankommt, daß Knies methodologisch nichts Neues zur Linie von Roscher beigetragen hat. Wenn Salin erwähnt, daß Hildebrand einen „Versuch von gerechter Würdigung" von Engels gemacht hat, so hat er insofern recht, als die entsprechenden Seiten in „Die Nationalökonomie der Gegenwart und Zukunft"[9] zu dem Besten gehören, was von bürgerlicher antisozialistischer Seite über „Die Lage der arbeitenden Klasse in England" gesagt worden ist. Man darf in diesem Zusammenhang nicht vergessen, daß die aus der klassischen Politischen Ökonomie mit Recht vertriebene Ethik – was Smith an Ethik zu verbreiten wünschte, hat er in der Theory of Moral Sentiments getan – von der Historischen Schule wieder eingeführt wurde, wenn sie auch in ihrem jüngeren Teil nicht von allen zugelassen wurde.

Abschließend können wir über die ältere Schule mit den Worten von Mombert feststellen: „Die Leistungen dieser älteren historischen Schule liegen durchaus auf methodischem Gebiet. Roscher hat in seinen größeren Werken die historische Methode nur in unzulänglicher Weise angewandt, Hildebrand ist überhaupt kaum zu

[7] *E. Salin*, a. a. O., S. 139 f.

[8] *P. Mombert*, Geschichte der Nationalökonomie, Jena 1927, S. 469.

[9] In der von H. Gehrie eingeleiteten Ausgabe, Jena 1922, S. 125 ff.

größeren positiven Leistungen gekommen und das große, beachtenswerte Werk von Knies über Geld und Kredit steht in seinem ganzen Aufbau mit den Problemen der historischen Methode nur in sehr lockerem Zusammenhang."[10]

Man muß sich im Grunde fragen, ob man nicht gegen den bisherigen Brauch die Historische Schule überhaupt erst mit den jüngeren beginnen sollte. Zu welchem Unsinn der Gebrauch dieses Ausdrucks für die ältere führen kann, zeigt zum Beispiel die „Feststellung" im Personenverzeichnis der Marx/Engels-Ausgabe (das allerdings nicht selten unwissenschaftlich in seiner Charakteristik von Personen vorgeht), daß Roscher „die Existenz ökonomischer Gesetze leugnete". Ganz offenbar hat der Verfasser in kein Werk von Roscher je hineingesehen und allein aus dem Begriff „Historische Schule" auf eine solche „Leugnung" geschlossen. Besagt doch der Vorwurf, den, wie wir angedeutet haben, alle bürgerlichen Geschichten der Politischen Ökonomie der älteren Schule machen, mit Recht genau das Gegenteil, nämlich, daß sie viel von der „historischen Methode" spricht, sie diese aber praktisch nicht anwendet, sondern der Theorie der klassischen Politischen Ökonomie mit ihrer Überzeugung von der Existenz von Gesetzen noch viel zu verhaftet sei.

Wie anders gehen da unter Führung von Schmoller die Mitglieder der jüngeren Historischen Schule vor. Sie berufen sich weniger auf das „historische Zeitalter" mit Savigny und Jacob Grimm, sie handeln entsprechend den bisher auf dem Papier gebliebenen Weisungen der älteren Schule, überspitzen diese noch in der Theorie und bringen dabei die Politische Ökonomie völlig auf den Hund, während sie gleichzeitig die Wirtschaftsgeschichte zu einer zwar völlig einseitigen, aber eben zu einer Blüte führen, eine der erstaunlichsten Erscheinungen in der Geschichte der Gesellschaftswissenschaften – doch nicht erstaunlicher als die Feststellung von Lenin: *„Keinem einzigen* dieser Professoren, die auf Spezialgebieten . . . die wertvollsten Arbeiten liefern können, *darf man auch nur ein einziges Wort glauben,* sobald er auf Philosophie zu sprechen kommt."[11] Die wertvollsten Arbeiten auf Spezialgebieten!

Man braucht nur daran zu erinnern, wie Roscher wenigstens den Worten nach sich als Mitstreiter von Savigny und Jacob Grimm in einer großen neuen Bewegung fühlt und welche Position Schmoller der jüngeren Historischen Schule zuschreibt, und wir befinden uns in einer anderen Welt. Denn bei Schmoller tritt an die Stelle von Savigny und Jacob Grimm Friedrich List. Schmoller schreibt: „Der erste Nationalökonom, der europäische mit amerikanischen Wirtschaftserfahrungen, historische Kenntnisse mit praktischer Beobachtung des Lebens in großem Stile verband und daraus eine bedeutsame Theorie der volkswirtschaftlichen Entwicklung ableitete, war der deutsche Professor Friedrich List (Das nationale System der politischen Ökonomie, 1841; 7. Aufl. ed. Eheberg 1883; ges. Werke ed. Häusser, 3 Bde., 1850). Hätte er mit seiner genialen Begabung die nötige Nüchternheit und die Ruhe eines Gelehrtenlebens verbunden, so wäre er der Überwinder der Smithschen Schule geworden. Aber obwohl er mehr ein großer geistvoller Agitator blieb, bildet sein Auftreten doch

[10] *P. Mombert,* a. a. O., S. 471.

[11] *W. I. Lenin,* Werke, Bd. 14, Berlin 1962, S. 347.

einen Wendepunkt für unsere Wissenschaft. Indem er an die Stelle der Wert- und Quantitätstheorien A. Smiths eine Theorie der produktiven Kräfte, d. h. der individuellen und gesellschaftlichen Persönlichkeiten setzte, beseitigte er die materialistische Vorstellung eines mechanischen Naturverlaufes der Wirtschaftsprozesse; indem er für Schutzzölle wie für ein nationales Eisenbahn- und Kanalsystem kämpfte, führte er überhaupt zum richtigen Verständnis der socialen und politischen Organisationen zurück, auf denen das wirtschaftliche Leben ruht; indem er den historischen Entwicklungsgang der Volkswirtschaft der Kulturvölker wohl einseitig und umrißartig, aber doch im ganzen richtig zeichnete, begrub er die schiefen Vorstellungen von natürlichen, überall durchzuführenden Wirtschaftseinrichtungen und Idealen."[12]

Über Roscher schreibt er: „Man mag Roscher vorwerfen, daß er mehr polyhistorisch gesammelt, als das einzelne nach strenger historischer Methode untersucht habe, daß sein Lehrbuch teilweise nur die Gedanken der alten Schule mit historischen Anmerkungen verziere, daß die von ihm beabsichtigte Vergleichung aller Zeiten und Völker heute noch kaum möglich sei, daß seine Parallelisierung der Lebensstufen des Individuums mit denen der Völker oft hinke, seine Verdienste bleiben immer groß und epochemachend, er schließt sich würdig an die großen sonstigen Historiker des 19. Jahrhunderts an. Er vor allem hat den Weg gebahnt, auf dem die ganze jüngere deutsche Generation von Gelehrten überwiegend wandelt und methodisch forscht. Sein wissenschaftlicher Lebenszweck war, eine Vermittlung zwischen der Smithschen Theorie und den Ergebnissen historischer Forschung zu gewinnen, Naturgesetze des Wirtschaftslebens zu finden, d. h. Regelmäßigkeiten, die von menschlicher Absicht unabhängig seien; er geht vergleichend, oft mehr geschichtsphilosophisch spekulierend, als streng forschend den Entwicklungsphasen der Volkswirtschaft nach; die ältere Methode verwirft er als idealistisch (er hätte besser gesagt: rationalistisch), er will eine historisch-physiologische an die Stelle setzen. Seine größte Leistung liegt in der genetischen Erklärung der agrarischen und gewerblichen Institutionen, der Handels- und Verkehrseinrichtungen."[13]

Was die Kritik von Roscher betrifft, so ist sie völlig berechtigt vom Standpunkt einer Schule, die die Politische Ökonomie in Wirtschaftsgeschichte auflösen will.

Was nun die „eigene Schule" betrifft, so sieht sie Schmoller in „ganz großen" Zusammenhängen in seiner Berliner Rektoratsrede vom 15. Oktober 1897. Diese hat den bezeichnenden Titel „Wechselnde Theorien und feststehende Wahrheiten im Gebiete der Staats- und Sozialwissenschaften und die heutige deutsche Volkswirtschaftslehre".

Vor Schmoller gab es, wie er meint, zwei „in ihren philosophischen und methodologischen Grundlagen verwandte Richtungen". Vor ihnen „fehlte die rationelle Bemeisterung" des Stoffes, den man gesammelt hatte. Diese rationelle Bemeisterung „kam mit der Aufklärung und Philosophie des 18. Jahrhunderts, welche zugleich die Nationalökonomie zur selbständigen Wissenschaft machte und aus sich heraus die

[12] *G. Schmoller,* Grundriß der Allgemeinen Volkswirtschaftslehre, erster Teil, Leipzig 1900, S. 116 f. – künftig zitiert als „Grundriss".

[13] Ebendort, S. 118.

zwei grossen Theorien oder Schulen erzeugte, welche von 1770 fast bis zur Gegenwart das Denken und das Handeln beherrschten: die individualistische und die socialistische Nationalökonomie. Sie sind beide Kinder derselben Mutter: die ältere Theorie, die abstracte individualistische Naturlehre der Volkswirtschaft von den Physiokraten und Adam Smith bis zu J. St. Mill und K. H. Rau, wie die etwas jüngere socialistische Theorie der Klassenkämpfe von William Thompson bis zu Karl Marx sind Ergebnisse des jüngeren, liberal-radicalen Naturrechts. Beide Richtungen glauben aus einer abstracten Menschennatur heraus ein vollendetes objectives System der heutigen Volkswirtschaft construiren zu können. Beide überschätzen, wie die ganze Aufklärung und die constructive Philosophie aus der ersten Hälfte des Jahrhunderts, unsere heutige Erkenntnismöglichkeit; beide wollen mit einem Sprung, ohne gehörige Detailforschung, ohne rechte psychologische Grundlage, ohne umfassende rechts- und wirthschaftsgeschichtliche Vorstudien, die letzte endgiltige volkswirthschaftliche Wahrheit erhaschen und nach ihr die Welt, die Menschen, die Staaten meistern; beide knüpfen an die empirische volkswirthschaftliche Erkenntniss der Zeit an, suchen in ihren Systemen ihr gerecht zu werden, aber beide bleiben in ihren Hauptvertretern Ideologien, geschlossene Systeme, welche direct nach neuen Idealen der Wirthschaft, des Gesellschaftslebens, der gesammten Wirthschafts- und Rechtsinstitutionen hinzielen. Sie erheben sich nach Methode und Inhalt noch nicht voll und ganz zum Range wirklicher Wissenschaft. Beide machen den Versuch, sich von Psychologie, Ethik, Staats- und Verwaltungslehre loszureissen, um zur Würde einer eigenen selbständigen Theorie zu kommen; aber sie büssen damit ein gut Theil der realistischen, bodenständigen Wurzeln und Säfte ein, welche die theoretisch unentwickelteren Mercantilisten und Cameralisten vor Thorheit und Fehlschlüssen bewahrt hatten. Die Hauptschwäche der individualistischen wie der socialistischen Theorien war, dass sie eine vom Staat und Recht losgelöste abstracte Wirthschaftsgesellschaft fingirten und mit ihr rechneten. In beiden steckte ein grosser Idealismus, der weltbewegend auf das praktische Leben einwirkte, die vorangeschrittensten Geister zum Handeln befähigte; aber es war beidesmal zugleich ein über das Ziel hinausschiessender, in der Gelehrtenstube weltbürgerlicher Träume erwachsener, ohne die rechten Gegengewichte, zu Revolution und Ueberstürzung verführender Idealismus.“[14]

Wie der Kollege Roscher, so sind auch die Kollegen Adam Smith, K. H. Rau, William Thompson und Karl Marx gar nicht so schlecht. „Sie erheben sich nach Methode und Inhalt noch nicht voll und ganz zum Range wirklicher Wissenschaft“, aber sie haben doch Schmoller durchaus beachtenswert erscheinende Versuche gemacht – und das will etwas heißen, so etwas als Rektor der Berliner Universität auch von Marx auszusprechen!

Doch bevor wir nun von Schmoller hören, wie denn die „voll und ganz zum Range erhobene wirkliche Wissenschaft“, nämlich die von Schmoller, die der jüngeren Historischen Schule, aussieht, ist es an der Zeit, Schmoller persönlich kurz vorzustellen, denn er war in gewisser Weise der erfolgreichste deutsche bürgerliche Politökonom.

[14] *G. Schmoller*, Rektoratsrede, Berlin 1897, S. 11 ff.

Endete er doch, 79 Jahre alt (1838–1917), als erblich geadelte Exzellenz, Mitglied des Herrenhauses, Mitglied des Staatsrates, Träger des Ordens „Pour le Mérite". „Ehren und Auszeichnungen aller Art wurden ihm mit dem zunehmenden Alter reichlich zuteil; er hat sie dankbar hingenommen und sich darüber gefreut, ohne sie jemals zu überschätzen oder auf seinen Lorbeeren auszuruhen. Edle Frauen haben ihn durch ihre Gunst ausgezeichnet, so die Kaiserin Friedrich, Frau von Helmholtz, Frau Cosima Wagner. Mit Staatsmännern, wie Fürst Bülow und Handelsminister von Berlepsch, mit hohen Verwaltungsbeamten vom ersten Range, wie den Ministerialdirektoren Lohmann, Thiel, Althoff, stand er in vertrauensvollem und einflußreichem Verkehr."[15] Herkner meint: „Nebenbei bemerkt, Schmoller hat übrigens äußere Ehrungen nie erstrebt. Er war stolz darauf, daß es ihm gelungen war, dem ‚Geheimen Regierungsrat' zu entgehen, und als ihm die Verleihung des Adels bekanntgegeben wurde, rief er mißmutig aus: ‚Sie hätten mich doch wenigstens vorher fragen können!' Eine Feier, die im Jahre 1912 im Hinblick auf den vierzigjährigen Bestand des Vereins Schmoller zu Ehren vorbereitet war, wurde von Schmoller abgelehnt mit dem Hinweis darauf, daß man ihn gelegentlich seines 70. Geburtstages bereits über Gebühr gefeiert habe."[16] Schmoller hatte einen großen Einfluß auf die preußische Universitätsverwaltung, hatte nicht weniges zu sagen in Fragen der deutschen Sozialpolitik und man hörte ihm in allen bürgerlichen Kreisen, offiziellen wie anderen, zu, wenn er sich zu den Fragen des Tages äußerte.

Doch ist das der alte Schmoller. Der junge Schmoller, der den Verein für Sozialpolitik führend mitbegründete, war ein anderer, wenn auch nicht minder geschickt. Brentano erzählte beim „Festmahl" zum 70. Geburtstag von Schmoller: „Es begann das heroische Zeitalter im Kampf für Sozialpolitik. Mit welcher Leidenschaft Sie damals fochten! Sie haben zwar heute morgen gesagt, Sie seien ein vermittelnder Geist. Ich kann nicht sagen, daß Sie das immer gewesen sind, im Gegenteil, ich weiß noch, wie sehr wir uns gefreut haben, als Sie damals dem allzu sehr vermittelnden Gneist, der unserer ganzen entstehenden Bewegung die Spitze abzubrechen und sie ins Lager unserer Gegner hinwegzueskamotieren bemüht war, energisch entgegengetreten sind. Allerdings – das ist richtig – Sie befanden sich noch nicht äußerlich in der Stellung des Leiters des ganzen Vereins. Diese Rolle überließen Sie klug solchen, die nicht so verschrien waren wie wir. Denn von Anfang an verstanden Sie es mit wunderbarer Menschenkenntnis, die richtigen Männer für jeden Vorkampf aufzufinden und zu gewinnen, vor allem aber standen Sie selbst unermüdlich im Vordertreffen und hielten über die mit Ihnen Kämpfenden den schützenden Schild. Welch' herzerfrischendes Donnerwort entschlüpfte damals nicht oft über den Zaun Ihrer Zähne! Es war aber auch, wie Herr Harnack heute morgen gesagt hat, eine Lust, damals zu leben. Die ganze Welt voll Gegnern; Gegner hat man zwar auch heute noch; aber damals waren es Gegner, mit denen zu streiten es der Mühe wert war; jeden Tag fast neuen Kampf und niemand kampffreudiger als Sie. Dabei allerdings auch schwere Tage. So als aus der Mitte Ihrer Freunde Heinrich v. Treitschke

[15] *O. Hintze*, Gedächtnisrede auf Gustav von Schmoller, Berlin 1918, S. 15.

[16] *H. Herkner*, Gedächtnisrede auf Gustav Schmoller, München und Leipzig 1920, S. 3.

sich erhob und er, der die Einladung zur Eisenacher Versammlung mit unterschrieben hatte, Ihnen den Fehdehandschuh hinwarf. Es geschah das in hinreißend geschriebenen Aufsätzen; aber das Sendschreiben, in dem Sie ihm geantwortet haben, wird allezeit ein Merkstein in der Geschichte der deutschen Staatswissenschaften bilden. Noch mehr aber: Nur kurze drei Jahre darauf erlebten Sie den Triumph, daß der Grundgedanke, eben jenes Vortrages über den ‚Preußischen Staat und die soziale Frage', um dessentwillen Sie von Treitschke angegriffen worden waren, von der deutschen Reichspolitik aufgenommen wurde . . .

Aber jetzt breche ich ab mit der Geschichte des von Ihnen geleiteten Vereins für Socialpolitik. Ich halte es heute mit den Dramen alten Stils, bei denen der fünfte Akt schließt, wenn die, die für einander bestimmt waren, sich kriegen. Es beginnt dann eine zwar fruchtbare, aber etwas langweilige Periode. Die, welche für einander bestimmt waren, waren der von Ihnen geführte Verein für Socialpolitik und das Deutsche Reich. Die im Verein für Socialpolitik ausgearbeiteten Gedanken fingen nunmehr an, sich umzusetzen in Akte der Gesetzgebung und Verwaltung. Allein das bureaukratische Zeitalter ist nie so fesselnd wie das heroische."[17]

Als zehn Jahre nach der Gründung des Vereins für Sozialpolitik zur Frage stand, ob Schmoller an die Berliner Universität berufen werden sollte, gab es Schwierigkeiten. Adolph Wagner berichtet: „Als dann nach Helds plötzlichem Tode Sie berufen werden sollten, waren wiederum einige Schwierigkeiten und Bedenken auch gegen Sie da. Man gedachte des Wortes, das ja nicht von Ihnen herrührt, aber das Sie aufgenommen hatten – das Wort eines Börsianers: ‚Heutzutage erwirbt man die Millionen nicht, ohne mit dem Ärmel ans Zuchthaus zu streifen'. Das und Ihr ganzer ‚Kathedersozialismus' wurde Ihnen nachgetragen. Der Minister von Puttkamer zog mich damals nunmehr selbst ins Vertrauen und sprach davon, ob es sich überhaupt rechtfertigen lasse, Sie hierher zu ziehen. Damals waren also wieder Zweifel aufgetaucht, ob ein Mann wie Gustav Schmoller hier günstig wirken könne. Ich hatte Gelegenheit, mit Puttkamer näher darüber zu sprechen. Es wurde allerdings erst noch einer weiteren höheren Instanz die Sache zur Beurteilung vorgelegt; aber als auch diese schließlich ihre Bedenken fallen ließ, da war Gustav Schmoller gewonnen."[18]

Zugleich aber war er stets ein Kleindeutscher und begeisterter Preuße gewesen, für den der preußische Staat und seine Verwaltung ein Ideal gerade auch „sozialer Politik und Gesinnung" waren. Er, der ein Schüler von Max Duncker, dem bekannten kleindeutschen Historiker gewesen war, bekennt: „Derjenige, der mich in meinen Jugendjahren am meisten beeinflußt und beherrscht hat, das war mein Schwager Gustav Rümelin, der württembergische Kultusminister in den fünfziger Jahren und spätere Kanzler der Universität Tübingen. Er war im Jahre 1848 ein energischer Vertreter des Anschlusses Süddeutschlands an Preußen, und dieser Gedanke ist von ihm auf mich übergegangen. . . . Seit 1848 war und blieb ich ein Verehrer des klein-

[17] Reden und Ansprachen gehalten am 24. Juni 1908 bei der Feier von Gustav Schmollers 70. Geburtstag. Als Handschrift gedruckt 1908, S. 37 f. – künftig zitiert als „Reden und Ansprachen"

[18] Ebendort, S. 6.

deutschen Gedankens. Und meine erste, bekannter gewordene schriftstellerische Leistung knüpft daran an."[19] Und der Historiker Koser sagte ihm: „Sie sind, mein verehrter Herr Jubilar, einer der vielen ausgezeichneten Söhne des nichtpreußischen Deutschlands, auf die der große Preußische Staat die starke Anziehungskraft des mächtigen Staatswesens ausgeübt hat. Das preußische Staatswesen hat Sie angezogen, es hat Sie gewonnen und hat in Ihnen seinen Geschichtsschreiber erhalten. Sie haben auf dem Gebiete der brandenburgisch-preußischen Geschichte durch Ihr Beispiel und durch Ihre Anregung eine vollständige Umwälzung herbeigeführt."[20]

Doch nun zurück zu den „drei Nationalökonomien", die eine, die klassische bürgerliche, die andere, die sozialistische (worunter Schmoller alles mögliche verstand, aber auch die Lehre von Marx) und schließlich nun zur dritten, der „eigentlich wissenschaftlichen", der von Schmoller. Wie sieht sie aus, wie arbeitet sie? In der schon zitierten Rektoratsrede erklärt Schmoller:

„Allerwärts, am meisten aber wieder in Deutschland trat die abstract rationalistische Behandlung, welche aus einigen voreilig formulirten Prämissen die Erscheinungen erklären und zutreffende Ideale für alle Zeiten und Völker aufstellen will, zurück. Man ging an eine methodische Einzelforschung und realistische Detailarbeit in der Wirthschaftsgeschichte, in der Wirthschaftspsychologie, in den Untersuchungen der Markt-, Geld-, Credit- und socialen Verhältnisse. Man wurde sich endlich bewusst, dass nur methodische Schulung und jahrelange Specialisirung sichere gelehrte Resultate liefert, dass die nationalökonomischen Arbeiten von Dilettanten, oft aus dem Handgelenk von heute auf morgen entworfen, die Wissenschaft mehr compromittiren als fördern. Die Nationalökonomie hörte auf, eine freie Kunst für Jedermann zu sein; sie wurde eine Fachwissenschaft wie andere. Es brach sich auf allen einzelnen Gebieten derselben die Erkenntniss Bahn, dass grosse, langwierige Beobachtungsreihen, sorgfältig ausgeführte Materialsammlungen nöthig seien, dass man zu wissenschaftlichen Gesetzen und sicheren allgemeinen Urtheilen über Bewegungstendenzen nur kommen könne, wenn vorher eine grosse brauchbare descriptive staatswissenschaftliche Litteratur hergestellt sei. Man war sich wohl bewusst, dass man auf diesem Wege nicht allzu rasch vorankomme, dass man so nicht schnell dazu komme, den Schleier vor dem Bilde zu Saïs zu ziehen. Aber man tröstete sich mit der alten Wahrheit, dass halb oft besser sei als ganz. Man sah mehr und mehr ein, dass man besser durch Monographien als durch Lehrbücher die Wissenschaft fördere. Man begriff, dass vielfach nur das organisirte Zusammenwirken von Mehreren und Dutzenden, oft von Hunderten und Tausenden, wie wir es in der Statistik, in den Enquêten, in den Publikationen gelehrter Gesellschaften, z. B. in denen des Vereins für Socialpolitik, vor uns haben, uns einigermaassen sicher orientire. Man erreichte aber damit auch, was in den anderen Wissenschaften in ähnlicher Weise längst geschehen war, was einst den Benedictinerabteien durch solches Zusammenarbeiten gelungen war: eine breite sichere Kenntniss der Wirklichkeit.

Es wurde oft der Vorwurf erhoben, gerade durch diese Detailarbeit, durch diese

[19] Ebendort, S. 49 f.

[20] Ebendort, S. 40.

Sammlungen, durch dieses Sich-Beschränken auf Vorarbeiten habe die neuere Staatswissenschaft abgedankt, auf die Führung der praktischen Welt, auf die Bewältigung der grossen Fragen der Gegenwart verzichtet. Aber sie hat damit nur auf voreilige Generalisationen verzichtet, und so weit sie glaubte, festen Boden unter den Füssen zu haben, hat sie doch mit Energie auf Zusammenfassung, auf Gesammtresultate, auf eine neue tiefere allgemeine Grundlage hingearbeitet. Sie hat vielleicht ihr Ziel in dieser Beziehung weniger erreicht als in der eigentlichen Forschung, aber bedeutungsvoll genug hat sie doch in die Führung der Politik eingegriffen, grosse sociale und wirthschaftliche Reformen angeregt, und sie ist ja gerade deshalb der Gegenstand unzählicher Angriffe von rechts und links geworden. Man wird die Tendenz dieses Theiles der neuen volkswirthschafts- und socialtheoretischen Thätigkeit am richtigsten charakterisiren, wenn man sagt, die neuere Wirthschaftslehre und Socialwissenschaft habe sich in ganz anderer Weise als die ältere auf Psychologie und Ethik gestützt, sie habe die Volkswirthschaft wieder in richtigem Zusammenhang mit der ganzen übrigen Cultur verstehen und betrachten gelehrt, sie habe die Function und die Stellung von Moral, Sitte und Recht im Mechanismus der Gesellschaft richtiger bestimmt, sie habe den grossen Process der gesellschaftlichen Differenzirung und Klassenbildung tiefgreifender als der Socialismus untersucht und in seiner Bewegung, seinen Folgen verstehen lernen; sie habe damit für das grosse Problem unserer Zeit, die socialen Kämpfe und die sociale Reform, den Boden des Verständnisses gewonnen und die Wege angedeutet, die über die Schwierigkeiten weghelfen. Die heutige Volkswirthschaftslehre ist zu einer historischen und ethischen Staats- und Gesellschaftsauffassung im Gegensatz zum Rationalismus und Materialismus gekommen. Sie ist aus einer blossen Markt- und Tauschlehre, einer Art Geschäftsnationalökonomie, welche zur Klassenwaffe der Besitzenden zu werden drohte, wieder eine grosse moralisch-politische Wissenschaft geworden, welche neben der Production die Vertheilung der Güter, neben den Wertherscheinungen die volkswirthschaftlichen Institutionen untersucht, welche statt der Güter- und Capitalwelt wieder den Menschen in den Mittelpunkt der Wissenschaft stellt."[21]

Also: die neue Nationalökonomie erkennt wie die alte die Existenz von Gesetzen an – aber nicht die bereits gefundenen, denn für deren Existenz lägen ungenügende Beweise vor. Die Beweise müßten erst im Einzelstudium der geschichtlichen Vorgänge gefunden werden. Außerdem seien für die Wirtschaft nicht nur ökonomische, sondern auch ethische und psychologische Gesetze maßgebend, zumal die Wirtschaft stets nur als ein Teil der Gesamtgesellschaft zu betrachten sei. Ganz ausgezeichnet interpretierte sein Schüler Herkner den Zusammenhang von Wirtschaft und Moral bei Schmoller, als er in seiner Gedächtnisrede ihn so erklärte: „Die drohende Revolution könne, wie er (Schmoller – J. K.) darlegte, durch Reformen vermieden werden. Schmoller war Optimist, und ein gnädiges Geschick, das ihn vor unserem entsetzlichen Zusammenbruche aus dem Leben abberufen, hat ihm gestattet, seinem Optimismus bis zum Tode treu zu bleiben. Er besaß ein felsenfestes Vertrauen zu den Kräften, von deren Wirksamkeit das Gelingen der Reformen abhing: zur Macht des

[21] *G. Schmoller*, Rektoratsrede, a. a. O., S. 24 ff.

‚sittlichen Pathos', zu dem Genius des deutschen Volkes, zur Monarchie und ihrem Beamtentum, zu den allgemeinen Entwicklungstendenzen unseres Zeitalters. ‚Unsere ganze Wirtschaftsgeschichte ist ein Wachsen der sittlichen Solidarität und Gemeinschaft, ein Wachsen der Gleichmäßigkeit und Kontinuität der ökonomischen und sozialen Existenz.' Der wahre Fortschritt auch im ökonomischen Leben hängt von seinem Zusammenhang mit den übrigen Lebensgebieten und Zwecken, von der gesamten ethischen Kultur ab. Denn kein Zweig und kein Glied kann dauernd gedeihen, wenn der übrige Organismus leidet. Es gibt keine ökonomische Handlung, die, wenn sie wirklich unsittlich, nicht auf die Dauer auch ökonomischen Schaden stiftet. Und umgekehrt ist jede wirklich sittliche Handlung, jede den Verhältnissen und Umständen entsprechende Tat auch ökonomisch auf die Dauer und das Ganze gesehen vorteilhaft."[22]

Gleichzeitig gibt Schmoller zu, daß seine „neue" Wissenschaft noch keine neuen Gesetze gefunden hätte, weil man immer noch mit den vorbereitenden Einzelstudien beschäftigt sei. Der Trost, den er gibt, ist, daß „halb oft besser sei als ganz".

Darum kann er gar nicht oft genug die Bedeutung der Kleinarbeit des wirtschaftshistorischen Detailstudiums für die Wirtschaftswissenschaft betonen. Damit stieß er in seiner frühen Zeit auf heftigsten Widerstand. Brentano schildert so:

„Ihre Geschichte der deutschen Kleingewerbe trägt auf dem Titelblatt die große Jahreszahl 1870. Dieses Buch, wenn auch weit entfernt, Ihr bedeutendstes zu sein, hatte doch eine durchgreifende Bedeutung in der Behandlung wirtschaftspolitischer Fragen, und zwar in zweifacher Beziehung. Methodologisch stand es im Widerspruch mit der ganzen Behandlungsweise, mit der die damals im Parlament und in der Presse vorherrschenden Nationalökonomie wirtschaftspolitische Fragen anfaßte. Diese hatte aus dem Streben nach dem größtmöglichen Gewinn, das alle Menschen gleichmäßig beseele, die beste aller Welten abgeleitet, sobald nur die überkommenen Schranken dieses Strebens beseitigt wären. Sie dagegen gingen von der Beobachtung der einzelnen Tatsachen aus und verlangten, daß man die Wirtschaftspolitik entsprechend den jeweiligen Verhältnissen regele.

Damit ergab sich ein zweiter Bruch mit den herrschenden wirtschaftspolitischen Anschauungen. Nach diesen war jeder wert, zugrunde zu gehen, der nach Beseitigung der alten Wirschaftsordnung nicht vorwärts komme. Sie dagegen hatten bei Ihrer Forschungsmethode unzählige vortreffliche Menschen getroffen, die trotz größter Anstrengung, sich selbst überlassen, unverschuldet zugrunde gingen, und erhoben mit der ethischen Leidenschaft desjenigen, der auch in dem Geringsten den Menschen, der Selbstzweck ist, anerkennt, die Forderung nach einer Neuorganisation, sei es durch den Staat, sei es durch freie Vereinigung, wo immer der Einzelne, sich selbst überlassen, nicht imstande sei, sich selbst zu helfen."[23]

In der Vorrede zu seinem „Grundriss der Allgemeinen Volkswirtschaftslehre"[24]

[22] *H. Herkner*, a. a. O., S. 4 f.

[23] „Reden und Ansprachen", S. 35.

[24] Eine glänzende Kritik des „Grundrisses" hinsichtlich der Behandlung von Marx und der Arbeiterbewegung hat Franz Mehring geschrieben – *F. Mehring*, Gesammelte Schriften, Bd. 14, Berlin 1964, S. 717–720.

entschuldigt sich Schmoller geradezu, daß er ein solches Werk geschrieben: „Ich habe mich zu dieser Veröffentlichung nicht leicht entschlossen, bin fast durch äußere Nötigungen zu ihr gedrängt worden. In meinen jüngeren Jahre beseelte mich die Überzeugung, daß die erste Aufgabe der heutigen Nationalökonomie sei, durch gelehrte specialisierte Forscherarbeit unsere Wissenschaft den übrigen ebenbürtig zu machen, daß erst nach einem Menschenalter solcher Arbeiten wieder die encyklopädische Zusammenfassung sich lohnen werde. Längst ehe Schönbergs Handbuch der politischen Ökonomie erschien, hatte mich mein verehrter Freund und Verleger, Carl Geibel, aufgefordert, an die Spitze eines solchen Unternehmens zu treten. Ich hatte es damals rundweg abgelehnt, weil erst in 10–20 Jahren, nach einer intensiven Gelehrtenarbeit, wie die von 1860–80 in Deutschland auf den Plan tretenden meisten wissenschaftlichen Nationalökonomen sie erstrebten, etwas Derartiges nach meiner Meinung angezeigt sei.“[25]

Im Vorwort zum zweiten Band schreibt er:

„Ich wollte die Volkswirtschaftslehre von falschen Abstraktionen durch exakte historische, statistische, volkswirtschaftliche Forschung befreien, aber doch stets zugleich generalisierender Staats- und Wirtschaftstheoretiker so weit bleiben, als wir nach meiner Überzeugung heute schon dazu festen Grund unter den Füßen haben. Wo solcher mir zu fehlen scheint, da habe ich auch im Grundriß lieber nur die Thatsachen beschrieben und einige Entwicklungstendenzen angedeutet, als luftige Theorien aufgebaut, die mit der Wirklichkeit nicht in Fühlung stehen, bald wieder wie Kartenhäuser zusammenfallen.

So vollkommen also mein Grundriß bleiben mag, so wenig er die theoretischen Nationalökonomen wie die eigentlichen Historiker ganz befriedigen wird, der Versuch solch' allgemeiner Zusammenfassungen ist nicht überflüssig und nicht unfruchtbar. Er mußte von einem Wirtschaftshistoriker unternommen werden, der es immer als einen falschen Vorwurf empfunden hat, er strebe nur nach Schilderung, nicht nach allgemeiner Erkenntnis der Gesetzmäßigkeit des wirtschaftlichen Lebens. Nur mit einer solchen vom Ganzen aus entworfenen Darstellung kann man den größeren Zwecken aller wissenschaftlichen Erkenntnis dienen. Ich überhebe mich nicht, wenn ich sage, ich habe das Werk im Dienste der leitenden volkswirtschaftlichen Ideen und Strömungen unserer Zeit und der Ideale geschrieben, die mein Leben beherrschen. Ohne irgend anderen Richtungen zu nahe zu treten, glaube ich sagen zu können, es sei angezeigt gewesen, daß ein Grundriß der Volkswirtschaftslehre gerade von einem Gelehrten geschrieben wurde, der ebenso Verfassungs-, Verwaltungs- und Wirtschaftshistoriker ist wie Nationalökonom, der die psychischen und socialen Entwicklungsprozesse ebenso verfolgt wie die rein wirtschaftlichen, der mit den viel größeren Mitteln der heutigen Wirschaftsgeschichte an das Unternehmen ging, das Roscher vor 50 Jahren in Angriff nahm.“[26]

Wenn überhaupt schon, dann konnte nur ein Wirtschaftshistoriker seiner Meinung nach einen solchen Grundriß schreiben! Natürlich ist es richtig, daß er besser von

[25] *G. Schmoller*, „Grundriss“, a. a. O., S. V.

[26] *G. Schmoller*, „Grundriss“ zweiter Teil, Leipzig 1904, S. VI.

einem bürgerlichen Wirtschaftshistoriker geschrieben wird als von einem Theoretiker, der die Praxis der Wirtschaftsgeschichte nicht kennt, denn der erstere kann wenigstens solide Tatsachen bringen.

Aber wie sieht die Theorie aus, zu der Schmoller auf Grund seiner historischen, ethischen, psychologischen usw. Studien kommt? Sehen wir uns ein wenig an, was er über den Wert zu sagen hat.

Er beginnt mit „Begriff des Wertes überhaupt“: „Der Wert ist eine allgemein unser ganzes Seelenleben begleitende, all' unser Handeln beherrschende Erscheinung. An jede Vorstellung, an jeden Eindruck knüpfen sich gewisse Gefühle der Lust und Unlust, der Billigung und Mißbilligung an, die bei einer gewissen Stärke zum Bewußtsein kommen. Diese Gefühle deuten das für das körperliche und geistige, individuelle und gesellschaftliche Wohlbefinden Förderliche oder Hemmende an.“ Und kommt dann zum „wirtschaftlichen Werturteil“:

„Das wirtschaftliche Werturteil in dem Sinne der Schätzung der Nährmittel, der Bekleidung, des Obdachs für die menschliche Existenz ist vielleicht eines der ältesten; aber es paart sich früh mit dem socialen Werturteil der Ehre, mit dem Bedürfnis des Geschätztseinwollens . . .

Man wird so den wirtschaftlichen Wert bezeichnen können als das durch Vergleichung und Schätzung entstehendene Bewußtsein über das Maß von Bedeutung, welches das einzelne Gut oder die einzelne Arbeitsleistung gegenüber anderen durch ihre Brauchbarkeit und Beschaffenheit für die wirtschaftlichen Zwecke des Menschen hat. . . .

Eine eingehende Theorie des Tauschwertes suchten A. Smith und Ricardo aufzustellen, und zwar mit der Absicht, über den Wirrwarr der Wertschwankungen durch möglichste Zurückführung derselben auf *eine* Ursache Herr zu werden; sie suchten einen sogenannten natürlichen, idealen Wert, um den die täglichen Oscillationen des Werts gravitieren; sie sagten, mit gewissen Ausnahmen ist jedes Gut so viel wert, wie seine Produktionskosten betragen; diese bestimmen den Wert im großen und ganzen. . . . Man glaubte so zu einer objektiven Werttheorie gekommen zu sein. Das Extrem dieser Richtung stellt Marx mit seiner Lehre dar, der Gebrauchswert sei als etwas Technologisches volkswirtschaftlich bedeutungslos, aller Wert beruhe auf dem Quantum gesellschaftlich notwendiger (d. h. dem technischen Kulturniveau entsprechender) Arbeitsstunden, die eine Ware gekostet. ‚Alle Werte sind als Ware nur bestimmte Massen festgeronnener Arbeitszeit.‘ Als ob jemals irgend ein Mensch, unabhängig von seinen Bedürfnissen und den Mengenverhältnissen der Güter, irgend etwas hoch wertete, nur weil Arbeitsstunden darin stecken. Aller Wert der Arbeit und ihrer Produkte hängt von der Nützlichkeit und Begrenztheit derselben ab (Dietzel).

Die Theorie mußte auf den Gebrauchswert wieder zurückkommen; sie that es zuerst in der Form einer unklaren Verwunderung darüber, daß Gebrauchs- und Tauschwert sich nicht stets decken. . . .

Erfolgreicher waren die übrigens schon mit Rau, Friedländer, Rossi, Macleod einsetzenden Erörterungen, daß das Kostengesetz die Wertlehre entfernt nicht erschöpfe, daß der Gebrauchswert eine bisher vernachlässigte Bedeutung habe. Man fand immer mehr praktische Fälle, in welchen der Marktwert nicht den Kosten entsprach. Und in den letzten 50 Jahren suchten nun Gossen, Jevons, Walras, Menger, Wieser, Böhm-Bawerk eine ganz neue Wertlehre aufzustellen, welche den Gebrauchswert, seine wesentlich subjektiven psychologischen Ursachen und Schwankungen, seinen Zusammenhang mit den Mengenverhältnissen und der Seltenheit in den Mittelpunkt der Theorie stellt, von diesem Standpunkt aus auch das Kostengesetz besser formulieren will.

Doch verfolgen wir diese Dinge nicht weiter. Wir wollten nur kurz anführen, wie verschieden die Begriffe subjektiver und objektiver Wert heute gebraucht werden."[27] Doch verfolgen wir diese Dinge nicht weiter! Das also ist die Art theoretischer Schlüsse, zu denen der Wirtschaftshistoriker Schmoller auf Grund seiner wirtschaftshistorischen Studien kommt.

Aber das ist nur die eine Seite. Es gibt zahlreiche politökonomische Lehrer der Bourgeoisie, die ebenso wie Schmoller wirr stammeln bzw. keinen oder einen falschen Standpunkt einnehmen, wenn es um Theorie geht.

Man kann auch sagen: das kommt davon, wenn man die Politische Ökonomie durch Wirtschaftsgeschichte ersetzen will. Brentano, der wesentlich mehr Sinn für Theorie hatte als Schmoller, hat den „Grundriss" einmal ein „impressionistisches Gemälde auf dem Gebiete der Nationalökonomie" genannt, Schumpeter ein „Mosaik". Beide hätten mehr von Kunst verstehen sollen, dann hätten sie weder die Impressionisten noch die großen Mosaikkünstler der vorangehenden zweitausend Jahre so gekränkt.

Aber genau dieser Versuch, die Politische Ökonomie durch Wirtschaftsgeschichte zu ersetzen, hat eben zu großen Anstrengungen auf dem Gebiet der Wirtschaftsgeschichte geführt, die erstaunliches Material gebracht haben. Und sie haben viele beeinflußt, die ebenso wie Schmoller, ja vielfach mehr noch als er prächtige Forschungsresultate, manche kluge Gedanken uns geschenkt haben. Man soll doch nicht vergessen, wieviel wir etwa auf dem Gebiet der Agrargeschichte Georg Ludwig Maurer, der in der von Savigny und Jacob Grimm geschaffenen Atmosphäre wirkte, und den nicht nur Roscher, sondern auch Marx und Engels so hoch schätzten, wieviel wir G. Hanssen und A. Meitzen, die Schmoller zu unmittelbaren Mitstreitern rechnet, verdanken, wieviel wir dem ihm eng verbundenen G. Fr. Knapp schulden, um gar nicht zu reden von Dutzenden anderen vorzüglichen kleineren Werken auf dem Gebiet der Agrargeschichte.

Doch nun zu den historischen Arbeiten von Schmoller selbst. Das erste unter seinem Namen erschienene Buch war das schon erwähnte: Zur Geschichte der deutschen Kleingewerbe im 19. Jahrhundert. Stat. u. nationalök. Untersuchungen. Halle 1870. Mehring nennt es ein Werk von „bleibendem Wert" – ebenso übrigens auch das fast gleichzeitig erschienene Buch von Schmollers Mitstreiter an der Spitze der jüngeren Historischen Schule, Lujo Brentano, über die englischen Gewerkschaften.[28]

Als er zehn Jahre lang (1872–1882) die Professur für Staatswissenschaften in

[27] Ebendort, S. 102–108.

[28] *Fr. Mehring*, a. a. O., Bd. 2, S. 402.

Strasbourg hatte, verfaßte er eine Reihe interessanter Schriften über Strasbourg und seine Zünfte:

Straßburgs Blüte und die volkswirtschaftliche Revolution im 13. Jahrhundert. Straßburg 1875.

Straßburg zur Zeit der Zunftkämpfe und die Reform seiner Verfassung und Verwaltung im 15. Jahrhundert. Straßburg 1875.

Die Straßburger Tucher- und Weberzunft. Urkunden und Darstellungen nebst Regesten und Glossar. Ein Beitrag zur Geschichte der deutschen Weberei und des deutschen Gewerberechts vom 13.–17. Jahrhundert. Straßburg 1879.

Von besonderer Bedeutung war auch seine Beteiligung an den von ihm eingeleiteten und von der Akademie in ihre Obhut genommenen Forschungen zur preußischen Wirtschaftsgeschichte im 18. Jahrhundert. Nicht, daß wir in irgendeiner Weise seiner Begeisterung für die Wirtschafts- und Sozialpolitik der preußischen Könige zustimmen könnten. Aber zweifellos haben Schmollers Forschungen einmal unsere Aufmerksamkeit auf die Erfassung der Vorgeschichte der industriellen Revolution in Preußen und auf die praktische Geschichte des preußischen Kameralismus gelenkt, sodann hat Schmoller eine Fülle von wesentlichen Akten und Dokumenten aus dieser Zeit veröffentlicht, und schließlich können wir auch aus dem Schmollerschen Text, aus dem auch Mehring zitiert, so manches lernen.

Diese Forschungen Schmollers finden sich vor allem in

Acti Borussica. Denkmäler der preußischen Staatsverwaltung im 18. Jahrhundert. [Hrsg. v. d. kgl. Ak. d. Wiss.] Inhalt folgende Reihen: Die preußische Seidenindustrie im 18. Jahrhundert und ihre Begründung durch Friedrich den Großen. 3 Bde. Berlin 1892. – Getreidehandelspolitik. 3 Bde. Berlin 1896–1910. – Das preußische Münzwesen im 18. Jahrhundert. 4 Bde. 1902–1913. – Handelspolitik. 2 Bde. 1911 bis 1922. – Die Behördenorganisation und die allgemeine Staatsverwaltung Preußens im 18. Jahrhundert. 4 Bde. 1894–1922. – Ergänzungsband: Briefe an den Fürsten zu Anhalt-Dessau 1704–1740. (Bearb. v. Otto Krauske 1905).

und in: Umrisse und Untersuchungen zur Verfassungs-, Verwaltungs- und Wirtschaftsgeschichte, besonders des preußischen Staates im 17. und 18. Jahrhundert, Leipzig 1898.

Zu diesen Arbeiten sei noch genannt: Deutsches Städtewesen in älterer Zeit, Bonn und Leipzig 1922, Bonner Staatswiss. Untersuchungen, H. 5.

Jedoch ist Schmoller – genau wie auch Brentano – nicht nur ein begeisterter Wirtschaftshistoriker, der manch nützliche Arbeit geleistet hat. Er hat auch viele andere Arbeiten angeregt und zur Veröffentlichung gebracht, teils in dem von ihm seit 1881 herausgegebenen „Jahrbuch für Gesetzgebung, Verwaltung und Volkswirtschaft im Deutschen Reich“, vor allem aber in seiner Monographiensammlung „Staats- und sozialwissenschaftliche Forschungen“, von denen bis zu seinem Tode 189 Bände erschienen – seit dem 101. Band wurde Max Sering sein Mitherausgeber.

Der erste Band dieser Sammlung war die Arbeit des bekannten österreichischen Wirtschaftshistorikers K. Th. von Inama-Sternegg über „Die Ausbildung der großen Grundherrschaften in Deutschland während der Karolingerzeit“, die 1878 erschien. Auch Werner Sombarts frühe Studie „Die römische Campagna“ erschien dort. Eine der besten Veröffentlichungen in der Serie war die Arbeit des später weltbekannt gewordenen sowjetischen Historikers Eugen Tarlé „Studien zur Geschichte der Arbeiterklasse in Frankreich während der Revolution", Leipzig 1908.

Auch Engels wird in diese oder jene Studie hineingesehen haben. Als Conrad Schmidt vergeblich versucht hatte, an einer Universität unterzukommen, schrieb ihm Engels am 11. Februar 1889:

„Ihre beiden Briefe vom 5. Nov. und 28./31. Dez. habe ich erhalten und die Entwicklung Ihrer Experimente mit deutschen Universitäten mit großem Interesse verfolgt. Die Herrschaft der verbündeten Junker und Bourgeois unterscheidet sich nur dadurch von der Herrschaft der verbündeten Junker und Bürokraten vor 48, daß sie eine breitere Unterlage hat. Damals erregte die Behandlung Bruno Bauers allgemeine Entrüstung im Philisterium, heute wird Dühring ebenso behandelt, werden Ihnen alle Universitätstüren vor der Nase zugeschlagen, und dasselbe Philisterium findet das ganz in Ordnung.

Es wird Ihnen nun in der Tat nichts andres übrigbleiben, als sich auf die Schriftstellerei zu verlegen, und da ist Berlin natürlich im Reich der beste Platz ... Übrigens finden Sie auch in der schriftstellerischen Karriere Raum genug für wertvolle Arbeiten. Brauns ‚Archiv', Conrads ‚Jahrbücher etc.' und die Schmollersche Sammlung von Darstellungen werden Ihnen ja offenstehn."[29] Wertvolle Arbeiten in der Schmollerschen Sammlung. In den Bemerkungen des Instituts für Marxismus-Leninismus zu der Sammlung heißt es: „Die einzelnen Darstellungen enthielten umfangreiches Faktenmaterial, entbehrten aber jeglicher theoretischer Analysen."[30] Man kann dem leider nur zum Teil zustimmen, denn natürlich lassen sich theoretische Analysen bisweilen auch von Schmoller-Schülern nicht vermeiden; soweit aber theoretische Analysen gegeben werden, kann man im allgemeinen nur bedauern, daß sie gegeben wurden. Die Bemerkung des Instituts ist also in jeder Beziehung unangebracht, insbesondere, wenn sie Wirtschaftshistoriker dazu veranlassen sollte, voller Überheblichkeit sich der Lektüre so mancher dieser Arbeiten zu enthalten.

Über den besten und wohl auch bedeutendsten Mitstreiter von Schmoller, Lujo Brentano, haben wir bereits im 5. Kapitel des 5. Bandes dieser Studien ausführlich berichtet. Dort schrieb ich über die Gesamtpersönlichkeit:

Lujo Brentano, Neffe des romantischen Dichters Clemens Brentano und der Bettina von Arnim, Bruder des seinerzeit weit bekannten Philosophen Franz Brentano, wurde 1844 geboren und starb 1931. Er war einer der erstaunlichsten Gesellschaftswissenschaftler der Bourgeoisie im letzten Drittel des 19. und ersten Drittel des 20. Jahrhunderts.[31]

In der Einschätzung Brentanos kann so manches Widersprüchliche gesagt werden. Falsch wäre es, sich die Sache einfach zu machen, wie man es in einer „Geschichte der politökonomischen Lehrmeinungen" tun könnte. Dort würde man zum Beispiel

[29] *Marx/Engels*, Werke, Bd. 37, Berlin 1967, S. 133 f.

[30] Ebendort, S. 563.

[31] Vgl. zum folgenden meine Charakteristik von ihm in *J. Kuczynski*, René Kuczynski, Ein fortschrittlicher Wissenschaftler in der ersten Hälfte des 20. Jahrhunderts, Berlin 1957, S. 14 ff.

an das Nachwort von Marx zur zweiten Auflage des ersten Bandes des „Kapital" anknüpfen und über ihn feststellen, wie Marx es über Mill tut: „Männer, die noch wissenschaftliche Bedeutung beanspruchten, und mehr sein wollten als bloße Sophisten und Sykophanten der herrschenden Klassen, suchten die politische Ökonomie des Kapitals in Einklang zu setzen mit den jetzt nicht länger zu ignorierenden Ansprüchen des Proletariats. Daher ein geistloser Synkretismus, wie ihn J. St. Mill am besten repräsentiert."[32] Und dann würde man vielleicht an eine Bemerkung Lenins im Nachwort zu „Zwei Taktiken der Sozialdemokratie in der demokratischen Revolution" erinnern: „Die intelligenten Bourgeois wissen ausgezeichnet, daß sie die Arbeiterbewegung nicht aus der Welt schaffen können. Darum treten sie gar nicht gegen die Arbeiterbewegung, gegen den Klassenkampf des Proletariats auf – nein, sie erweisen der Streikfreiheit und dem zivilisierten Klassenkampf sogar jede Reverenz, wobei sie die Arbeiterbewegung und den Klassenkampf im Brentanoschen oder Hirsch-Dunckerschen Sinne auffassen. Mit anderen Worten, sie sind durchaus bereit, den Arbeitern die (faktisch von den Arbeitern selbst schon fast errungene) Streik- und Koalitionsfreiheit ‚zuzugestehen', nur damit die Arbeiter auf das ‚Rebellentum', auf den ‚beschränkten Revolutionarismus', auf die Feindschaft gegen die ‚praktisch-nützlichen Kompromisse', auf die Ansprüche und Bestrebungen verzichten..."[33]

Und damit wäre man zu dem völlig berechtigten Schlußurteil gekommen: Brentano hat gegen den Fortschritt, gegen die Interessen der Arbeiterklasse gelehrt – genau wie Jahrzehnte hindurch – aber nicht mehr im hohen Alter – die Webbs, seine Schüler; genau wie John Stuart Mill, von dem er manches gelernt hat.

Aber natürlich erschöpft sich damit nicht die Darstellung des Einflusses Brentanos in Deutschland und insbesondere auf seine Schüler.

Man vergesse nicht, daß Marx dem geistlosen Synkretismus abscheidenden Mill seine Bücher übersandte – oder daß er von ihm an einer anderen Stelle im „Kapital" sagt: „Zur Vermeidung von Mißverständnissen bemerke ich, daß, wenn Männer wie J. St. Mill usw. wegen des Widerspruchs ihrer altökonomischen Dogmen und ihrer modernen Tendenzen zu rügen sind, es durchaus unrecht wäre, sie mit dem Troß der vulgärökonomischen Apologeten zusammenzuwerfen"[34] – oder daß Marx ihn in einem Brief an Lawrow vom 11. Februar 1875 einen Ökonomen mit „den besten Absichten"[35] nennt.

Und wenn man Brentano als Menschen betrachtet – kann man vergessen, daß Brentano im halbabsolutistischen Deutschland den flammenden Aufruf zur größten Protestversammlung Münchens am 4. Februar 1905 gegen die Gaponsche Provokation in St. Petersburg verfaßte? Mutig und wie John Stuart Mill mit den besten Absichten das vertrat, was er für seine wissenschaftliche Meinung hielt? Gegen die „öffentliche Meinung" so manchen Streik unterstützte – nicht zum wenigsten gerade in jenen Tagen des Jahres 1905, als die Werktätigen zur Revolution in Rußland

32 *Marx/Engels,* Werke, Bd. 23, a. a. O., S. 21.
33 *W. I. Lenin,* Werke, Bd. 9, Berlin 1957, S. 110.
34 *Marx/Engels,* Werke, Bd. 23, a. a. O., S. 638.
35 Ebendort, Bd. 34, Berlin 1966, S. 122.

rüsteten, den großen Streik der Bergarbeiter im Ruhrgebiet? Und kann man vergessen, daß Eisner ihn in der bayerischen Räteregierung zum Volkskommissar für Handel und Industrie machte? Natürlich kann und muß man das vergessen, wenn man die Lehren Brentanos einschätzt. Natürlich kann und darf man das nicht vergessen, wenn man die Persönlichkeit Brentanos einschätzt. Also Trennung von Lehre und Persönlichkeit? In gewisser Weise ja! Wie doch überhaupt der Mensch und nicht zum wenigsten der Wissenschaftler ein so überaus komplexes Wesen ist! Vielfach müssen wir bei einem Wissenschaftler auch diese und jene Theorie, die er vertritt, oder seine Theorie und die ihr entspringenden Handlungen bzw. Nichthandlungen scharf in unserer Wertung unterscheiden. So viele verschiedenartige Teilkomponenten sind bei ihm vorhanden, so wenige Wissenschaftler scheinen nur „aus einem Guß".

Brentano war theoretischer interessiert als Schmoller, er war theoretisch nicht so völlig unbegabt wie Schmoller, aber seine Leistungen als politökonomischer Theoretiker sind deshalb nicht weniger unbedeutend, wenn auch nicht so kindisch wie die Schmollers. Als Wirtschaftshistoriker war sein Blick viel weiter als der Schmollers. Er hielt wohl als erster eine Vorlesung über allgemeine Wirtschaftsgeschichte, die schließlich die gesamte Weltwirtschaftsgeschichte umfaßte.

Leider hat er sie nie in Druck gegeben, und mein Vater, der einige von Brentanos Vorlesungen mitschrieb, hat sie wohl nicht gehört. Nur einige Ausschnitte, einzelne Kapitel hat Brentano veröffentlicht – so eine Broschüre über „Die byzantinische Volkswirtschaft", einen Band „Das Wirtschaftsleben der antiken Welt" und ein Buch „Der wirtschaftende Mensch in der Geschichte" mit folgenden schon zuvor einzeln und auch teils gebündelt erschienenen Arbeiten:

1. Die klassische Nationalökonomie.
2. Ethik und Volkswirtschaft in der Geschichte.
3. Die wirtschaftlichen Lehren des christlichen Altertums.
4. Die Kirche und die Entwicklung zur Freiheit.
5. Zur Genealogie der Angriffe auf das Eigentum.
6. Die Anfänge des modernen Kapitalismus.
7. Über Begriff und Wandlungen der Wirtschaftseinheit.
8. Über den vierten Kreuzzug.
9. Handel und Kapitalismus.
10. Puritanismus und Kapitalismus.
11. Judentum und Kapitalismus.

Auf das energischste bekämpfte Brentano die Junker und ihre Erbrechts- wie Agrarpolitik. Sein Kampf gegen die junkerliche Erbrechtspolitik führte ihn auch weit in die Geschichte zurück. Einen Teil dieser Aufsätze sammelte er im Band I seiner „Erbrechtspolitik", der folgende Abschnitte enthält:

1. Das droit d'aînesse unter der Restauration und seitdem.
2. Die Entwicklung des englischen Erbrechts in das Grundeigentum.
3. Der Untergang des englischen Bauernstandes.
4. Warum herrscht in Alt-Bayern bäuerlicher Grundbesitz?
5. Justus Möser.

6. Die Rentengutsgesetzgebung.
7. Das westfälische Anerbenrechts-Gesetz.
8. Zur Geschichte des bäuerlichen Erbrechts in Alt-Bayern.
9. Die gesetzliche Einführung der Anerbenfolge in Bayern.
10. Agrarische Behauptungen im Lichte der Wirklichkeit.
11. Über den grundherrlichen Charakter des hausindustriellen Leinengewerbes in Schlesien.
12. Über den Einfluß der Grundherrlichkeit und Friedrichs des Großen auf das schlesische Leinengewerbe. Eine Antwort an meine Kollegen Grünhagen und Sombart in Breslau.

In seiner Frühzeit galt sein Interesse vor allem der englischen Arbeiterbewegung, insbesondere den englischen Gewerkschaften und den mittelalterlichen Gilden, in denen beiden er Schutzorganisationen bedrängter Klassen sah.

Und so, wie am Anfang seiner Arbeiten das Interesse für die englische Arbeiterklasse stand, widmete er seine Alterskräfte einer Wirtschaftsgeschichte Englands von ihren Anfängen bis in die Gegenwart. Den ersten Band veröffentlichte er, dreiundachtzigjährig, 1927, den vierten (III.2) 1929, insgesamt ein Werk von über 2000 Seiten.

Dazu gab er, wie Schmoller, eine Sammlung von Monographien, „Münchener Volkswirtschaftliche Studien" (zusammen mit seinem Schüler Walther Lotz) heraus, in der in den Jahren 1893–1921 144 Bände erschienen, nachdem er von 1886–1888 zusammen mit G. Fr. Knapp 6 Bände „Abhandlungen aus dem Staatswissenschaftlichen Seminar zu Straßburg i. E." veröffentlicht hatte.

Unter den 144 Bänden der großen Monographiensammlung finden sich zahlreiche, die auch heute noch mit Nutzen gelesen werden können. Lenin benutzte zum Beispiel die 1904 erschienene Arbeit von H. G. Heymann über „Die gemischten Werke im deutschen Großeisengewerbe" im „Imperialismus", und Th. Vogelstein, von dem Lenin ebendort zwei Arbeiten zitiert, veröffentlichte seine Dissertation in dieser Serie, ebenso wie R. Kuczynski seine zu einem Buch erweiterte Doktorarbeit „Der Zug nach der Stadt". Der bedeutendste japanische Wirtschaftshistoriker im ersten Drittel unseres Jahrhunderts, Tokuzo Fukuda, erscheint mit einem Buch über „Die gesellschaftliche und wirtschaftliche Entwicklung in Japan".

Zieht man die beiden Sammlungen von Schmoller und Brentano zusammen, so erhält man weit über 300 Monographien zweier, ja dreier Schülergenerationen der Historischen Schule der Wirtschaftswissenschaft.

So wie die ältere Historikerschule drei Häupter hatte, kann man in der jüngeren vielleicht zwei und ein Nebenhaupt zählen – das letztere ist Karl Bücher, in der Öffentlichkeit viel weniger hervorgetreten als die beiden anderen, aber ein origineller Forscher. Er lebte von 1847 bis 1930, war eine zeitlang Wirtschaftsredakteur der „Frankfurter Zeitung", habilitierte sich 1881 in München und war später vor allem an der Universität Leipzig tätig. In unserem neuesten Meyer[36] findet man nach den Geburts- und Sterbedaten folgendes über Bücher: „B. war Anhänger der Historischen Schule und trat durch Arbeiten wirtschaftsgeschichtlicher Art hervor. Er ist Be-

[36] Meyers Neues Lexikon, Bd. 2, Leipzig 1972, S. 604.

gründer einer vulgären Wirtschaftsstufentheorie, wonach die Entwicklung von Wirtschaft und Gesellschaft nicht durch die Eigentums- und Produktionsverhältnisse, sondern durch die quantitative Ausdehnung der Austauschbeziehungen und Formveränderungen der Wirtschaftsführung (Hauswirtschaft, Stadtwirtschaft, Volkswirtschaft) gekennzeichnet sei."

Wie bei so manchen Personenartikeln dieses Lexikons muß man sich auch hier fragen, warum Bücher eigentlich in das Lexikon aufgenommen worden ist. Nur weil er zeitlebens ein hohes Ansehen als Gelehrter im imperialistischen Deutschland gehabt hat? Kann das unser Maßstab sein? Oder, um seine wahrlich kümmerliche Stufentheorie zu denunzieren?[37] (ich gebrauche dieses Wort, weil ohne Hinweis des Lexikons kaum jemand bei uns oder in der BRD oder anderswo im Ausland diese noch kennt oder gar propagiert). Natürlich bin ich dafür, daß Bücher in diesem Lexikon erscheint, aber mit einer vernünftigen Begründung, und diese läßt sich wahrlich leicht in seinen wirtschaftshistorischen Schriften finden.

Wenn ich ihn ein Nebenhaupt der Historischen Schule nannte, dann teils, weil er keine so prominente Position wie Schmoller und Brentano einnahm, teils aber auch, weil er in dem berühmten „Methodenstreit" zwischen Schmoller und Carl Menger über die Bedeutung der Theorie für die Wirtschaftswissenschaft der einseitigen Betonung der Theorie durch Menger zwar nicht zuneigte, aber doch eher auf dessen als auf Schmollers im Grunde theoriefeindlicher Linie sich bewegte.

Während Brentano zunächst den Gewerkschaften näher stand, so Bücher der politischen Arbeiterbewegung. Es gibt einen Brief von Bernstein an Engels, wohl aus dem Jahre 1884, in dem er Bücher als einen „‚uns nahe stehenden Dozenten' bezeichnet, dem man Aushängebogen einer Schrift von Engels mit der Bitte schicken könnte, sie in einer bürgerlichen Zeitschrift zu besprechen. Professor Dr. Bücher sei ‚. . . ein sehr ehrenhafter Mann, der in seinen Vorlesungen ganz offen sich als Anhänger der Marxschen Werttheorie bekannt hat und seine Hörer zum Studium animiert. Wenn dieser Mann und vielleicht auch Professor Thun in Freiburg, Viktor Adler in Wien, etc. in den ihnen zugänglichen Revuen das Ding vorher besprechen, dann wäre Madai* doch in einer argen Klemme, denn es weht heute ein ganz anderer Wind als 1878. Daß es sehr nützlich wäre, wenn die Schrift offen verbreitet werden könnte, ist meine feste Überzeugung . . .'**"[38]

Das ist natürlich übertrieben. Mit Recht bemerken Barthel, Kesselbauer und Voigt dazu: „Die Anerkennung der Marxschen Werttheorie durch Bücher – soweit Bernstein die Sachlage überhaupt richtig wiedergab – dürfen wir nicht überschätzen.

[37] Bücher hat übrigens in seiner Arbeit „Die gewerblichen Betriebssysteme in ihrer geschichtlichen Entwicklung" seine Stufentheorie wesentlich modifiziert bzw. ganz andere Gesichtspunkte wie etwa die Rolle des Mehrprodukts in den Vordergrund gerückt.

[38] Zitiert nach *H. Barthel, G. Kesselbauer, M. Voigt,* Karl Bücher. Seine politische und wissenschaftliche Stellung. In: Karl-Marx-Universität Leipzig, 1409–1959, Beiträge zur Universitätgeschichte. Leipzig 1959, S. 79 – künftig zitiert als „Universität Leipzig".

* Der hier erwähnte Madai ist der Berliner Polizeipräsident und der führende Kopf der Sozialistenverfolgung.

** Originalbrief im Archiv des Internationalen Instituts für Sozialgeschichte in Amsterdam.

Bücher hat, ähnlich wie in den 90er Jahren in Rußland die sogenannten legalen Marxisten, aus seinen politökonomischen Erkenntnissen niemals Konsequenzen im Sinne der proletarischen Revolution gezogen; er blieb auf dem Boden des Kapitalismus. Von dieser Position aus war er Gegner der schwerindustriellen und schutzzöllnerischen Scharfmacher, der Monopolisten und der aggressiven Militaristen. Seine Grundhaltung könnte man als sozialliberal bezeichnen."[39]

Aber richtig ist, daß Bücher in seinen Arbeiten dem Leben der arbeitenden Menschen sein besonderes Interesse zugewandt hat, daß er ihm besondere Aufmerksamkeit gewidmet hat. Im Alter sammelte er seine ihm am wichtigsten dünkenden wirtschaftshistorischen Abhandlungen in einem Band[40], der die folgenden Abschnitte enthält:

Zur griechischen Wirtschaftsgeschichte
Die Aufstände der unfreien Arbeiter 143–129 v. Chr.
Die Diokletianische Taxordnung vom Jahre 301
Zur Arbeiterfrage im Mittelalter
Die Frauenfrage im Mittelalter
Zwei mittelalterliche Steuerordnungen
Der öffentliche Haushalt der Stadt Frankfurt im Mittelalter
Die Berufe der Stadt Frankfurt a. M. im Mittelalter
Das städtische Beamtentum im Mittelalter
Mittelalterliche Handwerksverbände
Frankfurter Buchbinder-Ordnungen vom XVI. bis zum XIX. Jahrhundert

Dazu kommen eine Fülle von Arbeiten zu Problemen der Gegenwart.

Die Autoren des zitierten Beitrags zur Leipziger Universitätsgeschichte gehen auf zwei der hier aufgezählten Studien zum Mittelalter so ein:

„Der Artikel ‚Zur Arbeiterfrage im Mittelalter', auf den im folgenden näher eingegangen werden soll, untersucht die Entwicklung und die Rolle der Zünfte. Sehr anschaulich legt Bücher dar, wie sich die Zünfte allmählich aus den Elementen der alten Markverfassung entwickelten. Interessant ist dabei die Bedeutung, die er dem Eigentum an Grund und Boden beimißt. Sehr ausführlich behandelt Bücher die Auseinandersetzungen, die sich zwischen den Meistern und Gesellen innerhalb der Zünfte abspielen. Diesen Kampf betrachtet Bücher als einen wesentlichen Bestandteil für den späteren Verfall des Zunftwesens. Das Ziel dieser Auseinandersetzungen, schreibt Bücher, seien Lohnsteigerungen und Arbeitszeitfragen gewesen, so wie das heute die Ziele des Kampfes der Arbeiterklasse sind.

Aus der Bedeutung, die Bücher diesen Kämpfen sowohl unter feudalen als auch unter kapitalistischen Bedingungen beimißt, ergibt sich die Schlußfolgerung, daß auch er nicht daran vorbeigehen konnte, daß die Klassenkämpfe eine wesentliche Rolle der wirtschaftlichen Entwicklung darstellen. Worum es ihm bei seinen Untersuchungen ging, zeigen die Bemerkungen, die er am Schluß dieses Artikels macht. Dort schreibt er, daß der Kampf zwischen Meistern und Gesellen die Interessengegensätze zwischen ihnen verstärkt habe und daß alle Interventionen des

39 Ebendort.

40 *K. Bücher,* Beiträge zur Wirtschaftsgeschichte, Tübingen 1922.

Reiches und der Territorialherren, diesen Kampf zu verhindern, nutzlos gewesen wären. Solche Gegensätze könne man nicht mit Gewaltmaßnahmen beseitigen. Und was schlägt Bücher vor? Er schreibt: ‚Lebensfähige soziale Organisationen sind eben nicht anders möglich, als auf der Grundlage einer wirtschaftlichen Gerechtigkeit entspringenden Interessengemeinschaft.'* Das heißt, Arbeiterklasse und Bourgeoisie müssen sich einander nähern. Ein Kampf der beiden Klassen sei nicht erforderlich, wenn man die Interessengemeinschaft herstellt. Bücher ging zwar in seiner Einschätzung der sozialen Verhältnisse zum Teil weiter als die anderen Vertreter der historischen Schule. Er vertrat dabei aber Auffassungen, die denen der rechten Sozialdemokratie sehr nahekommen, indem er meinte, daß die Verbesserung der gesellschaftlichen Verhältnisse auf dem Wege der Reformen und durch die Einsicht der herrschenden Klasse erfolgen könne.

Sehr interessante Fragen erläutert Bücher in seinem 1910 veröffentlichten Artikel ‚Die Frauenfrage im Mittelalter'. Auf Grund intensiver Quellenstudien bringt er eine Fülle von Materialien über die soziale Stellung der Frau im Mittelalter. Er beleuchtet hier die elende Lage der Frau dieser Zeit, deren Ursache er in den sozialen Verhältnissen des Mittelalters sieht. Bei einem Vergleich der Lage der Frau im Mittelalter und unter kapitalistischen Bedingungen kommt Bücher zu folgenden bemerkenswerten Feststellungen: ‚Und doch, wenn wir unsere Verhältnisse mit denen des Mittelalters vergleichen, unsere Hilfsmittel mit denen jener rauhen, an Behagen so armen Zeit – haben wir dann begründete Ursache, uns zu überheben? Ist das Dasein unserer Fabrikarbeiterinnen und Handlungsgehilfinnen etwa freundlicher gestaltet als das Los der Meisterfrauen und Töchter, die ihren Gatten und Vätern im Gewerbe halfen, ja selbst als das der Spinnmägde und Kämmerinnen, deren Arbeitsverhältnis durch Sitte und Gesetz geregelt wurde?'** Und dann bemerkt er weiter, das Familienleben und die Stellung der Frau werde in der kapitalistischen Periode durch den gewerblichen Großbetrieb mit seiner massenhaften Frauenarbeit weiter verschärft, und kommt dabei zu folgendem Fazit: ‚Entwürdigung des weiblichen Geschlechts, Erschwerung der Familiengründung für die mit billiger Frauenarbeit konkurrierenden Männer, Auflösung der häuslichen Bande, Verkümmerung und Verwilderung der heranwachsenden Jugend. In vielen Arbeiterhaushalten ist die auf der Ehe und väterlichen Gewalt beruhende Familie verlassen und an ihre Stelle ein auf allerlei Vertragsverhältnissen beruhendes Gebilde getreten.'***"[41]

Einer besonderen Erwähnung bedarf noch Büchers Buch „Arbeit und Rhythmus", das zuerst 1896 erschien und in der Folgezeit durch mehrere Auflagen ging. In diesem Buch untersucht Bücher die Zusammenhänge zwischen dem Prozeß der Arbeit und seinem Rhythmus, bzw. den Arbeitsgesängen, die die Arbeit begleiten, also eine Art Arbeitskultur, die zugleich die Arbeit erleichtert und Freude gibt. Nur einige Titel und Untertitel seien zitiert, um einen Einblick in dieses Werk zu geben:

[41] „Universität Leipzig", a. a. O., S. 88 ff.
* *Bücher,* Beiträge zur Wirtschaftsgeschichte, Tübingen 1922, S. 258.
** Ebendort, S. 294.
*** Ebendort, S. 296.

Die verschiedenen Arten der Arbeitsgesänge
1. Einzelarbeit und gesellige Arbeit
   a) Zur Handmühle
   b) Gewinnung und Zubereitung der Spinnstoffe ...
   d) Bei der Wasserbeschaffung ...
   g) Beim Pflücken ...
2. Arbeiten im Wechseltakt
3. Arbeiten im Gleichtakt
   a) Beim Befördern von Baumaterial ...
   d) Kulilieder
   e) Lastträgergesänge ...
   l) Beim Rudern ...

Anhang: Arbeitsgesänge der Neger in den Vereinigten Staaten von Nordamerika.

Allein schon das Lesen der Überschriften ist interessant und zweifellos kann das Werk auch heute noch Anregungen geben.

Betrachten wir noch einmal rückblickend die beiden Historiker-Schulen, dann wird man sagen können, daß die ältere in berechtigter Reaktion auf theoretische Spielereien der vulgären dogmatischen Nachfolger von Smith und Ricardo ein falsches Programm, und das noch fälschlicherweise gegen Smith und Ricardo statt gegen ihre vulgären Nachgeburten gerichtet, entwickelte, während die jüngere dieses falsche Programm radikal zum größten Schaden für die Politische Ökonomie und zu beachtlichem Nutzen für Spezialarbeiten, insbesondere deskriptiver Art auf dem Gebiete der Wirtschaftsgeschichte durchführte.

Die Historische Schule hatte nicht nur ganz großen Einfluß auf die Entwicklung der Wirtschaftsgeschichte in Deutschland, sondern auch in zahlreichen anderen Ländern, insbesondere auch in den Vereinigten Staaten.

So groß war der Einfluß der Historischen Schule, daß, als 1885 die American Economic Association gegründet wurde, sich in ihrem Statut Formulierungen finden, die sich für die Methodologie der Historischen Schule und gegen „abstrakte Spekulationen" aussprechen. So heißt es im Absatz 2 des Statuts: „Wir glauben, daß die Sozialökonomie als Wissenschaft sich noch in ihren ersten Entwicklungsstadien befindet. Bei aller Anerkennung für die Arbeiten der früheren Nationalökonomen legen wir nicht so viel Gewicht auf Spekulation wie auf das historische und statistische Studium der gegenwärtigen Bedingungen des Wirtschaftslebens, um die wissenschaftliche Entwicklung befriedigend weiter zu fördern."[42]

Henry Farnam hatte zu Beginn dieses Jahrhunderts eine Umfrage unter seinen Fachgenossen an den Universitäten gemacht, um festzustellen, wie viele und mit welchen Eindrücken sie in Deutschland studiert hatten. Er berichtet über das Resultat:

[42] Zitiert nach der Übersetzung in „Festgabe für Lujo Brentano zum 80. Geburtstag", 2. Bd., München und Leipzig 1925, S. 67 – künftig zitiert als „Festgabe Brentano".

„Ein Fragebogen wurde gedruckt, und an die amerikanischen Fachgenossen verschickt. Ihr Entgegenkommen war über Erwarten befriedigend, und es ist somit möglich, ziemlich genau festzustellen, nicht nur wie viele der heutigen Nationalökonomen der Vereinigten Staaten in Deutschland studiert haben, sondern auch, was für Eindrücke die Einzelnen von diesem Studium mitgebracht haben, und wie weit diejenigen, die nicht da studiert haben, unter deutschem Einfluß stehen . . .

Der Fragebogen wurde an 126 Nationalökonomen und Soziologen in den Vereinigten Staaten und Canada verteilt. Antworten sind von 116, einschließlich des Verfassers, vorhanden. Auf absolute Vollständigkeit macht diese Enquete keinen Anspruch. Der Verfasser glaubt aber die große Mehrzahl der Professoren aufgezeichnet zu haben, sowie die bekanntern unter den volkswirtschaftlichen Schriftstellern. Das Gesamtbild wird daher wohl zutreffend sein, wenn auch der eine oder der andere (bei dem der Verfasser sich hiermit verbindlichst entschuldigt) ausgelassen worden ist. Aus dieser Umfrage lernen wir, daß diese Studentenwanderung mit J. B. Clark (jetzt Professor in Columbia University) anfing, der im Jahre 1873 nach Deutschland reiste und zwei Jahre lang, hauptsächlich unter Knies und Roscher studierte. Ihm folgten im Jahre 1875 Edmund J. James (jetzt Präsident der University of Illinois), Joseph French Johnson (jetzt Professor in der University of New York) und der Verfasser dieser Arbeit. Im Jubiläumsjahr 1876 kam Simon N. Patten (jetzt Professor in der University of Pennsylvania), im Jahre 1877 Richard T. Ely (jetzt Professor in der University of Wisconsin) und Arthur T. Hadley (jetzt Präsident von Yale University). Im Jahre 1879 folgten E. R. A. Seligman (jetzt Professor in Columbia University), Albion W. Small (jetzt Professor in der University of Chicago) und F. W. Taussig (jetzt Professor in Harvard University). Dann kamen . . ." und jetzt folgen zahlreiche weitere Namen, unter ihnen manche, die, wie die vorgenannten, auch heute noch wohl bekannt sind.

„Folgende Tabelle zeigt die Zahl der in jedem Jahre in Deutschland studierenden Nationalökonomen.

1873–74	1	1881–82		1889–90	6	1897–98	2
1874–75	1	1882–83	2	1890–91	9	1898–99	3
1875–76	3	1883–84	2	1891–92	8	1899–00	
1876–77	3	1884–85	1	1892–93	6	1900–01	3
1877–78	4	1885–86	1	1893–94	7	1901–02	1
1878–79	2	1886–87	1	1894–95	6	1902–03	
1879–80	5	1887–88	1	1895–96	5	1903–04	
1880–81	2	1888–89	5	1896–97	5	1904–05	1

Hieraus ersieht man, daß bis zum Jahre 1879–80 die Frequenz im Steigen begriffen war, und daß dann ein Rückgang eintrat, bis in den Jahren 1884–88 bloß einer von den Berichterstattern in Deutschland studierte. Dann kam mit dem Jahre 1888 eine neue Welle, die ihren Höhepunkt in den Jahren 1890–91 mit einer Frequenz von 9 erreichte, um wieder nach Anfang des neuen Jahrhunderts etwas zu fallen. Ob der Besuch in den letzten Jahren wirklich nachgelassen hat, oder bloß klein erscheint, weil die Studierenden der letzten Jahre noch zu jung sind, um sich feste Stellungen erworben zu haben und in den Kreis der Befragten zu fallen, lassen wir dahingestellt.

Im ganzen haben von der Gesamtzahl 59, oder etwas über die Hälfte, in Deutschland studiert. Von dieser Zahl haben 20 in Deutschland promoviert, etwa ein Drittel der Zahl der Studierenden. Ihre Studienzeit beläuft sich im Durchschnitt auf etwas unter 2 Jahre. Die deutschen Doktoren verteilen sich nach dem Jahre der Promotion wie folgt:

1877	1	1892	5
1878	2	1894	2
1879	1	1897	2
1885	1	1901	1
1888	1	1902	1
1889	1	1906	1
1891	1		

Um nun etwas bestimmter nachweisen zu können, wie dieser Einfluß auf die Einzelnen einwirkte, wurde den Kollegen folgende Frage gestellt: ‚Deuten Sie gefälligst an, wie weit Sie sich bewußt fühlen, von deutschen Nationalökonomen entweder in der Theorie oder in der Methode beeinflußt worden zu sein, gleichviel ob Sie in Deutschland studierten oder nicht'. Eine kleine Zahl, von denen keiner in Deutschland studierte, sagten, daß sie sich eines deutschen Einflusses nicht bewußt wären, und ganz wenige haben auf diese Frage nichts geantwortet. Über achtzig haben aber mehr oder weniger eingehende Antworten gegeben, und einige haben sogar ihre Erfahrungen und Eindrücke in ausführlichen Briefen dargetan. Um einen Gesamteindruck von diesen Meinungen zu bekommen, muß man sie klassifizieren. Das ist allerdings bei so ungezwungenen Äußerungen nicht immer leicht, und einige wenige passen in keinen Rahmen. Aber die Momente, die von den meisten betont wurden, lassen sich doch unter sechs Gesichtspunkten zusammenstellen, mit folgendem Ergebnis: dreißig sprechen speziell von dem Einfluß der historischen Schule; dreiundzwanzig heben die deutsche Methode hervor, was in einigen Fällen wohl die allgemeine Gründlichkeit der deutschen Arbeitsweise, in andern die historische Methode bedeutet; fünfzehn sprechen vom Gesichtspunkt, acht von der Lehre von dem Wirkungskreis des Staates; fünf erwähnen speziell die Anregung, die wohl bei den meisten als selbstverständlich angenommen werden kann; vierzehn erkennen den Einfluß der österreichischen Schule an, nicht immer im Gegensatz zur deutschen, sondern ebenso oft in Verbindung mit ihr.

Einige typische Auszüge aus diesen Mitteilungen werden die Eindrücke der amerikanischen Nationalökonomen veranschaulichen ...

Einer, der nicht in einer deutschen Universität studierte, ist durch sein Studium der deutschen Schriftsteller veranlaßt worden, ‚die historische Grundlage von wirtschaftlichen Fragen' zu berücksichtigen und die induktive Methode anzuwenden, und er fügt hinzu: ‚Die Schriften von Schmoller, Conrad und Held waren von besonderem Einfluß.' ...

Einer, der sich besonders mit praktischen Aufgaben der Volkswirtschaft beschäftigt hat, schildert seine Erfahrungen in folgenden Worten: ‚Gewisse Teile von Wagners Philosophie machten auf mich einen tiefen Eindruck. Schmoller beeinflußte mich in der Methode. Er ist, wie Sie wissen, historisch, analytisch, konkret, intensiv und doch umsichtig. Ich glaube, daß Schmollers Methode für uns in den Vereinigten Staaten die richtige ist.' Zum Schluß sei noch ein kurzer Satz angeführt, der sicher die Empfindungen vieler, einschließlich des Verfassers, ausdrückt. ,Ich war,' schreibt einer, ,in Schmollers Seminar, und ihm verdanke ich unter allen deutschen Volkswirten die größte Anregung.'

Es ist nicht ohne Interesse, eine Blick auf die Namen der deutschen Professoren zu werfen, die von meinen Berichterstattern als ihre Lehrer angeführt werden, unter denen sich allerdings auch einige Juristen und Soziologen befinden. Sie zerfallen je nach der Zahl ihrer Schüler in drei Klassen. Wenn man in die erste diejenigen stellt, die zwanzig Mal oder mehr angeführt werden, so umfaßt sie Wagner, Schmoller und Conrad. In die zweite, mit je vier oder mehr Schülern, fallen Sering, Roscher, Knies, Bücher, Brentano und Cohn. Die dritte Klasse umfaßt dann Philippovich, Simmel, Menger, Lexis, Böhm-Bawerk, Held, Knapp, Lotz, Stammler, von Helferich, von Halle, Loening, Meitzen, von Ihering, Stein, Miaskowski, Stieda, Laband und Sartorius von Waltershausen.

Eine ganze Anzahl der Berichterstatter sagen, daß sie von den Deutschen nicht direkt beeinflußt worden seien, sondern indirekt durch amerikanische Professoren, die in Deutschland studiert hätten, besonders durch Professor Ely. Die verschiedenen Aussagen ergänzen sich in einer so eigentümlichen Weise, daß wir von Professor Ely die Erlaubnis bekommen haben, Auszüge aus seinem Briefe anzuführen. Er erzählt, daß es seine Gewohnheit sei, öfters seinen Schülern das Lesen von deutschen Büchern vorzuschreiben, und daß er unter andern mehrere Male Schmollers ,Grundfragen des Rechts und der Volkswirtschaft' zu diesem Zweck gewählt habe. Die früheren Schüler, die auf diese Weise mit der deutschen Literatur bekannt geworden sind, sind jetzt über die Vereinigten Staaten zerstreut, mehrere derselben in einflußreichen Stellungen."[43]

Jeder wird verstehen, daß ich ausführlich zitiert habe, denn eine solche Untersuchung der Beeinflussung der Wissenschaftler eines Landes durch eine wissenschaftliche Schule aus einem anderen Lande ist ziemlich selten, in der Tat, mir ist keine andere dieser Art bekannt. Und der Einfluß der Historischen Schule auf die amerikanischen Wirtschaftswissenschaftler ist sehr beachtlich – auch wenn der Verfasser natürlich dazu neigt, ihn besonders hervorzuheben. Daß er aber wirklich auch objektiv recht hat, beweist zum Beispiel die Tatsache, daß der italienische Spezialist für politökonomische Lehrmeinungen in dieser Zeit Luigi Cossa (1831–1896), von einer „deutsch-amerikanischen Schule" in der Wirtschaftswissenschaft spricht.

Vielfach wird die Ähnlichkeit der Richtungen in beiden Ländern mit einer angeblichen Ähnlichkeit der gesellschaftlichen Entwicklung begründet. Etwa so in der Brentano-Festschrift: „Das Auftauchen der moderneren nationalökonomischen Schulen in den Vereinigten Staaten ist durch die Probleme hervorgerufen, die durch die

[43] Aus „Die Entwicklung der deutschen Volkswirtschaftslehre im neunzehnten Jahrhundert". Gustav Schmoller zur siebenzigsten Wiederkehr seines Geburtstages, 24. Juni 1908. Leipzig 1908, Teil XVIII, *H. W. Farnam,* Deutsch-amerikanische Beziehungen in der Volkswirtschaftslehre, S. 24–28 – künftig zitiert als „Festgabe Schmoller".

rasche Entwicklung nach dem Bürgerkrieg aufgeworfen wurden. Ebenso wie die wirtschaftlichen Probleme des neuen deutschen Reiches nach dem deutsch-französischen Krieg von 1870 den Anstoß zu der ungeheuren Entwicklung der ökonomischen Wissenschaft in Deutschland gaben, vollzog sich die gleiche Bewegung in den siebziger Jahren in den Vereinigten Staaten. Die allmähliche Erschöpfung des freien Bodens hatte das Auftreten der Arbeiterfrage zur Folge, wie es der große Streik von 1877 zeigte; das Bedürfnis der Farmer nach fremden Absatzmärkten rückte das Eisenbahnproblem in den Vordergrund, und das rasche Anwachsen des Reichtums der einzelnen und der Kapitalgesellschaften erweckte das Interesse an den Streitfragen über Produktion und Verteilung. Da die amerikanischen Universitäten zu jener Zeit keine entsprechende Gelegenheit zu höherer nationalökonomischer Ausbildung boten und England und Frankreich nicht viel besser daran waren, ging eine Reihe von jungen Leuten, die sich von dem Gegenstand angezogen fühlten, nach Deutschland, um hier an den bedeutenderen Universitäten ihren Studien obzuliegen. Viele gingen nach Heidelberg, um bei Knies zu arbeiten, manche nach Leipzig zu Roscher; die meisten aber gingen nach Berlin, wo sie zuerst unter den Einfluß von Held, später von Wagner und Schmoller gerieten."[44]

Ganz anders waren die Beziehungen der Historischen Schule zu Frankreich. Wenn Charles Gide in der Brentano-Festgabe feststellt: „In den letzten Dekaden des vorigen Jahrhunderts hatte sie (die Wirtschaftsgeschichte – J. K.) keinen anderen Vertreter als Levasseur"[45], so hätte er zumindest den Vicomte Georges d'Avenel mit seinen zahlreichen quantitativen, viele Jahrhunderte zurückreichenden Studien über Vermögen, Löhne und Preise in Frankreich nennen müssen. Gide ist abgewogener im Urteil in seiner schon zitierten zusammen mit Rist herausgegebenen „Geschichte der volkswirtschaftlichen Lehrmeinungen", wo er über die Wirkungen der Historischen Schule in England und Frankreich schreibt:

„In England, dieser Hochburg der Wirtschaftslehre Ricardo's, macht sich der Einfluß der historischen Schule nach 1870 ganz ausgesprochen fühlbar.

Die gleichen methodologischen Diskussionen, die die deutsche Nationalökonomie beschäftigen, treten auch hier auf. Cairnes betont in seinem Buch ‚the character and logical method of political economy', das 1875 wieder herausgegeben wurde*, mit Nachdruck die Berechtigung der Deduktion, so wie die alte Nationalökonomie sie anwendete. Aber 1879 antwortete ihm Cliffe Leslie in seinen ‚Essays on political and moral Philosophy', indem er alle Waffen der deutschen historischen Schule gegen die klassischen Methoden ins Feld führte. Die Induktion gegenüber der Deduktion, die Notwendigkeit, die Volkswirtschaft in Zusammenhang mit den anderen sozialen Wissenschaften zu bringen, die Relativität der wirtschaftlichen Gesetze, die Geschichte als Auslegungsmethode der wirtschaftlichen Tatsachen, alle diese Ideen finden wir bei dem englischen Schriftsteller eindrucksvoll entwickelt. Zur gleichen Zeit legte Arnold Toynbee, wenn auch mit größerer Mäßigung, analoge Ideen in seinen

[44] „Festgabe Brentano", S. 66.
[45] Ebendort, S. 49.
* Die erste Ausgabe war 1857 erschienen.

Abhandlungen über die ‚industrielle Revolution' dar. Er erkannte die Deduktion in der volkswirtschaftlichen Untersuchung als notwendig an, aber er sah in der Geschichte und der Beobachtung das Mittel, der Wirtschaftslehre Leben und praktische Tragweite wiederzugeben, deren Fehlen sich in den Theorien Ricardo's immer mehr fühlbar machten. Die Sache der sozialen Reformen sollte nach ihm von den neuen Methoden stark profitieren. Zweifellos würde er einen bedeutenden Einfluß ausgeübt haben, wenn der Tod nicht mit 30 Jahren eine Laufbahn abgeschlossen hätte, die zu den höchsten Hoffnungen berechtigte (1883).

Der Anstoß war gegeben. Von nun an nehmen in England die Wirtschaftsgeschichte, die Beobachtung der Einrichtungen, die Untersuchung der sozialen Klassen einen immer wachsenden Platz in den Arbeiten der Volkswirtschaftler ein. In jedem dieser Gedankenbereiche sind bedeutende Werke entstanden: Growth of English Industry and Commerce von Cunningham; die Geschichte und wirtschaftlichen Lehren des Mittelalters von Ashley; die Geschichte der Gewerkschaftsbewegung und die industrielle Demokratie von Herrn und Frau Sydney Webb; Life and Labour of the people von Booth, – sind ebensoviele Beweise des tiefgehenden Einflusses, den jene Ideenbewegung auf die englischen Nationalökonomen ausgeübt hat.

In Frankreich hat die Historische Schule nicht den gleichen Erfolg aufzuweisen, aber das Bedürfnis, dem sie entsprach, wurde trotzdem nicht weniger stark gefühlt. Bei uns in Frankreich hat sich keine wirkliche Schule historischer Nationalökonomen gegründet. Die Wirkung der neuen Ideen drang jedoch durch zahlreiche Kanäle in den wissenschaftlichen Gedankenkreis. Zunächst wurde 1878 ein offizieller Lehrstuhl für Nationalökonomie bei der Rechtsfakultät errichtet, und gerade infolge seiner Berührung mit den juristischen Disziplinen nahm dieser Unterricht sogleich einen neuen Charakter an, der ganz von geschichtlichem Geiste erfüllt war. Gleichzeitig interessierten sich die Historiker von Beruf mehr und mehr für die Probleme der Wirtschaftsgeschichte und leisteten so den Untersuchungen der Volkswirtschaftler eine sehr wertvolle Hilfe. Mehrere unter den liberalen Nationalökonomen haben ihre Arbeiten der Einzelbeobachtung zeitgenössischer Tatsachen oder historischen Untersuchungen gewidmet, ohne sich deshalb zu Gegnern der alten Schule aufzuwerfen*.

Ihnen hat sich ferner eine neue Gruppe von Mitarbeitern zugestellt: die der Soziologen. Die Soziologie beschäftigt sich in ihren Untersuchungen mit den verschiedenartigsten Einrichtungen, auf Grund derer die menschlichen Gesellschaften sich erhalten und sich entwickeln: sie sucht die Wirkungen festzustellen, die sie gegenseitig aufeinander ausüben. Nach den religiösen, rechtlichen, politischen und sozialen Einrichtungen mußte sie natürlicherweise auch die wirtschaftlichen Einrichtungen in ihren Bereich ziehen, und zwar in demselben Geiste und nach derselben Methode. Diesen Untersuchungen wird seit mehreren Jahren mit großem Eifer nachgegangen. Die Soziologen haben den Mechanismus und die Organisation des wirtschaftlichen Systems in verschiedenen Zeitabschnitten auf Grund der Beobachtung und der Ge-

* Wir erwähnen im besonderen Levasseur und seine prächtige Histoire des classes ouvrières en France, deren erste Ausgabe aus dem Jahre 1867 stammt.

schichte sehr genau untersucht. Dieses Studium haben sie mit dem ganzen Mißtrauen gegenüber Abstraktionen, mit der ganzen Genauigkeit eingehender Beobachtungen, und der Bevorzugung der Induktion gegenüber der Deduktion durchgeführt, die die historische Schule charakterisieren*."[46]

Man wird verstehen, daß die Historische Schule ein besonderes Kapitel in jeder Geschichte der Gesellschaftswissenschaften einnehmen muß. Natürlich nicht in erster Linie wegen der außerordentlichen Diskrepanz zwischen dem, was Lenin ihre Philosophie nennen würde, und ihren wertvollen Leistungen auf Spezialgebieten, sondern teils wegen eben dieser wertvollen Leistungen und teils wegen des großen internationalen Einflusses, den sie gehabt hat.

Keines von den Mitgliedern der älteren oder jungen Schule hatte irgendwelche Bedeutung als Politökonom, und Schmoller hat sich stets als Wirtschaftshistoriker gesehen, auch wenn er über Politökonomie Vorlesungen hielt. Alle haben der Wirtschaftsgeschichte in Deutschland und anderswo, wo sie Einfluß hatten, zu hohem Ansehen in akademischen Kreisen verholfen.

Und dieses Ansehen ist der Wirtschaftsgeschichte in Deutschland und später in der Deutschen Demokratischen Republik geblieben – im Gegensatz zur Bundesrepublik in den fünfziger und sechziger Jahren. In der Deutschen Demokratischen Republik findet sich heute die größte Forschungsstätte für Wirtschaftsgeschichte in der ganzen Welt und ebenso erscheint in ihr die bedeutsamste wirtschaftshistorische Zeitschrift.

Natürlich kann man nicht von einer ideologischen Tradition der Wirtschaftsgeschichte zwischen der Historischen Schule und den marxistischen Wirtschaftshistorikern der Deutschen Demokratischen Republik sprechen, wohl aber von einer Tradition in dem Sinne, als die Wirtschaftshistoriker in der „akademischen Gemeinde" ebenso wie in der Gesellschaft als Ganzer eine geachtetere Stellung einnehmen, man ihnen mehr Aufmerksamkeit und Fürsorge zu Teil werden läßt als in anderen Ländern.

Traditionen dieser Art spielen eine keineswegs zu unterschätzende Rolle in der Geschichte der Gesellschaftswissenschaften wie der Wissenschaft überhaupt. Sie erklären besondere Leistungen über einen längeren Zeitraum sowohl an einzelnen akademischen Einrichtungen wie auch in ganzen Ländern. Es handelt sich dabei nicht um wissenschaftliche Schulen (die natürlich den Beginn einer Tradition bringen können und auch, wenn es sich um einanderfolgende wissenschaftliche Schulen der verschiedensten Art handelt, eine Tradition fortsetzen können), es handelt sich auch

[46] *Ch. Gide* und *Ch. Rist*, a. a. O., S. 425 f.

* Es ist im Besonderen die um Durkheim und das Jahrbuch: Année sociologique versammelte Gruppe von Mitarbeitern, die wir hier im Auge haben. Man würde sich aber stark täuschen, wenn man die Methode der Soziologen mit der der Anhänger der historischen Schule identifizieren wollte. Vgl. über diesen Punkt Simiand, Méthode historique et science sociale in der Révue de synthèse historique, 1903. Siehe auch von demselben: La méthode positive en science économique, Paris 1912, wo in einer Reihe von Studien die hauptsächlichsten Probleme der Methode, wie sie in der Volkswirtschaft angewendet wird, untersucht werden.

nicht um wissenschaftliche Richtungen, die viel häufiger wechseln, als eine solche Tradition dauert. Es handelt sich dabei um ein Phänomen, das noch ungenügend untersucht ist und das man auf den verschiedensten Gebieten des gesellschaftlichen Lebens findet – man denke nur an die russische Tradition einer hervorragenden Artillerie oder an die englische Tradition eines vorzüglichen Geheimdienstes.

All das sind die Gründe, die mich, wie ich glaube mit Recht, bewogen haben, der deutschen Historischen Schule der Wirtschaftswissenschaft ein besonderes Kapitel zu widmen. Neben ihr hat es keine andere Schule solcher Art gegeben.

Kapitel VII

Neuere Strömungen im 20. Jahrhundert

Als eine Art Reaktion auf den „reinen Empirismus" der Historischen Schule einerseits und die schnellere Ausbreitung des Marxismus andererseits muß man die gleich in den beiden ersten Jahrzehnten des neuen Jahrhunderts stattfindenden Versuche einer betonten Philosophie-Durchdringung der Wirtschaftsgeschichtsschreibung ansehen, die jedoch nicht von viel Erfolg begleitet waren.

Während in Deutschland Max Weber noch die Ansicht vertritt, es wäre falsch, ideellen oder ökonomischen Faktoren den entscheidenden Einfluß zu geben, wird Werner Sombart mit seinen zahlreichen Arbeiten zur Geschichte des Kapitalismus und zur Arbeiterbewegung mehr und mehr zum reaktionären Idealisten. Die meisten Wirtschaftshistoriker bleiben jedoch methodologisch untheoretische Materialisten, natürlich ganz überwiegend auf Seiten der herrschenden Klasse, mehr und mehr bewußte Apologeten des Kapitals, speziell des Monopolkapitals. Das heißt aber nicht, daß Männer wie J. N. Clapham und T. S. Ashton in England, W. C. Mitchell und David S. Landes in den USA, Fr. Simiand und Henri Sée in Frankreich, H. Pirenne in Belgien oder Posthumus in Holland, der Italiener G. Prato, der Rumäne G. J. Bratianu, W. Abel in der BRD oder der Russe J. Loutschisky nicht weltbekannte Arbeiten von Wert hervorgebracht haben. Und an dieser Stelle jedes der genannten hätte man für die meisten Länder ein halbes Dutzend andere setzen können.

Zu diesen Namen tüchtiger, in gewisser Weise beschränkter Wirtschaftshistoriker sind einige wirtschaftshistorische Unternehmen ähnlichen Charakters hinzuzufügen. Unter ihnen verdienen vor allen zwei Erwähnung: Die vielbändige Cambridge Economic History of Europe, die schon in zweiter Auflage erscheint, und das von G. Brodnitz herausgegebene „Handbuch der Wirtschaftsgeschichte", in dem verschiedene Autoren in je ein bis zwei Bänden die Wirtschaftsgeschichte eines Landes gaben und ein allgemeiner Band über das „Mittelalter" erschien.

Doch von wirklicher Bedeutung ist trotz des Versagens der bewußten Durchdringung der bürgerlichen Wirtschaftsgeschichte mit Philosophie – etwa mit Lehren vom „Geist in der Wirtschaft", der der Motor der Entwicklung sein soll – und trotz der Fortsetzung des Betriebes der Historischen Schule in dieser oder jener Form, das Entstehen neuer Richtungen. Unter ihnen sind vor allem vier zu nennen:

1. Ausgehend von Frankreich – zum Teil unter dem Einfluß von Emile Durkheim und Max Weber – eine Tendenz, die Wirtschaftsgeschichte in einer allgemeinen Gesellschafts- bzw. Kulturgeschichte aufgehen zu lassen. Führend waren in dieser Richtung Marc Bloch und Lucien Febvre und sind noch heute Fernand Braudel

und E. Le Roy Ladurie. Es ist nicht zu bezweifeln, daß diese Richtung viele interessante Beziehungen der Wirtschafts- und allgemeinen Geschichte aufgedeckt hat, ohne dabei jedoch, da letztlich ohne umfassende Theorie, entscheidende Kausalzusammenhänge immer richtig analysieren zu können. Auch soll man daran denken, daß diese Gelehrten damit an die Franzosen und Schotten der zweiten Hälfte des 18. Jahrhunderts anknüpfen, wenn auch, oft vom Marxismus beeinflußt, auf höherer Ebene und mit großartigen Tatsachenkombinationen.

Jedoch ist der Einfluß des Marxismus auf sie nicht groß genug und war die Tendenz zum vormarxistischen Historischen Materialismus bei den Franzosen und Schotten des 18. Jahrhunderts stark genug, um den Unterschied der neuen Richtung zum 18. Jahrhundert uns nicht übermäßig groß erscheinen zu lassen. Zwar ist das Material, das diesen Wirtschaftshistorikern heute zur Verfügung steht, viel reicher, und sie benutzen es überaus geschickt. Darum können sie zahlreiche Aspekte des gesellschaftlichen und natürlichen Lebens außerordentlich detailliert untersuchen und auch, ältere Quellen benutzend, in ihren Einzeluntersuchungen sehr weit zurückgehen – so gibt es aus dieser Schule zum Beispiel treffliche Untersuchungen sehr vieler Aspekte etwa des Lebens in einem Dorfe über Jahrhunderte oder auch über die Veränderungen der Augenfarbe der Franzosen in den letzten Jahrhunderten nach Regionen. Aber die so verbreitete Unbekanntheit mit den von uns vorangehend ausführlicher behandelten Wirtschaftshistorikern des 18. Jahrhunderts läßt im allgemeinen die neuere Richtung als zu originell und bedeutsam erscheinen. Das allgemeine Bildungsniveau der Gesellschaftswissenschaftler des 18. Jahrhunderts, die Vielseitigkeit ihrer Bildung waren bei ihren besten Vertretern so hoch, so groß, daß sie uns immer wieder überraschen müssen. Das allgemeine Bildungsniveau der Gesellschaftswissenschaftler im 20. Jahrhundert, die Vielseitigkeit ihrer Bildung sind im 20. Jahrhundert so niedrig, so klein, daß man leicht geneigt ist, die Originalität von zum Teil so erfreulichen Tendenzen, wie sie sich in dieser modernen Richtung finden, zu überschätzen.

2. Ausgehend von den Vereinigten Staaten, unter direktem Einfluß des Großkapitals, die Entwicklung der Unternehmensgeschichte, von der sich erste Ansätze bereits zu Beginn des Jahrhunderts in den Arbeiten R. Ehrenbergs in Deutschland finden. Das Zentrum dieser Forschung war und ist die Harvard Universität. Die Initiatoren dieser „neuen Richtung“ waren N. S. B. Gras und Edwin F. Gay, später führten sie Arthur H. Cole, Thomas C. Cochran, Fritz Redlich, alle von Harvard aus. Von anderen Ländern wurde diese Forschungsrichtung vor allem in der BRD aufgenommen. Es ist kennzeichnend, daß, je größer die Anonymität des Monopolkapitals, desto größer auch der Personenkult in der Welt des Kapitals ist. Das gilt insbesondere für die sogenannten Fest- oder Jubiläumsschriften von Wirtschaftsunternehmen.

Auf marxistischer Seite entspricht dieser Richtung die Betriebsgeschichte, in der nicht wie in der Unternehmergeschichte der Unternehmer, sondern die Werktätigen die entscheidende Rolle spielen. Die Betriebsgeschichte wurde ursprünglich von M. Gorki angeregt, verlor aber in der Sowjetunion stark an Bedeutung. Sie wurde dann in der DDR zu neuem Leben erweckt und blüht jetzt in allen sozialistischen Ländern.

Um sie auf noch höheres Niveau zu heben, ist es notwendig, die betriebswirtschaftliche Seite stärker herauszuarbeiten – erste Anfänge in dieser Richtung finden sich in den Gemeinschaftsarbeiten des Instituts für Wirtschaftsgeschichte der Akademie der Wissenschaften der DDR und kubanischer Wirtschaftshistoriker über amerikanische Monopolunternehmen in Kuba.

3. Ausgehend von intensiven theoretischen Diskussionen zunächst in England und Frankreich und von einigen empirischen historischen Arbeiten, unter denen die „Geschichte der Handelskrisen" von Max Wirth (1858) besonders zu nennen ist, entwickelte sich im 20. Jahrhundert auf Grund des dringenden Bedürfnisses der Bourgeoisie, „endlich der wilden wirtschaftlichen Schwankungen Herr zu werden", die sogenannte Konjunkturforschung, die Analyse der zyklischen Bewegungen von so wichtigen Wirtschaftsfaktoren wie Produktion, Investitionen, Preisen, Einkommen, Geldumlauf usw. in Gegenwart, naher und ferner Vergangenheit. Wohl kein Zweig der Wirtschaftsgeschichte erlebte in den Jahren zwischen den beiden Weltkriegen eine solche Blüte, einschließlich der Schaffung von zahlreichen Instituten zu ihrem Betrieb, wie die Konjunkturforschung, und auch nach dem zweiten Weltkrieg, zum Teil leicht abgewandelt in Wachstumsforschung in Vergangenheit und Gegenwart, blieb das Interesse für diesen Teil der Wirtschaftsgeschichtsbetrachtung erhalten.

4. Wie die Unternehmensforschung von den USA ausgehend: die „New Economic History", vertreten vor allem durch R. W. Fogel, J. R. Meyer, A. H. Conrad und D. C. North. Originell ist ihre Forderung, daß man mit mathematisch-statistischen Methoden untersuchen müsse, was geschehen wäre, wenn bestimmte Umstände anders gewesen wären, also zum Beispiel, wie wäre die Entwicklung in den USA im 18. Jahrhundert gewesen, wenn sie sich 25 Jahre früher befreit hätten, wie wäre die Entwicklung des Eisenbahnwesens gewesen, wenn das Auto nicht entwickelt worden wäre. Solche Untersuchungen seien notwendig, um Kausalzusammenhänge, die man zu sehen glaubt, zu beweisen, also etwa, daß die Entwicklung des Autoverkehrs das Eisenbahnwesen wirklich heruntergebracht hätte. Eine an sich nicht unnütze Idee, wenn man sie nicht übertreibt, um Selbstverständlichkeiten durch die langwierige Konstruktion von selbst wieder nur ganz vage zu bestimmenden Modellen zu beweisen.

Eine voll ausgebildete, die sich im Laufe der Geschichte entwickelnde Wirtschaft bis zur Gegenwart wirklich reproduzierende Wirtschaftsgeschichtsschreibung konnte erst mit den politökonomischen und allgemein gesellschaftlichen Entdeckungen von Marx und Engels aufgebaut werden. Merkwürdigerweise waren aber nach den großartigen frühen Arbeiten Lenins noch im 19. Jahrhundert die Marxisten der letzten Jahrzehnte vor der Oktoberrevolution relativ wenig wirtschaftshistorisch interessiert – sogar auch in der deutschen Sozialdemokratie. Es gab nur einen hervorragenden „hauptberuflichen" Wirtschaftshistoriker unter ihnen, nicht verwunderlich ein Mitglied der Partei der Bolschewiki, Michael Nikolajewitsch Pokrowski. Natürlich finden sich wirtschaftshistorisch interessante Passagen bei Mehring und Kautsky; wir dürfen auch nicht vergessen, daß N. Bucharins „Imperialismus und Weltwirtschaft", später mit einem Vorwort Lenins erschienen, schon zwei Jahre vor der Revolution geschrieben war. Eine wirkliche Blüte der marxistischen Wirtschaftsgeschichte setzte aber erst nach der Oktoberrevolution ein.

Einzig an Bedeutung und Einfluß war und ist natürlich Lenins „Imperialismus", die Grundlage aller marxistischen Wirtschaftsgeschichtsschreibung über den Kapitalismus des XX. Jahrhunderts.

Das Werk ist gleich groß als theoretisches wie als empirisch analysierendes historisches Werk. Genau wie in den entsprechenden Schriften von Marx und Engels erstaunt die absolute Verschmelzung von Politischer Ökonomie und Wirtschaftsgeschichte, so daß, wie ihre Werke, auch dieses zugleich ein methodologisches Musterbeispiel wirtschaftswissenschaftlicher Forschung ist.

Die Blüte der wirtschaftshistorischen Forschung, die mit der Oktoberrevolution einsetzte, dauerte jedoch nicht lange. Sie endete, mit wenigen Ausnahmen wie S. G. Strumilin und E. Varga, zu Beginn der dreißiger Jahre, kurz nach dem Abbruch der Diskussion über die „Asiatische Produktionsweise". Auch in den übrigen Arbeiterparteien konnte man bis zum Ende des zweiten Weltkrieges nicht von irgendwelchen erwähnenswerten Leistungen auf dem Gebiete der Wirtschaftsgeschichte sprechen – es sei denn, man wolle aus Mangel an anderen Werken Heinrich Cunows vierbändige „Allgemeine Wirtschaftsgeschichte" und J. Kuczynskis fünfbändige „Short History of Labour Conditions under Industrial Capitalism" nennen.

Mit dem Entstehen neuer sozialistischer Gesellschaften begann eine erstaunliche Blüte der Wirtschaftsgeschichte, die schnell auch in der Welt des Kapitals anerkannt wurde – mit L. Mendelson und A. I. Njeussychin in der Sowjetunion, Witold Kula in Polen, Eric Molnár, S. P. Pach, I. Behrend und G. Ránki in Ungarn, A. Klima und J. Purš in der ČSSR. J. Nathan in Bulgarien, Chung-Ping Yen in China, W. Falk, W. Jonas, J. Kuczynski und H. Mottek in der Deutschen Demokratischen Republik – um nur einige zu nennen.

Auch außerhalb der sozialistischen Länder traten tüchtige marxistische Wirtschaftshistoriker auf. Man denke nur an die Diskussion zum Übergang vom Feudalismus zum Kapitalismus, an der sich M. Dobb, Chr. Hill und A. L. Morton aus England, P. Sweezy aus den USA, Takahashi aus Japan und weitere marxistische Historiker aus Italien und Frankreich beteiligten; man denke auch an die so interessanten Arbeiten von E. Hobsbawm zur Lage der Arbeiter in England während der industriellen Revolution, Emilio Serenis Agrarstudien oder an die so anregenden Arbeiten zur asiatischen Produktionsweise der französischen Wirtschaftshistoriker J. Chesneaux, M. Godelier und J. Suret-Canale.

Erstaunlich auch die Spezialblüte der antiken Wirtschaftsgeschichte mit den Arbeiten von I. M. Diakonow in der Sowjetunion, Ch. Welskopf in der DDR, M. I. Finley in England und vielen anderen.

Wirtschaftsgeschichte wird heute an fast allen Universitäten Europas, Nordamerikas, Japans und Australiens gelehrt und in vielen Ländern gibt es Forschungsinstitute für Wirtschaftsgeschichte – das größte von ihnen bei der Akademie der Wissenschaften der DDR.

Auch einige Zeitschriften bzw. Periodica speziell für Wirtschaftsgeschichte erscheinen – zumeist aber ist die Wirtschaftsgeschichte nur in allgemeineren Themen gewidmeten Zeitschriften mitvertreten.

Mit zwei der neuen Erscheinungen wollen wir uns im folgenden etwas ausführlicher beschäftigen: mit der Entwicklung der Konjunkturtheorie und der sogenannten „New Economic History".

1. Die Konjunkturforschung I

Fred Oelßner gibt im ersten Kapitel seines Buches „Die Wirtschaftskrisen" einen guten Überblick über den theoretischen Hintergrund der Konjunkturforschung. Zunächst bemerkt er, daß die Klassiker der bürgerlichen Politischen Ökonomie sich nicht gründlich mit den kapitalistischen zyklischen Wirtschaftskrisen beschäftigen konnten, da es zu ihren Lebenszeiten noch keine die ganze Wirtschaft erfassenden zyklischen Krisen gab (die erste solche Krise brach in der Tat erst 1825, zwei Jahre nach dem Tode von Ricardo, aus). Und dann fährt er fort:

„Die auf Smith und Ricardo folgenden bürgerlichen Ökonomen versuchten zunächst, die Krisen überhaupt zu leugnen oder, wo das nicht mehr anging, sie gleichfalls auf zufällige Ursachen zurückzuführen. Als sich die Krisen jedoch mit konstanter Beharrlichkeit alle 10 bis 11 Jahre wiederholten, konnte die bürgerliche Wissenschaft nicht mehr achtlos an ihnen vorübergehen. Sie konnte dies um so weniger, als die Krisen mit ihren verheerenden Folgen es für die besitzenden Klassen selbst notwendig machten, ein Mittel gegen diese hartnäckige gesellschaftliche Krankheit zu finden. So wandten sich bürgerliche Volkswirtschaftler dem Krisenproblem zu und begannen zunächst damit, Material über die Geschichte der Krisen zusammenzutragen. Dabei verrät schon die wissenschaftliche Sorglosigkeit, mit der sie die Krisen des vorindustriellen Kapitalismus mit denen des 19. Jahrhunderts zusammenwarfen, wie wenig sie das Wesen der periodischen Krisen erkannten. Mit welch kindlicher Naivität die Nationalökonomen damals an diese komplizierte Frage herangingen, zeigte einer der ältesten deutschen Krisenforscher, Max Wirth. In der zweiten Auflage (1874) seiner erstmalig 1857 erschienenen ‚Geschichte der Handelskrisen' schrieb er: ‚Das beste prophylaktische Mittel zur Verhütung von Krisen, oder zur Wahrung vor Schaden einer geringeren oder größeren Anzahl von Personen – ist gediegene Bildung, Aufklärung über den Verlauf der Volkswirtschaft und also vor allen Dingen auch das Studium der Geschichte der Krisen selbst.'* Er mußte freilich selbst eingestehen, daß sein Buch, welches dieses Studium der Geschichte der Krisen erleichtern sollte, wenig geholfen hatte. Im Vorwort zur zweiten Auflage von 1874 lesen wir die verwunderten Worte: ‚Ein Ereignis, welches durch unser Werk eigentlich hätte verhindert werden sollen (!!), gibt Veranlassung, daß es zum zweitenmal in neuem Gewande erscheint – die Krisis von 1873.' Auch dieser zweiten Auflage der Krisengeschichte Max Wirths war der erwartete Erfolg natürlich nicht beschieden. Die Krisen kehrten trotz der ‚gediegenen Bildung' und der ‚Aufklärung über den Verlauf der Volkswirtschaft' mit unabwendbarer Sicherheit immer wieder, 1882, 1891, 1900, 1907, 1913 usw.

Gewiß war die Ansicht Wirths recht naiv und kindlich. Aber ist denn die bürger-

* *Max Wirth*, „Geschichte der Handelskrisen". Frankfurt a. M. 1874, S. XV.

liche Wissenschaft in den inzwischen verflossenen 70 bis 90 Jahren in der Klärung des Krisenproblems weitergekommen? Trotz des grandiosen Aufschwungs der Wirtschaftsstatistik und der Entwicklung besonderer ‚Konjunkturforschungsinstitute' ist die bürgerliche Nationalökonomie heute nur insofern über Wirth hinausgekommen, als sie den kindlichen Glauben an die Allmacht volkswirtschaftlicher Aufklärung aufgegeben hat und resigniert ihre Ohnmacht und Hilflosigkeit dem Krisenproblem gegenüber eingesteht.

Die bürgerliche Wirtschaftswissenschaft hat längst darauf verzichtet, eine Krisentheorie auszuarbeiten. Statt dessen ist sie zur Konjunkturforschung übergegangen. Aber die umfangreichen statistischen Ermittlungen und gelehrten Untersuchungen über den Konjunkturablauf haben nicht den Weg gezeigt, wie die Wirtschaftskrisen aus der Welt geschafft werden können. Die Erfahrung hat bewiesen, daß die von der Konjunkturforschung ermittelten Methoden zur Krisenbekämpfung nur in Zeiten guter Konjunktur wirksam waren, das heißt gerade dann, wenn man sie nicht brauchte. Dagegen haben sich alle Voraussagen der Konjunkturforschung über die Vermeidung der Krisen als falsch erwiesen. Die Konjunkturforschung hat weder vermocht, die Ursachen und das Wesen der Krisen zu erklären, noch – was ihre eigentliche Aufgabe war – Ausbruch, Verlauf und Ende der Krise vorauszusagen. Angesichts der trotz aller Konjunkturforschung auftretenden Krisen blieb ihr daher nichts anderes übrig, als ihr Unvermögen offen einzugestehen. Das trat besonders in der großen Wirtschaftskrise von 1929 bis 1932 zutage, und jede neue große Krise wird es erneut beweisen."[1]

Was die Voraussage Oelßners im letzten Satz betrifft, so hat sie sich in aller Deutlichkeit wieder in der letzten zyklischen Überproduktionskrise von 1973/75 als richtig erwiesen, denn Dutzende von bürgerlichen Meinungsäußerungen wiesen in diesen Jahren auf die „Unfähigkeiten der Konjunkturforscher ebenso wie der Wirtschaftspolitiker", auf ihr „Unvermögen" der Krise gegenüber hin.

Oelßner hat sich ebenfalls mit Recht über die Ansichten von Wirth, wie man die Krise bekämpfen könnte, lustig gemacht.

Er hat Wirth aber ein schweres Unrecht angetan, indem er ihm nicht ausdrücklich für die Fülle von interessantem Material, für die Deskription der Oberflächen gedankt hat, bzw. hat er diesen Dank nur sehr indirekt durch zahllose Übernahmen der Wirth'schen Darstellung in seinem Buch – natürlich mit Quellenangabe – abgestattet.

Wenn Wirth am Ende des Vorworts zur dritten Auflage (1882) seines Buches bemerkt „Da wir in dem ganzen Verlauf der Arbeit die pragmatische Methode befolgt und die Kettenreihe der Ursachen der aufeinander folgenden Krisen dargestellt haben, so liefern wir damit zugleich eine Entwicklungsgeschichte der Volkswirtschaft der neueren Zeit", dann übertreibt er natürlich, zumal er der Lage der Arbeiter wenig Aufmerksamkeit widmet. Aber daß sein Buch und ähnliche einen wichtigen Beitrag zur Wirtschaftsgeschichte geliefert haben, daran kann kein Zweifel bestehen. Wirth bekennt sich zugleich wie Schmoller als Wirtschaftshistoriker ohne Theorie – vom

[1] *F. Oelßner,* Die Wirtschaftskrisen, Erster Band, Berlin 1949, S. 7 ff.

wissenschaftlichen Standpunkt eine Unmöglichkeit, aber deswegen, wie Lenin bemerkt hat, nicht ohne Nutzen für die Wissenschaft . . . auch Fred Oelßner hätte den historischen Teil seines Buches ohne Wirth oder ähnliche theoretisch trostlose Werke nicht schreiben können.

Im Gegensatz zu Wirth hat Clément Juglar in seinem Buch Des Crises Commerciales et de leur retour périodique en France, en Angleterre et aux Etats-Unis (Paris 1862) sowohl eine breite Geschichte der Krisen geschrieben wie ihr einen theoretischen Teil vorangestellt. Aber obgleich der erste Teil der Arbeit Juglars überschrieben ist Théorie des Crises Commerciales, verzichtet er im Grunde auf jede Theorie, sondern erklärt vielmehr: Il y a un ensemble de circonstances, une organisation, pour ainsi dire ... „Es gibt ein Zusammenspiel, ein Konglomerat von Umständen, eine Organisation, sozusagen, welche eine gewisse Zeit braucht, um sich zu entwickeln, den Geschäften einen Antrieb zu geben und die Reichtümer des Landes zu vermehren, indem sie überall Gedeihen und Wohlstand verbreiten. Dies Gedeihen selbst betäubt schließlich und läßt die Grenzen der Vorsicht überschreiten. Unter dem Einflusse der Preissteigerung haben die Geschäfte und die Spekulation nicht vorauszusehende Dimensionen angenommen, bis plötzlich der Mechanismus des Tauschverkehrs stillsteht."[2] Von diesem Zusammenspiel eines Konglomerats von Ursachen ist es kein allzuweiter Weg mehr bis zur These W. C. Mitchells, des eifrigsten „Statistikers der Krisen" in unserem Jahrhundert: Wenn man die Krisen im einzelnen untersucht, findet man, daß sie alle verschieden verlaufen und verschiedene Ursachen haben, so daß es unmöglich ist, eine Krisentheorie zu entwickeln.

Was aber den wirtschaftshistorischen Teil des Buches betrifft, so muß man sagen, daß er heute noch lesenswert ist, da er eine Fülle interessanter Beobachtungen und Daten enthält, beginnend mit der ersten Krise, die er behandelt – der von 1696 (!) in England –, und endend mit der letzten (in der 2. Auflage von 1889 die „Krise" von 1882 in England und Frankreich).

Wir sind hier nur an der Entwicklung der Wirtschaftsgeschichtsschreibung auf dem Gebiet der Wirtschaftszyklen interessiert. Wir müssen aber doch ganz kurz auch auf die Entwicklung der Theorie eingehen, weil sie wohl zu einem Höhepunkt der Deduktion in Abstraktion geführt hat, der so kraß auf keinem anderen Gebiet der Gesellschaftswissenschaften zu beobachten ist – und der in den Naturwissenschaften doch voll berechtigt ist.

Die Tatsache, daß die kapitalistische Wirtschaftsentwicklung zyklischen Schwankungen unterliegt, wurde relativ früh entdeckt. Noch vage bei Wade[3], ist bei Blanqui[4], Overstone[5], Clarke[6], Wilson[7] und Briaune[8] schon präziser von einer Periodizität

[2] *C. Juglar,* Des Crises Commerciales, 2. Aufl., Paris 1889, S. 168.

[3] *J. Wade,* History of Middle and Working Classes. London 1833.

[4] *A. Blanqui,* Crisis Commerciales. In: „Encyclopédie des Gens du Monde", Bd. VII, Paris 1836.

[5] *Lord Overstone,* Reflexions suggested by a perusal of Mr. J. Horsley Palmer's pamphlet on the causes and consequences of the pressure on the Money Market. London 1837.

[6] *H. Clarke,* ein mir nicht zugänglicher Artikel in: „The Railway Magazine", London 1838; vgl. dazu Clarke in: „Journal of the Statistical Society", London 1884, S. 65 ff.

der Krisen die Rede.[9] Da jedoch keine Krisentheorie vorliegt, die sich der Erfassung der Krisenwirklichkeit auch nur annähert, zumal zumeist nicht unterschieden wird zwischen zyklischen Überproduktions- und anders verursachten Wirtschaftskrisen, so werden in die Periodizität auch die Krisen vor 1825 mit eingeschlossen. Es ist daher auch nicht verwunderlich, daß die Suche nach den Gründen für die Periodizität bald so völlig abwegige Wege geht, daß sie überhaupt das Gebiet der Politischen Ökonomie verläßt und sich auf das der Kosmologie verirrt. Am bekanntesten sind in dieser Richtung die Arbeiten von W. St. Jevons[10], seinem Sohn H. St. Jevons[11] sowie die Studien des Amerikaners H. L. Moore.[12]

Für die Beweisführung von W. St. Jevons sei nur ein Satz zitiert, der für die Methodologie seiner Untersuchung kennzeichnend ist:

„Indem ich augenblicklich eine genaue Untersuchung aufschiebe, erlaube ich mir anzunehmen, daß um die Jahre 1742 und 1752 Fluktuationen im Handel waren, welche die sichere dezenniale Reihe von 1711, 1722 und 1732 mit derjenigen Reihe verbinden, die in vollkommen unbestreitbarer Weise 1763 beginnt. So kann die ganze Reihe von alle zehn Jahre eintretenden Krisen wie folgt angegeben werden: (1701?), 1711, 1721, 1731–32 (1742?, 1752?), 1763, 1772–73, 1783, 1793 (1804–05?), 1815, 1825, 1836–39 (1837 in den Vereinigten Staaten), 1847, 1857, 1866, 1878.

Eine Reihe dieser Art ist nicht, wie eine Kette, ebenso schwach wie ihr schwächstes Glied; im Gegenteil vermehren die starken Glieder die Kraft der schwachen. Trotz der ungewissen Existenz einiger in dem Verzeichnis genannten Krisen kann ich daher keinerlei Zweifel hegen, daß die wichtigsten Handelskrisen tatsächlich in eine Reihe hineinfallen, deren durchschnittliche Periode ungefähr 10,466 Jahre beträgt. Überdies ist die beinahe vollkommene Übereinstimmung dieser Periode mit Brouns Schätzung der Sonnenfleckenperiode (10,45) an sich ein starkes Zeugnis dafür, daß die Phänomene miteinander ursächlich verbunden sind.“[13]

Wie Mendelejew es uns ermöglichte, die Existenz von noch unbekannten Elementen und gewisse ihrer Eigenschaften anzugeben, so meint hier W. St. Jevons Krisen in der Vergangenheit, von denen wir bisher noch nichts gehört haben, angeben zu

7 *J. Wilson,* Fluctuations of Currency, Commerce and Manufactures; referable to the Corn Laws. London 1840.

8 *M. Briaune,* Des Crises Commerciales, de leurs causes et de leurs remèdes. Paris 1840.

9 In einem Memorandum des Leiters des königlichen Seehandlungsinstituts Chr. Rother für den preußischen Kronprinzen vom 3. April 1837 schreibt jener auch schon von „der allgemeinen, periodisch wiederkehrenden Bedrängnis“ (Deutsches Zentralarchiv, Abt. Merseburg, Rep. 89 C, XXXVIII b, Nr. 2, Bd. I, Bl. 10 v.).

10 *W. St. Jevons,* The Solar Period and the Price of Corn, 1875 u. a.; die verschiedenen Arbeiten von Jevons auf diesem Gebiet sind zusammengefaßt in: Investigations in Currency and Finance, London 1884.

11 *H. St. Jevons,* The Causes of Unemployment, The Sun's Heat and Trade Activity. London 1910.

12 *H. L. Moore,* Economic Cycles: their Law and Cause. New York 1914.

13 Zitiert in der Übersetzung Bergmanns aus W. St. Jevons, „Investigations in Currency and Finance“, a. a. O., S. 230 f. Vgl. *E. v. Bergmann,* Die Wirtschaftskrisen. Stuttgart 1895, S. 246.

können. Ein einzigartiges Vorgehen in der Geschichte der Gesellschaftswissenschaften, so erstaunlich, daß man uns diese Abweichung in die Theorie verzeihen wird.

Doch nun zurück zur Wirtschaftsgeschichte, zur Geschichte der zyklischen Wirtschaftsbewegung.

Während Wirth und Juglar an der ersten Fassung ihrer Werke arbeiteten, schrieben Marx und Engels eine einzigartige Geschichte der zyklischen Wirtschaftsbewegung ihrer Zeit in Form eines Briefwechsels. Ich habe in Bd. 3 dieser Studien den Briefwechsel unter diesem Gesichtspunkt ausführlich untersucht und brauche darum hier nicht weiter darauf einzugehen. Gesagt sei hier noch einmal, daß er ein Musterbeispiel der Kombination von Materialsammlung und ihrer theoretischen Durchdringung ist und daß er für die Wirtschaftsgeschichtsschreibung noch völlig ungenügend ausgeschöpft ist. Nur ein Absatz aus der Schlußbemerkung sei hier noch einmal zitiert, um erneut eine Ahnung von dem Schatz, den dieser Briefwechsel auch auf diesem Gebiet der Wirtschaftsgeschichte darstellt, hervorzurufen:

„Zunächst einmal muß man in dem Briefwechsel eine ganz entscheidende Ergänzung ihrer Ausführungen in dem zum Druck vorbereiteten Werke sehen. Ergänzung nicht nur im Sinne von dieses oder jenes klarer machend oder etwa in der Art, daß man auf Grund des Briefwechsels weiß, wann ihnen dieser oder jener aus ihren Werken bekannte Gedanke zuerst gekommen, Ergänzung vielmehr auch in dem Sinne, als ein ganzes Gebiet, nämlich die laufende Konjunkturbeobachtung, wie sie sie betrieben, überhaupt nur aus dem Briefwechsel – wenn wir von einzelnen Artikeln absehen – ersichtlich ist. Dabei erweist sich auch, daß auf diesem Gebiet Engels der Gebende war, zumal er ja ganz einfach schon durch seine Tagesarbeit gezwungen wurde, sich ständig mit ihm zu beschäftigen. Und sobald eine Krise ausgebrochen, sobald auch Marx sich mit gleicher Energie, mit gleicher täglicher Emsigkeit und Dringlichkeit dieser Problematik widmet – wieviele Überlegungen, Thesen, Partikel von Theorien werfen sie sich gegenseitig zu, die anderswo nicht erscheinen, die sie später vielleicht verwerfen, und die doch auch heute noch für unsere Krisenanalyse Bedeutung haben!“[14]

Nach Juglar sind noch einige andere bürgerliche Wirtschaftshistoriker der zyklischen Bewegung zu nennen, die auch heute noch mit Nutzen gelesen werden können und auch von Marxisten noch zitiert werden, auch wenn sie theoretisch absurd sind. Unter ihnen seien vor allem die beiden Russen Mentor Bouniatian und M. Tugan-Baranowski sowie die Franzosen Albert Aftalion und Jean Lescure sowie der Amerikaner W. C. Mitchell genannt, die alle vor dem ersten Weltkriege vorzügliche historische „Spezialarbeiten“ auf diesem Gebiet veröffentlichten. Bouniatian und Aftalion erkennen die Krisen als Überproduktionskrisen.

Nach dem ersten Weltkrieg erschienen weitere Werke der Art von Wirth und Bouniatian, jedoch nahm die Untersuchung der zyklischen Bewegung der Wirtschaft auch eine neue Richtung. Ernst Wagemann, der führende Mann dieser Richtung in Deutschland, beschrieb den Ursprung und die Entwicklung dieser Richtung im Jahre

[14] *J. Kuczynski*, Studien zu einer Geschichte der Gesellschaftswissenschaften, Bd. 3, Berlin 1976, S. 83.

1928. Nachdem er zunächst auf die schon von uns geschilderte, von ihm nationalökonomisch genannte Richtung eingegangen ist, schreibt er:

„In gewisser Beziehung unabhängig von den Untersuchungen der Nationalökonomen hat sich die Konjunkturforschung bei den Vertretern der Statistik entwickelt, denen es weniger auf ökonomische Kausalbetrachtungen als darauf ankam, statistische Methoden zur Darstellung der Wirtschaftsbewegung zu gewinnen. Zu diesen Arbeiten gehören namentlich die von Neumann-Spallart (1887), de Foville (1888), Beveridge (1909), Julin (1911), Sorer und Mortara (1913). Diese Untersuchungen befassen sich auf der einen Seite mit der Frage eines Generalindex für den Konjunkturverlauf (Julin, Mortara), teilweise versuchen sie, die Wirtschaftsbewegung zu zergliedern, indem sie zwischen der allgemeinen Entwicklung, dem allgemeinen Wachstum und den zyklischen Schwankungen unterscheiden (z. B. Neumann-Spallart, Julin, Mortara).

Die beiden Forschungsrichtungen, die nationalökonomisch-realistische und die mathematisch-statistische, sind lange Zeit nebeneinander hergegangen, ohne sich gegenseitig zu durchdringen: als im wesentlichen theoretische Bestrebungen, denen eine Fühlungnahme mit den Bedürfnissen der Wirtschaftspraxis und der Wirtschaftspolitik ebenso wie den älteren Krisentheorien völlig fernlag. Erst als sie sich zusammenfanden, konnten sie für die Wirtschaft fruchtbar werden. Eine solche Synthese hat sich im Laufe des letzten Jahrzehnts in den Vereinigten Staaten vollzogen. Bemerkenswerterweise sind es zunächst nicht die Gelehrten selbst gewesen, die die Synthese herbeigeführt haben, sondern Kaufleute und praktische Volkswirte, die das vorliegende Rüstzeug mathematisch-statistischer und historischer Forschungsergebnisse in den Dienst der Unternehmerwelt stellten. Sie scheuten sich nicht, die wissenschaftliche Arbeit zur Aufstellung von Prognosen und sehr speziellen Ratschlägen und Winken an die Unternehmerwelt zu benutzen. Es entstanden zunächst namentlich zwei Einrichtungen dieser Art, der Brookmire Economic Service und die Babson Statistical Organization. Das allzu Amerikanisch-kaufmännische ihres Vorgehens bewirkte, daß die wissenschaftliche Welt diese Versuche skeptisch behandelte oder völlig ignorierte. In den Kreisen der Unternehmerschaft jedoch setzten sie sich mit Erfolg durch*. Will man der wissenschaftlichen Bedeutung dieser Einrichtungen gerecht werden, so muß von dem aus ihrem Erwerbscharakter sich ergebenden Beiwerk abgesehen werden. Es zeigt sich dann, daß hier recht brauchbare und wertvolle Erkenntnisse und Beobachtungsmethoden gewonnen worden sind.

Jedenfalls haben diese praktischen Versuche bewirkt, daß die wissenschaftlichen Kreise sich gezwungen sahen, allmählich aus ihrer Zurückhaltung herauszutreten und sich schließlich auch auf das vom Tageskampf umbrandete und daher gefährliche Gebiet der Wirtschaftsdiagnosen und -prognosen zu begeben.“[15]

Wirtschaftsdiagnose und Wirtschaftsprognose sind die Stichworte, die zwischen den beiden Weltkriegen die Untersuchung der Zyklen beherrschen. Zum ersten Mal wird die bürgerliche Wirtschaftsgeschichtsschreibung als Zeitwirtschaftsgeschichte von eminenter praktischer Bedeutung.

* Daher konnte im Laufe der Jahre eine Reihe weiterer Einrichtungen ähnlicher Art entstehen, die trotz Betonung des Erwerbscharakters teilweise wissenschaftlich vorzüglich fundiert sind.

Für Marx und Engels war die Konjunkturbeobachtung stets direkt auch Beobachtung der Situation vom Standpunkt des Klassenkampfes und der Möglichkeiten einer Revolution. Lesen wir etwa diesen Brief von Marx an Engels vom 12. Oktober 1853, in dem er Stichworte für einen Artikel notiert:

„Ich glaube, daß es hohe Zeit ist, die Aufmerksamkeit auf Frankreich zu lenken, wo die Katastrophe doch eklatieren wird. Der Getreideausfall und der Weinausfall. Durch den wohlfeilern Brotpreis Paris anlockend die Arbeiter aus ganz Frankreich und so das Revolutionsheer rekrutierend, während diese neu einwandernden die ohnhin sinkenden wages der Pariser drücken. Brotriots in Elsaß-Lothringen, Champagne. Knurren der Bauern über die Bevorzugung von Paris, der Arbeiter über die kostspieligen Huldigungen an die Armee, der Bourgeois über die gewaltsame Einmischung in die ökonomischen Gesetze zugunsten der Arbeiter. Fallende Nachfrage vor allem nach Luxusartikeln. Beginnendes closing von workshops. Im Gegensatz zu der ganzen misère die lavish expenditure und Börsenschwindeleien der Familie Bonaparte. Hollowness des ganzen Kreditsystems, in reines kolossales Schwindelinstitut verwandelt unter der Leitung des Lumpenproletarierkaisers und des Juden Fould. Börse, Bank, Eisenbahnen, Hypothekenbanken und was der Schwindelinstitute mehr sind. Das Regime Louis-Philippe in den letzten Tagen reproduziert, aber kombiniert mit allen Schweinereien und nichts von den redeeming features des empire und der Restauration.

Pressure der Regierung auf die Bank. Steuerexekutor rigoröser eintreibend auf dem Land als je. Enorme Differenz zwischen dem voraus veranschlagten und dem wirklichen Budget. Alle städtischen Administrationen – weil der prosperity unter die Arme gegriffen werden sollte – scheußlich verschuldet. Dann der Einfluß der Oriental question auf die funds, und gefährliche Exploitation der Schwankungen der Papiere durch den Hof selbst. Demoralisation der Armee. Es wäre noch besonders hervorzuheben, wie die Manifeste, Aufrufe etc. der Gesinnungsmänner Ledru[-Rollin], L. Blanc und von allen Farben nicht die Laus gemoved haben, wie aber die soziale oder ökonomische Krise die ganze Schmiere in Bewegung bringt etc. etc.“[16]

Was finden wir hier alles an Bewegungen und Faktoren vor, die miteinander in Beziehung gesetzt werden! schlechte Ernten, Konzentration des Proletariats in Paris, nicht zum Wenigsten wegen des billigeren Brotpreises dort, und so Konzentration des Kerntrupps einer künftigen Revolution in der Hauptstadt, Brotkrawalle in den Provinzen, Bauern gegen Arbeiter, Arbeiter gegen die Armee, Bourgeois gegen ihre eigene Regierung, die Konzessionen an die Arbeitermacht – was für ein anarchisches und zugleich so buntes Durcheinander!

Dazu kriselt es ökonomisch auf den verschiedensten Gebieten – und auch außenpolitisch, mit entsprechenden Rückwirkungen wieder auf die Börse.

Hierher gehören: Standard Statistics Company, Moody's Investors Service, Poor's Publishing Company, Franklin Statistical Service, Karsten's Statistical Laboratory, Bureau of Business Conditions vom Alexander Hamilton Institut, Silberling Business Service.

15 *E. Wagemann*, Konjunkturlehre, Berlin 1928, S. 5 ff.

16 *Marx/Engels*, Werke, Bd. 28, Berlin 1963, S. 302 f.

Alles zeigt auch, wie man keine „Revolution entfachen" kann, wenn nicht die ökonomischen Verhältnisse sie begünstigen – und das tun sie jetzt.

Und noch ein Satz sei aus einem anderen Brief von Marx an Engels (11. Juli 1857) zitiert, weil er so unerhört komprimiert den ganzen Sinn der Marx-Engelsschen Konjunkturbeobachtung anzeigt: „Die Revolution marschiert heran as shown by the march of the Crédit mobilier und die Bonap[arte] finances in general."[17]

Während aber Marx und Engels die Konjunktur beobachteten, um die beste ökonomische Situation für die Entwicklung einer Welle der Empörung der Werktätigen gegen das System des Kapitalismus zu finden, beobachten die bürgerlichen Konjunkturforscher 70 Jahre später die zyklische Bewegung, um die Bourgeoisie gerade vor dem Entstehen einer solchen Situation zu warnen und Ratschläge zu geben, wie man sie vermeiden kann.

Und die Bourgeoisie läßt sich diese Wirtschaftsdiagnose und -prognose, verbunden zum Teil mit therapeutischen oder prophylaktischen Ratschlägen, etwas kosten. Wagemann schildert, wie sich „unter der Leitung von Warren M. Persons und Charles J. Bullock als erstes auch von der Wissenschaft anerkanntes Konjunkturforschungsinstitut im Jahre 1917 das Harvard University Committee of Economic Research an der Universität Cambridge im Staate Massachusetts bildete. Hier wurden laufende Wirtschaftsbeobachtung mit methodischen Arbeiten, Empirie mit Theorie, Konjunkturdienst mit Konjunkturforschung in sehr fruchtbarer Weise miteinander verknüpft. Ähnliche Ziele verfolgen vor allem das von Mitchell geleitete National Bureau of Economic Research und das Institute of Economics in Washington. Nach dem Vorbild des Harvard-Instituts sind auch in Europa eine Reihe von Konjunkturforschungsstellen eingerichtet worden: in Stockholm Ende 1922, in London 1923, in Paris 1923, in Rom 1926.

Dieser amerikanische Typus des Konjunkturdienstes ist dadurch gekennzeichnet – sofern es erlaubt ist, so mannigfaltige Bestrebungen, wie sie dort vorliegen, als Einheit anzusehen –, daß er das Wirtschaftsleben in der Hauptsache als Mechanismus, als gewaltiges Maschinenwerk betrachtet, dessen Gang mit Hilfe mathematisch-rechnerischer Methoden dargestellt und vorausberechnet werden kann, derart, daß er sich schließlich in eine Einheitsformel bannen läßt. Die Suche nach einer solchen Einheitsformel, nach einem Generalindex oder nach einem Einheitsbarometer ist daher besonders charakteristisch für die amerikanische Forschung. Zu diesen Formeln sucht man durch Ausschaltung, durch Eliminierung der störenden Faktoren vorzudringen ...

Das deutsche Institut für Konjunkturforschung wurde Mitte 1925 gegründet: als freie wissenschaftliche Forschungsstelle, die organisatorisch von den großen wirtschaftlichen Spitzenverbänden und öffentlichen Körperschaften des Reichs getragen wird und durch Personalunion mit dem Statistischen Reichsamt verknüpft ist, das auch seinerseits ein ähnliches Privileg freier Forschungsarbeit genießt wie analoge Einrichtungen (Kaiser-Wilhelms-Gesellschaft, Kieler Institut usw.)."[18]

[17] Ebendort, Bd. 29, Berlin 1963, S. 153.

[18] *E. Wagemann*, a. a. O., S. 7ff.

Auch über die sowjetische Konjunkturforschung hat Wagemann etwas zu sagen: „In einem gewissen Gegensatz hierzu steht der russische Konjunkturdienst samt der damit verbundenen Forschungsarbeit; er wurde im Jahre 1920 aufgenommen und unterscheidet sich schon äußerlich, organisatorisch von dem amerikanischen dadurch, daß er aufs engste mit der staatlichen Wirtschaftsführung verknüpft ist; bildet er doch einen wichtigen Bestandteil für die Aufstellung des Gosplan, des volkswirtschaftlichen Etats, der neben dem fiskalischen alljährlich die Richtlinien für die wirtschaftspolitischen Maßnahmen der Regierung abgibt. Als besonderes Kennzeichen für die Arbeitsziele der russischen Konjunkturforschung ist hervorzuheben, daß sie sich besonders eindringlich mit den großen Fragen der allgemeinen Wirtschaftsentwicklung beschäftigt. So kommt es, daß, während z. B. die Amerikaner den ‚Trend' ausschalten, die Russen ihn in ihre Kalkulation einzubeziehen suchen.

Mit den amerikanischen Methoden gemein hat der russische Konjunkturdienst die mathematisch-rechnerische Behandlung des Gegenstandes; dabei haben aber gerade die Russen auf dem Gebiet der mathematischen Wirtschaftsstatistik eine Reihe sehr bedeutender selbständiger Leistungen aufzuweisen*."[19]

Só richtig es von Wagemann ist, die Bedeutung der mathematischen Wirtschaftsstatistik in der sowjetischen Planung hervorzuheben – eine ganz großartige Entwicklung, die dann in erschreckender Weise bekämpft und vernachlässigt wurde –, so schnell die von ihm in der Fußnote genannten Forscher weltbekannt wurden, so erstaunlich ist es aber auch, daß er nicht den größten Konjunkturforscher der Sowjetunion, Eugen Varga, nennt, der von 1922 bis zum zweiten Weltkrieg vierteljährliche Übersichten über den Stand der kapitalistischen Weltwirtschaft veröffentlichte, die an Tiefe der Einsicht, Originalität der Beobachtung, Verbindung von Theorie und Praxis nicht wieder erreicht worden sind.

Die Rache der Geschichte für diese Unterlassung Wagemanns erfolgte ein Jahr später. Ein Vierteljahr vor Ausbruch der großen Wirtschaftskrise 1929/33, am 15. Juli 1929 gab Varga in seinem Vierteljahresbericht folgende Einschätzung der Situation in Deutschland:

„Die Wirtschaftslage Deutschlands wurde in den letzten Monaten durch eine Reihe einander widersprechender Kräfte außerordentlich kompliziert.

Die Wirtschaft wurde am nachdrücklichsten durch die von den Vereinigten Staaten ausgehende Knappheit an Leihkapital, die sich zeitweise fast bis zu einer Kreditkrise steigerte, beeinflußt. Die Reichsbank war gezwungen, am 25. April den Bankzinsfuß von $6^1/_2$ auf $7^1/_2$ Prozent zu erhöhen und gleichzeitig eine Krediteinschränkung vorzunehmen.

Neben dem starken Einfluß der amerikanischen Abzüge kurzfristig angelegten Leihkapitals aus Europa und insbesondere aus Deutschland war es die Krise der Pariser Reparationsverhandlungen in der zweiten Hälfte April, die den Kapitalmarkt und das ganze Geschäftsleben hindernd beeinflußte.

[19] Ebendort, S. 8 f.

* Vgl. vor allem die Arbeiten von Tschuprow, Tschetwerikoff, Jastremsky, Kondratieff, Ignatieff, Slutzki, Romanoffski, Bobroff, Oparin, Wainstein.

Die Lage besserte sich, nachdem die Pariser Verhandlungen zu einem positiven Abschluß kamen, womit der Zustrom von Auslandskapital wieder in Gang kam. Die Anleihe aus den Vereinigten Staaten, die das Reich nach dem starken Mißerfolg der inneren Anleihe erhielt, ermöglichte nicht nur, die Mark wieder auf die Goldparität zu bringen, sondern es gelang auch, einen Teil des bis zu einer Milliarde Mark betragenden Abflusses von Gold und Devisen aus der Reichsbank durch Goldkäufe in London zu ersetzen. Doch blieben die hohen Zinssätze bestehen und hinderten die langfristigen Investitionen und insbesondere die Bautätigkeit während der ganzen Zeit.

Andererseits ergab sich nach dem starken Rückschlag, den die langandauernde Kälte im ersten Vierteljahr verursacht hatte, ein gewisser Anstoß zu erhöhter Produktion, um verschiedene Bedürfnisse, die damals zurückgestellt werden mußten, nunmehr durch eine Mehrproduktion zu ersetzen. Auf diese Weise ergab sich ein ziemlich widerspruchsvolles Bild: ein Verharren in der nun seit mehr als einem Jahre andauernden Depression, aber mit einem gewissen Zeichen einer Besserung. Die Tatsache, daß, während die Produktion von Konsumtionsmitteln noch weiter in der Depression verharrt, die Besserung sich aber vor allem in der Produktion von Produktionsmitteln zeigt, deutet auf ein bevorstehendes Ende der Depression, vorausgesetzt, daß weltwirtschaftliche Einflüsse – die internationale Kreditkrise und vor allem die aus den Vereinigten Staaten drohende Wirtschaftskrise – der sich anbahnenden Aufschwungsbewegung kein vorzeitiges Ende bereiten."[20]

Die ganze Labilität der Lage des deutschen Kapitalismus kommt in dieser Analyse zum Ausdruck –nicht zum wenigsten auch seine außerordentliche Abhängigkeit vom Ausland. Zum Schluß eine großartige Verbindung von Analyse der Bewegung im Innern – eine Besserung – und der Weltsituation: Kreditkrise und drohende zyklische Krise in den USA, die die Entwicklung in Deutschland in völlig andere Bahnen lenken können.

So endet diese letzte Einschätzung Vargas vor dem Ausbruch der Weltwirtschaftskrise mit einer Prognose, die die Wirklichkeit in erstaunlicher Weise bestätigen sollte.

Der Marxist Varga hatte im Sommer 1929 die konkreten Bedingungen, unter denen in Deutschland die Krise ausbrechen würde, als eine unmittelbar bevorstehende Möglichkeit angegeben.

Dagegen . . . doch werfen wir dem Institut für Konjunkturforschung nicht vor, daß es keine Ahnung von dem Kommenden hat. Kennzeichnen wir seine Hilflosigkeit besser durch seine Einschätzung der Situation *nach* Ausbruch der Krise – am 23. November 1929 (meine Hervorhebung):

„In der ersten Hälfte dieses Jahres war die Wirtschaft den vom Kapitalmarkt ausgehenden Hemmungen in gewissem Umfang entzogen, da der Auslandsabsatz verstärkt zunahm, der Wohnungsbau durch öffentliche Mittel gestützt wurde und die Saisonbewegung eine Entlastung brachte. Seit Jahresmitte sind diese Faktoren nicht mehr in gleicher Weise wirksam. Die Arbeitslosigkeit steigt mehr als saisonüblich. Auftragseingang und Rohstoffeindeckung nehmen ab. Produktion und Umsatz konjunkturempfindlicher Waren sinken. Die Preisbewegung ist weiter abwärtsgerichtet.

[20] „Internationale Presse-Korrespondenz", Jg. 9, Berlin, 8. 8. 1929.

An den Kreditmärkten beginnt sich eine Entspannung anzubahnen. Den Anstoß hierzu gab die Erleichterung der internationalen Geldmärkte. Aber auch innenwirtschaftliche Gründe wirken mehr und mehr auf eine Erleichterung hin. Auf den Kapitalmarkt hat diese Bewegung noch nicht übergegriffen. Immerhin sind die Kurse festverzinslicher Papiere teilweise gestiegen.

Obwohl die auf einen Konjunkturrückgang hindrängenden Spannungen somit nachgelassen haben, sind sie noch nicht überwunden. *Ob die zu erwartende Entlastung der Kreditmärkte für sich ausreichen wird, den gegenwärtigen Konjunkturabschwung schon in den nächsten Monaten zum Stillstand zu bringen, ist daher nicht sicher. Die Wirtschaft dürfte jedenfalls nicht mehr weit davon entfernt sein, in eine konjunkturelle Depression einzutreten, in eine Phase also, die in ihrem weiteren Verlauf neuen Auftriebstendenzen Raum zu geben pflegt.*"[21]

Die deutsche Wirtschaft ist also im November 1929 dabei, in eine Phase der „konjunkturellen Depression" einzutreten, die in ihrem weiteren Verlauf neuen Auftriebstendenzen Raum zu geben pflegt!

Welche Ahnungslosigkeit noch nach (!) Beginn der schwersten und langdauerndsten zyklischen Überproduktionskrise des deutschen Kapitalismus, einer Krise, die die Komintern 1928 vorausgesagt hatte!

Doch dürfen wir die Darstellung der Leistung des Deutschen Instituts für Konjunkturforschung nicht mit seiner Einschätzung der Entwicklung nach dem Ausbruch der Krise abschließen. Es ist angebracht, auch seine Einschätzung der Situation in der gesamten kapitalistischen Welt kennenzulernen. Denn zwei Monate vor dem offenen Ausbruch der Weltwirtschaftskrise (am 24. August 1929) hatte das Institut für Konjunkturforschung in Berlin eine Einschätzung der Weltsituation gegeben, die verdient, als negative Klassik in die Wirtschaftsgeschichte einzugehen (meine Hervorhebung):

„Die Entwicklung der Konjunktur in den großen Industriestaaten der Welt ist in den letzten Monaten durch eine Einheitlichkeit gekennzeichnet, wie sie in dieser Stärke vielleicht noch zu keinem Zeitpunkt in den Nachkriegsjahren festzustellen war. Das soll nicht heißen, daß die Entwicklung in diesen Ländern bei genau der gleichen konjunkturellen Phase angelangt wäre; eine so starke Übereinstimmung war selbst in der Vorkriegszeit, in der die konjunkturelle Verbundenheit zwischen den einzelnen Ländern größer war als in der Gegenwart, nicht zu beobachten und wird aus den an dieser Stelle öfters dargelegten Gründen jetzt noch weniger eintreten können. Die Einheitlichkeit der Entwicklung besteht gegenwärtig vielmehr darin, daß *fast alle Länder sich fern von Krisis oder Depression in einer konjunkturell günstigen Lage, in einem Aufschwung oder einer Hochkonjunktur befinden und daß kaum Anzeichen auf eine starke Abwärtsbewegung oder gar eine Krisis hindeuten.*"[22]

Ein Vierteljahr später (23. November 1929) berichtete das Institut (meine Hervorhebung): „In der internationalen Konjunkturbewegung sind in den letzten Monaten rückläufige Tendenzen deutlich hervorgetreten. Wichtige Länder, die bisher im

[21] „Vierteljahrshefte zur Konjunkturforschung", Jg. 4, Heft 3, Teil A, S. 5, Berlin 1929.
[22] „Vierteljahrshefte", Jg. 4, a. a. O., Heft 2, Teil B, S. 41.

Zeichen einer Hochkonjunktur oder einer beginnenden Belebung standen, weisen nunmehr Rückgangserscheinungen auf. Von entscheidender Bedeutung für die Konjunkturbewegung in den letzten Monaten war vor allem: der Konjunkturumschwung in den Vereinigten Staaten von Amerika, der Tendenzumschwung auf den internationalen Geld- und Effektenmärkten und der verschärfte Preisrückgang auf den Weltrohstoffmärkten . . .

Bei längerem Anhalten des Abschwungs in den Vereinigten Staaten von Amerika muß wohl mit größeren Rückwirkungen auf die Weltwirtschaft gerechnet werden, *wenn auch bei den hohen Kapitalreserven der Vereinigten Staaten eine allgemeine Wirtschaftskrise wie in den Jahren 1920/21 nicht zu erwarten ist.*“[23]

Wenn man noch hinzufügt, daß das Deutsche Institut für Konjunkturforschung damals zu den angesehensten in der ganzen kapitalistischen Welt gehörte, dann ist eigentlich alles gesagt, was man über die Diagnose- und Prognosetätigkeit solcher Konjunkturinstitute zu bemerken hat. Sie hat 1929/33 völlig versagt und ebenso zuletzt 1973/75.

Und doch wäre es grundfalsch, den Nutzen dieser Institute für die Wirtschaftsgeschichte zu unterschätzen. Das zeigt sich schon daran, daß die Konjunkturanalysen der Welt des Kapitals von marxistischer Seite ganz stark auf von diesen Instituten und amtlichen Stellen berechneten Statistiken beruhen. Wie gleichgültig sind uns Wagemanns Konjunkturtheorien und Konjunkturprognosen etwa neben Rolf Wagenführs laufender Berechnung eines monatlichen (und jährlich bis 1860 zurückgehenden) Index der Industrieproduktion, neben Hans v. d. Deckens entsprechenden Untersuchungen über die landwirtschaftliche Produktion. Diese Institute haben unsere Kenntnis der Daten zahlreicher wirtschaftlicher Vorgänge bis weit in die Vergangenheit sehr erweitert und uns auch die Möglichkeit gegeben, zahlreiche Zusammenhänge, die sich theoretisch aus den Lehren von Marx und Engels ergeben, viel präziser, als es ihnen selbst möglich war, in der Realität zu untersuchen oder, wenn sie sich in der Realität nicht so wie erwartet finden, den Ursachen ihrer Deformation nachzugehen und so die ganze Komplexität der Realität besser zu erfassen.

Wir müssen uns doch über folgendes ganz klar sein: Noch in der Einleitung von 1895 zu der Schrift von Marx „Klassenkämpfe in Frankreich 1848 bis 1850“ mußte Engels schreiben:

„Die hiermit neu herausgegebene Arbeit war Marx' erster Versuch, ein Stück Zeitgeschichte vermittelst seiner materialistischen Auffassungsweise aus der gegebenen ökonomischen Lage zu erklären. Im ‚Kommunistischen Manifest‘ war die Theorie in großen Umrissen auf die ganze neuere Geschichte angewandt, in Marx' und meinen Artikeln der ‚Neuen Rheinischen Zeitung‘ war sie fortwährend benutzt worden zur Deutung gleichzeitiger politischer Ereignisse. Hier dagegen handelte es sich darum, im Verlauf einer mehrjährigen, für ganz Europa sowohl kritischen wie typischen Entwicklung den inneren Kausalzusammenhang nachzuweisen, also, im Sinn des Verfassers, die politischen Begebenheiten zurückzuführen auf Wirkungen von in letzter Instanz ökonomischen Ursachen.

[23] Ebendort, Heft 3, Teil B, S. 41.

Bei der Beurteilung von Ereignissen und Ereignisreihen aus der Tagesgeschichte wird man nie imstande sein, bis auf die *letzten* ökonomischen Ursachen zurückzugehn. Selbst heute noch, wo die einschlägige Fachpresse so reichlichen Stoff liefert, wird es sogar in England unmöglich bleiben, den Gang der Industrie und des Handels auf dem Weltmarkt und die in den Produktionsmethoden eintretenden Änderungen Tag für Tag derart zu verfolgen, daß man für jeden beliebigen Zeitpunkt das allgemeine Fazit aus diesen mannigfach verwickelten und stets wechselnden Faktoren ziehen kann, Faktoren, von denen die wichtigsten obendrein meist lange Zeit im verborgenen wirken, bevor sie plötzlich gewaltsam an der Oberfläche sich geltend machen. Der klare Überblick über die ökonomische Geschichte einer gegebenen Periode ist nie gleichzeitig, ist nur nachträglich, nach erfolgter Sammlung und Sichtung des Stoffes, zu gewinnen. Die Statistik ist hier notwendiges Hilfsmittel, und sie hinkt immer nach. Für die laufende Zeitgeschichte wird man daher nur zu oft genötigt sein, diesen den entscheidendsten Faktor als konstant, die am Anfang der betreffenden Periode vorgefundene ökonomische Lage als für die ganze Periode gegeben und unveränderlich zu behandeln oder nur solche Veränderungen dieser Lage zu berücksichtigen, die aus den offen vorliegenden Ereignissen selbst entspringen und daher ebenfalls offen zutage liegen. Die materialistische Methode wird sich daher hier nur zu oft darauf beschränken müssen, die politischen Konflikte auf Interessenkämpfe der durch die ökonomische Entwicklung gegebenen, vorgefundenen Gesellschaftsklassen und Klassenfraktionen zurückzuführen und die einzelnen politischen Parteien nachzuweisen als den mehr oder weniger adäquaten politischen Ausdruck dieser selben Klassen und Klassenfraktionen.

Es ist selbstredend, daß diese unvermeidliche Vernachlässigung der gleichzeitigen Veränderungen der ökonomischen Lage, der eigentlichen Basis aller zu untersuchenden Vorgänge, eine Fehlerquelle sein muß. Aber alle Bedingungen einer zusammenfassenden Darstellung der Tagesgeschichte schließen unvermeidlich Fehlerquellen in sich; was aber niemanden abhält, Tagesgeschichte zu schreiben.

Als Marx diese Arbeit unternahm, war die erwähnte Fehlerquelle noch viel unvermeidlicher. Während der Revolutionszeit 1848/49 die sich gleichzeitig vollziehenden ökonomischen Wandlungen zu verfolgen oder gar den Überblick über sie zu behalten, war rein unmöglich. Ebenso während der ersten Monate des Exils in London, Herbst und Winter 1849/50. Das war aber gerade die Zeit, wo Marx die Arbeit begann. Und trotz dieser Ungunst der Umstände befähigte ihn seine genaue Kenntnis, sowohl der ökonomischen Lage Frankreichs vor wie der politischen Geschichte dieses Landes seit der Februarrevolution, eine Darstellung der Ereignisse zu geben, die deren inneren Zusammenhang in einer auch seitdem unerreichten Weise aufdeckt und die später von Marx selbst angestellte zweifache Probe glänzend bestanden hat."[24]

1895, meinte Engels mit Recht, war die Situation in Bezug auf die laufenden Beobachtungsmöglichkeiten besser als 1850. Doch niemand kann bestreiten, daß Marx und Engels schon damals, um 1850, alles taten, um die wenigen laufenden

[24] *Marx/Engels*, Werke, Bd. 22, Berlin 1963, S. 509 f.

Daten, die veröffentlicht wurden, zu nutzen. Man lese etwa folgenden Brief von Engels an Marx aus dieser frühen Zeit (vom 23. September 1851):

„Die vielen Beteuerungen der Blätter bei Gelegenheit der letzten Falliten und der u. a. in Liverpool herrschenden Depression, daß trotzdem der Trade des Landes nie gesunder gewesen sei, sind sehr verdächtig. Positiv ist, daß Ostindien overstocked ist und seit Monaten dort mit Verlust verkauft wird. Wohin die Massen Zeug gehn, die jetzt hier in Manchester und Gegend fabriziert werden, ist mir nicht klar; es muß viel, sehr viel Spekulation dabei sein, da, sobald die Baumwolle im Juli den niedrigsten Punkt erreicht hatte und die Spinner sich mit rohem Material zu versehen anfingen, sofort alle Spinner und Weber auf lange Zeit in Kontrakt genommen wurden von hiesigen Kommissionshäusern, die lange nicht auf alle die Ware Bestellungen hatten, die sie beim Fabrikanten bestellten . . . Da die Fabrikanten hier auf Mord und Brand arbeiten und seit 1847 die hiesige Produktionskraft, besonders 5–20 Meilen um Manchester, sich wenigstens um 30 % vermehrt hat (sie war 1842 30 000, 1845 40 000; jetzt gewiß 55 000–60 000 Pferdekraft für Lancashire), so braucht dies flotte Arbeiten nur noch bis März oder April fortzugehn, und wir haben eine Überproduktion, die Dir Freude machen wird.

Folgende Notizen, von der Liverpooler Cottonmakler-Corporation festgestellt, sind Dir vielleicht in dieser Genauigkeit noch nicht aufgestoßen. Die Baumwollernte jedes Jahrs, bemerke ich vorher, ist bis zum 1. September des folgenden Jahrs vollständig in den Häfen abgeliefert; so daß das Cotton-Jahr vom 1. Sept. bis zum 1. Sept. geht. Es versteht sich daher, daß, was hier z. B. als Ernte von 1851 angegeben ist, das im Sommer 1850 Gewachsene und im Herbst 1850 Geerntete und zwischen Sept. 50 und Sept. 51 in die Häfen Gebrachte umfaßt. Die jetzt reifende Ernte, die übrigens schlechter wird infolge von Trockenheit und Stürmen und ca. 2½ Millionen erreichen wird, würde also als die von 1852 figurieren.

Baumwollernte im Jahr:		Verbrauch in Amerika selbst:
1846 . . .	2 110 537 Ballen	nicht angegeben
1847 . . .	1 778 651 „	427 967 Ballen
1848 . . .	2 347 634 „	531 772 „
1849 . . .	2 728 596 „	518 039 „
1850 . . .	2 096 706 „	487 769 „
1851 . . .	2 355 257 „	404 108 „

Die Amerikaner haben also zwischen $^1/_5$ und $^1/_4$ ihrer ganzen Ernte selbst verbraucht. Über die Exporte und Importe andrer Baumwollsorten als aus den V[ereinigten] St[aaten] fehlen mir die Notizen noch. Der Export der V. St. nach England betrug ca. 55–60 % der Ernte, der nach Frankreich $^1/_8$. Beide Länder aber exportieren wieder ziemlich stark, England nach Frankreich, Deutschland und Rußland, Frankreich nach der Schweiz.

Die Russen beziehn in diesem Moment fast kein Pfund Twist mehr von England, sehr wenig fertige Baumwollwaren, sehr viel rohe Baumwolle – 2000–3000 Ballen pro Woche, und trotzdem daß der Zoll von 7 Pence auf 5 Pence pro Pfund für Garn herabgesetzt ist, entstehn noch täglich neue Spinnereien. Nikolas scheint endlich Angst vor dieser Industrie zu bekommen und will den Zoll noch mehr heruntersetzen. Da aber all sein reicher Adel und alle Bourgeois in diesem Geschäft interessiert sind, so kann diese Geschichte ernstlich werden, wenn er drauf besteht."[25]

Oder man lese folgende, genau ein Jahr später datierten Zeilen von Engels an Marx:

„Hast Du die Statistik des Factory Inspektor Horner über die Zunahme der Baumwollindustrie in der gestrigen ‚Times' oder vorgestrigen ‚Daily News' gesehn? Okt. 1850–Okt. 1851 –

2300 Pferdekräfte in neu errichteten Fabriken
1400 „ in Vergrößerungen alter Fabriken
3700 Pferdekräfte Zuwachs im Manchester Distrikt

und der Baumwollindustrie allein. Die folgende Aufzählung ergibt, daß damals auch noch Fabriken im Bau waren, die ca. 4000 Pferdekräfte brauchen und die jetzt fertig sein werden. Seitdem gewiß noch für 3000–4000 Pferdekräfte Fabriken zu bauen angefangen, die bis Ende des Jahres zur größeren Hälfte fertig sein können; wenn von Jan. 1848–Okt. 1850, $2^3/_4$ Jahre, der Zuwachs nur auf 4000 Pferdekräfte angenommen wird, so wird die Dampfkraft der Lancashire Baumwollindustrie seit 1848 bis Ende 1852 gestiegen sein um 3700+4000+1500+4000 = 13 200 Pferdekräfte. – Die ganze Dampfkraft der Baumwollindustrie in Lancashire betrug 1842 30 000 und 1845 (Ende) 40 000 Pferdekräfte; 1846/47 ist wenig angelegt, also wird jetzt fast 55 000 Pferdekräfte, beinahe das Doppelte von 1842, in Tätigkeit sein.

Dazu die Wasserkraft – ca. 10 000 Pferdekräfte (1842), die sich wenig vermehrt hat, da die Wasserkräfte schon länger ziemlich gut exploitiert wurden. Da sieht man, wo das additionelle Kapital der Prosperität bleibt. Die Krisis kann übrigens nicht lange mehr ausbleiben, obwohl *hier* fast nur in *Omnibussen* überspekuliert wird."[26]

Wie haben sich Marx und Engels vom Anfang an um die laufenden Daten zur Konjunkturanalyse bemüht! Aber doch, noch 1895, als Engels seine Einleitung schrieb, konnte er nicht anders, als zu bemerken, daß die laufenden Veränderungen der ökonomischen Lage bei der Analyse der gesellschaftlichen Situation vernachlässigt werden müssen, da völlig ungenügendes Material vorliegt.

Und da brachten die verschiedenen Konjunkturinstitute zusammen mit den amtlichen statistischen Stellen in den zwanziger Jahren unseres Jahrhunderts eine grundlegende Wandlung. Seit einem halben Jahrhundert liegt genügend Material über die laufende Wirtschaftsentwicklung vor. Wenn dieses Material hinsichtlich Diagnose und Prognose falsch verwandt wird, dann liegt das an der Kümmerlichkeit der bürgerlichen Theorie. Im Gegensatz zu dieser ermöglicht uns die Marxsche Theorie eine wirkliche Diagnose, während die Prognose-Möglichkeiten natürlich auch für Marxisten sehr begrenzt sind – aus zwei Gründen: einmal „stört" die Anarchie der kapitalistischen Wirtschaft, und sodann spielen zahlreiche andere Faktoren, vor allem politischer Natur, für den Verlauf der Wirtschaft eine große Rolle.

[25] *Marx/Engels*, Werke, Bd. 27, Berlin 1963, S. 344 ff.
[26] Ebendort, Bd. 28, S. 137.

Was die Weiterentwicklung solcher Konjunkturforschung in den dreißiger Jahren und nach dem zweiten Weltkrieg bis in die Gegenwart betrifft, so ist folgendes festzustellen: die Sammlung und Veröffentlichung von Statistiken hat einen immer größeren Umfang angenommen. Immer genauer können wir immer mehr Bewegungen der Wirtschaft verfolgen.

Wie aber steht es mit der Diagnose und vor allem mit der Prognose? Wir hatten schon bemerkt, daß die Prognose insbesondere auch bei der ersten internationalen Wirtschaftskrise nach dem zweiten Weltkrieg, 1973/75, völlig versagte. Daran änderte auch der Übergang von dem Streben nach einem einzigen, aus verschiedenen Einzelindizes zusammengesetzten Generalindex, der die Konjunktur wie ein Barometer anzeigen würde, zur Konstruktion von Modellen mit immer mehr verfeinerten Methoden der mathematischen Statistik nichts. Auch wurde die Konstruktion von „Barometer-Indizes" nicht aufgegeben, wie die amtliche Konstruktion eines „General-Indikator" in den USA oder der „Wi-Wo-Konjunktur-Index" der westdeutschen „Wirtschaftswoche" zeigt. (Verwandte Versuche hatte übrigens schon Marx gemacht. Am 31. Mai 1873 schrieb er an Engels: „Ich habe hier Moore eine Geschichte mitgeteilt, mit der ich mich privatim lang herumgebalgt. Er glaubt aber, daß die Sache unlösbar ist, oder wenigstens, wegen der vielen und großenteils erst auszufindenen Faktoren, die darin eingehn pro tempore unlösbar ist. Die Sache ist die: Du kennst die Tabellen, worin Preise, Discountrate etc., etc. in ihrer Bewegung während des Jahrs etc. in auf- und absteigenden Zickzacks dargestellt sind. Ich habe verschiednemal versucht – zur Analyse der Krisen –, diese ups and downs als unregelmäßige Kurven zu berechnen und geglaubt (ich glaube noch, daß es mit hinreichend gesichtetem Material möglich ist), daraus die Hauptgesetze der Krisen mathematisch zu bestimmen. Moore, wie gesagt, hält die Sache einstweilen für untubar, und ich habe beschlossen, for the time being es aufzugeben."[27]

Das scheint mir eine der bedeutendsten Stellen betreffend die Krisentheorie im Briefwechsel, weil sie so ganz den Wissenschaftler und Menschen Marx in seinem maßlosen prometheischen Streben zeigt, sich der Realität zu bemächtigen. Natürlich hatte Moore völlig recht. Marx versucht das Unmögliche. Die Anarchie des Kapitalismus und die Zahl der Faktoren, die den Krisenverlauf bestimmen, sind viel zu groß, um auch heute, wo uns so viel mehr Material zur Verfügung steht, auch nur mit einer gewissen Hoffnung und Annäherung an einen Erfolg den Versuch von Marx zu wiederholen – zumal auch die einzelnen Faktoren in den einzelnen Krisen einen so verschiedenen Einfluß haben.

Wir sind froh, daß Moore Marx überredet hat, solche Versuche aufzugeben – sie wären verlorene Zeit gewesen, hätten Marx Zeit für andere Arbeit geraubt. Aber möchten wir diese Versuche im Leben von Marx missen? Nein, wahrlich nicht! solche, dem Menschen nicht mögliche Versuche, lassen Marx nur noch größer, überwältigend größer erscheinen.

(Auch ich habe wie viele andere noch ein halbes Jahrhundert nach den vergeblichen Versuchen von Marx ähnliche Versuche gemacht, sogar veröffentlicht – und

27 *Marx/Engels*, Werke, Bd. 33, Berlin 1966, S. 82.

natürlich gelangen sie nicht, konnten sie nicht gelingen. Ich versuchte es mit einem Index der Relativlöhne, mit dessen Hilfe ich, jedoch nur auf Grund besonderer Umstände sogar die Krise von 1929/33 im Dezember 1928 voraussagte.

Denn so wichtig der Faktor des Verhältnisses von Reallöhnen zum Realprodukt ist – letztlich, sagt Marx, beruht die Überproduktionskrise auf der uneingeschränkten Ausdehnung der Produktion gegenüber einem beschränkten Markt –, so reicht die statistische Erfassung dieses Grundverhältnisses zwar zur Illustrierung der Grundursache der zyklischen Bewegung der Wirtschaft, aber nicht zur Anzeige, wann die zyklische Überproduktionskrise ausbrechen muß.

Wenn Samuel Moore verhinderte, daß die Marxschen Bemühungen zur Tragödie wurden, daß Marx zu viel Zeit seines so kostbaren Lebens auf solche Versuche verwandte, so brauchen wir auch die ein halbes Jahrhundert später erfolgten Versuche eines jungen Statistikers, der einen Hauch von Marx verspürt hatte, nicht als Farce zu bezeichnen. Aber ganz deutlich muß man sagen, daß die zahlreichen Versuche dieser Art, ganz gleich, von wem sie unternommen, ob von Marxisten oder von auf diesem Spezialgebiet glänzend befähigten bürgerlichen mathematisch-statistisch arbeitenden Konjunkturanalytikern, zum Scheitern verurteilt sind, sein müssen.)

Überblicken wir die Entwicklung der bürgerlichen Konjunkturforschung seit ihrer größeren Verbreitung, dann wird man im Großen und Ganzen wohl Gerfin zustimmen können, wenn er schreibt: „In der ersten Hälfte dieses Jahrhunderts konzentrierte sich die in die Zukunft gerichtete Forschung auf die konjunkturellen Bewegungen . . . Bis über den zweiten Weltkrieg hinaus hielt sich weitgehend diese Auffassung. Dann jedoch vollzog sich in wenigen Jahren eine radikale Verlagerung des Schwerpunktes. Die Wachstumsprognose rückte in das Zentrum der Forschungsaktivität."[28]

Ich meine, man kann vielleicht folgende Phasen auf diesem Gebiet der Wirtschaftsgeschichtsschreibung unterscheiden:

1919 bis 1930: intensive Forschung auf dem Gebiet der Konjunkturforschung. Weitverbreiteter Glaube an die Möglichkeit wissenschaftlicher Konjunkturprognose mit Hilfe von Zeitreihensystemen;

1930 bis 1950: zunehmender Unglaube an die Konjunkturprognose;

1950 bis 1970: Verlagerung des Interesses von der Konjunkturprognose auf die kurz-, mittel- und langfristige Wachstumsprognose.

Gehört aber das Bemühen um eine Prognose überhaupt in ein Studium der Wirtschaftsgeschichtsschreibung? Ich meine ja, wenn man es als ein Bemühen um die Wirtschaftsgeschichtsschreibung bezeichnet. Es handelt sich darum, daß heute schon künftige Wirtschaftsgeschichte geschrieben wird. Ein ganz erstaunliches Unterfangen, über dessen tiefere Bedeutung und Möglichkeiten man etwas ausführlicher aussagen muß.[29]

[28] *H. Gerfin*, Langfristige Wirtschaftsprognose. Hand- und Lehrbücher aus dem Gebiet der Sozialwissenschaften, Tübingen, Zürich 1964, S. 3.

[29] Vgl. zum folgenden aus *J. Kuczynski*, Propheten der Wirtschaft, Berlin 1970.

2. *Zwischenbemerkung: Von der Möglichkeit, heute künftige Wirtschaftsgeschichte zu schreiben — zum Problem der Prognose*

Es gibt zwei grundverschiedene Arten von wissenschaftlichen Prognosen: naturwissenschaftliche und gesellschaftswissenschaftliche. Zwar ist beiden gemeinsam, daß die Prognosen auf Gesetzen aufbauen – sagt doch schon der bedeutende Soziologe Auguste Comte: „Jede Wissenschaft bezweckt Voraussicht. Verwendet man doch im allgemeinen die durch Beobachtung der Geschehnisse erkannten Gesetze dazu, um ihre Konsequenzen vorauszusehen."[30] Der grundlegende Unterschied ist jedoch, daß die gesellschaftswissenschaftlichen Prognosen den Menschen als handelndes Wesen mit einschließen, die naturwissenschaftlichen dagegen nicht. Das Fall-Gesetz zum Beispiel gilt ohne den Menschen, das Lohn-Gesetz dagegen setzt sich nur mit Hilfe der handelnden Menschen durch, und da wissenschaftliche Prognosen eben auf der Erkenntnis der Bewegungsgesetze von Natur und Gesellschaft beruhen, so sind sie in ihrer Art abhängig von den die Durchsetzung der Gesetze mitbestimmenden Faktoren.

Was die gesellschaftswissenschaftlichen Prognosen betrifft, so gilt ihre Basierung auf Gesetzen selbstverständlich sowohl für die kapitalistische wie für die sozialistische Gesellschaft. Auf Grund der Tatsache aber, daß alle gesellschaftlichen Gesetze und alle gesellschaftswissenschaftlichen Prognosen den Menschen als handelndes Wesen und damit auch als durch Prognosen zu beeinflussendes Wesen mit einschließen, haben einige nichtmarxistische Wissenschaftler geschlossen, daß gesellschaftswissenschaftliche Prognosen, also auch Wirtschaftsprognosen, unmöglich sind. Als erster, wenn auch falsch, so doch keiner klüger und logischer argumentierend, hat wohl Oskar Morgenstern eine entsprechende Beweisführung von der „Selbstaufhebung" der Prognose entwickelt, und es ist lohnend, sie genauer zu überprüfen und zu widerlegen.

Morgenstern geht von folgendem Geschehnis aus:

„Es wird von einer Stelle, die volles Vertrauen genießt, eine Lagebestimmung des Gesamtsystems für eine an die gegenwärtige unmittelbar anschließende Zeitperiode vorgenommen. Es ist dabei gleichgültig, ob diese Totalprognose sehr spezifiziert ist oder nicht; wir wollen aber verhältnismäßig geringe Spezifizierung annehmen. Es würde demnach nur heißen: Das allgemeine Preisniveau wird innerhalb des nächsten Monats steigen, ebenso der Zinsfuß etwas später, die Händler werden dazu neigen, Vorräte anzusammeln, die Industrie wird größere Aufträge erhalten usw. Vorausgesagt wird also eine Gesamtheit von Wirtschafts- wie Unternehmerakten. Diese Voraussage wird aber von den Trägern eben dieser zukünftigen Wirtschaftsakte als richtig angenommen. Es tritt also in jede einzelne Individualprognose ein neues Datum ein: Das Wissen um das Verhalten der anderen. Oder, wenn man genauer sein soll: Ein Wissen, daß einige Wirtschafter und Unternehmer, die man als die eigentlichen

[30] *A. Comte*, Plan des travaux scientifiques nécessaires pou réorganiser la société, Paris 1822.

Träger (von allen) der kommenden Veränderungen ansieht, so und so handeln werden."[31]

Was geschieht nun unter der von Morgenstern als möglich angenommenen Voraussetzung, daß die Stelle, die die Prognose veröffentlicht, allgemeines Vertrauen genießt? Morgenstern schildert: „Die Wirtschafter und Unternehmer werden also . . . eine Umstellung ihrer Dispositionen – oder allgemeiner: Entscheidungen – vornehmen. Sie werden, wenn eine allgemeine Preissteigerung vorausgesagt ist, Käufe, die sie sonst bei gleichbleibenden Preisen über einen größeren Zeitraum verteilen, nach Möglichkeit auf morgen zusammendrängen. Dazu werden sie die Mittel aus ihren Bankguthaben zur Verfügung stellen oder irgendwelche Grenzausgaben fallen lassen. Sie werden ferner Güter, die sie erst übermorgen und noch später zu kaufen im Sinne hatten, auch morgen nach Tunlichkeit und Maßgabe der vorhandenen Mittel besorgen. Sie werden bereit sein, eine geringe Preiserhöhung bereits in Kauf zu nehmen, als Prämie der Sicherheit des zeitgerechten Besitzes usw. Die Händler werden ihre Vorräte halten wollen, zumal die Prognose sagt, daß dies von allen die Tendenz sei. Denn wer billig, nämlich jetzt verkauft, begibt sich einer späteren Gewinnquelle und in einen Nachteil gegenüber der Konkurrenz, da er mit seinen später gekauften Waren, für die er höhere Preise zahlen muß, gegen die anderen Händler, die ihre Vorräte gehalten haben, in Wettbewerb treten müßte. Es wird also nur einen geringen Umsatz geben, bei Willigkeit der Käufer, bei dem gegebenen Preise eine größere Menge als vorher zu kaufen, oder sogar bei ihrer Willigkeit, einen leicht erhöhten Preis hinzunehmen und bei der Unwilligkeit der Verkäufer zu verkaufen. Daraus muß eine scharfe Preissteigerung und eine Verringerung des Angebotes resultieren. Das Angebot fällt eben, weil noch weitere Preissteigerungen erwartet werden. Die einfache Regel, daß das Angebot zunehme, wenn die Preise steigen, hält nicht, wenn dieser kausale Faktor hinzutritt. Das Gesetz von Angebot und Nachfrage muß genau umgekehrt werden, was aber bei schärferem Zusehen den Charakter des Paradoxen völlig verliert. Der Händler wird sofort Nachbestellungen machen, da es erstens immer getan wird, wenn eine Preissteigerung eintritt, und er zweitens ‚weiß', daß die anderen Händler es auch bereits intendieren. Er wird sogar geneigt sein, mehr zu bestellen, als er erwarten kann oder gerne nehmen möchte, weil er sich erinnert, daß die Produktion sich nicht so rasch ausdehnen kann, er also vielleicht nur eine Quote seiner Bestellung erhält. Ferner wird er nicht versäumen, seine Bank jetzt noch in Anspruch zu nehmen. Die Gewerkschaften wissen aber auch, daß die Preise steigen, demnach die Reallöhne fallen werden, und mögen vielleicht eine Lohnerhöhungsforderung erwägen und gar mit dem Gedanken eines Streiks spielen. Diesen Prozeß kann man sich leicht weiter ausmalen, ohne daß dadurch aber irgendeine prinzipiell neue Erkenntnis zum Problem eingeführt werden könnte."[32]

Nachdem Morgenstern so die Wirkung der Prognose auf die Menschen dargestellt hat, fragt er nach der Wirkung der Menschen auf die Prognose: „Ist also eingetreten, was die Totalprognose besagte? Dem äußeren Anschein nach ja und nein. Ja: inso-

[31] *O. Morgenstern*, Wirtschaftsprognose, Wien 1928, S. 93 f.

[32] Ebendort, S. 94 f.

fern einige Züge der vorausgesagten Lage wahr geworden sind, nein: insofern nicht nur die Bewegung als solche, sondern deren Ausmaß und Dauer zu berücksichtigen sind. Das Ausmaß der wirklichen Veränderungen ist unter allen Umständen viel größer als das der vorausgesagten. Die Dauer der wirklichen Geschehnisse kann mit der vorausgesagten nicht zusammenfallen. Wir haben einen ‚gerafften Prozeß' vor uns, wie wir diesen Vorgang nennen wollen. Die Prognose meinte vielleicht lediglich den Beginn einer leichten Aufwärtsbewegung, die Phase der ‚Erholung'; eingetreten ist aber in Wirklichkeit ein völlig anders strukturiertes Geschehen. Es ist nicht die vorausgesagte Phase oder ihr zeitlich erster Bestandteil, den wir vor uns ablaufen sehen, sondern ein Hinüberspringen in die Phase der ‚Prosperität' oder des ‚Hochschwunges' im Wege der Raffung der notwendigen Zwischenstufen. Allmählichkeit ist durch fiebrische Tätigkeit ersetzt worden, Störungen treten auf, von denen in der Prognose keine Rede war. Die Kaufkraft, die von den Wirtschaftern auf weitere Einheiten von gewissen Gütern im Wege des Vorkaufes zusätzlich aufgewendet wird, muß anderer Verwendung entzogen werden. Dies geschieht, wie schon gesagt, durch Kürzung anderer Ausgaben, das heißt Einschränkung von Nachfrage, weiterhin Produktion usw. in gewissen Zweigen oder durch Verringerung des ‚unspent margin' (Hawtrey), der Depositen usw. Das zwingt wieder die Banken zu anderer Politik, ihre Reserven fallen und ihre Kreditwilligkeit auch."[33]

Was für Konsequenzen ergeben sich daraus? Morgenstern faßt sie zunächst so zusammen: „Da nicht eingetreten ist, was laut Prognose eintreten mußte, ist sie nicht wahr geworden. Das Nichteintreten betrifft keine nebensächlichen Umstände, sondern den Kern des vorausgesagten Prozesses. Es darf hier keine Kompromisse geben: Jede Prognose muß wahr werden, sonst ist sie völlig wertlos. An diesem Grundsatz ist ganz strikt festzuhalten, es darf an ihm nicht gedeutelt werden. So wie die Dinge jetzt liegen, muß der Satz aufgestellt werden: Wenn zwischen einer mit Autorität bekanntgegebenen Prognose und dem vorausgesagten Geschehen ein Kausalzusammenhang herstellbar ist, kann solche Prognose prinzipiell nicht wahr werden."[34]

Kann man, fragt Morgenstern, diese Reaktionen der Menschen auf die Prognose in der Prognose selbst oder in einer nachfolgenden nicht mit einkalkulieren? Seine Antwort lautet: nein – einfach deswegen, weil die, die diese Prognose lesen, von sich aus wieder die Einkalkulation in ihre Geschäftsdispositionen mit einkalkulieren werden. Die Prognose wird so zu einem unlösbaren Problem der gegenseitigen Überlistung, das Morgenstern witzig und scharfsinnig so illustriert: „Als Sherlock Holmes, von seinem Gegner Moriarty verfolgt, von London nach Dover abfährt, und zwar mit einem Zuge, der auf einer Zwischenstation hält, steigt er dort aus, anstatt nach Dover weiterzufahren. Er hat nämlich Moriarty auf dem Bahnhof gesehen, schätzt ihn für sehr klug und erwartet, daß Moriarty einen schnelleren Extrazug nehmen werde, um ihn in Dover zu erwarten. Diese Antizipation Holmes' stellt sich als richtig heraus. Was aber, wenn Moriarty noch klüger gewesen wäre, Holmes' geistige Fähigkeiten höher eingeschätzt und demnach Holmes' Aktion vorausgesehen hätte?

33 Ebendort, S. 95.
34 Ebendort, S. 95 f.

Dann wäre er offenbar nach der Zwischenstation gefahren. Das hätte Holmes wieder kalkulieren und daher sich für Dover entscheiden müssen. Worauf Moriarty wieder anders reagiert hätte. Vor lauter Nachdenken wären sie gar nicht zum Handeln gekommen oder der geistig Unterlegene hätte sich schon am Victoria-Bahnhof dem anderen übergeben müssen, weil die ganze Flucht unnötig geworden wäre."[35]

Jede Wirtschaftsprognose schließt also nach Morgenstern, da sie den wirtschaftenden Menschen einschließt, ihre Widerlegung in sich ein; sie vernichtet, sie mordet sich selbst in dem Moment, in dem sie bekanntgemacht und geglaubt wird. Sie ist darum zwecklos.[36]

Was läßt sich gegen diese Argumentation sagen?

Um sie widerlegen zu können – soweit sie zu widerlegen ist –, müssen wir einmal von der Rolle des Menschen allgemein in der Geschichte ausgehen und uns sodann auch mit den Charakteristika der Prognose in den kapitalistischen und in der sozialistischen Gesellschaft beschäftigen. Nicht richtig erschiene es mir, zunächst an die scheinbar einfachere Frage anzuknüpfen: Läßt sich nicht doch das Verhalten der Menschen wissenschaftlich so erfassen, daß es in die Prognose mit einzukalkulieren ist? Zwar gibt es auch Gesetze des menschlichen Verhaltens und sicherlich sind Sherlock Holmes und Moriarty nicht typisch für die Menschheit. Zwar ist es notwendig, sich sehr gründlich mit den Gesetzen – oder sollte man nicht richtiger Regeln sagen? – des menschlichen Verhaltens zu beschäftigen. Zwar gibt es Ökonomen, die meinen, man könnte sehr wohl Prognosen aufstellen, die ihre eigene Wirkung als Faktor mit einschließen[37], doch liegt die Problematik weit tiefer als nur in der

[35] Ebendort, S. 98.

[36] Von Morgensterns sehr ernst zu nehmender Argumentation ist natürlich das amüsante Gedankenspiel Bertrand de Jouvenels (L'Art de la Conjuncture, Monaco 1964) zu unterscheiden, der etwa meint, eine Prognose, daß Ravaillac Heinrich IV. töten wird, würde einfach dazu führen, daß der letztere den ersteren einsperrt, und damit hätte sich die Prognose als falsch erwiesen. Hier handelt es sich natürlich nicht um eine Prognose, sondern um die Prophezeiung einer historischen Möglichkeit, die dem König „zur Entscheidung" vorgelegt wird. – Moderne bürgerliche Geschichtsphilosophen, wie K. R. Popper (Prediction and prophecy in the social sciences, Amsterdam 1949; Conjectures and refutations, London 1963; The poverty of historicism, London 1966, S. 12 ff.) dagegen wiederholen nur die Argumentation von Morgenstern, dazu noch weniger gründlich in der Darstellung und weniger scharfsinnig formuliert.

[37] Zum Beispiel *P. A. Samuelson*, Wirtschaftsprognose und Politik. In: Das amerikanische Beschäftigungsgesetzt, Vergangenheit und Zukunft, hrsg. von G. Cohn, Berlin 1956, S. 173 f. – *E. G. Greenberg/F. Modigliani*, The predictability of social events. In: Journal of Political Economy, Vol. LXII (1954), S. 465 ff. – Siehe dazu auch H. Gerfin: Die kurzfristige Konjunkturprognose. In: Diagnose und Prognose als wirtschaftswissenschaftliche Methodenprobleme. „Schriften des Vereins für Sozialpolitik" N. F., Bd. 25, Berlin 1962, S. 95. Andere gehen noch weiter und meinen, daß gewisse Prognosen ihre eigene Wirkung zur Voraussetzung für ihre Erfüllung haben. – *R. K. Merton*, Social theory and social structure, New York 1957, unterscheidet self-fulfilling und self-destroying prophecy. Beispiele für beide Arten von Prognose, die es zweifellos gibt, finden sich schon bei R. M. MacIver, The more perfect union, New York 1948.

Beherrschung der Regeln oder Gesetze des menschlichen Verhaltens, von der wir im übrigen noch sehr weit entfernt sind.[38]

Der beste Ausgangspunkt scheint mir eine Äußerung von Engels in einem Brief an Borgius (25. Januar 1894) zu sein, die so lautet: „Die politische, rechtliche, philosophische, religiöse, literarische, künstlerische etc. Entwicklung beruht auf der ökonomischen. Aber sie alle reagieren auch aufeinander und auf die ökonomische Basis. Es ist nicht, daß die ökonomische Lage *Ursache, allein aktiv* ist und alles andere nur passive Wirkung. Sondern es ist Wechselwirkung auf Grundlage der *in letzter Instanz* stets sich durchsetzenden ökonomischen Notwendigkeit. Der Staat z. B. wirkt ein durch Schutzzölle, Freihandel, gute oder schlechte Fiskalität, und sogar die aus der ökonomischen Elendslage Deutschlands von 1648 bis 1830 entspringende tödliche Ermattung und Impotenz des deutschen Spießbürgers, die sich äußerte zuerst im Pietismus, dann in Sentimentalität und kriechender Fürsten- und Adelsknechtschaft, war nicht ohne ökonomische Wirkung... Es ist also nicht, wie man sich hier und da bequemerweise vorstellen will, eine automatische Wirkung der ökonomischen Lage, sondern die Menschen machen ihre Geschichte selbst, aber in einem gegebenen, sie bedingenden Milieu, auf Grundlage vorgefundener tatsächlicher Verhältnisse, unter denen die ökonomischen, so sehr sie auch von den übrigen politischen und ideologischen beeinflußt werden mögen, doch in letzter Instanz die entscheidenden sind und den durchgehenden, allein zum Verständnis führenden roten Faden bilden... Die Menschen machen ihre Geschichte selbst, aber bis jetzt nicht mit Gesamtwillen nach einem Gesamtplan, selbst nicht in einer bestimmt abgegrenzten gegebenen Gesellschaft. Ihre Bestrebungen durchkreuzen sich, und in allen solchen Gesellschaften herrscht eben deswegen die *Notwendigkeit*, deren Ergänzung und Erscheinungsform die *Zufälligkeit* ist. Die Notwendigkeit, die hier durch alle Zufälligkeit sich durchsetzt, ist wieder schließlich die ökonomische.“[39]

Engels meint also:

1. Die Menschen handelten bisher in der Geschichte nicht mit Gesamtwillen nach einem Gesamtplan. Engels würde Morgensterns Hypothese einer Prognose, die allen vertrauenswürdig erscheint, an die alle glauben und der entsprechend alle handeln, schon von vornherein als eine irreale Hyothese verurteilt haben.

2. Es gibt eine Fülle von Faktoren, von Tendenzen aus allen Bereichen des gesellschaftlichen Lebens, die auf das Handeln der Menschen einwirken. Das heißt, selbst wenn alle Menschen an eine Wirtschaftsprognose glauben würden, könnte deren Wirkung völlig aufgehoben werden durch eine politische Prognose, die in eine entgegengesetzte Richtung weist. Nehmen wir an, daß alle Wirtschaftsfaktoren eine Deflation erwarten ließen und diese auch in einer Wirtschaftsprognose vorausgesagt werden

[38] Ganz willkürlich seien nur zwei Schriften hier genannt, die, wie auch zahlreiche andere, als erste Einführung in den Problemkomplex dienen können: *E. M. Kirkpatrick*, The impact of the behavioral approach on traditional political science. In: *A. Ranney* (Ed.): Essays on the the behavioral approach on traditional political science. In: *A. Ranney* (Ed.): Essays on the New York 1963.

[39] *Marx/Engels*, Werke, Bd. 39, Berlin 1968, S. 206.

würde, so würden die Preise doch nicht zurückzugehen brauchen, wenn gleichzeitig eine politische Prognose auf gewisse Kriegsgefahren und damit auf die Wahrscheinlichkeit einer Inflation hinweisen würde.

3. Alle Faktoren, die in eine Prognose eingehen, unterliegen in letzter Instanz den ökonomischen Gesetzen, die sich am Ende (!) doch in dem Wirrwarr der Einzelwillen und dem Gemisch der Einflüsse aus allen Sphären des gesellschaftlichen Lebens durchsetzen.

Man kann sagen, daß die Praxis der Geschichte diese Auffassungen von Engels, die natürlich von Marx und ihm als Theorie des historischen Materialismus, lange bevor dieser Brief geschrieben wurde, entwickelt worden waren, voll bestätigt hat.

Das bedeutet nicht etwa, daß Morgenstern nicht im Einzelfall mit seiner Schilderung der Wirkung einer Prognose, an die eine Mehrheit der Kapitalisten glaubt, recht haben kann. Das bedeutet aber

einmal, daß Morgenstern prinzipiell unrecht hat, und

sodann, daß seine Beweisführung insofern mangelhaft ist, als er den unendlich wichtigen Faktor der Gesetzmäßigkeit des ökonomischen Geschehens außer acht läßt.

Morgenstern selbst fühlt, daß irgend etwas in seiner Argumentation nicht in Ordnung sein kann, daß sie zu subjektivistisch ist, und stellt darum die sich aus seinen Ausführungen ergebenden Fragen (wiederum davon ausgehend, daß es nur eine von allen geglaubte, eine, wie er es nennt, „monopol-autoritative" Gesamt- oder Totalprognose für die Wirtschaftsentwicklung gibt): „Kann durch entsprechend angelegte monopol-autoritative) Totalprognose eine ‚künstliche' Bewegung des Wirtschaftssystems in gewünschter Weise bewirkt werden? Ist es möglich, auf solche Art einen Zustand der Depression zu beenden und ihn früher in die Phase der Aufwärtsbewegung einzuleiten, als nach dem sonstigen Verlauf der Dinge zu erwarten wäre? Kann eine Prosperität künstlich in Depression umgewandelt oder langsam zum Stillstand gebracht werden? Dies sind einige der vielen Fragen, die sich in diesem Zusammenhang erheben. Wenn man bedenkt, welcher erstaunliche Einfluß der monopolen Prognose zukommt, so erscheint es gar nicht so unsinnig, diese Fragen zu stellen. Es ist im Gegenteil ein sehr vernünftiger Gedanke, die Fehler und Mängel der Totalprognose, wie sie als solche zum Durchbruch kommen, zu ihren guten Eigenschaften werden zu lassen, wenn man sie bloß als Mittel für die Erreichung der betreffenden gewünschten Phase ansieht. Unter diesem Gesichtspunkt wären die Deviationen, die sonst die eigentliche Absicht der Prognose zerstören, gerade das, was man wünschte. Es käme darauf an, *sie* zu produzieren, und nicht länger auf das Wahr-Werden der Prognose.

Diese Frage ist identisch mit einer anderen: In welchem Ausmaße sind psychische Faktoren imstande, die Bewegungsrichtung wie das Tempo der Wirtschaft zu bestimmen? Genügt also der Entschluß der Wirtschafter und Unternehmer, von morgen an sich zu verhalten, wie es eine kommende Prosperität verlangen würde – was der Hinnahme einer entsprechenden Prognose seitens der Wirtschafter und Unternehmer gleichkäme –, um eben diese Prosperität herbeizuführen, oder sind Hindernisse vorhanden, die eben eine solche Bewegung – vielleicht bloß vorübergehend – aufhalten? Es ist an das zu erinnern, das oben über die Lage gesagt wurde. Von dort her bestimmt sich ein Teil der Antwort. Es gibt demnach Prozesse, die leicht im Tempo verschoben werden können, das sind die meisten von denen, die für die Erfassung der Wirtschaftslage als symptomatisch angesehen werden, viele Prozesse gehören aber in die Gruppe derjenigen, die nur innerhalb gewisser technisch-natürlicher Grenzen im Tempo verändert werden können. Das sind sämtliche Produktionsprozesse. Die Banken aber sind z. B. in der Depressionsperiode im Besitze von großen Reserven, die es ihnen gestatten, größere Kredite als bisher zu geben, was sie lediglich nicht taten, weil sie noch nicht das nötige Vertrauen in die Zukunft gewonnen hatten. Das Preisniveau kann in Bewegung gebracht werden und mit seinem Steigen werden auch die Lager geräumt werden können, und der Weg für neue Produktion wird frei. Anderseits bleiben die negativen Faktoren bestehen: Verluste sind endgültig. Bankrotte können nicht verhindert werden, Schuldenlasten bleiben vorhanden, Warenvorräte sind veraltet und endgültig verloren usw. Ferner ist die in Frage stehende Volkswirtschaft mit den anderen Volkswirtschaften verbunden, ihr Preisniveau, ihr Zinsfuß, ihre Handelsbilanz sind mit denen der anderen Volkswirtschaften aufs engste verknüpft und es kommt ganz darauf an, welches die jeweiligen Beziehungen und Situationen zwischen ihnen sind.

Die ‚expectations of business men‘ (Pigou) sind sogar als die *‚real causes‘* der Wirtschaftsschwankungen bezeichnet worden, geben also die Basis einer der bedeutsamsten Konjunkturtheorien der Gegenwart ab; der ‚Geist der City‘ gehört seit undenklichen Zeiten zum Tagesgeschwätz der Finanzjournalistik und was die psychischen Faktoren an der Börse bedeuten, bedarf keiner Auseinandersetzung. Aber das Wirtschaftssystem ist nicht eine einzige Börse, der psychische Faktor ist nicht überall von gleicher Stärke. Hier handelt es sich jedoch nicht darum, festzustellen, ob und inwieweit diese psychischen Faktoren für eine Zyklentheorie in Frage kommen, sondern nur zu erwägen, ob ihre Berührung – ihr Vorhandensein steht natürlich außer Zweifel – genügt, die Elemente zu entfesseln. Die Antwort muß daher sein: Eine schon bestehende Bewegung wird beschleunigt, eine neue Aufwärtsbewegung kann von ihnen allein nicht herrühren, außer es lägen sämtliche anderen Vorbedingungen bereit und es bedürfte nur des Anstoßes. Anders ist es aber mit der Abwärtsbewegung; diese kann lediglich aus psychischen Ursachen herrühren. Manche Panik steht in den Wirtschaftsannalen verzeichnet. Aber es braucht gar nicht gleich an eine Panik gedacht werden, auch ein kleiner ‚slump‘ kann völlig aus psychischen Ursachen, Mißtrauen, Furcht, Unsicherheit usw. entspringen. Es besteht auch nicht der geringste Zweifel, daß ein Einwirken auf die psychischen Faktoren ein vorzügliches Mittel ist, eine zu rasch aufgeblasene Prosperität zum Halten zu bringen oder ihr Tempo zu verlangsamen, sie dadurch künstlich über einen längeren Zeitraum hinzuziehen. Dies geschieht im Wege der ‚Warnungen‘, die die Leiter der Notenbanken zu Zeiten laut werden lassen; es könnte – auf weniger einfache und sichere Weise – auch mit Hilfe einer entsprechend ausgestatteten Prognose geschehen. Aber alle diese bewußten Operationen mit den Prognosen könnten nur so lange andauern, bis man nicht allgemein merkt, was die dunklen Absichten der Regierungen oder der sonstigen Zentralstellen sind. Der Unterschied zwischen der direkten Warnung und der entsprechenden Prognose ist nur, daß die letztere den Inhalt der ersteren in ein anderes

Gewand kleidet. Das von der Zentralstelle gewünschte Verhalten der Wirtschafter und Unternehmer erscheint als ein solches, das die Beteiligten ,ohnehin von selbst wollen'; man merkt den pädagogischen Pferdefuß in dem verschleierten Befehl."[40]

Morgenstern meint also, daß „psychische" Faktoren allein nicht zur Erklärung und Bestimmung des Wirtschaftsgeschehens ausreichen. Soweit gut. Aber welche Faktoren nennt er als die wichtigeren? Zwei: einmal bestimmte Tatsachen wie Bankrotte, Schuldenlasten, Warenvorräte; und sodann externe Einflüsse, die aus der internationalen Verbindung der verschiedenen Volkswirtschaften resultieren.

Beide Faktoren spielen eine Rolle. Aber einmal wissen wir, daß trotz der von Morgenstern genannten internen oder endogenen Faktoren die Wirtschaftssituation sich doch wieder bessern kann, und sodann zeigt die Geschichte auch, daß die externen oder exogenen Faktoren nicht entscheidend zu sein brauchen.

Morgenstern hat den wirklich entscheidenden Faktor nicht berücksichtigt, die ökonomische Gesetzmäßigkeit. Nicht weil er ihn vergessen hat, sondern weil er nicht an ihn glaubt. Ausdrücklich bemerkt er: „Die Sphären (des Einflusses auf den einzelnen – J. K.) sind, wie oben gesagt, 1. sehr zahlreich und ihre möglichen Konstellationen, die das Gesamtverhalten des betreffenden Individuums ausmachen, von unendlicher Mannigfaltigkeit, so daß niemals exakt angegeben werden kann, wie der einzelne auf die verschiedenen Situationen reagieren wird. Hinzu kommt noch 2., daß die Zahl der Individuen, auf die es bei einer Totalprognose ankommt, auch praktisch unendlich ist, so daß trotz aller Gleichheit der sozialen Lage vieler (die man ökonomisch-theoretisch zwanglos erklären kann) und einer großen Gleichförmigkeit und Stetigkeit der menschlichen Natur ein Versuch, die Ergebnisse dieser Kombinationen (nämlich Preise, Produktion, politische Ereignisse, Erfindungen usw. usw.) eindeutig, zeitlich determiniert vorauszusagen, als ein abenteuerlicher Versuch anmuten muß. Die Wissenschaft sollte sich wirklich nicht länger mit solchem Unterfangen ernsthaft beschäftigen, sondern einen klaren und entschiedenen Trennungsstrich ziehen. Diese gesamten Auseinandersetzungen hier wurden auch nur vorgenommen, weil die Wirtschaftsprognose so tödlich ernst genommen wird und weil es die äußeren Umstände gebieten, eine Klarstellung der Lage mit aller Unerbittlichkeit zu versuchen. Die gesamte moderne Methodenlehre seit Menger-Rickert-Max Weber enthält alle Argumente gegen den Versuch der Prognose, aber die Unentwegten scheinen davon nichts zu wissen."[41]

Dieser Auffassung steht die Lehre des historischen Materialismus entgegen.

Wenn sich zwei solche wissenschaftlichen Auffassungen wie der Neukantianismus von Windelband, Rickert, Max Weber und der historische Materialismus von Engels, Marx, Lenin gegenüberstehen und wenn beide in sich logisch aufgebaut sind, aber von völlig verschiedenen Prämissen ausgehen, dann gibt es natürlich nur einen Beweis für die Richtigkeit einer der beiden Auffassungen: die Praxis der Geschichte, die Realität.

Die Wirklichkeit hat der Lehre des historischen Materialismus in so überwältigen-

[40] *O. Morgenstern*, a. a. O., S. 103 ff.
[41] Ebendort, S. 117.

dem Maße recht gegeben, daß heute auch Anti-Marxisten in ihrer großen Mehrheit an das Wirken von Gesetzen in der Gesellschaft glauben. Selbstverständlich vermeinten auch schon vor Marx Gesellschaftswissenschaftler, Gesetze im historischen Ablauf der historischen Geschehnisse erkennen zu können – als erster wohl der Historiker Thukydides mit seinem „Gesetz der Machtausdehnung". Aber einmal erkannten sie, wenn überhaupt, solche Gesetze nur teilweise – und in der Wissenschaft c'est le dernier pas qui coûte, nur die volle Wahrheit hilft die Wirklichkeit erkennen. Und sodann waren sie stets in einer kleinen Minderheit.

Das heißt, wir können künftige Wirtschaftsgeschichte schreiben, die Wirtschaftsprognose hat ihre Berechtigung.

3. *Die Konjunkturforschung II*

So berechtigt aber der Wissenschaftler ist, Wirtschaftsprognose zu schreiben, so beschränkt sind doch noch seine Möglichkeiten, insbesondere für die kapitalistische Wirtschaft.

Wir brauchen hier nicht darauf einzugehen, daß eine mangelnde oder falsche Philosophie, wie Lenin sagen würde, das heißt ein anti- oder unmarxistisches oder ein rein pragmatisches Herangehen an die Prognose jede Prognose unmöglich macht. Das haben wir schon reichlich im Vorangehenden angedeutet. Zumal ohne eine tiefgehende marxistische Diagnose jede wissenschaftliche Prognose unmöglich ist. Daher können wir gleich eingangs feststellen, daß es der bürgerlichen Konjunkturforschung unmöglich ist, künftige Wirtschaftsgeschichte zu schreiben.

Wie aber steht es um das Bemühen der Marxisten, künftige Wirtschaftsgeschichte der kapitalistischen und sozialistischen Gesellschaft zu schreiben.

Beginnen wir mit der Wirtschaftsgeschichtsschreibung des Kapitalismus.

Gegenwärtig ist die überwältigende Mehrheit der Wirtschaftswissenschaftler, ganz gleich ob Marxisten oder nicht, der Auffassung, daß es möglich ist, kurzfristige Prognosen der Wirtschaftsentwicklung – sagen wir für das nächste Jahr – zu geben[42], und sie geben sie.

Ich bestreite nun keineswegs, daß solche kurzfristigen Prognosen der Entwicklung einer anarchischen Wirtschaft notwendig sind. Ich bestreite auch nicht, daß sie – zumindest in Variantenform – gemacht werden müssen.

Ich bestreite aber erstens, daß sie möglich sind; zweitens, daß die Varianten eine wissenschaftliche Entscheidung erlauben.

Die Anarchie der kapitalistischen Wirtschaft macht eine Wirtschaftsprognose für eine kurze Frist wie etwa ein Jahr schon an sich schwer. Dazu kommt aber die enorme Bedeutung der exogenen, vor allem der politischen Faktoren. Man bedenke etwa die Wirkung des Korea-Krieges oder des Vietnam-Krieges auf die internationale Wirt-

42 Siehe zum Beispiel *D. J. Kostjuchin:* Zur Frage der Methodologie der Konjunkturforschung über die kapitalistische Wirtschaft. In: Forschungsinstitut beim Ministerium für Außenwirtschaft. Forschungsberichte, Berlin 1969, Nr. 4.

schaftslage, man bedenke etwa den Einfluß des Generalstreiks in Frankreich 1968 auf die Wachstumsrate von Produktion und Nationaleinkommen dort. Seiten um Seiten könnte man mit Beispielen füllen, um die Unmöglichkeit einer Wirtschaftsprognose für ein, zwei oder mehr Jahre für eine anarchische Wirtschaft aufzuzeigen.

Das heißt nicht, daß nicht zum Beispiel die sozialistische Wirtschaft unbedingt einer solchen Prognose für die Entwicklung in den kapitalistischen Ländern bedarf. Wie soll man die Gesamtwirtschaft planen, ohne den Außenhandel zu planen! Der Außenhandel aber ist zu einem nicht unbeachtlichen Maße von der Konjunktur in der kapitalistischen Welt abhängig.

Aber solche Prognose der Wirtschaftsentwicklung in einem kapitalistischen Lande oder gar international etwa der Entwicklung von Weltmärkten kann meiner Ansicht nach stets nur als Hilfskonstruktion, als Hypothese betrachtet werden. Dabei sollten deshalb stets mehrere Varianten der Entwicklung ausgearbeitet werden, und die Entscheidung, mit welcher Variante zu arbeiten ist, kann keine wissenschaftliche sein, keine echte Wahl eines Optimums. Die Entscheidung kann nicht mehr als eine pragmatische, praktische Vorgehenshypothese sein.

Auch für die Arbeiterparteien in der kapitalistischen Welt haben solche Bemühungen um Prognosen Wert. Immer hat es Sinn, sich zu überlegen, wie die Wirtschaft ablaufen würde, wenn keine exogenen Einflüsse sich bemerkbar machen würden.

Jedoch wäre es nicht berechtigt, den Prognostikern irgendwelche Vorwürfe zu machen, wenn „alles anders kommt" – unter der Voraussetzung, daß diese Prognostiker selbst ihre Aufgabe nur darin sehen, auf hypothetischer Grundlage gewisse Wahrscheinlichkeiten der Entwicklung vorauszusagen, und ganz offen bekennen, daß sie natürlich keine Ahnung haben, wie sich die Wirtschaft faktisch entwickeln wird.

In diesem Zusammenhang ist daran zu erinnern, wie oft Marx noch in den fünfziger Jahren solche kurzfristigen Prognosen vergeblich versucht hat. Der Briefwechsel zwischen Marx und Engels zeigt deutlich, wie Marx im Laufe der Jahre immer vorsichtiger in der Voraussage von Krisen wurde, deren Nichteintreffen seine Freunde, die wie er von der nächsten Krise einen neuen Aufschwung der revolutionären Bewegung erwarteten, so oft enttäuschte. Wie kann man im Briefwechsel beobachten, daß Marx lernt, vorsichtiger zu sein, wie er immer besser versteht, wie ungeheuer kompliziert die Konjunkturanalyse ist – bis zu jener rührenden Rechtfertigung von Marx vor seinem Freunde Wilhelm Wolff (Lupus), der ihn öfter mit seinen zu frühen Krisenvoraussagen in den Jahren 1851 bis 1856 geneckt hatte, in einem Brief vom 13. November 1857 an Engels, als die Krise endlich da war: „Du kannst außerdem dem Lupus zu seiner Beruhigung sagen, daß ich in einem gründlichen article der ‚*Tribune*', now that the whole statement is before us, und selbst von der blossen Tabelle der discount-rates von 1848–1854 bewiesen habe, dass die Krise normal 2 Jahre früher hätte eintreffen müssen. Auch die delays erklären sich nun so rationell, daß selbst Hegel zu seiner großen satisfaction den ‚Begriff' wiedergefunden haben würde in dem ‚empirischen Auseinander der Welt der endlichen Interessen'."[43] Rührend dieser Versuch der Rechtfertigung – und so ganz anders als

[43] *Marx/Engels*, Werke, Bd. 29, S. 207.

ein im gleichen Brief stehendes Urteil über eine falsche Einschätzung der Ereignisse in Indien: „Ich habe einstweilen nichts über Indien geschrieben. Ich muß darüber einiges exakt Militärisches haben, da die events mich und die *‚Tribune‘* gewissermaßen blamiert haben.“[44]

Über Indien wird er erst wieder schreiben, wenn er mehr weiß. Krisenvoraussagen auf kurze Frist hinaus – etwa im nächsten Halbjahr muß es zu einer Krise kommen – wird Marx mit solcher Bestimmtheit nicht wieder machen. Dafür nur ein Beispiel, seine Voraussage der Krise von 1873.

Neumann-Spallart schildert den Ausbruch dieser Krise so: „Von Österreich (im Mai 1873) ihren Ausgangspunkt nehmend, wurde die Krise der Zeitfolge nach in Italien, Rußland, dann in Nordamerika (September 1873), in Deutschland (seit Oktober 1873), hierauf in England und im Laufe des Jahres 1874 an den verschiedensten Punkten der Erde zu einer akuten, in den meisten Ländern sogar zu einer chronischen Erkrankung. Selbst Frankreich, welches durch eine glückliche Verkettung von Umständen davon verschont zu bleiben hoffte, entging den Erschütterungen der Weltwirtschaft nicht, sondern wurde zu Ende 1876 ebenfalls davon erfaßt.“[45]

Marx hatte den Ausbruch dieser Krise erwartet. Aber wie vorsichtig (und bestimmt zugleich) formuliert er im vom 24. Januar 1873 datierten Nachwort zur zweiten Auflage des ersten Bandes des „Kapital“: „Die widerspruchsvolle Bewegung der kapitalistischen Gesellschaft macht sich dem praktischen Bourgeois am schlagendsten fühlbar in den Wechselfällen des periodischen Zyklus, den die moderne Industrie durchläuft, und deren Gipfelpunkt – die allgemeine Krise. Sie ist wieder im Anmarsch, obgleich noch begriffen in den Vorstadien, und wird durch die Allseitigkeit ihres Schauplatzes wie die Intensität ihrer Wirkung, selbst den Glückspilzen des neuen heiligen, preußisch-deutschen Reichs Dialektik einpauken.“[46]

Die Krise ist wieder im Anmarsch, jedoch noch im Vorstadium ... soweit glaubte Marx (und mit Recht) gehen zu können– aber wie lange der Anmarsch dauert, wie lange sich das Vorstadium ausdehnen wird, das hat Marx mit Recht nicht, wie noch zwanzig Jahre zuvor,, angeben wollen. Wäre die Krise erst im Laufe des Jahres 1874, also nach mehr als einem Jahr, ausgebrochen, so hätte diese Voraussage doch als völlig zutreffend gegolten. Und wäre die Krise erst 1876 infolge von größeren kriegerischen Handlungen 1873 oder 1874 ausgebrochen, dann hätte niemand mehr die Voraussage als falsch angesehen, weil jedem klar war, daß man solch politische Ereignisse unmöglich mit hätte einkalkulieren können oder sollen.

In jedem Fall aber handelte es sich dabei nicht um eine, wie wir sie hier definiert haben, kurzfristige Prognose, die sich auf ein Jahr bezieht, denn eine solche Prognose ist unmöglich für die kapitalistische Wirtschaft.

Von solcher Unmöglichkeit der Prognose auf kurze Sicht (ein Jahr) ist die Kleinstprognose zu unterscheiden: eine Prognose auf wenige Wochen oder Monate. Bei solchen ganz kurzfristigen Prognosen lassen sich auch exogene Faktoren, wie etwa die politische Entwicklung, relativ leichter übersehen.

[44] Ebendort. [45] *F. X. v. Neumann-Spallart*, a. a. O., Jg. 2, 1879, Berlin und Bern 1880, S. 12.
[46] *Marx/Engels*, Werke, Bd. 23, S. 28.

Eine Prognose, die etwa lautet: Innerhalb des nächsten Vierteljahres ist mit einer Krise oder ist nicht mit einer Krise zu rechnen, innerhalb des nächsten Monats werden die Preise steigen oder sinken, scheint mir möglich. Merkwürdigerweise spielt die Kleinstvoraussage heute als Wissenschaft kaum eine Rolle, obgleich sie die in der Wirtschaftspraxis der kapitalistischen Länder häufigst praktizierte Prognose ist. Faktisch beruhen zum Beispiel die meisten Großkäufe und -verkäufe auf einer solchen ganz kurzfristigen Prognose.

Von solchen Prognosen ist jedoch zu sagen, daß, so oft sie auch praktiziert werden, sie in ihrer Mehrheit keinen wissenschaftlichen Charakter tragen, sondern auf Erfahrung, „Instinkt", „Intuition" usw. beruhen – obgleich das natürlich nicht notwendig und auch in abnehmendem (jedoch immer noch enormem) Maße der Fall ist.

Von diesen kürzestfristigen und kurzfristigen Prognosen (bis zu drei Monaten und für ein Jahr) sind die mittelfristigen (ein bis fünf Jahre) und die langfristigen (über fünf Jahre) zu unterscheiden. Für solche Zeiträume sind gewisse Aussagen möglich. Sie können sich jedoch nur darauf beschränken, die Verschärfung zahlreicher Widersprüche und auf die Dauer natürlich das Ende der kapitalistischen Wirtschaft vorauszusagen.

Jedoch wäre es falsch, unter „Verschärfung zahlreicher Widersprüche" einfach eine allgemeine Feststellung zu verstehen. Einmal verschärfen sich die Widersprüche nicht dauernd, das heißt von Tag zu Tag, von Woche zu Woche oder auch nur von Jahr zu Jahr. Selbstverständlich findet laufend irgendeine Verschärfung irgendwelcher Widersprüche statt ebenso wie laufend irgendeine (sehr oft nur ganz temporäre) Lösung irgendwelcher Widersprüche stattfindet. Worauf es ankommt, ist, daß im allgemeinen längerfristig, über ein Jahr und mehr hinaus, die Widersprüche in ihrer Gesamtheit (die allgemeine Krise des Kapitalismus) sich zuspitzen.

Doch können Marxisten, wenn sie wirklich klug, umfassend und wissenschaftlich grundehrlich, völlig unbeeinflußt von Subjektivismen (die der Wunsch, die Weltklassenkampfsituation möglichst günstig zu sehen, diktiert) analysieren, auch Aussagen über die Auswirkungen der Zuspitzung der Widersprüche machen, Aussagen allgemeiner, aber doch die Entwicklung sehr bestimmt charakterisierender Art. Die beiden hervorragendsten Voraussagen dieser Art wurden 1928 von der Kommunistischen Internationale und 1933 von Eugen Varga gemacht.

Vom 17. Juli bis 1. September 1928 tagte in Moskau der VI. Kongreß der Kommunistischen Internationale, auf dem am 29. August eine Resolution über „Die internationale Lage und die Aufgaben der Kommunistischen Internationale" angenommen wurde, in der es über „Technik und Ökonomik der Weltwirtschaft" hieß:

„Es unterliegt nicht dem geringsten Zweifel, daß die Technik der kapitalistischen Länder einen bedeutenden Aufschwung durchgemacht hat, der in einigen von ihnen (Vereinigte Staaten, Deutschland) den Charakter einer technischen Umwälzung annimmt. Die riesige Zunahme der Zahl der Verbrennungsmotoren, die Elektrifizierung, ausgedehnte Anwendung der Chemie in der Industrie, die neuen Methoden der synthetischen Gewinnung von Heizmaterial und Rohstoffen (Benzin, Kunstseide usw.), die Verwendung von Leichtmetallen, die große Entwicklung des Autotransportwesens auf der einen, und die mit der ungewöhnlich raschen Entwicklung des

Fließbandsystems verbundenen neuen Formen der Organisation der Arbeit auf der anderen Seite haben die Produktivkräfte des Kapitalismus von neuem gesteigert. Auf dieser Grundlage vollzieht sich eine Zunahme der Außenhandelsumsätze und eine außerordentliche Steigerung der Kapitalausfuhr, wobei diese Form der wirtschaftlichen Verbindung zwischen den Ländern im Vergleich zur Vorkriegszeit viel größere Bedeutung erhalten hat.

Auf dem Gebiete der Ökonomik ist ein außergewöhnlich rasches Wachstum der kapitalistischen Monopole (Kartelle, Truste und Bankkonsortien) zu beobachten, die auch auf die Landwirtschaft einen immer größeren Einfluß ausüben. Neben der Kartellierung und Vertrustung des Kapitals im ‚nationalen' Rahmen ist auch ein Wachstum der internationalen finanzkapitalistischen Vereinigungen zu verzeichnen. Gleichzeitig macht sich auch ein Anwachsen der staatskapitalistischen Tendenzen bemerkbar, sowohl in der Form des Staatskapitalismus im ursprünglichen Sinne dieses Wortes (staatliche Elektrizitätswerke, kommunale Industrie- und Transportunternehmungen) als auch in der Form des immer stärkeren Verwachsens der Unternehmerorganisationen mit den Organen der Staatsgewalt.

Gleichzeitig nimmt die Allgemeine Krise des Kapitalismus neue Formen an und entwickelt eine Reihe spezifischer Widersprüche auf der Basis der fundamentalen Strukturveränderungen des gesamten Weltwirtschaftssystems. Die Verschiebung des wirtschaftlichen Schwerpunktes des Kapitalismus von Europa nach Amerika und das immer stärker werdende Bestreben des vertrusteten und erstarkten Europa, sich von der wirtschaftlichen Herrschaft der Vereinigten Staaten freizumachen, die Entwicklung des Kapitalismus in den Kolonial- und Halbkolonialländern, die ungeheure Disproportion zwischen dem Tempo des Wachstums der wirtschaftlichen und militärischen Macht der verschiedenen Länder und der Größe ihrer kolonialen Besitzungen, die den Positionen der Imperialisten in den Kolonien, insbesondere in China, drohende Gefahr, die Entwicklung der Sowjetunion, die die Arbeiterklasse aller Länder und die werktätigen Massen der Kolonien revolutioniert und ein Gegengewicht dem kapitalistischen Weltsystem gegenüber bildet – alle diese Widersprüche müssen letzten Endes zu einer neuen Explosion führen.

Die gesteigerten Produktivkräfte des Kapitalismus geraten immer mehr und mehr in Kollision mit den beschränkten Innenmärkten, die sich in einer Reihe von imperialistischen Ländern infolge des Ruins der Nachkriegszeit und der zunehmenden Pauperisierung der Bauernmassen in den Kolonien verengt haben, und mit der Struktur der Weltwirtschaft, deren Widersprüche durch den neuen, prinzipiellen Antagonismus zwischen der Sowjetunion und den Ländern des Kapitalismus gestiegen sind und sich außerordentlich kompliziert haben. Die Störung des Gleichgewichts zwischen Amerika und Europa findet ihren schärfsten Ausdruck im sogenannten ‚deutschen Problem' und dem Niedergange des britischen Imperialismus.

Der Fortschritt der Technik und der Organisation führte in den führenden Industrieländern zur Herausbildung einer chronischen Massenarbeitslosigkeit. Die Zahl der Arbeitslosen beträgt ein Vielfaches der industriellen Reservearmeen der Vorkriegszeit und wird auch in Zeiten der größten Konjunktur nicht ganz aufgesogen. In den Vereinigten Staaten z. B., wo der Fortschritt der Technik am größten ist, findet bei gewaltigem Anwachsen der Produktion eine absolute Abnahme der vom industriellen Kapital angewandten Arbeitskraft statt. Sogar in solchen Ländern, wo dieser technische Fortschritt festzustellen ist, ist die Rationalisierung, die zu einer ungeheuren Vergrößerung der Produktivkräfte führt, mit der größten Intensivierung der Arbeit, der mörderischen Steigerung des Arbeitstempos, dem schlimmsten Raubbau an der lebendigen Arbeitskraft verbunden. Die Mechanisierung des Arbeitsprozesses setzt die Kapitalisten in den Stand, in immer höherem Maße ungelernte Arbeitskraft, Frauen und Jugendliche zu verwenden und im allgemeinen die qualifizierte Arbeitskraft durch unqualifizierte zu ersetzen.

Alle Versuche, die Schwierigkeiten durch Schaffung von europäischen und internationalen Kartellen zu mildern, reproduzieren auf erweiterter Grundlage und in neuen Formen (Festsetzung der Quoten, Kampf gegen die nichtkartellierten Unternehmungen usw.) den Konkurrenzkampf zwischen England und den Staaten des europäischen Kontinents, ebenso den Konkurrenzkampf auf dem europäischen Kontinent, mit seiner politischen und wirtschaftlichen Zersplitterung und seinen zahlreichen Zollschranken.

Unter diesen Verhältnissen wird das Problem der Absatzmärkte und der Kapitalanlagesphären außerordentlich akut. Daher das Heranreifen einer neuen Ära gewaltiger kriegerischer Zusammenstöße, des Interventionskrieges gegen die Sowjetunion, daher die mit allen Mitteln betriebne Intervention in China. Die Entwicklung der Widersprüche der kapitalistischen Stabilisierung führt auf diese Weise schließlich unvermeidlich zu einem Umschlagen der gegenwärtigen ‚Stabilisierungsperiode' in eine Periode gewaltiger Katastrophen."[47]

Hier wurde das baldige Ende der Periode der Relativen Stabilisierung vorausgesagt. Ein Jahr später war es soweit. Zwei Jahre später konnte Stalin rückblickend feststellen:

„Erinnern Sie sich, wie die Dinge in den kapitalistischen Ländern vor zweieinhalb Jahren lagen. Anwachsen der industriellen Produktion und des Handels in fast allen Ländern des Kapitalismus. Anwachsen der Produktion von Rohstoffen und Lebensmitteln in fast allen Agrarländern. Die Vereinigten Staaten von Nordamerika prangten in der Aureole eines Landes des kraftstrotzendsten Kapitalismus. Siegeshymnen auf die ‚Prosperität'. Würdelose Anbetung des Dollars. Lobgesänge auf die neue Technik, auf die kapitalistische Rationalisierung. Proklamierung einer Ära der ‚Sanierung' des Kapitalismus und der unerschütterlichen Festigkeit der kapitalistischen Stabilisierung. ‚Allgemeines' Geschrei und Geunke von wegen eines ‚unvermeidlichen Untergangs' des Landes der Sowejts, von wegen eines ‚unausbleiblichen Zusammenbruchs' der Sowjetunion.

So lagen die Dinge gestern."[48]

Ist das Dokument der Komintern nicht großartige Wirtschaftsgeschichtsschreibung! Wirtschaftsgeschichtsschreibung der jüngsten Vergangenheit (1924–1927), Wirt-

[47] Protokoll des 6. Weltkongresses der Kommunistischen Internationale. Bd. 4, Hamburg 1929, S. 14 ff.

[48] *J. W. Stalin,* Politischer Bericht an den XVI. Parteitag. Berlin 1953, S. 3 f.

schaftsgeschichtsschreibung der Gegenwart (1928) und Wirtschaftsgeschichtsschreibung der Zukunft (nach 1928)! Sollte man solche Analysen nicht viel mehr in unserer Wirtschaftsgeschichtsschreibung verwenden als wir es bisher getan haben?

Und wie scharf konnte (sechs Jahre später, 1934) Varga die bourgeoise Analyse der Wirtschaftssituation der marxistisch-leninistischen gegenüberstellen:

„Gewaltig ist die Wandlung, die sich in den letzten sechs Jahren vollzogen hat. Wie stolz und hochfahrend waren damals die Wortführer des Kapitalismus! Geblendet von der Prosperität, verkündeten sie den dauernden neuen Aufstieg des Kapitalismus, verkündeten sie, daß die kapitalistische Gesellschaftsordnung unerschüttert sei. Der scheidende Sachwalter des Finanzkapitals der Vereinigten Staaten, Präsident Calvin Coolidge, erklärte am 4. Dezember 1928 in seiner Abschiedsbotschaft an das Parlament der Vereinigten Staaten:

‚Niemals hat ein Parlament der USA, das die Lage der Union überblicken sollte, einen günstigeren Ausblick gehabt als heute. Im Inland herrschen Ruhe und Zufriedenheit, ein harmonisches Verhältnis zwischen Kapitalisten und Lohnempfängern, keine Lohnkämpfe und höchste Stufe der Prosperität ... Der große Reichtum, der durch unsere Unternehmungslust und unseren Fleiß geschaffen und durch unsere Wirtschaftlichkeit gespart wurde, hat die weiteste Verteilung unter unserem eigenen Volke gefunden ... Das Lebensniveau ist, das Existenzminimum überschreitend, in die Region des Luxus vorgedrungen. Das Ergebnis einer gesteigerten Produktion wurde konsumiert durch eine gesteigerte Nachfrage im Lande und durch einen sich ausdehnenden Außenhandel. Das Land kann die Gegenwart mit Befriedigung und die Zukunft voller Optimismus betrachten.‘

Nicht minder optimistisch äußerten sich die Führer der amerikanischen Wirtschaft. Der Präsident der ‚Bethlehem Steel Corporation‘, Schwab, verkündete:

‚Ich sage mit Überzeugung, daß die Grundlage gelegt wurde, auf der eine Prosperität erwachsen kann, die alles in den Schatten stellen wird, was wir bisher erlebt haben.‘

Der Präsident der ‚General Motors‘ erklärte:

‚Mein Standpunkt hinsichtlich des Jahres 1929 basiert auf der Überzeugung, daß unsere allgemeine ökonomische und industrielle Lage durchaus gesund ist; daher sehe ich nicht ein, warum sich der allgemeine Fortschritt nicht fortsetzen und uns nicht ein ausgezeichneter Geschäftsgang und eine noch gesteigertere Prosperität beschieden sein sollte.‘

Nicht minder stolz verkündete im Herbst 1928 auf dem Bankiertag in Köln der damalige Führer der deutschen Finanzoligarchie, Jakob Goldschmidt, Generaldirektor der im Jahre 1931 endgültig zusammengebrochenen Danat-Bank, den neuen Aufstieg des Kapitalismus:

‚Während das Ende des kapitalistischen Zeitalters und der Ersatz der individualistischen Erwerbswirtschaft durch die staatssozialistische Wirtschaft prophetisch veranlagte Geister beschäftigt, während der Gedanke, daß die bestehende Wirtschaftsordnung dem Untergang geweiht und im Begriff sei, durch neue Wirtschaftsformen abgelöst zu werden, die Menschheit vielfach wie eine Zwangsvorstellung beherrscht, schreitet die praktische Wirtschaftsführung noch immer kräftig mit ihren kapitalistischen Methoden vorwärts. Sie hat trotz verlorener Kapitalbasis, auf dem Trümmerhaufen eines verlorenen Weltkrieges, ungeachtet der Widerstände einer revolutionären Zeitatmosphäre, aus einer unzeitgemäßen technischen Verfassung in der kürzesten Periode von noch nicht fünf Jahren einen neuen Wirtschaftsapparat geschaffen, der, wenn auch nicht ideal, so doch zunächst durchaus zufriedenstellend funktioniert...‘

Die Führer der Sozialdemokratie, diese Lakaien der Bourgeoisie, blieben hinter ihren Herren in der Verkündung des neuen Aufstiegs des Kapitalismus nicht zurück. Die ‚marxistische‘ Begründung lieferte Hilferding bereits seit dem Jahre 1924 in seinen Artikeln und Reden.

‚Während und nach dem Kriege sind die Produktivkräfte außerordentlich gewachsen. Die Ausdehnung war nicht gleichmäßig: vermehrt wurden vor allem die Wirtschaftszweige, die für die Kriegsführung nötig waren ..., während die Konsumtionsmittelindustrien zurückblieben. Diese Disproportionalität ist eine der Ursachen der Weltkrise. Aber Ausdehnung der Produktionskapazität bedeutet zuletzt nach Überwindung der Krise Steigerung der Produktion und neue Hochkonjunktur. (?) Als Resultat der Kriegsperiode erscheint so die kapitalistische Ökonomie materiell erweitert und qualitativ verändert auf dem Wege zur organischen Wirtschaft (?).‘

Diese Verherrlichung der Zukunft des Kapitalismus wurde verbunden mit der gegenrevolutionären Lehre von dem über den Klassen stehenden Charakter des von Koalitionsregierungen der Sozialdemokratie und der bürgerlichen Parteien regierten Staates, der den friedlichen Übergang vom ‚organisierten Kapitalismus‘ in den Sozialismus durch die ‚Wirtschaftsdemokratie‘ verwirklicht...

Die Coolidge und Goldschmidt, die Hilferding und Naphtali, wie unsäglich veraltet, wie albern, wie lächerlich wirkt ihr Gerede heute! Wie richtig hat sich hingegen die marxistisch-leninistische Analyse und Prognose erwiesen, die die Kommunistische Internationale gab. Unbeirrt durch die zeitweilige Besserung der Lage des Kapitalismus und das Geschwätz der Apologeten des Kapitalismus in seiner ganzen Hohlheit enthüllend, deckte die Kommunistische Internationale den zeitweiligen Charakter und die inneren Widersprüche der Stabilisierung auf und verkündete, daß diese Widersprüche unvermeidlich zu dem baldigen Ende der Stabilisierung, zu einer neuen revolutionären Welle führen werden.“[49]

Die zweite großartige längerfristige Prognose dieser Art stammt von Varga, (der natürlich auch an der ersten beteiligt war). Sie betraf die Entwicklung nach der großen Krise 1929/33. Auf Grund der von Varga ausgearbeiteten Materialien und mit ihm besprochener theoretischer Überlegungen sagte Stalin auf dem XVII. Parteitag (26. Januar 1934) über die Depression, die der Erreichung des Tiefpunktes folgte:

„Bedeutet das, daß wir es mit einem Übergang von der Krise zu einer gewöhnlichen Depression zu tun haben, die einen neuen Aufschwung und ein neues Auf-

[49] *E. Varga*, Die Große Krise und ihre politischen Folgen. Wirtschaft und Politik 1928–1934. Moskau-Leningrad 1934, S. 7 ff.

blühen der Industrie mit sich bringt? Nein, das bedeutet es nicht. Auf jeden Fall liegen gegenwärtig keine, weder direkte noch indirekte, Anzeichen vor, die von einem kommenden Aufschwung der Industrie in den kapitalistischen Ländern sprechen würden. Mehr noch: nach allem zu urteilen, kann es solche Anzeichen, zumindest in der nächsten Zeit, gar nicht geben. Es kann sie nicht geben, denn es wirken alle jene ungünstigen Bedingungen fort, die es der Industrie der kapitalistischen Länder unmöglich machen, einen einigermaßen ernsthaften Aufschwung zu erreichen. Es handelt sich um die fortdauernde allgemeine Krise des Kapitalismus, innerhalb derer die Wirtschaftskrise vor sich geht, um die chronische Unterbeschäftigung der Betriebe, um die chronische Massenarbeitslosigkeit, um die Verflechtung der industriellen Krise mit der Agrarkrise, um das Fehlen einer Tendenz zu einer einigermaßen bedeutsamen Erneuerung des fixen Kapitals, die gewöhnlich den Beginn eines Aufschwungs ankündigt usw. usf.

Es ist offensichtlich, daß wir es hier mit einem Übergang von dem Tiefpunkt des Niedergangs der Industrie, von dem Tiefpunkt der industriellen Krise zu einer Depression zu tun haben, aber nicht zu einer gewöhnlichen Depression, sondern zu einer Depression besonderer Art, die nicht zu einem neuen Aufschwung und Aufblühen der Industrie führt, sie aber auch nicht zu dem Tiefpunkt des Niedergangs zurückführt."[50]

Varga bemerkte dazu im Jahre 1934, also noch zu Beginn dieser Periode, erläuternd:

„Entscheidend wichtig ist folgendes: mechanisch betrachtet, unterscheidet sich die gegenwärtige Depression kaum von allen vorhergehenden Depressionsphasen, wie sie Marx charakterisierte*; dynamisch betrachtet, besteht ein grundlegender Unterschied: die heutige Depression bildet – im Gegensatz zu den ‚normalen' Depressionen – keine genügende Grundlage für einen Aufschwung der kapitalistischen Wirtschaft. Der besondere Charakter der Depression besteht in der Deformation des industriellen Zyklus unter der Einwirkung der allgemeinen Krise des Kapitalismus.** ...

Es ist klar: der Widerspruch zwischen den Produktivkräften und den Produktionsverhältnissen hat in der gegenwärtigen Periode des Endes der Stabilisierung des Kapitalismus eine solche Schärfe erreicht, daß die erhöhte Produktion vorzeitig, bevor die Aufschwungsphase erreicht ist, an die Schranken der Aufnahmefähigkeit des Marktes stößt.

Der innere Mechanismus des Kapitalismus war wirksam genug, um den Tiefpunkt der Krise zu überwinden, den Übergang in die Depression und in einigen Ländern

[50] *J. W. Stalin,* Rechenschaftsbericht an den XVII. Parteitag über die Arbeit des ZK der KPdSU (B). Berlin 1949, S. 10 f.

* Der Hauptunterschied liegt in dem völlig zerrütteten Zustand des Geld- und Kreditsystems in der Gegenwart.

** Diese Deformation zeigte sich bereits in dem Zyklus 1921–1929; der Aufschwung war nicht allgemein. Einzelne Länder (z. B. England), ganze Industriezweige (Kohle, Schiffbau, Baumwolle) hatten an dem Aufschwung nur einen minimalen Anteil. Der Aufschwung wäre noch geringer gewesen, wären nicht die Verwüstungen des Krieges zu ersetzen gewesen.

eine beschränkte Belebung hervorzurufen; er erweist sich aber nicht als wirksam genug, um einen echten Aufschwung, eine Prosperitätsphase hervorzurufen ...

Zusammenfassend: der Übergang in die Depression hat die Verwertung des Kapitals erhöht. Dem Kapital ist es gelungen – wie Stalin sagte –, seine Lage auf Kosten der Arbeiter, auf Kosten der Bauernschaft, auf Kosten der Kolonien etwas zu verbessern. Dies war auch in früheren Depressionen der Fall. Aber früher führte die bessere Verwertung des Kapitals zu einer großen Neuanlage von Kapital, zur Ausdehnung des Absatzes in Abteilung I, daran anschließend auch in Abteilung II und damit zu einem neuen Aufschwung. Dies ist gegenwärtig nicht der Fall. Die Neuanlage von Kapital ist minimal: es fehlt die ‚materielle Basis' des Aufschwungs. Daher stößt die erhöhte Produktion bereits nach einigen Monaten immer wieder auf die Schranken des Marktes, die Waren finden keinen genügenden Absatz, die Vorräte an Fertigwaren wachsen wieder an und ein neuer Rückschlag tritt ein. Diese Rückschläge wären noch stärker, die industrielle Produktion noch geringer, würden die rasch anwachsenden Kriegsausrüstungen nicht einen wenn auch unproduktiven zuschüssigen Absatz schaffen."[51]

Und als Perspektive gibt Varga im Jahre 1934:

„Dieselben Ursachen, die den besonderen Charakter der gegenwärtigen Depression bedingen, determinieren auch den weiteren Gang der Wirtschaft des Kapitalismus. Die Wirkung der allgemeinen Krise des Kapitalismus, die Wirkung des Endes der zeitweiligen Stabilisierung und der damit verbundenen Verschärfung der imperialistischen und der Klassengegensätze, der allgemeinen Labilität aller Verhältnisse wird eine weitere, noch stärkere Deformation des industriellen Zyklus sein. Die gegenwärtige Depression wird sich, mit kurzandauernden Belebungen und starken Rückschlägen, mehrere Jahre hinziehen, ohne in eine Prosperitätsphase – vielleicht mit Ausnahme einiger Länder – überzugehen, um schließlich von einer neuen, noch tieferen und verheerenderen Wirtschaftskrise abgelöst zu werden ...

Dies wäre die Perspektive, wenn der Ausbruch des Weltkrieges und der Ausbruch der proletarischen Revolution sich noch mehrere Jahre verzögern würde. Dies ist höchst unwahrscheinlich. Die Bourgeoisie, unzufrieden mit der geringen Verbesserung der Verwertung des Kapitals in der gegenwärtigen Depression besonderen Charakters, wird den Ausweg im Krieg suchen; das Proletariat, dessen Lage in der Depression kaum besser ist als in der Krise, wird ihn mit Hilfe der werktätigen Bauern und der unterdrückten Kolonialvölker im Sturm auf die Herrschaft der Bourgeoisie suchen."[52]

Natürlich konnten weder Varga noch Stalin voraussagen, wann eine neue zyklische Krise oder ein neuer Weltkrieg oder eine neue proletarische Revolution in den nächsten Jahren ausbrechen würden. Wohl aber waren sie in der Lage, die besondere Art, in der die zunehmenden Widersprüche des Kapitalismus in der Wirtschaft zum allgemeinen Ausdruck kommen würden, zu charakterisieren – nämlich in einer Depression besonderen Charakters.

[51] *E. Varga,* Die Große Krise, a. a. O., S. 91 f. u. 98 f.
[52] Ebendort, S. 100.

Eine ähnliche Voraussage für die besondere Art, in der diese Widersprüche nach dem zweiten Weltkrieg zum Ausdruck kommen würden, ist den Marxisten nicht gelungen, was bei der Beschränkung des Meinungsstreits und der speziellen Mißachtung, die Varga widerfuhr, nicht verwunderlich ist.

Heute ist die Situation eine andere, und eine Fülle kluger Beobachtungen werden von verschiedenen Marxisten gemacht, aus denen sich eine korrekte Einschätzung und Prognose für die siebziger und die folgenden Jahre ergeben hat.

Ich glaube, man kann über die Möglichkeit von Prognosen für die kapitalistische Wirtschaft so abschließen:

Kleinstprognosen auf kürzeste Sicht – bis zu drei Monaten – sind durchaus möglich.

Prognosen auf kurze Sicht – drei Monate bis zu einem Jahr – sind unmöglich.

Prognosen auf mittelfristige Sicht – ein bis fünf Jahre – etwa hinsichtlich des „Zeitpunkts" des Ausbruchs der Krise sind unmöglich, wohl aber läßt sich etwas über den allgemeinen Charakter der Bewegung sagen. Beispiel für eine richtige Prognose: die Voraussage der Depression besonderer Art. Beispiel für eine falsche Prognose: die Einschätzung der Entwicklung nach dem zweitem Weltkrieg.

Prognosen auf längere Sicht – über fünf Jahre – sind unmöglich ... bis auf die Feststellung, daß die allgemeine Krise sich bis zum Ende des Kapitalismus verschärfen und daß das System des Kapitalismus gestürzt werden wird. –

Wie steht es mit Wirtschaftsgeschichtsschreibung des Sozialismus?

Was die bürgerliche Geschichtsschreibung des Sozialismus betrifft, so ist sie, mit ganz wenigen Ausnahmen, zu jämmerlich, um sie auch nur pseudowissenschaftlich zu nennen.

Und wie steht es mit der marxistischen Wirtschaftsgeschichtsschreibung? Man muß ganz offenbar sagen: nicht gut, was die Vergangenheit betrifft. So großartig zum Teil ihre Leistungen auf dem Gebiet der Wirtschaftsgeschichtsschreibung des Kapitalismus – man denke an die Analysen der Komintern, an die Analysen Vargas oder an ein Werk wie die dreibändige Krisengeschichte von L. Mendelsohn – so unbedeutend ist die Wirtschaftsgeschichtsschreibung des Sozialismus. So unbedeutend, daß heute, mit Ausnahme der Werke Lenins, keine Wirtschaftsgeschichtsschreibung der Sowjetunion aus den zwanziger oder dreißiger oder vierziger oder fünfziger Jahren noch häufiger gelesen oder zitiert wird, und das gleiche gilt entsprechend für die Veröffentlichungen der anderen sozialistischen Länder zu ihrer Wirtschaftsgeschichte. Es sind immer nur die gerade herausgekommenen Schriften, die als „gültig" anerkannt werden, und zwar ohne daß sie wesentlich besser sind als die vorangehenden.

Grundlegend anders steht es mit der Wirtschaftsgeschichtsschreibung der Zukunft, mit Plänen und Prognosen. Eine sozialistische Gesellschaft kann nicht existieren, ohne Wirtschaftsgeschichtsschreibung der Zukunft zu treiben. Denn so wie es unmöglich ist, für die kapitalistische Produktion sinnvolle Gesamtprognosen und Gesamtpläne aufzustellen, so ist es umgekehrt unmöglich für eine sozialistische Gesellschaft, ohne Prognose und Gesamtplan zu arbeiten.

„Die prognostische Tätigkeit als ständiger schöpferischer Denk- und Arbeitsprozeß ist Bestandteil des ökonomischen Systems des Sozialismus und eines der Grunderfordernisse sozialistischer Betriebsführung, die auf höchste Effektivität, Produktivität und Rationalität sozialistischer Geschäftstätigkeit abzielt", erklären Haberland und Haustein.[53]

Die Voraussetzung für Prognose und Plan ist die Vergesellschaftung der Produktionsmittel. Engels bemerkt in seinen Notizen zum „Anti-Dühring": *„Proletarische Revolution*, Auflösung der Widersprüche: Das Proletariat ergreift die öffentliche Gewalt und verwandelt kraft dieser Gewalt die den Händen der Bourgeoisie entgleitenden gesellschaftlichen Produktionsmittel in öffentliches Eigentum. Durch diesen Akt befreit es die Produktionsmittel von ihrer bisherigen Kapitaleigenschaft und gibt ihrem gesellshaftlichen Charakter volle Freiheit, sich durchzusetzen. Eine gesellschaftliche Produktion nach vorherbestimmtem Plan wird nunmehr möglich. Die Entwicklung der Produktion macht die fernere Existenz verschiedner Gesellschaftsklassen zu einem Anachronismus. In dem Maß, wie die Anarchie der gesellschaftlichen Produktion schwindet, schläft auch die politische Autorität des Staats ein. Die Menschen, endlich Herren ihrer eignen Art der Vergesellschaftung, werden damit zugleich Herren der Natur, Herren ihrer selbst – frei."[54]

Und in einem bekannten Lehrbuch „Politische Ökonomie" heißt es:

„Die sozialistische Wirtschaft ist frei von dem Grundwiderspruch des Kapitalismus. Dem gesellschaftlichen Charakter der Produktion entspricht im Sozialismus das gesellschaftliche Eigentum an den Produktionsmitteln. Aus dem gesellschaftlichen Eigentum an den Produktionsmitteln ergibt sich die Notwendigkeit und Möglichkeit der planmäßigen Entwicklung der sozialistischen Wirtschaft. Engels schrieb, daß mit der Verwandlung der Produktionsmittel in öffentliches Eigentum ‚eine gesellschaftliche Produktion nach vorherbestimmtem Plan nunmehr möglich wird'.

Infolge der Vergesellschaftung der Produktionsmittel wird die notwendige Proportionalität in der Verteilung der Produktonsmittel und der Arbeitskräfte auf die Zweige der sozialistischen Volkswirtschaft planmäßig hergestellt. Spontaneität und Selbstlauf sind mit dem Bestehen des gesellschaftlichen Eigentums an den Produktionsmitteln unvereinbar.

Im Gegensatz zum Privateigentum an den Produktionsmitteln, das die Warenproduzenten *trennt* und Konkurrenz sowie Anarchie der Produktion hervorbringt, *vereinigt* das gesellschaftliche Eigentum die zahlreichen Betriebe zu einem einheitlichen volkswirtschaftlichen Ganzen, das einem Ziele untergeordnet ist. Die vergesellschaftete sozialistische Großproduktion kann sich nicht ohne einen allgemeinen Plan entwickeln, der der ganzen Gesellschaft Einheitlichkeit des Handelns verleiht und die notwendige Proportionalität in der Entwicklung der einzelnen Zweige und der Betriebe sowie der Volkswirtschaft im ganzen gewährleistet.

Lenin hat die Notwendigkeit einer planmäßigen Entwicklung der sozialistischen Wirtschaft begründet und in diesem Zusammenhang darauf hingewiesen, daß man die Wirtschaft nicht ohne einen für längere Zeit ausgearbeiteten Plan führen kann, daß die gigantische Aufgabe der sozialistischen Revolution in folgendem besteht:

[53] *F. Haberland* und *H. D. Haustein,* Die Prognostik als neues Element der Führungstätigkeit zur Meisterung der wissenschaftlich-technischen Revolution, Berlin 1968, S. 5.

[54] *Marx/Engels*, Werke, Bd. 20, S. 620.

'Umwandlung des ganzen staatlichen Wirtschaftsmechanismus in eine einzige große Maschine, in einen Wirtschaftsorganismus, der so arbeitet, daß sich Hunderte Millionen Menschen nach einem einzigen Plan richten'.[55]

So, wie der Kapitalismus undenkbar ist ohne Konkurrenz und Anarchie der Produktion, die eine Vergeudung gesellschaftlicher Arbeit nach sich ziehen, kann man sich den Sozialismus nicht ohne planmäßige Entwicklung der Volkswirtschaft vorstellen, die eine rationelle und sparsame Ausnutzung der gesellschaftlichen Arbeit und ihrer Ergebnisse gewährleistet."[56]

Unter Plan verstehen wir eine genaue quantitative Fixierung zu erreichender Wirtschafts- (oder anderer gesellschaftlicher) Ziele. Je besser die sozialistische Gesellschaft, ihr Gesamtwillen, arbeitet, und je erfolgreicher die Prognose funktioniert, desto langfristiger kann der Plan sein.

Im „Ökonomischen Lexikon" wird der Plan in der sozialistischen Gesellschaft so definiert: „Auf Grund der Beschlüsse der Volksvertretungen verbindliche Richtlinie für die Entwicklung der Volkswirtschaft und ihrer Teilsysteme bzw. von dem für die Durchführung verantwortlichen Organ ausgearbeitete Richtlinie für die bestmögliche Entwicklung des eigenen Führungsbereichs (z. B. des Betriebes oder Zweiges) im Rahmen der Planaufgaben des übergeordneten Leitungsorgans. Der Plan ist das ideelle Abbild der künftigen Entwicklung der sozialistischen Volkswirtschaft bzw. ihrer Teilsysteme, das als Ergebnis der wissenschaftlichen Voraussicht der bestmöglichen (optimalen) ökonomischen Entwicklung auf der Grundlage der wissenschaftlichen Theorie des Marxismus-Leninismus entsteht."[57]

„Der Plan ist das ideelle Abbild der künftigen Entwicklung der sozialistischen Volkswirtschaft bzw. ihrer Teilsysteme", das heißt, er ist Wirtschaftsgeschichte der Zukunft.

Mit dem Sozialismus erobert sich die Wirtschaftsgeschichtsschreibung wissenschaftlich ein völlig neues Gebiet: die Zukunft.

Vom Plan ist die Prognose zu unterscheiden. Sehr klar haben Antschischkin und Jerschow den Unterschied zwischen Plan und Prognose, wie sie ihn sehen, herausgearbeitet: „Dabei versteht es sich, daß die Prognosen nicht den Plan, auch keinen langfristigen, ersetzen, sondern seiner Aufstellung vorangehen. Der Plan setzt die Hauptziele und -wege der künftigen wirtschaftlichen Entwicklung bereits als gewählt voraus und enthält ein System wirtschaftlicher Maßnahmen und Direktiv-Adreßauflagen für Produktion, Investitionen, Lebensstandard usw. Er verleiht der Planerfüllung die technische und finanzielle Grundlage und sieht Methoden der Kontrolle seiner Erfüllung vor. Die Prognosen hingegen bestehen erstens in einer Analyse der objektiven Entwicklungstendenzen der Wirtschaft, zweitens in der Ausarbeitung von Hypothesen über den künftigen wissenschaftlich-technischen Fortschritt, die Veränderung der Struktur der gesellschaftlichen Bedürfnisse und die Er-

[55] *W. I. Lenin*, Werke, Bd. 27, Berlin 1960, S. 77.

[56] Politische Ökonomie, Lehrbuch. Nach der dritten, überarbeiteten russischen Ausgabe, Berlin 1959, S. 532 f.

[57] Ökonomisches Lexikon, Bd. II, Berlin 1967, S. 360.

weiterung der Produktionsressourcen sowie drittens in der Begründung möglicher Wege zur aktiven Einwirkung auf den Verlauf der wirtschaftlichen Entwicklung."[58]

Jedoch sind Plan und Prognose keineswegs so getrennt und so verschieden, wie es nach dem soeben Entwickelten den Anschein hat. Denn bisher haben wir nur vom Plan als Handlungsgesetz gesprochen.

Von diesem Plan ist der Perspektivplan zu unterscheiden, der niemals Handlungsgesetz ist, sondern als Richtungsdirektive dienen soll. Die Richtungsdirektive aber ist nichts anderes als eine Direktive, sich an eine Prognose zu halten.

Perspektivpläne beginnen zeitlich in dem Moment, wo unsere Fähigkeit endet, einen Plan als Handlungsgesetz aufzustellen. Solange man zum Beispiel nur in der Lage ist, Zweijahrespläne als Handlungsgesetze aufzustellen, beginnt der Perspektivplan ab Dreijahresplan. Gelingt es, Handlungsgesetze für längere Zeit, also sagen wir für fünf Jahre, aufzustellen, beginnt der Perspektivplan mit mehr als fünf Jahren. Der Perspektivplan ist also im Grunde nichts anderes als eine Orientierungsprognose in die Zukunft. Der Perspektivplan schließt natürlich, wie jede wissenschaftliche Vorschau in die Zukunft, den Menschen als handelndes Wesen mit ein. Er ist deswegen aber kein präzises Aktionsprogramm.

Die Vorschau, die der Perspektivplan enthält, die Orientierungsprognose für die Zukunft, wird sich jedoch selbstverständlich auch als Anreiz zur Aktion auf den Plan als Handlungsgesetz auswirken. Der Mensch wird bei Vorliegen eines Perspektivplanes den konkreten Handlungsplan, sagen wir für die nächsten zwei Jahre, besser als Vorbereitung für eine Perspektive von fünf oder zehn Jahren verstehen. Und insofern hängen Orientierungsprognose und Plan als Handlungsgesetz sehr eng zusammen. Ja, man kann weitergehen und sagen: Die Erfüllung des auf beschränkte Zeit festgelegten Planes als Handlungsgesetz hängt von der Aufstellung eines Orientierungsplanes ab, da nur Menschen mit vollem Verständnis für den Perspektivplan, für die Orientierungsprognose, die notwendige Begeisterung und Entschlossenheit aufbringen werden, um den Plan als Handlungsgesetz zu erfüllen. Der Perspektivplan ist als Stimulanz in den Plan als Handlungsgesetz gewissermaßen eingebaut, oder auch so ausgedrückt: Die Orientierungsprognose ist Bestandteil des Planes als Handlungsgesetz.

Wie zuverlässig ist nun die Wirtschaftsgeschichtsschreibung der Zukunft? Rückblickend, nach Erfüllung des ersten Fünfjahrplanes erklärte Stalin am 7. Januar 1933 in seinem Bericht auf dem Vereinigten Plenum des ZK und der ZKK der KPdSU (B) über „Die Ergebnisse des ersten Fünfjahrplans": „Allerdings fehlen zur Erfüllung des Gesamtprogramms des Fünfjahrplans 6 Prozent. Das aber ist damit zu erklären, daß wir infolge der Weigerung einiger Nachbarländer, Nichtangriffspakte mit uns abzuschließen und infolge der Verwicklungen im Fernen Osten* gezwungen waren, zur Stärkung der Verteidigungskraft eine Reihe von Betrieben eiligst auf die Erzeugung von modernen Verteidigungsmitteln umzustellen. Diese Umstellung aber hat,

[58] *A. Antschischkin* und *E. Jerschow*, Methodologische Fragen der volkswirtschaftlichen Prognostizierung. Zitiert in: „Spektrum", Berlin 1968, Heft 6, S. 198.

* Einmarsch Japans in die Mandschurei.

da eine gewisse Vorbereitungsperiode durchzumachen war, dazu geführt, daß diese Betriebe ihre Produktion für vier Monate einstellten, was sich auf die Erfüllung des gesamten Produktionsprogramms des Fünfjahrplans im Laufe des Jahres 1932 auswirken mußte. Diese Operation führte dazu, daß wir die Lücken auf dem Gebiet der Verteidigungskraft des Landes restlos ausgefüllt haben. Sie mußte sich aber auf die Erfüllung des Produktionsprogramms des Fünfjahrplans ungünstig auswirken. Es kann kein Zweifel darüber bestehen, daß wir, wäre dieser Umstand nicht dazwischengekommen, die Gesamtproduktionszahlen des Fünfjahrplans nicht nur erfüllt, sondern bestimmt auch übererfüllt hätten."[59]

Der dritte Fünfjahrplan mußte mitten in seiner Erfüllung völlig aufgegeben werden – infolge des Überfalls des faschistischen Deutschland auf die Sowjetunion.

Nie darf man vergessen, daß die Anarchie in der Wirtschaft zwar in den sozialistischen Ländern abgeschafft worden ist, in der Welt aber noch politische Anarchie, die auch die sozialistischen Länder beeinflußt, herrscht.

Man ist daher meiner Ansicht nach berechtigt, ich möchte sagen aus pragmatischen Gründen, fünf Jahre in die Zukunft Wirtschaftsgeschichte zu schreiben, da es kindisch wäre, zum Beispiel eine große Investition nur für ein Jahr zu planen, also in vielen Fällen nur ihre Vorbereitung, aber nicht ihre Ausführung.

Wirtschaftsgeschichtsschreibung über fünf Jahre hinaus jedoch ist, solange der Kapitalismus noch eine gewichtige Rolle im Weltgeschehen spielt, nichts anderes als sinnvolle Spielerei, als Ausarbeitung einer möglichen Variante. Auch nur zu denken, daß nach fünf Jahren kein Krieg von Einfluß auf die Wirtschaft der sozialistischen Länder ausbricht, kein Land vom Kapitalismus zum Sozialismus übergeht mit entsprechender Beeinflussung der Wirtschaft in den heute bestehenden sozialistischen Ländern, hat nichts mehr mit der Wissenschaft des Marxismus zu tun.

Der Wirtschaftsgeschichtsschreibung der Zukunft durch marxistische Planer, Prognostiker und Historiker sind also, solange der Kapitalismus noch einen starken Einfluß auf das Weltgeschehen hat, doch recht enge Grenzen gesetzt. Jedoch nicht das ist entscheidend – zumal die Grenzen immer weiter werden. Entscheidend ist vielmehr, daß Menschen, daß Völker, daß Staaten überhaupt zum ersten Mal in der Geschichte der Menschheit in die Lage versetzt worden sind, künftige Wirtschaftsgeschichte zu schreiben.

4. Die „New Economic History" oder die Cliometrie

Die zweite neuere Strömung im 20. Jahrhundert, die wir abschließend, wenn auch viel kürzer als die Konjunkturforschung, hervorheben wollen, ist die „New Economic History". Sie wird mit diesem amerikanischen Namen in allen Sprachen benannt, da sie eine amerikanische „Erfindung" ist und auch, mit wenigen Ausnahmen in England, seit dem Ende der fünfziger Jahre, Anfang der sechziger Jahre bisher nur dort betrieben wird. Als ihre Hauptvertreter betrachten sich

[59] *J. W. Stalin,* Werke, Bd. 13, S. 162.

A. H. Conrad und J. R. Meyer mit ihren Studien über die amerikanische Sklavenhalter-Ökonomie vor dem Bürgerkrieg,

R. W. Fogel mit seinen Arbeiten über das amerikanische Eisenbahnwesen,

D. C. North vor allem mit seiner Analyse der Faktoren, die zur Steigerung der Produktivität in der Meeresschiffahrt beigetragen haben.

Als Theoretiker dieser Richtung sind vor allem R. W. Fogel und St. L. Engerman zu nennen, die auch 1971 die wichtigsten Artikel der Vertreter der „New Economic History", mit zusammenfassenden Vorbemerkungen, unter dem Titel The Reinterpretation of American Economic History herausgebracht haben.

Bisweilen sehen sie ihre Vorfahren in den Ökonometrikern, weshalb man auch bisweilen von ihnen als Vertretern der ökonometrischen Wirtschaftsgeschichtsschreibung spricht. Natürlich rotieren solch marxistische Ökonometriker wie Oscar Lange und Michael Kalecki im Grabe bei der Idee, daß sie Vorfahren der New Economic History sein sollen – und sie tun das mit vollem Recht.

In ihr Buch haben Fogel und Engerman auch Artikel zum Beispiel von Simon Kuznets und Robert E. Gallman aufgenommen. Beides sind ausgezeichnete statistische Wirtschaftshistoriker, die sich sicher freuten, ihre Artikel in diesem Band wieder gedruckt zu sehen, die sich aber wirklich nicht von anderen statistisch arbeitenden Wirtschaftshistorikern oder wirtschaftshistorisch arbeitenden Statistikern im letzten Halbjahrhundert oder weiter zurück „philosophisch und methodologisch" unterscheiden. Im Grunde behaupten das auch Fogel und Engerman nicht – denn im Titel des Buches sprechen sie zwar von der Reinterpretation der amerikanischen Geschichte, in der Vorrede aber erklären sie, sie hätten in das Buch Essays aufgenommen, „die entweder eine bedeutsame neue Interpretation amerikanischer Geschichte bringen oder die die Fähigkeit zu einfacher ökonomischer Theorie und Mathematik in der Erklärung der Probleme amerikanischen Lebens zeigen".[60] Wenn sie sagen: „Das Ziel der New Economic History ist ... die Rekonstruktion der amerikanischen Wirtschaftsgeschichte auf einer gesunden quantitativen Basis"[61], so ist das einzig Neue an diesem Ziel die *Re*konstruktion, denn die Bemühungen um den Aufbau einer amerikanischen Wirtschaftsgeschichte auf quantitativer Basis haben bisher das 20. Jahrhundert gefüllt und gehen teilweise noch viel weiter zurück. Es ist einfach falsch, wenn die Autoren behaupten: „Die meisten Diskussionen von Wirtschaftshistorikern bewegten sich vor allem im Qualitativen, wobei zahlenmäßige Information vor allem zur Illustration benutzt wurde."[62] Mit genau dem gleichen Unrecht hätten sie das Gegenteil behaupten können. Wenn sie erklären, daß „die methodologischen Hauptkennzeichen der New Economic History ihre Betonung der Wichtigkeit des Messens und ihre Anerkennung der engen Verbindung von Messen und Theorie sind",[63] dann kann man diese Auffassung bereits auf Petty zurückführen, und sie ist natürlich eine Kernauffassung aller Marxisten – man denke etwa an Lenins Ausführungen zum Problem der Gruppenbildung in der Statistik. Und wenn man

[60] Hg. *R. W. Fogel* und *St. L. Engerman*, The Reinterpretation of American Economic History, New York, London 1971, S. XV.

[61] Ebendort, S. XVI.

nicht auf Petty zurückgehen will, dann studiere man die der „Begründung“ der New Economic History direkt vorangehenden Bände der großartigen von Bert F. Hoselitz herausgegebenen Zeitschrift Economic Development and Cultural Change.

Was wirklich neu an der New Economic History ist (und womit die Ökonometriker nichts zu tun haben), ist die Konstruktion von counterfactual situations, die Konstruktion von Verhältnissen, die den Tatsachen widersprechen, also „Anti-Geschichte“. Dabei handelt es sich meiner Ansicht nach um eine außerordentlich fruchtbare Idee, von der die Autoren mit Recht sagen, daß sie sie im Grunde nur ins Bewußtsein gerufen haben, während sie unbewußt häufig praktiziert wurde. In der Tat gehen die Autoren hier noch nicht weit genug. Wenn sie ein wenig Hegel studiert hätten, würden sie natürlich zu dem (aber auch von Hegel nicht so ausgesprochenen) Schluß kommen, daß jede Wirtschaftsgeschichte, jede Geschichte zugleich factual, den Tatsachen entsprechende, und counterfactual history, den Tatsachen nicht entsprechende Geschichte ist.

Fogel und Engerman meinen: „Die alte Art der Wirtschaftsgeschichte ist voller verhüllter counterfactual Behauptungen. Sie finden sich in Diskussionen, die entweder versichern oder leugnen, daß Zölle das Wachstum der Fabrikindustrie beschleunigten, in Essays, die behaupten, daß Sklaverei die Entwicklung des Südens (der USA – J. K.) verlangsamte ... Alle diese Argumente schließen Vergleiche zwischen den faktischen Verhältnissen der Nation und den Verhältnissen, die bei Abwesenheit des betreffenden Faktors geherrscht hätten, ein.“[64]

Das ist völlig richtig. Aber ganz ungenügend. Absolut jedes Urteil über die Bedeutung oder Nichtbedeutung eines historischen Faktors besagt ja zugleich, daß, wenn dieser Faktor nicht vorhanden gewesen wäre, die Geschichte anders oder nicht anders verlaufen wäre. Das heißt, mit jedem Urteil treiben wir counterfactual Geschichte, denn jedes Urteil in der Geschichte ist eine Entscheidung über ein Faktum und sein Gegenteil bzw. sein Nichtvorhandensein. Wenn ich sage, die Erfindung der Dampfmaschine oder die Beibehaltung der Konsumgüterpreise in unserer Republik ist eine außerordentliche Leistung, dann konstruiere ich natürlich zugleich zumindest ganz vage eine counterfactual Geschichte, nämlich, wie es gewesen wäre, wenn die Dampfmaschine nicht erfunden, wenn die Preise nicht gehalten worden wären, andernfalls kann ich ja nicht die Bedeutung der Veränderung der Geschichte durch die Erfindung der Dampfmaschine oder die Bedeutung der Veränderung zum Schlechten durch Nichtbeibehaltung der Preise erfassen.

Aber wenn die New Economic Historians auch die ganze Bedeutung ihrer Idee, die grundlegende Wichtigkeit der Konzeption einer counterfactual Geschichte, einer den Fakten „entgegengesetzten“ Geschichtsschreibung nicht erfaßt haben, so haben sie doch das Verdienst, Anfänge einer solchen ausführlicheren zusammenhängenden Geschichtsschreibung versucht zu haben.

So hat Fogel zum Beispiel eine counterfactual Untersuchung darüber unternommen, wie die Vereinigten Staaten sich entwickelt hätten, wenn die Eisenbahnen nicht ein-

[62] Ebendort, S. 7 f. [63] Ebendort, S. 7.

[64] Ebendort, S. 10. – Vgl. dazu auch Aujourd'hui L'Histoire, Paris 1974, S. 123.

geführt worden wären. Er versuchte auszurechnen, wie groß das Nationalprodukt 1890 gewesen wäre, wenn keine Eisenbahnen gebaut worden wären. Peter Temin, der in dem Buch von Fogel und Engerman noch als New Economic Historian erscheint, hat in einem brillanten Büchlein[65] so viele Schwächen und Mängel der Studien der New Economic Historians und auch in Fogels Eisenbahnstudie aufgezeigt, daß man mit Recht ihre Resultate – Fogel meint zum Beispiel, daß das Nichterscheinen von Eisenbahnen keinen großen Unterschied gemacht hätte – verwerfen muß.

Das heißt aber nicht, daß die Idee der New Economic Historians unsinnig ist. Natürlich kann man keine zusammenhängende counterfactual Geschichte schreiben. Natürlich wären die Eisenbahnen, wenn nicht um 1830, dann vielleicht 10 Jahre später in den USA eingeführt worden, natürlich wäre es unsinnig, ähnliche Konstruktionen auf dem Gebiete der politischen Geschichte machen zu wollen, da eine solche counterfactual Geschichte viel zu viele Faktoren berücksichtigen müßte.

Doch scheint es mir nicht nur nicht unsinnig, sondern höchst fruchtbar, betreffend spezifische Faktoren zumindest über kurze Zeit, bisweilen aber auch über länger eine counterfactual Geschichte zu schreiben. Denn nur durch eine solche kann man gewisse Teilstrecken der factual Geschichte in ihrer ganzen Bedeutung beleuchten und erfassen.

Das gilt insbesondere für solche Fälle, die nicht so einfach sind, wie die der Einführung aus England von Eisenbahnen in den USA, wo es sich faktisch nur um eine Verzögerung von einigen Jahren handeln kann und man sich ebenso gut mit einer factual Geschichte, unter Herausarbeitung all der Veränderungen, die das Eisenbahnwesen ganz offenbar gebracht hat, begnügen kann.

Anders liegt es im folgenden Fall. In meinem Buch „Vier Revolutionen der Produktivkräfte" gehe ich ganz ausführlich auf die Rolle der Kohle als neue Energiequelle in der ersten industriellen Revolution von 1540–1640 in England ein:[66]

„Es gibt jedoch eine Entwicklung, die in ihrem Umfang erst durch neuere Forschungen bekannt geworden ist und die wohl sehr große Bedeutung für das, was wir die industrielle Revolution von 1540 bis 1640 in England nennen, hat. Das ist die Entwicklung der Energieversorgung.

Zwar entwickelte sich allgemein der Bergbau auf dem Kontinent im 15. Jahrhundert gut, und im 16. Jahrhundert folgte England verspätet. Doch nun, im 16. Jahrhundert, wurden Kupfer-, Blei und Eisenerze ebenso wie Kohle in schnell steigenden Quantitäten gewonnen. Die Schächte wuchsen an Zahl und gingen immer tiefer.

Entscheidend für die Entwicklung in England wurde jedoch der Kohlenbergbau. Bis 1500 gab es kein Gebiet in England, mit Ausnahme des Tyne-Tales, von dem aus mehr als einige hundert Tonnen Kohle im Jahr versandt wurden. Jetzt wurde das anders. ... Die phänomenale Steigerung der Kohlenproduktion, die rapid zunehmende

[65] *P. Temin,* Casual Factors in American Economic Growth in the Nineteenth Century, London 1975.

[66] Vgl. *J. Kuczynski,* Vier Revolutionen der Produktivkräfte. Theorie und Vergleiche. Berlin 1975, S. 17 bis 22.

Verwendung von Kohle in Industrie und Haushalt ist auf die Verknappung und Verteuerung von Holz als Brennstoff zurückzuführen. So knapp wurde Holz in einzelnen Gegenden, daß Anthony Welldon 1618 meinte: wenn Judas Christus in Schottland verraten hätte, so wäre es schwer gewesen, einen Baum zu finden, um ihn aufzuhängen. Und für 1640 schreibt Hill: ‚England produzierte dreimal soviel Kohle wie der Rest von ganz Europa zusammengenommen. 〈Verbessert Eure Landkarten: Newcastle ist Peru!〉, sang John Cleveland: Kohle war so wertvoll wie Silber.‘ So wertvoll wie Silber, weil selbst die so schnell gestiegene Produktion nicht ausreichte, um den völligen Holzmangel auszugleichen ...

Kein Wunder, daß man unter diesen Umständen nach Ersatz für Holz suchte, und als man diesen in Kohle fand, zu immer stärkerem Kohleverbrauch überging. Das gilt für alte Industrien wie das Salzmachen und für neuaufkommende wie die Glasindustrie, deren größter Produzent im ersten Viertel des 17. Jahrhunderts, Robert Mansell, seine Glaswerke von einem Kohlenfeld zum anderen verlegte. Das gilt für Konsumgüterindustrien wie Brauereien und Tuchfärbereien sowie für Produktionsmittelindustrien wie die Eisenproduktion.

Natürlich erforderte der Ersatz von Holz durch Kohle als Brennstoff eine neue Technologie, ein neues Arrangement verschiedener Produktivkräfte.

Zugleich mußte die Beförderung von Kohle reorganisiert und technisch verbessert werden. Die Durchschnittsladung der Kohlenschiffe für London betrug nach den Berechnungen von Nef 1592 rund 56 Tonnen, 1606 bereits 73 Tonnen, 1615 83 und 1638 139 Tonnen.

Nef hat auch eine Übersicht über die mit dem Kohlenverbrauch in Verbindung stehenden Patente für Erfindungen gemacht:

Erfindung	1551–1570	1571–1591
Wasserableitung aus Bergwerken	3	3
Verbesserung von Öfen etc.	2	3
Behandlung der Kohle	–	1
Schmelzprozeß	–	1
Transportwesen *	1	3
Manufakturprozesse *	8	13

* Wahrscheinlicher Zusammenhang mit Kohle.

In der Tat hat die Kohle im 16. Jahrhundert den Fortschritt der Produktivkräfte, der Technologie, der Wissenschaft ganz wesentlich gefördert ...

Die Kohle wurde, wie bemerkt, in immer größeren Mengen und immer tieferen Schächten gewonnen. Die immer größere Tiefe der Schächte brachte immer größere Schwierigkeiten im Kampf gegen das Grundwasser. Zunächst übernahm man vom Kontinent die beste Pumpentechnik. Aber schon um 1600 genügte sie nicht mehr. Hohe Pumpkosten lohnten sich bei Silber und wohl auch noch bei Kupfer. Aber für Kohle spielten sie eine immer mehr die ganze Ökonomie gefährdende Rolle. Wind, Wasser und Pferde als ausreichende Kraftquellen für die Betreibung von Pumpen versagten mehr und mehr – so wurden am Ende in einer Zeche in Warwickshire 500 Pferde verwandt, um Wasser eimerweise aus den Schächten zu pumpen. Das ganze 17. Jahrhundert ist gefüllt mit Versuchen, Dampf als Kraft in den Kohlenbergbau einzufügen. In der Zeit bis 1640 konnte noch keine Lösung gefunden werden. Jedoch gelangte man ein halbes Jahrhundert vor dem Beginn der Industriellen Revolution, die das Maschinenzeitalter brachte, zum Ziel, und darum können die Dampfpumpen als Spätprodukt der industriellen Produktion von 1540/1640 betrachtet werden ...

Ebenfalls direkt im Zusammenhang mit dem Kohlenbergbau steht die Entwicklung der Verkehrskräfte. Zwar gab es in Deutschland schon winzige, einige Meter lange ‚Holzwege‘ zur Beförderung von Bergbauprodukten, jedoch längere Holzschienenstränge von den Zechen bis zum Wasserweg sind eine englische Erfindung des 16. Jahrhunderts. Damit wurde zugleich der unabhängige Kohlentransporteur, der seine von Pferden gezogenen Wagen an die Zechen vermietete, vertrieben. Der Kohletransport auf Holzschienen mit großen, natürlich ebenfalls von Pferden gezogenen Wagen wurde zum Bestandteil kapitalistischer Bergbaubetriebe. Als viel später solche ‚Holzbahnen‘ in Deutschland eingeführt wurden, nannte man sie ‚englische Kohlenwege‘.

Das heißt, die enorme Steigerung der Verwendung von Kohle als Energiequelle brachte für den Steinkohlenbergbau selbst zwei bedeutende Fortschritte in der Entwicklung der Produktivkräfte: erstens die Holzbahnen zur Beförderung der Kohle und zweitens, im Gefolge dieser industriellen Revolution, die erste praktische Anwendung der Dampfmaschine als Dampfpumpe.

Von ganz großer Bedeutung waren jedoch vor allem auch die Auswirkungen der Benutzung von Kohle in den wichtigsten Manufakturen und anderen gewerblichen Produktionsstätten. Wir hatten schon darauf hingewiesen, daß die Kohle als Energiequelle eindrang in die Glasindustrie, das Brauereigewerbe, die Salz- und Seifenproduktion, die Tuchfärbereien und die Mauersteinherstellung.

In fast allen diesen Industrien war eine neue Technologie notwendig, um Kohle verwenden zu können. So waren wohl gelegentlich schon im 16. Jahrhundert Mauersteine in Kohlenfeuern ‚gebacken‘ worden, doch erst ein zu Beginn des 17. Jahrhunderts entwickelter Brennofen ermöglichte die allgemeine und die Produktion ebenso stark steigernde wie verbilligende Herstellung von Mauersteinen unter Verwendung von Kohle.

Während Verwendung von Kohle in Brauereien keine technologischen Probleme brachte, störten die Kohlengase den Geschmack des Biers, wenn ihm auf Kohlen getrocknetes Malz hinzugefügt wurde. Erst gegen Ende der industriellen Revolution, um 1640, wurde dies Problem durch die Herstellung und Verwendung von Koks gelöst, so daß Bier von Malz ‚süß und rein‘ wurde. Koks wurde von einer besonders harten Kohle in Derbyshire hergestellt, und als Resultat des neuen Verfahrens wurde Derbyshire-Bier in ganz England beliebt.

Von besonderer Bedeutung waren jedoch die technologischen Wandlungen in der Glasindustrie. Auch diese hatte zunächst Schwierigkeiten mit dem Rohstoff Kohle. Zu Beginn des 17. Jahrhunderts begann man statt mit offenen mit geschlossenen Tiegeln zu arbeiten, die in einer neuen Art von Öfen standen, so daß die Kohlengiftstoffe den Produktionsprozeß nicht störten.

Mehr noch als in anderen Industrien ermöglichte die Verwendung von Kohle in der Glasindustrie ihre schon erwähnte Umwandlung aus einem Luxusgewerbe in ein Massenkonsumgüter produzierendes Gewerbe.

Allgemein erforderte die Verwendung von Kohle und die ihr entsprechende Technologie auch die stärkere Konzentration von Kapitalien.

Eine Londoner Brauerei hatte zu Beginn des 17. Jahrhunderts ein Kapital von £ 10 000, der heutigen Kaufkraft entsprechend mindestens 1 Million Mark. Solch für die damalige Zeit riesigen Betriebe vernichteten natürlich den kleinen Produzenten. Die mit Kohle arbeitende Seifenindustrie Londons versorgte den größten Teil Englands.

Das heißt, die Verwendung der Produktivkraft Kohle förderte die Produktion von Massengütern und die Konzentration von Kapital ganz außerordentlich und beschleunigte die Entwicklung des Kapitalismus enorm.“

Niemand wird mir vorwerfen können, daß ich in diesen Auszügen ausführlicher auf die Bedeutung des auf Grund des Holzmangels erzwungenen Gebrauchs von Kohle in der englischen Wirtschaft eingegangen bin.

Aber es fehlt das counterfactual Element, das hier nicht darin zu bestehen brauchte, daß man Überlegungen über den Niedergang der englischen Wirtschaft infolge mangelnder Energie machen würde. Man könnte eine andere, viel bedeutungsvollere, folgenschwerere Entwicklung als counterfactual Geschichte vorführen: Was wäre geschehen, wenn sich ein starker Holzhandel zwischen England und Rußland entwickelt hätte? Eine doch wahrlich nicht unwahrscheinliche Entwicklung mit völlig anderen Perspektiven. Eine counterfactual Überlegung, die unseren Blick sowohl für die ganze Bedeutung der Verwendung von Kohle in England geschärft hätte wie auch unsere realistische Phantasie für Entwicklungsmöglichkeiten in der Vergangenheit erweitert hätte. Jedoch darf man über die philosophischen und methodologischen Gesichtspunkte zwei wichtige andere nicht vergessen.

Einerseits haben die New Economic Historians die Tendenz, die Debunking-History-Richtung der zwanziger Jahre auf die Wirtschaftsgeschichtsschreibung der Gegenwart zu übertragen. Damals war es üblich, große Gestalten der Geschichte als recht gewöhnliche Menschen kleinzustutzen. Eine völlig verfehlte Reaktion kleinbürgerlichen Typs gegen den Personenkult, insbesondere gegenüber Großkapitalisten und Monopolisten. Heute wird die Rolle der Eisenbahnen in der Wirtschaftsgeschichte herabgesetzt.

Zweitens, und irgendwie verbunden mit der Debunking-Tendenz, ist das Bestreben, in völlig verfehlter Originalitätshascherei alte und wohlbegründete Einschätzungen mit Rechenkunststücken umzustürzen. Und wenn sich das zum Beispiel auf die Sklaverei in den USA, die von den New Economic Historians als eine effektive und fast schon besonders humane Wirtschaftsform dargestellt wird, bezieht, dann werden diese Historiker geradezu reaktionär – auch wenn sie noch so interessante Profitberechnungen für die vergleichsweise Ausbeutung von Sklaven im Süden und Freien im Norden machen, wobei sie dann noch häufig Profitabilität und Effektivität gleichsetzen.

Die Idee der counterfactual Wirtschaftsgeschichtsschreibung hat auch für die Planung unserer eigenen Zukunft die allergrößte Bedeutung. Wenn ich der Meinung bin, daß ein Gesamtwirtschaftsplan heute bis zum Jahre 2000, ja schon für zehn Jahre in der Art, wie er heute gemacht wird, weder als Orientierungs-, noch als Perspektivplan, noch als Prognose Sinn hat, sondern nur als counterfactual Geschichtsschreibung der Zukunft beschrieben werden kann, weil er falscherweise unveränderte Weltverhältnisse voraussetzt – so bin ich doch gegen eine solche Planung, nicht weil sie counterfactual ist, sondern weil die Annahme unveränderter Verhältnisse in der Beherrschung der Welt durch sozialistische und kapitalistische Länder unrealistisch ist. Eine counterfactual Planung bis zum Jahre 2000, die verschiedene Varianten der Entwicklung annimmt – etwa den Sieg des Sozialismus in Italien oder in Italien und Frankreich oder eine ökonomische Befreiung der Entwicklungsländer, die u. a. in einem grundlegend anderen Preisverhältnis zwischen Rohstoffen und Fertigwaren zum Ausdruck kommt – eine solche Wirtschaftsgeschichtsschreibung der Zukunft kann, obgleich sie natürlich irgendwie counterfactual sein muß, da bestenfalls eine der Varianten zutreffen kann, durchaus realistisch, einer marxistischen Wirtschaftsgeschichtsschreibung wahrlich gemäß sein.

Ganz außerordentlich interessant sind in diesem Zusammenhang folgende Ausführungen von D. M. Gwischiani in einem Aufsatz über „Alternativen in Wissenschaft und Technik und die Rolle der Gesellschaftswissenschaften“: „Bei der Analyse der Geschichte von Wissenschaft und Technik unterschätzen die Wissenschaftswissenschaftler mitunter die möglichen Auswirkungen jenes psychologischen Phänomens, daß ein bereits abgeschlossener geschichtlicher Prozeß stets geradliniger erscheint, als er in Wirklichkeit war, und daß man nach der Logik der einfachen Retrospektive in diesem Prozeß keinerlei ‚historische Auswahlpunkte‘, keinerlei alternative Entwicklungswege nachweisen kann. Die Geschichte der Wissenschaft zieht die Wissenschaftslogiker und -historiker in den Bann ihrer Folgerichtigkeit und unbestreitbaren Tatsächlichkeit; dadurch wird es ihnen erschwert, einst vorhandene, nicht realisierte alternative Entwicklungswege des wissenschaftlichen Denkens und (etwa wegen Fehlens eines gesellschaftlichen Bedürfnisses) nicht verwirklichte technische Hypothesen zu erkennen. Wenn aber die Geschichte der menschlichen Kultur eine alternative Auswahl von Kulturtypen hervorgebracht hat, so besteht Grund zu der Annahme, daß auch die Wissenschaft als organischer Bestandteil der Kultur über Potenzen alternativer wissenschaftlicher ‚Subkulturen‘ verfügte und verfügt. Sie realisieren sich nur deshalb nicht parallel, weil die Entwicklung der Wissenschaft besonderen, kumulativen Charakter trägt und weil gewisse soziale Bedingungen fehlen.“[67]

Kann man eine Betrachtung der Wirtschaftsgeschichtsschreibung in den letzten 300 Jahren schöner abschließen als mit der Perspektive auf eine solche, nur von Marxisten wissenschaftlich-sinnvoll auszuführende, Aufgabe einer Wirtschaftsgeschichtsschreibung der Alternativen und der Zukunft!

[67] Zitiert nach: Sowjetwissenschaft. Gesellschaftswissenschaftliche Beiträge, Heft 12, Berlin 1976, S. 1248.

Personenverzeichnis

von Erika Behm

Kolibri 360 GmbH
Ferdinand-Jühlke-Straße 7
99095 Erfurt, Deutschland
produktsicherheit@kolibri360.de